Repase y escriba

Curso avanzado de gramática y composición

TERCERA EDICIÓN

Repase y escriba

Curso avanzado de gramática y composición

María Canteli Dominicis

ST. JOHN'S UNIVERSITY, NEW YORK

John J. Reynolds

EMERITUS, ST. JOHN'S UNIVERSITY, NEW YORK

John Wiley & Sons, Inc.

NEW YORK □ CHICHESTER □ WEINHEIM □ BRISBANE □ SINGAPORE □ TORONTO

Acquisitions Editor	Lyn McLean	Designer	Sheree Goodman
Marketing Manager	Calise Paulson	Illustration Editor	Anna Melhorn
Production Editor	Edward Winkleman	Photo Editor	Elaine Paoloni

Photo credits: **Cover** *Las Familia Pinzón* by Fernando Botero. Oil on canvas, 68″ × 68″. Nancy Sayles Day Collection of Modern Latin American Art/Museum of Art, Rhode Island School of Design. **Chapter 1**/Page 7: Tim Page/Corbis. Page 27: Alex Alventoso/The Photoworks/D. Donne Bryant Stock. **Chapter 2**/Page 46: H. Huntly Hersch/D. Donne Bryant Stock. Page 56: Ulrike Welsch Photography. **Chapter 3**/Page 61: Peter Lang/The Photoworks/D. Donne Bryant Stock. Page 81: Ulrike Welsch Photography. **Chapter 4**/Page 90 and Page 117: Robert Frerck/Odyssey Productions. **Chapter 5**/Page 134: Courtesy Univision. Page 139: Latin Focus. **Chapter 6**/Page 149: UPI/Corbis-Bettmann. Page 151: Bill Kaye/©Cinergi Pictures Entertainment Inc./Rangefinders/Globe Photos, Inc. Page 172: Robert Frerck/Odyssey Productions. **Chapter 7**/Page 179: Robert Frerck/Odyssey Productions. **Chapter 8**/Page 213: Robert Frerck/Odyssey Pro-ductions. Page 227: Latin Focus. **Chapter 9**/Page 240: Alex Ocampo/The Photoworks/D. Donne Bryant Stock. Page 260: Chip & Rosa María de la Cueva Peterson. **Chapter 10**/Page 271: Ulrike Welsch Photography. Page 294: Latin Focus. **Chapter 11**/Page 302: Historic Hudson Valley, Tarrytown, New York. Page 320: Peter Menzel. Page 323: Robert Frerck/Odyssey Productions. **Chapter 12**/Page 336: "Parabola Optica," 1931 by Manuel Alvarez Bravo (Mexican, b. 1904), silver gelatin print, 24 × 18 cm. Restricted Gift of The Exchange National Bank of Chicago, 1975.315/ ©1997 The Art Institute of Chicago, All Rights Reserved. Page 359: D. Donne Bryant Stock. **Chapter 13**/Page 365: Chip & Rosa María de la Cueva Peterson. Page 367: Robert Frerck/Odyssey Productions. **Chapter 14**/Page 398: Ulrike Welsch Photography. Page 400: W. Lynn Seldon Jr./D. Donne Bryant Stock.

This book was set in 10/12 Times Ten by University Graphics, Inc. and printed and bound by Hamilton Printing. The cover was printed by Phoenix Color.

This book is printed on acid-free paper. ∞ The paper in this book was manufactured by a mill whose forest management programs include sustained yield harvesting of its timberlands. Sustained yield harvesting principles ensure that the numbers of trees cut each year does not exceed the amount of new growth.

Library of Congress Cataloging in Publication Data:
Dominicis, Maria Canteli.
    Repase y escriba : curso avanzado de gramática y composición /
Maria C. Dominicis, John J. Reynolds. — 3rd ed.
       p. cm.
    Spanish and English.
    Includes index.
    ISBN 0-471-17414-9 (pbk. : alk. paper)
    1. Spanish language—Grammar. 2. Spanish language—Composition and exercises. I. Reynolds, John J., 1924– . II. Title.
PC4112.D663 1998
468.2′421—dc21
                          97-37366
                          CIP

Printed in the United States of America

10 9 8 7 6 5 4 3 2 1

P R E F A C E

Repase y escriba is designed for advanced grammar and composition courses. It can be most effectively used in the third or fourth year of college study and can be covered in two semesters or, by judicious selection, in one semester.

We have taken into account the fact that some institutions add a conversation component to their composition courses. In that case, the *Comprensión*, *Interpretación*, and *Intercambio oral* sections following the *lectura* will be especially useful. In addition, the themes for composition lend themselves to oral discussion.

This text has the following notable features:

1. It emphasizes the everyday usage of educated persons rather than the more formal, literary Spanish. Several of the *lecturas* are derived from popular periodicals. Literary selections, however, are included for variety, contrast, and cultural information. Thus, the readings vary in style from the relatively simple journalistic writing in Chapter 2 to the highly original and complex style of César Vallejo in Chapter 10. (Some of the short stories have been slightly abridged.)

2. This book is not geared exclusively to Peninsular Spanish. Significant differences between Peninsular and New World Spanish are pointed out. Whenever possible, the usage of the majority is given preference.

3. Rather than presenting isolated grammar points at random, *Repase y escriba* covers the grammar in an orderly fashion. During our many years of teaching grammar and composition courses, we have found that the same errors occur over and over again. We have concentrated on these errors in an attempt to eradicate them. We feel, moreover, that an in-depth though not exhaustive coverage of the grammar is essential at this level. In recent years, there has been a strong tendency in textbooks to emphasize a "practical" oral approach. We certainly do not minimize the importance of the oral approach, but we recognize that it sometimes leads to a serious problem: many Spanish majors, most of whom will be educators in the future, graduate having only a watered-down, superficial knowledge of language structures. This deficiency can have negative effects in the years to come. In an attempt to remedy this, we have gone back to a "traditional" approach in grammar explanations, which we have combined with numerous examples and exercises based on everyday life. In this way the rules are not fossils from another age but rather they are appropriately treated as the guidelines of a rich, ever-changing live thing: the language.

4. This text offers a multitude and a wide variety of exercises. Not only are there compositions—both directed and free—but there are exercises that involve creativity, completion, substitution, and matching. Almost all the exercises are contextualized.

5. *Repase y escriba* takes into consideration the special needs of the ever-increasing number of Hispanics in the classrooms of our universities. Spelling and the placement of accents create serious problems for these students as they strive to improve their writing skills. Accordingly, many exercises deal with those matters.

6. Other useful features of *Repase y escriba* are

   a. An appendix that contains a series of charts showing certain grammar topics not included in the body of the text.

   b. English-Spanish and Spanish-English glossaries.

   c. An answer key, available to instructors upon request. This key contains answers to those exercises that involve translation from English to Spanish as well as to some of the other exercises on points that are especially subtle for non-natives.

The format of the chapters is as follows:

1. *Lectura.* Preceded by a short paragraph on the author, as well as a new section *Para comprender mejor* on the reading selection. Followed by

   a. *Comprensión.* (Questions.)

   b. *Interpretación.* (Personal reactions related to the *lectura*.)

   c. *Intercambio oral.* (Designed to stimulate conversation among students.)

   d. *Repaso léxico.* (Exercises of different kinds to review the new vocabulary introduced in the *lectura*.)

2. *Sección gramatical.* (The grammar rules are explained in English to facilitate the students' comprehension while doing their home preparation. A great variety of exercises are interspersed among the grammatical explanations.)

3. *Ampliación léxica.* (Proverbs, idioms, word families, false cognates, etc.)

4. *Distinciones léxicas.* (English words with more than one Spanish equivalent, Spanish words with more than one meaning in English. The *Ampliación léxica* and *Distinciones léxicas* sections are largely self-contained so that either or both may be skipped if time does not permit the instructor to cover them.)

5. *Para escribir mejor.* (These sections deal with the mechanics of writing—punctuation, written accents, etc.—as well as the art of writing narratives, dialogue, descriptions, letters, and reports.)

6. *Traducción.* (A contextualized passage in English to be translated into Spanish, illustrating the grammatical principles and other matters treated in the lesson.)

7. *Temas para composición.* (Topics for creative compositions, with guidelines.)

MAJOR CHANGES IN THE THIRD EDITION

We have retained the basic structure of the first two editions but we have made the following changes and additions:

1. A workbook by Professor Robert L. Nicholas of the University of Wisconsin at Madison is now available. This workbook expands considerably the practice on the readings, grammar, lexical items, and writing activities provided in the basic text.

2. Eight of the fourteen *lecturas* are new, including a short story by the Nobel laureate Octavio Paz.

3. Preceding each *lectura* is a new section called *Para comprender mejor* designed (a) to help students improve their reading skills and (b) to ensure comprehension of the text.

4. The *Repaso léxico* has been relocated to be nearer the *lectura*.

5. There are two new *Para escribir mejor* sections: one on *Palabras de enlace* (Chapter 4); the other on the *Informe* (Chapter 12).

6. There are three new *Ampliaciones léxicas* (Chapters 4, 5, and 12).

7. New exercises and examples have been added in all chapters.

8. A grammar lesson on conjecture/probability has been introduced (Chapter 11).

9. Letter writing has become a *Para escribir mejor* in Chapter 11 instead of forming the major part of Chapter 14 as in the second edition. Treatment of relative pronouns has been moved to Chapter 14.

Teachers of the first two editions of *Repase y escriba* have reported very positive results. We believe that this new edition, which incorporates most of the users' suggestions, will be even more successful.

We wish to express our gratitude to Lyn McLean and her associates at John Wiley and Sons who contributed their expertise and diligence to this edition and to Tina Barland for her meticulous editorial work. We are also indebted to our reviewers, friends, and colleagues for their encouragement and helpful comments.

ACKNOWLEDGMENTS

The authors are grateful to the publishers and copyright holders for permission to reprint the following works: Estate of Reinaldo Arenas (*Con los ojos cerrados*). Antonio Gala (*Una historia común*). Marco Almazán (*Liberación masculina*). Lidia Falcón (*No moleste, pague y calle, señora*). Ediciones Corregidor and Enrique Anderson Imbert (*La sandía*). Fondo de Cultura Económica and Octavio Paz (*El ramo azul*).

MCD
JJR

CONTENTS

CAPÍTULO 1

El siguiente cuento es de Reinaldo Arenas, un novelista y cuentista cubano. Arenas nació en 1943 en la provincia de Oriente y creció en una familia pobre y un ambiente rural. Su muerte trágica en Nueva York en 1990 interrumpió una carrera en la cual figuran obras de gran calidad, como la novela *El mundo alucinante* (1969).

Para comprender mejor

Ud. comprenderá mejor este cuento si tiene en cuenta que los escritos de Arenas son frecuentemente autobiográficos y que, en este caso, el cuento contiene recuerdos de la niñez del autor en Cuba. El niño protagonista del cuento cierra los ojos y utiliza la imaginación para escaparse, por medio de la fantasía, de la fea realidad circundante.

Esta narración puede dividirse en cuatro partes: La introducción (líneas 1–18), los tres encuentros del niño (19–61), lo que ve el niño con los ojos cerrados (62–103) y la conclusión (104–117). Lea el cuento dividiéndolo en estas cuatro partes, y haga un resumen mental breve del contenido de la parte que acaba de leer antes de leer la parte siguiente.

Con los ojos cerrados

A usted sí se lo voy a decir, porque sé que si se lo
cuento a usted, no se me va a reír ni me va a regañar°.   *reprender, pelear*
Pero a mi madre no. A mamá no le voy a decir nada,
y aunque es casi seguro que ella tiene la razón, no
5 quiero oír ningún consejo ni advertencia°.   *aviso*
Por eso, porque sé que usted no me va a decir
nada, se lo digo todo.
Ayer tía Ángela debía irse para Oriente y tenía
que tomar el tren antes de las siete. Hubo un
10 alboroto° enorme en la casa. Todos los vecinos   *ruido, conmoción*
vinieron a despedirla, y mamá se puso tan nerviosa
que se le cayó la olla con el agua hirviendo en el piso
cuando iba a hacer el café y se le quemó un pie.

1

Con aquel escándalo° tan insoportable, no me
15 quedó más remedio que° levantarme.

    La tía Ángela, después de muchos besos y
abrazos, pudo marcharse°. Y yo salí en seguida para la
escuela, aunque era bastante temprano.

    Hoy no tengo que ir corriendo, me dije casi
20 sonriente. Y empecé a andar despacio. Cuando fui a
cruzar la calle, me tropecé° con un gato que estaba
acostado en la acera. ¡Qué lugar escogiste para
dormir! — le dije — y lo toqué con la punta del pie.
Pero no se movió y vi que estaba muerto. El pobre,
25 pensé, seguramente lo arrolló° alguna máquina° y
alguien lo tiró en ese rincón para no seguir
aplastándolo°. Qué lástima, porque era un gato grande
y de color amarillo que seguramente no tenía ningún
deseo de morirse. Pero bueno, ya no tiene remedio°.
30 Y seguí caminando.

    Como todavía era temprano, me llegué a la
dulcería°, porque aunque está lejos de la escuela, hay
siempre dulces° frescos y sabrosos. En esta dulcería
hay también dos viejitas paradas en la puerta, con una
35 bolsa cada una y las manos extendidas, pidiendo
limosnas°... Un día yo le di un medio° a cada una y las
dos me dijeron al mismo tiempo: — Dios te haga un
santo*—. Eso me dio mucha risa y puse otros dos
medios en aquellas manos arrugadas. Y ellas
40 repitieron: — Dios te haga un santo —. Pero ya no
tenía ganas de reírme. Y desde entonces, cada vez que
paso por allí, me miran con sus caras de pasas° y no
tengo más remedio que darles un medio a cada una.
Pero ayer no podía darles nada, ya que hasta la
45 peseta° de la merienda° la gasté en tortas de
chocolate. Y por eso salí por la puerta de atrás y las
viejitas no me vieron.

    Ya sólo tenía que cruzar el puente, caminar dos
cuadras y llegar a la escuela.

50   En ese puente me paré un momento, porque oí un
alboroto enorme allá abajo, en la orilla° del río. Vi
que un grupo de muchachos de todos tamaños tenía
rodeada una rata de agua en un rincón y la acosaban°
con gritos y pedradas°. La rata corría de un extremo a
55 otro del rincón, pero no podía escaparse y chillaba
desesperadamente. Por fin, uno de los muchachos
cogió una vara° de bambú y golpeó la rata. Entonces,
todos los demás corrieron hasta donde estaba el
animal y tomándolo, entre gritos de triunfo, la
60 tiraron hasta el centro del río. Pero la rata muerta no

ruido, alboroto

no... tuve que

irse

me... me encontré

atropelló / automóvil
  (Cuba)

squashing it

no... no se puede hacer
  nada

confitería (bake shop)
pastries

pidiendo... mendigando /
  cinco centavos (Cuba)

raisins

veinte centavos (Cuba) /
  mid-morning and
  mid-afternoon snack

margen, borde

hostigaban
tirándole piedras

palo delgado

---

*Expresión un poco anticuada que equivale más o menos a *God bless you.*

se hundió. Siguió flotando hasta perderse en la
corriente.

Los muchachos se fueron hasta otro rincón del
río. Y yo también empecé a andar.

65 Caramba — me dije — Qué fácil es caminar
sobre el puente. Se puede caminar hasta con los ojos
cerrados. Con los ojos cerrados uno ve muchas cosas y
hasta mejor que si los tiene abiertos. La primera cosa
que vi, fue una gran nube amarilla, que brillaba unas

70 veces más fuerte que otras, igual que el sol cuando se
va perdiendo entre los árboles. Entonces cerré los ojos
muy duro y la nube roja se volvió de color azul. Verde
y morada. Morada brillante como un arco iris°.   arco... rainbow

Y seguí andando. Y me tropecé de nuevo° con el   de... *otra vez*

75 gato en la acera. Pero esta vez, cuando lo toqué con la
punta del pie, dio un salto y salió corriendo. Salió
corriendo el gato amarillo brillante, porque estaba
vivo y se asustó cuando lo desperté. Y yo me reí
muchísimo cuando lo vi desaparecer.

80 Seguí caminando con los ojos muy cerrados y
llegué de nuevo a la dulcería. Pero como no podía
comprarme ningún dulce porque gasté hasta la última
peseta de la merienda, solamente los miré a través de
la vidriera. Y estaba así mirándolos, cuando oigo dos

85 voces detrás del mostrador° que me dicen — ¿No   counter
quieres comerte algún dulce? — Y cuando levanté la
cabeza, vi que las dependientas eran las dos viejitas
que siempre estaban pidiendo limosnas a la entrada
de la dulcería. No sabía qué decir, pero parece que

90 adivinaron mis deseos y sacaron, sonrientes, una torta
grande hecha de chocolate y de almendras. Y me la
pusieron en las manos. Y yo me volví loco de alegría
con aquella torta tan grande y salí a la calle.

Cuando iba por el puente con la torta entre las

95 manos, oí de nuevo el escándalo de los muchachos.
Y (con los ojos cerrados) los vi abajo, nadando
rápidamente hacia el centro del río para salvar una
rata de agua, pues la pobre parece que estaba enferma
y no podía nadar.

100 Los muchachos sacaron la rata temblorosa del
agua y la depositaron sobre una piedra para que se
secara con el sol. Entonces los llamé y los invité a
comer conmigo la torta de chocolate, pues yo solo no
iba a poder comerme aquella torta tan grande.

105 Pero entonces, «puch», me pasó un camión casi
por arriba en medio de la calle que era donde, sin
darme cuenta, me había parado.

Y aquí me ve usted: con las piernas blancas por
el esparadrapo° y el yeso°. Tan blancas como las   surgical tape / cast

110 paredes de este cuarto, donde sólo entran mujeres

vestidas de blanco para darme un pinchazo° o una
pastilla° blanca.

inyección
píldora

Y no crea que lo que le digo es mentira. No
piense que porque tengo un poco de fiebre y dolor en
115 las piernas, que estoy diciendo mentiras, porque no es
así. Y si usted quiere probar si fue verdad, puede ir al
puente, porque seguramente debe estar todavía en el
asfalto, la torta grande de chocolate y almendras que
me regalaron sonrientes las dos viejitas de la dulcería.

Comprensión

1. ¿A quién no quiere el chico contarle el cuento? ¿Por qué?
2. ¿Por qué hubo un alboroto en la casa?
3. ¿Qué pasó cuando la mamá se puso nerviosa?
4. Explique el primer encuentro del chico.
5. ¿Qué hacían las dos viejitas en la puerta de la dulcería?
6. ¿Por qué no les dio nada el chico en esta ocasión?
7. Resuma la escena que vio el narrador desde el puente.
8. Al principio, ¿qué vio el chico con los ojos cerrados?
9. Cuando se tropezó de nuevo con el gato, ¿qué pasó?
10. Cuando llegó otra vez a la dulcería, ¿qué sucedió?
11. Cuando iba por el puente de nuevo, ¿qué oyó y qué vio?
12. Cuando se paró en medio de la calle, ¿qué le pasó al chico?
13. ¿Cómo sabemos que al final del cuento el narrador está en el hospital?
14. Según el narrador, ¿cómo se puede comprobar que fue verdad lo que ha contado?

Interpretación

1. ¿Cómo se llevan el chico y su mamá? Explique en qué basa su opinión.
2. Hablando del gato, el narrador dice que «seguramente no tenía ningún deseo de morirse». ¿Cómo clasificaría Ud. a una persona de esa opinión?
3. ¿Cómo se ven la muerte, la pobreza y la maldad en los tres encuentros del narrador al principio del cuento?
4. ¿De qué manera contrarresta el chico con los ojos cerrados estos tres aspectos negativos de la realidad?
5. Hay varios detalles en la narración que indican que este niño es generoso. ¿Cuáles son?
6. El chico dice que «Con los ojos cerrados uno ve muchas cosas y hasta mejor que si los tiene abiertos». ¿Qué opina Ud. de esto?
7. ¿Está en mejor o peor estado el chico después de haber cerrado los ojos? Explique su opinión.
8. ¿Qué le parece este cuento? ¿Cuáles son sus méritos? ¿Sus defectos?

Estos niños cubanos salen de la escuela. En los países hispánicos es común que los niños de la escuela primaria y los jóvenes de la secundaria lleven uniforme.

Intercambio oral

A. La fantasía puede ser una forma de evadir la realidad. ¿De qué otra manera puede evadirse la realidad en la vida contemporánea? ¿Con el cine? ¿Con el alcohol y las drogas? ¿Con el sexo? ¿Con la lectura?

B. Si Ud. pudiera transformar sus fantasías en realidad, ¿qué haría para mejorar su aspecto físico? ¿Su carácter? ¿Su vida social?

C. De la misma manera, ¿qué haría para mejorar la situación del mundo? ¿Qué injusticias y aspectos negativos de la vida corregiría Ud. con los ojos cerrados?

D. ¿Es mejor afrontar la realidad o tratar de evadirla? Explique.

E. Si Ud. fuera la madre o el padre del narrador y él le contara los sucesos contenidos en este cuento, ¿cómo reaccionaría?

F. Las dos viejitas piden limosnas sin obstáculos. Hoy día, la mendicidad abusiva ha creado muchos problemas en algunas ciudades de los Estados Unidos. ¿Y en dónde Ud. vive? ¿Cree Ud. que debe permitirse la mendicidad? ¿Por qué o por qué no?

Repaso léxico

A *Todas las palabras y expresiones de la siguiente lista aparecen en la lectura. Usando los números 1–6, escriba seis oraciones originales. Usando los números 7–12, prepare seis preguntas para dirigírselas a sus compañeros de clase.*

1.	pinchazo	7.	torta
2.	tropezarse con	8.	regañar
3.	almendra	9.	pastilla
4.	arco iris	10.	esparadrapo
5.	pedir limosna	11.	acosar
6.	alboroto	12.	pasas

B *Sustituya las palabras o expresiones en cursiva por otras sinónimas.*

1. Cuando yo era niña, era posible comprar un dulce en *la confitería* con *un medio*.

2. Había un gran *escándalo* en la calle porque a un niño lo había *atropellado* un auto. Ya *no podía hacerse nada*, porque el niño estaba muerto.

3. Cuando volvimos *otra vez* a *la margen* del río, vimos a unos chicos que *se iban* con mucha prisa.

4. Usa *un palo largo* para tirar los mangos del árbol.

5. La chica no escuchó mis *avisos*, y *tuve que* hablar con su madre.

SECCIÓN GRAMATICAL

The Preterite and the Imperfect

The correct use of two simple past tenses—the preterite and the imperfect—is one of the most challenging facets of Spanish grammar. Happily, Spanish and English usage coincide in some cases. For example, compare *Last night Miguel arrived from his trip while we were having supper* and **Anoche Miguel llegó de su viaje mientras cenábamos**. In this case, the different past tenses in English are clues to the different past tenses in Spanish.

It can be said, in general, that the English simple past corresponds to the preterite while a past progressive (*was/were* + *-ing* form) or the combination *used to* + infinitive in English are represented in Spanish by the imperfect. In many

Vista de la ciudad de la Habana, con el Palacio Presidencial al centro. Al fondo, a la derecha, se ve la cúpula del Capitolio. La calle que va a lo largo del mar en esta parte de la ciudad se llama Avenida del Puerto.

instances, however, the English verb form gives no hint about the possibilities in Spanish. For example, compare *We were in Spain in 1998* and **Estuvimos/ Estábamos en España en 1998**. The use of **estuvimos** implies that the speaker and his/her companion(s) visited Spain in 1998 while **estábamos** stresses their stay there for an indefinite period of time during 1998.

The rules given in this chapter on the uses of the preterite and the imperfect will help you determine which tense you must use in Spanish when the English sentence doesn't provide a definite clue.

The Preterite

The preterite tense narrates events in the past. It refers to a single past action or state or to a series of actions viewed as a completed unit or whole.*

---

*In the central region of Spain, and especially in Madrid, the present perfect is used in cases where the preterite has been traditionally regarded as the correct form; for example, **El sábado pasado la hemos visto** instead of **El sábado pasado la vimos**. The opposite phenomenon also occurs in certain areas of Spain and in most of Spanish America: the preterite is frequently found in cases where the present perfect would be more usual according to traditional usage. For example: **¿No tienes apetito? No comiste nada** is used instead of **No has comido nada**. For a more complete discussion of this problem, see Charles E. Kany, *Sintaxis hispanoamericana* (Gredos) pp. 199–202. On the tendency in informal American English to use the simple past (*I did it already*) in place of the perfective (*I have already done it*), see Randolph Quirk and Sidney Greenbaum, *A Concise Grammar of Contemporary English* (Harcourt Brace Jovanovich), p. 44.

1. The preterite is used to express past actions that happened and ended quickly.

   Diego se le echó encima al chico. _Diego jumped on the boy._

   Elena se fue cuando nosotros llegamos. _Elena left when we arrived._

   Se sentó en el sofá y cerró los ojos. _He sat down on the sofa and closed his eyes._

2. The preterite can be used regardless of the length of time involved or the number of times the action was performed, provided that the event or series of events is viewed as a complete unit by the speaker.

   Te esperamos media hora. _We waited for you for half an hour._

   Estuvo golpeando al chico mucho rato. _He was hitting the boy for a long time._

   Leí tres veces las instrucciones. _I read the directions three times._

3. The preterite also refers to the beginning or ending of an action.

   Mario empezó a leer la pieza de teatro ayer. _Mario began to read the play yesterday._

   La reunión terminó a las cinco. _The meeting ended at five._

$\mathcal{A}$ plicación

A _Sustituya según se indica, fijándose en el uso del pretérito que cada oración ejemplifica. (En este ejercicio hay muchos verbos irregulares. Antes de hacerlo, repase los verbos irregulares en el apéndice.)_

1. Como mi coche no funcionaba, _reparé_ el motor.
   (componer / apagar / reemplazar)
2. El profesor _señaló_ mi error dos veces.
   (advertir / predecir / oponerse a)
3. Cuando el niño oyó el ruido, _dejó de_ llorar.
   (ponerse a / abstenerse de / querer)
4. Yo redacté el proyecto y Juan lo _copió_.
   (corregir / traducir / destruir)
5. _Visitaron_ a los Camejo la semana pasada.
   (despedir / detener / mentirles)
6. _Acompañaron a_ los visitantes mientras estuvieron aquí.
   (perseguir a / andar con / entretener a)

B _¿Qué hizo Ud. ayer? Prepare una lista resumiendo sus actividades usando el tiempo pretérito._

C **Mi fin de semana.** _Un estudiante que no conoce las formas del tiempo pretérito, escribió la siguiente composición usando sólo el presente. Corríjala poniéndola en pretérito._

Este fin de semana duermo en casa de mis primos. El sábado ando perdido por la ciudad y el domingo estoy muy ocupado todo el día. Por la mañana hago la maleta para mi viaje de regreso, pero tengo un problema, porque mis zapatos no caben en ella. Los pongo en una bolsa y luego me dirijo al hospital, porque una amiga mía sufre un accidente. Lo siento muchísimo, y así se lo digo apenas llego. Escojo claveles rojos para llevárselos y le gustan mucho. Por la tarde, mis primos y yo vamos a un restaurante muy bueno. Carlos les traduce el menú a sus hermanos. Los otros piden bisté, pero Carlos y yo preferimos el arroz con pollo. Nos sirven un arroz delicioso. Yo quiero pagar la cuenta, pero Carlos me lo impide. Por supuesto, que no me opongo.

The Imperfect

The imperfect is the past descriptive tense. It takes us back to the past to witness an action or state as if it were happening before our eyes. The action or state is not viewed as a whole and its beginning and termination are not present in the mind of the speaker.

Compare **Mi amigo estaba enfermo la semana pasada** and **Mi amigo estuvo enfermo la semana pasada**. Both sentences mean in English *My friend was sick last week*. In the first Spanish sentence, however, the state of being sick is viewed as a description of the friend's condition at some time last week and the speaker is not concerned with the beginning, end, or duration of that condition. In the second sentence the condition is viewed as a unit and as terminated, the clear implication being that the friend is no longer sick.

The imperfect often is used combined with the preterite in the same sentence. In such cases the imperfect serves as the background or stage in which the action or actions reported by the preterite took place or it expresses an action in progress at the time something else happened.

Era tarde y hacía frío cuando salimos de la iglesia.	*It was late and it was cold when we left the church.*
Mi hermana tocaba el piano cuando llamó su novio.	*My sister was playing the piano when her boyfriend called.*

USES OF THE IMPERFECT

The imperfect is used:

1. As the Spanish equivalent of the English past progressive (*was, were* + *-ing*) to tell what was happening at a certain time.

Hablábamos mientras tocaba la orquesta.	*We were talking while the orchestra was playing.*
—¿Qué hacías en la cocina? **—Fregaba los platos.**	*"What were you doing in the kitchen?" "I was washing the dishes."*

2. To express repeated or customary past actions, as the equivalent of *used to, would + verb.**

Íbamos a la playa con frecuencia en esa época.	*We would go to the beach often then.*
Por lo general, nos escondíamos para tirarles piedras.	*Usually, we hid to throw rocks at them.*

3. To describe and characterize in the past.

Se llamaba Efrén; era un muchacho alto y robusto y tenía unos puños pesados como mazas.	*His name was Efrén; he was a tall, robust boy and he had fists as heavy as clubs.*
El cuarto estaba oscuro y silencioso y olía a rosas.	*The room was dark and quiet and it smelled of roses.*

There was, there were have a descriptive character and are used in the imperfect generally. **Hubo** means in most cases *happened* or *took place.*

Había sólo tres casas en esa cuadra.	*There were only three houses on that block.*
Hubo tres fiestas en esa cuadra anoche.	*There were three parties on that block last night.*

Because of the descriptive character of the imperfect, Spanish speakers frequently employ it when recounting a dream they had or the plot of a movie they saw, even in cases that would call for a preterite in normal usage. Note Pérez Galdós' use of imperfects in *Doña Perfecta*, in the passage that describes Rosario's dream:

Oía el reloj de la catedral dando las nueve; **veía** con júbilo a la criada anciana, durmiendo con beatífico sueño, y **salía** del cuarto muy despacito para no hacer ruido; **bajaba** la escalera... **Salía** a la huerta... en la huerta **deteníase** un momento para mirar al cielo, que estaba tachonado de estrellas... **Acercábase** después a la puerta vidriera del comedor, y **miraba** con cautela a cierta distancia, temiendo que la vieran desde dentro. A la luz de la lámpara del comedor, **veía** de espaldas a su madre...

In a narration of real events, the verbs above would be in the preterite: **oyó, vio, salió**, etc.

4. To express emotional, mental, or physical states in the past. Thus, verbs that describe a state of mind, such as **amar, admirar, creer, estar enamorado (alegre, preocupado, triste**, etc.), **gustar, pensar, querer, odiar, temer**, and **tener miedo**, are generally used in the imperfect.

A Juan le gustaba mucho ese postre.	*Juan used to like that dessert very much.*
Isabel tenía miedo de ese perro porque ladraba continuamente.	*Isabel was scared of that dog because he barked all the time.*
Ella creía en Dios y lo amaba.	*She believed in God and loved Him.*

---

*Note, however, that *used to* does not always refer to customary actions, for it sometimes emphasizes that something was and no longer is. When this is the case, the stress is on the ending of the action and the preterite must be used.

Mi padre fue profesor de español, pero ahora es comerciante.	*My father used to be a Spanish teacher but he is now a merchant.*

All the preceding sentences use the imperfect because they describe mental attitudes and feelings. In the case of sudden reactions, however, the preterite is used, since the emphasis is on the beginning of the state of mind or feeling. (See rule 3 of the preterite.)

Juan probó ese postre, pero no le gustó.	*Juan tried that dessert but he didn't like it.* (Juan's dislike for that dessert started when he tried it.)
Cuando oyó ladrar al perro, Isabel tuvo miedo.	*Isabel was scared when she heard the dog barking.* (Isabel's fear started upon hearing the dog barking.)
En aquel momento, ella creyó en Dios.	*At that moment she believed in God.* (Her belief in God began as a result of what happened at that moment.)

The following two stanzas by Bécquer provide some examples of how a state of mind or feeling, normally expressed by the imperfect, requires the preterite when the speaker emphasizes its beginning. The poet describes here what he felt upon hearing that his beloved had betrayed him:

> Cuando me lo *contaron sentí* el frío
> de una hoja de acero en las entrañas,
> *me apoyé* contra el muro, y un instante
> la conciencia *perdí* de dónde estaba.
> *Cayó* sobre mi espíritu la noche;
> en ira y en piedad *se anegó* el alma...
> ¡Y entonces *comprendí* por qué se llora,
> y entonces *comprendí* por qué se mata!

5. To express in the past: time of day, season, etc.

Aunque eran sólo las seis, ya era de noche.	*Although it was only six o'clock it was already dark.*
Era primavera y todos nos sentíamos jóvenes.	*It was springtime and we all felt young.*

6. After verbs that quote indirectly (indirect discourse) in the past.

Juanita dijo que quería ayudarte.	*Juanita said that she wanted to help you.*
Dijeron que iban de compras.	*They said that they were going shopping.*

Recapitulation

Observe the use of the preterite and the imperfect in the following passages.

Me *levanté* sobresaltado, me *asomé* a la ventana, y *vi* desfilar mucha gente con carteles gritando: ¡Muera el tirano! ¡Viva la libertad! *Salí* a la calle y *observé* por todas partes gran agitación y alegría. En la plaza central de la ciudad, se *apiñaba* la multitud escuchando el discurso que, desde una plataforma, *improvisaba* un exaltado ciudadano. Cuando el hombre *terminó* de hablar, un grupo de gente *entró* en el ayuntamiento. Alguien *arrojó* a la calle el retrato del Presidente, que se *hallaba* en el salón principal del edificio, y el populacho se *apresuró* a hacerlo pedazos.

The first five verbs in italics are preterites. They are a summary of the actions completed by the speaker: He got up, he looked out the window, he saw the people parading, and then he went out in the street and observed certain activities. At this point the imperfect is used to describe what was going on:

En este anuncio de Venezuela vemos que en los países hispánicos, al igual que en los Estados Unidos, se reconoce hoy la gran importancia de las computadoras como ayuda en el aprendizaje.

Más allá del petróleo...

Desarrollamos nuestra principal riqueza: los niños.
Y a ellos dedicamos el programa Tricolor, una forma muy amena de aprender nuevos conocimientos jugando con la computadora. Porque Tricolor es mucho más que un método de aprendizaje, pionero en Latinoamérica, que sorprende día tras día a los alumnos de nuestras escuelas en los estados Zulia y Falcón; es una firme propuesta para poner en sus manos un gran futuro.

maraven
FILIAL DE PETROLEOS DE VENEZUELA

Foto: Pablo Krisch

people were crowded together and a citizen was improvising a speech. Once the speech ended (preterite, end of an action) a group of people entered (a completed action) city hall. Someone threw out into the street (a completed action) the portrait of the president that was (imperfect, to describe location) in the main room of the building and the populace rushed to tear it to pieces (preterite, beginning of an action).

Aquel día *cené* mejor de lo que *pensaba*, porque el hombre me *llevó* a su casa y su familia, que se *componía* de dos hijos y una vieja cocinera, me *recibió* con hospitalidad.

The preterites **cené, llevó,** and **recibió** refer to completed actions. **Pensaba** and **componía** are imperfects: the first one refers to a mental action; the second one has a descriptive nature.

𝒜 plicación

A ¿*Cómo era su vida cuando era niño/a? ¿Dónde vivía? ¿Quiénes eran sus amigos? ¿Qué deportes practicaba? ¿Qué le gustaba hacer? ¿Cuáles eran sus comidas favoritas?*

B *De las frases y verbos que se dan en la parte (a), escoja los que le parezcan más apropiados para describir cómo se sentían las diez personas de la parte (b), y forme oraciones con ellos, añadiendo algo original.*

(a)
amar, detestar, dudar, estar confuso/a, (emocionado/a, exhausto/a, nervioso/a, orgulloso/a, sorprendido/a), imaginar, planear un viaje de vacaciones, querer estrangular, querer llorar, querer vengarse, sentir una gran pena, sentirse optimista, soñar, tener dolor de cabeza, tener miedo, tratar de decidir

(b)
1. un muchacho a quien otro chico le había dado dos puñetazos
2. un estudiante que recibió un premio de excelencia
3. un importante hombre o mujer de negocios que tenía muchas responsabilidades y tensión en su trabajo
4. una madre cuyo hijo había muerto
5. dos novios que se reunieron después de una separación
6. una señora que acababa de comprar un billete de lotería
7. una joven que estudió por más de seis horas consecutivas para un examen
8. dos jovencitas que escogían un vestido elegante para una fiesta
9. un chofer que iba de noche por una carretera que no conocía
10. una niña que accidentalmente rompió una de las copas finas de su madre

---

VERBS WITH DIFFERENT MEANINGS IN THE IMPERFECT AND THE PRETERITE*

IMPERFECT		PRETERITE	
conocía	*I knew, I was acquainted with*	conocí	*I met, made the acquaintance of*
costaba	*it cost (before purchasing)*	costó	*it cost (after purchasing)*
podía	*I could, was able to (I was in a position to)*	pude	*I was able to (and did)*
no podía	*I was not able to, could not*	no pude	*I tried (but couldn't)*
quería	*I wanted to, desired to*	quise	*I tried to*
no quería	*I didn't want to*	no quise	*I refused, would not*
sabía	*I knew, knew how to, had knowledge that*	supe	*I learned, found out*
tenía	*I had (in my possession)*	tuve	*I had, received*
tenía que	*I had to (but did not necessarily do it)*	tuve que	*I had to (and did do it)*

---

*Sometimes the preterites of these verbs retain their original meanings.
Siempre supe que ibas a triunfar.   *I always knew that you were going to succeed.*

No conocía al Dr. Rodríguez; lo conocí ayer en casa de Juan.

I didn't know Dr. Rodríguez; I met him yesterday at Juan's.

Carmen no quiso comprar las entradas, porque costaban mucho.

Carmen refused to buy the tickets because they cost too much.

Tuve carta de Susanita ayer.

I received a letter from Susanita yesterday.

No pude venir el lunes a clase porque tuve que acompañar a mi madre al médico.

I couldn't come to class on Monday because I had to accompany my mother to the doctor.

Compré los libros que tenía que comprar, pero me costaron $160.

I bought the books I had to buy (was supposed to buy), but they cost me $160.

(Note that when Spanish speakers say **tenía que comprar** they are not thinking of the completion, only of the obligation.)

A plicación

A **Situaciones y explicaciones.** *Escoja la forma verbal correcta según la situación que se describe.*

1. Ud. hizo un viaje a España y su amigo Enrique le dio dinero para que le trajera un diccionario Espasa-Calpe.

   a. Ud. no lo trajo y le explica a Enrique: Lo siento; me diste $50 y el diccionario (costaba/costó) $65. Yo (tenía/tuve) poco dinero y no (podía/pude) poner la diferencia de mi bolsillo.

   b. Ud. compró el diccionario y le explica: (Podía/Pude) comprar el diccionario porque llevaba mi tarjeta de crédito. Pero me debes $15 porque (costaba/costó) $65.

2. El padre de su mejor amigo murió recientemente. Ud. se encuentra a su amigo en la calle y le dice:

   a. Siento mucho no haber ido al entierro de tu padre, pero no (sabía/supe) que había muerto; lo (sabía/supe) ayer por Jaime.

   b. ¡Cómo siento la muerte de tu padre! (Sabía/Supe) la noticia antes del entierro, pero no (podía/pude) ir porque (tenía que/tuve que) hacer un trabajo de urgencia ese día en mi oficina y no (quería/quise) tener problemas con mi jefe.

3. Como presidenta del Club de Español, Ud. va al aeropuerto a recibir a Consuelo Jordán, una joven escritora sudamericana que va a hablar en su universidad. Ud. regresa del aeropuerto y comenta con los otros miembros del club:

   a. ¡Qué tragedia no haber encontrado a la señorita Jordán! Como no la (conocía/conocí) y (sabía/supe) que no (podía/pude) encontrarla fácilmente entre tanta gente, (quería/quise) que la llamaran por el altavoz, pero el empleado de información no (quería/quiso) hacerlo.

   b. ¡Qué persona encantadora es Consuelo Jordán! Cuando la (conocía/conocí) en el aeropuerto, me pareció que éramos viejas amigas. Me dijo que (podíamos/pudimos) almorzar juntas un día y que (podía/pude) llamarla Consuelo en vez de Srta. Jordán.

4. Carmita cumplió ocho años ayer. Conversa con su amiguita Lucía y le dice:

   (Tenía/tuve) muchos regalos de cumpleaños, pero yo (quería/quise) una bicicleta nueva y mi padre no (quería/quiso) comprármela. Dijo que la bicicleta que yo (tenía/tuve) todavía estaba en muy buenas condiciones.

B **Soy un cobarde.** *Complete con el pretérito o el imperfecto de cada infinitivo.*

1. Cuando (bajar) _____ del taxi, el portero del hotel (tomar) _____

   mis maletas y me (saludar) _____ amablemente.

2. El hotel (ser) _____ un edificio grande y blanco y (tener) _____

   preciosos jardines alrededor.

3. (Subir) _____ la escalinata de mármol, (entrar) _____ en el

   vestíbulo y me (inscribir) _____ en la recepción.

4. Mi habitación (estar) _____ en el tercer piso. Mi primera impresión

   (ser) _____ negativa, porque (tener) _____ muebles muy antiguos

   y las paredes (estar) _____ pintadas de marrón.

5. (Estar) _____ muy cansado y (sentir) _____ enormes deseos de

   tirarme en la cama, pero como (ser) _____ temprano, (decidir)

   _____ sentarme antes un rato en la terraza del café.

6. En aquella época yo (padecer) _____ de insomnio y (pensar) _____ que si me (acostar) _____ a esa hora, (ir) _____ a pasar la mitad de la noche despierto.

7. En la terraza (haber) _____ varias personas. Me (sentar) _____ en una mesa apartada y (pedir) _____ un vaso de leche.

8. (Mirar) _____ a una mesa cercana, donde (estar) _____ una muchacha delgada y un hombre alto y feo. La muchacha (llorar) _____ y el hombre la (mirar) _____ indiferente.

9. La muchacha y el hombre se (levantar) _____. Ella (andar) _____ de una manera extraña.

10. De pronto, (saber) _____ por qué andaba así la muchacha. El hombre la (empujar) _____. (Notar) _____ que (llevar) _____ un revólver bajo el impermeable y le (apuntar) _____ a la chica con él.

11. Sé que (deber) _____ haber hecho algo, pero no lo (hacer) _____ porque soy un cobarde.

12. Me (quedar) _____ inmóvil en la mesa hasta que los dos se (ir)_____. (Esperar) _____ unos diez minutos, y entonces (subir) _____ a mi habitación.

13. (Estar) _____ todavía impresionado por la escena del café. Por eso, (mirar) _____ debajo de la cama y dentro del ropero. (Suspirar) _____ aliviado cuando (comprobar) _____ que no (haber) _____ nadie.

14. (Cerrar) _____ la puerta con doble llave y me (acostar) _____.

15. La cama (ser) _____ demasiado dura y yo (dar) _____ vueltas y vueltas en ella tratando de dormirme.

16. (Sentir) _____ vergüenza y remordimiento por no haber ayudado a la chica. No (poder) _____ dormir en toda la noche.

C *Cambie las siguientes oraciones al pasado, decidiendo entre el pretérito y el imperfecto.*

1. La niña viene corriendo calle abajo y al verme en la puerta se detiene.
2. El gato duerme. Me acerco a él y le paso la mano varias veces por el lomo.

3. El barco se hunde cuando está llegando a Veracruz.

4. La maestra me mira las orejas y en ese momento me alegro de habérmelas lavado.

5. De pronto, una nube negra cubre el sol y se oye un trueno.

6. Su corazón late muy rápido cada vez que mira a su vecina.

7. El niño llora a gritos y la madre tiene una expresión triste en la cara.

8. Desde la ventana contemplamos los copos de nieve que se acumulan en las ramas.

9. Los soldados que suben por el sendero van pensando en su familia.

10. Detesta esas reuniones y siempre que lo invitan da la misma excusa para no ir.

11. Son tantas las dificultades con el coche que lo dejan allí, y allí permanece dos días.

12. El recepcionista pone cara de sorpresa cuando ve tanta gente.

13. El enfermo está muy grave. El médico que lo atiende no me da esperanzas.

14. Don Pepe es un viejecillo simpático, que sonríe constantemente y les cuenta cuentos fantásticos a los chicos del barrio.

D *Sustituya las palabras en cursiva por las que están entre paréntesis, cambiando el verbo principal si es necesario.*

Modelo: *Siempre* comíamos a las seis de la tarde. (el martes pasado)

   → *El martes pasado comimos* a las seis de la tarde.

1. Hablábamos con él *a menudo*. (la semana pasada)

2. Estabais en su casa *en aquel momento*. (poco tiempo)

3. Fuimos al cine *ayer*. (a veces)

4. *Cuando ella era niña* recibía muchos regalos. (en su último cumpleaños)

5. Pérez tuvo mucho dinero *en su juventud*. (cuando lo conocí)

6. Pepe la amó en silencio *por muchos años*. (toda la vida)

7. *Frecuentemente* me sentía optimista. (de repente)

8. Tú no pensabas *nunca* en mí. (una sola vez)

9. *Ayer* trajiste el libro de español a clase. (todos los días)

10. Doña Esperanza era maestra de mi hijo *entonces*. (algunos meses)

11. *Siempre* llegábamos tarde a clase. (frecuentemente)

12. *De pronto*, pensé que ese chico no era tan temible. (a veces)

E *Cambie al pasado.*

1. **Mi viaje a Santa Rosa.**

   El despertador suena y suena mientras yo escondo la cabeza debajo de la almohada resistiéndome a despertar. Estoy soñando que soy bombera y que la alarma anuncia un fuego que mis compañeros y yo debemos apagar, pero que estoy paralizada y no puedo mover los pies. Tardo más de cinco minutos en darme cuenta de que el sonido viene de mi mesa de noche y no de una alarma de incendios.

Me lavo y me visto precipitadamente. No tengo tiempo para preparar el desayuno. Viajo muy temprano a Santa Rosa porque mi tía, que vive sola, me escribe que está enferma y me necesita. Por fin lista, miro mi reloj de pulsera. ¡Qué tarde es! El autobús sale a las siete y sólo faltan veinte minutos. No vale la pena llamar un taxi porque vivo a sólo diez cuadras de la estación, así que tomo mi maleta—que afortunadamente no pesa mucho—, cierro con llave la puerta de entrada y echo a correr.

No hay nadie en la calle tan temprano porque es domingo. Es otoño y amanece tarde; todavía el cielo está oscuro. Yo ando tan rápido como me lo permiten mis piernas. Cuando estoy a mitad de camino, un gato madrugador cruza veloz frente a mí. En el patio de una casa, un gallo canta tres veces.

Llego antes de las siete a la estación terminal de autobuses, pero estoy tan agitada por la carrera, que apenas puedo respirar. Consulto el horario que está en la pared. Efectivamente, allí dice que el autobús para Santa Rosa sale a las siete de la mañana. Miro a mi alrededor. Hay un autobús estacionado en el otro extremo de la estación terminal y cerca de él veo a cuatro o cinco pasajeros que esperan en los bancos. Un niño duerme en el regazo de su madre y ella inclina la cabeza, un poco dormida también. En mi sección de la estación, sin embargo, estoy yo sola, y esto me parece muy extraño.

Junto a mí pasa un viejecillo pequeño y delgado, que lleva un uniforme azul desteñido y aprieta en la mano derecha un llavero enorme. —Un empleado—me digo—y le pregunto al viejo si el autobús para Santa Rosa viene retrasado. —No, señorita, —contesta, y consulta la hora en un reloj antiguo que saca del bolsillo de su pantalón. Pero el viejo añade que mi espera va a ser larga porque apenas son las seis. ¡Las seis! Dirijo la vista a mi muñeca. Yo tengo las siete. El viejecillo sonríe y aclara mi confusión. Me recuerda que la hora de verano ha terminado la noche anterior y que hay que atrasar una hora los relojes. Todo va a tener un final feliz, después de todo. Pero ¡qué lástima! A causa de mi error con respecto a la hora, no puedo apagar el fuego.

2. Los recién casados.

Su luna de miel es un largo escalofrío. Rubia, angelical y tímida, el carácter de su marido hiela sus soñadas niñerías de novia. Ella lo quiere mucho, sin embargo, aunque a veces con un ligero estremecimiento cuando volviendo de noche juntos por la calle, echa una furtiva mirada a la alta estatura de Jordán, mudo desde hace una hora. Él, por su parte, la ama profundamente, sin darlo a conocer.

La casa en que viven influye no poco en sus estremecimientos. La blancura del patio silencioso produce una otoñal impresión de palacio encantado. Dentro, el brillo glacial del estuco afirma aquella sensación de desapacible frío. Al cruzar de una pieza a otra, los pasos hallan eco en toda la casa.

No es raro que ella adelgace. Tiene un ligero ataque de influenza que se arrastra días y días; Alicia no se repone nunca. Al fin una tarde puede salir al jardín. Mira indiferente a uno y otro lado. De pronto, Jordán le pasa muy lento la mano por la cabeza, y Alicia rompe en seguida en sollozos. Llora largamente todo su espanto callado.

F **Un accidente automovilístico.** *Imagine que Ud. presencia un choque múltiple entre dos automóviles y un camión, y debe declarar como testigo. Describa qué tiempo hacía, cómo era el sitio del accidente, dónde estaban Ud. y las otras personas, cómo fue el accidente, quién tuvo la culpa, qué hizo cada persona, etc.*

Ampliación léxica

LOS NOMBRES DE GOLPES Y HERIDAS

En la lectura, los golpes con las piedras que lanzan los chicos son **pedradas**. Al final, las enfermeras le dan **pinchazos** al narrador. Los sufijos **-ada** y **-azo** se añaden frecuentemente al nombre del instrumento o parte del cuerpo que se usa, o a la parte del cuerpo afectada, para referirse al golpe o a la herida producida.

Otros nombres se forman de manera irregular: **apretón** (*squeeze*), **empujón** (*push*), **mordisco** (*bite*), **paliza** (*beating, series of blows with a stick*), **pellizco** (*pinch*).

Cuando se describe una pelea, ataque, etc., se usa la preposición **a** + el sustantivo para describir la manera en que se realiza la acción.

El asesino mató a su víctima *a hachazos.*	*The murderer **axed** his victim.*
Me sacaron del cuarto *a empujones.*	*They got me out of the room by **pushing me**.*

Aplicación

A *Diga qué instrumento o parte del cuerpo está relacionado con cada palabra.*

balazo	machetazo	cachetada
batazo	manotazo	cornada
cabezazo	martillazo	cuchillada
codazo	navajazo	dentellada
correazo	palazo	lanzada
culatazo	pinchazo	palmada
hachazo	rodillazo	patada
ladrillazo	zapatazo	puñalada

B *Reemplace las palabras en cursiva con el nombre apropiado del golpe o herida.*

1. Ese pobre chico tenía un padre muy cruel, que le daba a veces *golpes con un palo y con una correa.*

2. En la revolución, el pueblo luchaba como podía, dando *golpes con los machetes*, dando *golpes con bates*, o *tirando ladrillos y piedras* (a...). Los soldados, bien armados y entrenados, les daban *con la culata de sus rifles* o disparaban contra ellos. Muchas personas tenían *heridas de bala* en diferentes partes del cuerpo.

3. Los *golpes del hacha* del hombre que cortaba el árbol y *el ruido repetido del martillo* del carpintero me despertaron muy temprano.

4. Luisita: Mamá, Elvira me dio un *golpe con el codo y uno con la cabeza*; también me dio *un golpe con la mano*. Elvira: No es verdad, mamá. Ella empezó. Me dio *un golpe en el cachete* y *varios golpes con los pies*.

5. El torero está grave; tiene *una herida de cuerno* en el pecho.

6. La víctima tenía *heridas de cuchillo* y *de lanza* en todo el cuerpo.

7. Cuando me dio *varias veces con la palma de la mano* en la espalda, sentí el dolor de *una herida con un pincho*; era su anillo.

8. Era una lucha desigual: el perro se defendía *mordiendo (a...)* pero ya tenía *varias heridas de navaja* y estaba lleno de sangre.

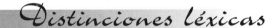

Distinciones léxicas

SOLER

El verbo **soler** se usa sólo en los tiempos presente e imperfecto y sus dos significados básicos son:

1. con referencia a seres vivos, **tener costumbre**.

2. con referencia a hechos o cosas, **ser frecuente**.

Observe en los ejemplos siguientes los equivalentes de este verbo en inglés.

Solemos estudiar antes de un examen.	*We generally (usually) study before a test.*
Antes solíamos ir mucho al cine, pero ahora vamos poco.	*We used to go (we were in the habit of going, we were accustomed to going) to the movies a lot before but now we seldom go.*
En Suiza suele nevar mucho en invierno.	*In Switzerland it generally (frequently, usually) snows a lot in winter.*

ACABAR DE

Presente de **acabar de** + infinitivo = *have (has) just (done something)*
Imperfecto de **acabar de** + infinitivo = *had just (done something)*

Acaban de recibir el paquete que les envié.	*They have just received the package I sent them.*
Acabábamos de salir cuando empezó a llover.	*We had just left when it began to rain.*

POR POCO

Por poco + verbo en el presente = *almost* + past-tense verb

Al volver a verlo por poco me desmayo.	*On seeing him again I almost fainted.*

Aplicación

A *Complete de una manera original.*

1. Tengo un amigo que es muy distraído. Suele...
2. Es extraño que esté nevando hoy. Aquí no suele...
3. Le gustaban mucho los deportes y solía...
4. Cuando estábamos en la escuela secundaria solíamos...
5. Los sábados, si tengo dinero, suelo...
6. ¿Sueles tú...?
7. Antes Ud. solía...
8. Mi familia solía...

B *Conteste las preguntas de manera afirmativa usando* **acabar de** *en el presente.*

1. ¿Ya llegó su tío de la Argentina?
2. ¿Han visto Uds. esa película?
3. ¿Ya inauguraron el nuevo edificio?
4. ¿Llamó Manuel a sus padres?
5. ¿Repartió el cartero la correspondencia?
6. ¿Lavó Ud. los platos?

C *Vuelva a escribir los siguientes pasajes, reemplazando el pretérito pluscuamperfecto con la construcción* **acabar de** *+ infinitivo en el pasado.*

1. Me había tirado en la cama para ver cómodamente la televisión, cuando mi compañero de cuarto entró, muy nervioso, y me contó que el pescado que habíamos comido en la cena estaba malo y que habían llevado a seis estudiantes al hospital. De repente, di un grito. Había sentido una punzada terrible en el estómago.

2. El piloto había quitado el anuncio de abrocharse el cinturón de seguridad y yo había respirado, aliviada. ¡Estábamos en el aire! Entonces una voz dijo: «¡No se mueva!» Mis ojos buscaron a la persona que había hablado, pensando que se trataba de un secuestrador de aviones. Pero no, era el señor sentado detrás de mí, que había visto una avispa cerca de mi cabeza.

D *Haga un comentario original usando* **por poco** *y basándose en los datos que se dan en cada caso.*

1. Había llovido y la carretera estaba resbaladiza.
2. Tomábamos un examen y yo miraba el papel de Gonzalo, cuando el profesor levantó la cabeza del libro que leía.
3. Ayudaba a mi madre a poner la mesa y llevaba varios platos, cuando tropecé.

4. Yo no quería decirle la verdad a Joaquina, pero ella me seguía preguntando.

5. Él tenía el número 585 en la lotería y salió el número 584.

6. Josefina estuvo muy grave. Pasó tres días en la sala de cuidado intensivo.

7. Salimos de la oficina a las cinco y a las seis estalló un terrible incendio.

8. Los niños jugaban a la pelota en la acera y Ud. pasó en ese momento.

EQUIVALENTES EN ESPAÑOL DE LA PALABRA TIME

1. *time* = **tiempo** (en sentido general)

Trabajo mucho y no tengo tiempo para divertirme.	*I work a lot and I don't have time to enjoy myself.*
Hace mucho tiempo que conozco a Luisito.	*I have known Luisito for a long time.*

2. *time* = **hora** (en el reloj)

¿A qué hora llegaste a casa anoche?	*At what time did you get home last night?*

3. *time* = **vez, veces** (para indicar ocasión o frecuencia)

He estado en México sólo una vez.	*I have been to Mexico only once.*
Jacinto, te advierto por última vez, que no quiero que juegues con ese niño.	*Jacinto, I warn you for the last time that I don't want you to play with that boy.*

4. Algunas frases que usan la palabra *time* tienen los siguientes equivalentes en español:

a.	a la vez, al mismo tiempo	*at the same time*
b.	anticuado/a	*old-fashioned, behind the times*
c.	a tiempo	*on time*
d.	a veces	*at times*
e.	de vez en cuando, de cuando en cuando	*from time to time*
f.	decir la hora	*to tell time*
g.	en muy poco tiempo, en seguida	*in no time, at once*
h.	edad	*time of life*
i.	hora de verano	*daylight saving time*
j.	nuestra época	*our times*
k.	por	*times (multiplied by)*
l.	pasar un (buen) mal rato	*to have a (good) bad time*
m.	ser hora de	*to be time to*
n.	una y otra vez	*time after time, over and over again*
o.	ya es (era) hora	*it is (was) about time*

A veces no llego a tiempo a mis citas.	*Sometimes I don't get to my appointments on time.*
Su pedido estará listo en seguida.	*Your order will be ready in no time.*
Carlos aprendió a decir la hora a los seis años.	*Carlos learned to tell time at the age of six.*
Es hora de irnos, seguía repitiendo ella una y otra vez.	*It's time for us to go, she kept repeating time after time.*

Aplicación

A *Conteste incluyendo en su respuesta uno de los modismos anteriores.*

1. Cuando tú llegaste tarde a tu cita ayer, ¿qué te dijo tu novio/a?
2. ¿Vas a terminar de estudiar pronto?
3. ¿Puedes leer mientras ves televisión?
4. ¿Cuántos son seis por seis?
5. ¿Te divertiste en la última fiesta a la que fuiste?
6. ¿Vas a menudo a los museos?
7. ¿Llegan tarde a veces las personas puntuales?
8. ¿En qué época pasada o futura preferirías vivir?
9. ¿Por qué adelantas tu reloj una hora en el mes de mayo?
10. Si estás cansado de un ejercicio, ¿qué comentas cuando llegamos a la última pregunta?

B *Exprese en español.*

1. Pepito is a smart boy and he learned to tell time in no time.
2. From time to time I like to buy raisin bread.
3. My mother scolds me time after time because I get up late for school.
4. You are behind the times. It is about time for you to adjust yourself to our times. (*Use subjunctive in second clause.*)
5. It is time that you realize that time is money.
6. I can talk on the phone and type at the same time so the letter will be ready in no time.

PARA ESCRIBIR MEJOR

Observaciones sobre la ortografía española

Usted evitará muchos errores ortográficos si tiene en cuenta los siguientes datos:

1. Las consonantes dobles son muy raras en español, en tanto que abundan en inglés. Ejemplos: **asesinar**/*to assassinate*, **atención**/*attention*, **apreciar**/*to appreciate*
2. Una **n** doble ocurre en algunas palabras como **innovación, perenne**, y en formas verbales como **den** + **nos** (que se escribe **dennos**). En estos casos generalmente se pronuncian las dos enes.
3. La **c** doble ocurre sólo antes de **i** o **e** y cada **c** tiene un sonido distinto: **accidente** (**k** + **th** o **k** + **s**).

4. La ortografía de ciertos sonidos consonánticos difiere según la vocal que les sigue:

Sonido de	A	E	I	O	U
k	ca	que	qui	co	cu
g	ga	gue	gui	go	gu
gw	gua	güe	güi	guo	
h	ja	ge, je	gi, ji	jo	ju
th, s	za	ce	ci	zo	zu

Lea estos ejemplos en voz alta, fijándose en la relación sonido/grafía.

casa	queso	quinta	como	cuna
gato	guerra	guitarra	goma	gula
guasa	Camagüey	pingüino	antiguo	
jamón	gema, jeta	giro, ají	joven	junio
zapato	cena	cinco	zócalo	zumo

Las combinaciones **z + e** y **z + i** son sumamente raras en español. Por esta razón, las normas ortográficas requieren cambios tales como **lápiz > lápices**; **cruzar > cruce Ud.**

Las normas anteriores producen algunos de los cambios ortográficos que se dan en la conjugación de muchos verbos. Las tablas que siguen resumen los cambios más frecuentes.

ANTES DE E

$\mathcal{L}$os verbos cuyos infinitivos

TERMINAN EN	CAMBIAN	EN	EJEMPLOS
-car	c > qu	1.ª persona	mascar
-gar	g > gu	sing. pret.	pagar
-guar	gu > gü	y todo el	atestiguar
-zar	z > c	presente de subjuntivo	avanzar

ANTES DE O, A

$\mathcal{L}$os verbos cuyos infinitivos

TERMINAN EN	CAMBIAN	EN	EJEMPLOS
-ger	g > j	1.ª persona	proteger
-gir	g > j	sing. presente	fingir
-quir	qu > c	de indicativo	delinquir
-guir	gu > g	y todo el	extinguir
consonante + cer	c > z	presente de	convencer
consonante + cir	c > z	subjuntivo	zurcir
vocal + cer	c > zc		nacer
vocal + cir	c > zc		traducir

Las mismas reglas se ven en la formación de ciertos superlativos absolutos.

Adjetivos o adverbios que

TERMINAN EN	CAMBIAN	ANTES DE	EJEMPLOS
-co	c > qu		riquísimo
-go	g > gu	-ísimo	larguísimo
-z	z > c		felicísimo

ALGUNAS CORRESPONDENCIAS ORTOGRÁFICAS FRECUENTES

INGLÉS	ESPAÑOL	EJEMPLOS
1. *ph*	**f**	*philosophy*/**filosofía**
2. *th*	**t**	*theology*/**teología**
3. *mm*	**nm**	*immobile*/**inmóvil**
4. *s* + consonante al principio de palabra	**es** + consonante	*school*/**escuela**
5. *-tion*	**-ción**	*nation*/**nación**
6. *chl*	**cl**	*chlorine*/**cloro**
7. *(s)sion*	**-sión**	*passion*/**pasión**
8. *psy*	**si***	*psychology*/**sicología**
9. *trans*	**tras**	*transplant*/**trasplantar**

*Algunos hispanoparlantes conservan la **p** (por ejemplo, **psicología**).

Aplicación

A *Escriba el mandato formal (de **Ud.**) de los siguientes verbos:* **sacar, alcanzar, llegar, averiguar.**

B *Escriba el imperativo negativo (**tú**) de los verbos que siguen:* **coger, distinguir, vencer, lucir, delinquir, dirigir, conocer, esparcir.**

C *Dé el superlativo absoluto de los adjetivos y adverbios contenidos en las frases siguientes.*

vendedor tenaz	niño precoz	¿lejos o cerca?
pescado fresco	discursos parcos	sábanas blancas
mujeres flacas	poco dinero	palabras vagas
joven audaz	medicina amarga	detective sagaz

D *Escriba los equivalentes españoles de las siguientes palabras.*

immediate	psychopathic	chloroform	schizophrenic
transcendence	space	mission	pharmacy
immigration	psychosis	chlorophyll	choleric
spectator	thyroid	Philadelphia	phonology
sclerosis	transmutation	commission	immunization

T r a d u c c i ó n

A CHILDHOOD EPISODE

I don't remember exactly how old I was when it happened. Perhaps ten or eleven, since the Coyárez were no longer living in my neighborhood when I turned twelve. There was a fire in their house and they had to move out.

There were five children in the Coyárez family and the youngest, Pablito, was more or less my age. When I met him, I liked him instantly and we soon were excellent friends.

We both attended the school of the Marist Brothers.* I remember that when Brother Crispín called out his family name in class for the first time, several kids smiled, for it sounded like "necklaces." Brother Crispín noticed the smiles and he made Pablito spell out his last name. He then stressed that it was written with *y* and *z*, not with *ll* and *s*.

The other strange thing in Pablito's life, besides his last name, was his grandfather. Old Coyárez was a tall, thin man who always seemed to be in a bad mood and seldom talked. He smoked constantly and his cigars smelled very bad. He had worked for many years at a funeral home and he had a somber expression in his eyes. I couldn't explain why but I found Pablito's grandfather very unpleasant and I always avoided running into him.

Pablito and I had (*emplee* **soler**) very good times together. One Friday afternoon, we went swimming in the river after school. We had just gone into the water when someone stole my books. It happened very quickly; the thief ran away and we couldn't see him well. Pablito was lucky; his books were behind a bush and the thief didn't see them. I was very worried and didn't know what to do. Those were hard times and I knew my parents were having financial problems. When I got home and told my father, he became (*emplee* **ponerse**) so furious that he almost hit me. He said that books cost a lot of money and he couldn't afford that extra expense. Besides, I had to learn to be more careful with my belongings, he said.

Since my father refused to buy me new books that weekend, I went to school empty-handed on Monday. I felt very embarrassed, but what could I do? After lunch, Brother Crispín called me. "Pablito's grandfather found out you were robbed," he explained. "He has just sent you this." And he gave me a brown package that contained four new books.

*T*emas para composición

1. Continúe la narración que acaba de traducir. ¿Cómo reaccionó el chico ante la generosidad de una persona que él detestaba? Seguramente fue a darle las gracias. ¿Cómo fue la entrevista de ellos? Y los padres del narrador, ¿qué hicieron y qué dijeron cuando él llegó con los libros nuevos?

2. Su mejor amigo/a cuando era niño/a. ¿Cómo era? ¿Cómo se conocieron? ¿En qué actividades solían participar juntos? ¿Cómo era la familia de su amigo/a? ¿Se siguen viendo Uds.? ¿Dónde está su amigo/a y qué hace?

3. Un episodio interesante de su niñez. ¿Pasó algo extraordinario en su casa o en su escuela? ¿Tuvo en alguna ocasión problemas con alguien? ¿Fue Ud. o alguien de su familia víctima de algún delito?

---

*Generalmente en los países hispánicos, sólo los niños muy pobres van a las escuelas públicas. Las escuelas privadas son muy numerosas y son católicas en su mayoría. Las niñas van a escuelas de monjas y los niños a escuelas de curas o hermanos.

4. ¿Tenía Ud. un/a amigo/a imaginario/a en la época de su niñez? ¿Cómo era? ¿Por qué inventan amigos imaginarios algunos niños?

5. La fantasía predilecta de su niñez. ¿Era de tipo socioeconómico? ¿De tipo físico? ¿Con respecto a su futura profesión? ¿Se ha realizado ya alguna fantasía de su época de niño/a? ¿Espera que se realice alguna?

6. Las fantasías son sólo uno de los muchos métodos para evadir realidades desagradables. ¿Qué otros métodos le parecen a Ud. eficaces? ¿Qué método o métodos utiliza Ud.?

$\mathcal{C}$APÍTULO 2

En este artículo de la revista *Tú*, publicada en los Estados Unidos, una periodista entrevista a una chica que roba cosas en las tiendas y, basándose en sus respuestas, analiza su caso y los posibles motivos de su conducta.

Para comprender mejor

El vocabulario de este artículo no es literario, sino de la vida diaria, por eso Ud. va a encontrar muchas expresiones coloquiales que tal vez no conozca. Por ejemplo: *Allá ellos, Yo estoy en lo mío, Andan en su onda*, etc. Busque estas expresiones antes de leer. (La traducción o definición del margen lo/a ayudará a encontrarlas.) Familiarícese con el significado de estas expresiones, y verá que la lectura le resultará más fácil.

Confesiones de una ladrona de tiendas

Vamos a llamarla Sonia. Tiene 17 años, pero aparenta° un par menos. Nos cuenta que adora a Madonna, no se pierde una película de Sylvester Stallone... y que es muy buena para los «negocios».
5 Esto último lo dice con una sonrisa pícara y un gesto significativo de la mano. Su negocio «entre comillas» es robar en las tiendas. Sonia comenzó muy joven y su hábito ha ido en escalada. Al principio se llevaba chicles, un par de aretes, alguna baratija°. Hoy roba
10 joyas de fantasía fina°, blusas, faldas, jeans... «¡De todo!». Sonríe. Y nos muestra su botín más reciente: un reloj de Mickey Mouse, un cinturón de piel y una cartera de diseñador.
PERIODISTA: ¿Cómo empezó todo?
15 SONIA: Yo tenía doce años. Lo recuerdo muy bien porque estaba desesperada por un álbum de

parece tener

objeto de poco valor
joyas... costume jewelry

Madonna. Me cansé de pedírselo a mis padres y
siempre me salían con lo mismo°: «Ahora no tenemos
para eso». ¡El cuento de siempre! La verdad es que
20 mis padres andan en su onda°. Lo cómico es que se
creen que no me doy cuenta de lo que pasa.

PERIODISTA: ¿Qué es lo que pasa?

SONIA: Mi padre es un poco... Casanova, ¿me
entiendes? Y mi madre se la pasa persiguiéndolo. ¡Es
25 ridiculísimo! Allá ellos°. Yo estoy en lo mío°.

PERIODISTA: ¿Cómo te sentiste?

SONIA: ¿Durante el hecho? (*risas*) ¡Muy nerviosa!
Dudé° mucho; di un millón de vueltas por° la tienda y
por fin me dije: «¡Ya basta!» y lo eché en la bolsa.
30 Cuando salí de la tienda... me sentí poderosa. Yo
había «ganado» algo; no sé qué.

PERIODISTA: ¿Por qué volviste a hacerlo?

SONIA: Porque ya se me hizo más fácil°. Aprendí a
hacer las cosas «bien».

35 PERIODISTA: ¿Qué haces con las cosas que robas?

SONIA: Las uso. A veces se las regalo a mis amigos por
el cumpleaños o algo así. Le regalé a mi mamá una
bolsa de marca° y no se le ocurrió preguntarme de
dónde había sacado la plata° para comprarla. ¿En qué
40 planeta vive? ¿De dónde iba a sacar yo más de cien
dólares? (*risas*).

PERIODISTA: Vamos a imaginar lo peor. Un día te
sorprenden en el acto y... ¿qué pasa entonces?

SONIA: Pues... vamos a ver: me imagino que llaman a
45 la policía y después a mis padres (*ríe con picardía*).
Mis padres lloran, gritan, me amenazan... ¿Qué
horror! (*risas*). Supongo que entonces tratan de
hablarme, de aconsejarme... no sé.

PERIODISTA: ¿Tú te consideras ladrona?

50 SONIA: Oye, ya está bien°, ¿no? Yo no soy una
criminal. No se puede comparar robar un par de jeans
con vender marihuana o matar...

PERIODISTA: Las grandes tiendas por departamentos
reportan pérdidas de cientos de millones de dólares
55 anualmente por robos «pequeños» como los tuyos.
¿Sabes quién paga por eso? Gente como tus padres o
tus vecinos. Las tiendas se ven obligadas a° invertir en
cámaras ocultas, guardias de seguridad, etc.... y para
compensar el gasto les suben el precio a las
60 mercancías. Sé sincera. ¿De veras te sientes feliz
contigo misma? ¿Te respetas? ¿Estás orgullosa de lo
que haces?

SONIA: Mira, no quiero seguir con el tema°.

PERIODISTA: Está bien. Gracias por la entrevista,
65 Sonia.

---

siempre... they always came up with the same story
andan... are doing their own thing

Allá... That's their problem. / **Yo...** I am doing my thing

Vacilé / di... I walked around for a long time

se... fue más fácil para mí

de... con el nombre de un diseñador / dinero

ya... that's enough

se... tienen que

seguir... seguir discutiendo esto

ANÁLISIS DEL CASO

Aunque se ha convencido a sí misma de que roba en las tiendas «por deporte», la realidad es muy distinta. Sonia tiene una personalidad sumamente inmadura y actúa por impulso. Su conversación está
70 salpicado° de referencias a sus padres. Todo parece indicar que ella—aunque lo niega—desea ser atrapada°, porque de esta forma tendrá la completa atención de ellos. Otra característica de este caso es el deseo de revancha°: Sonia se venga de la poca
75 atención de sus padres haciendo algo indebido, que si se descubre los hará sufrir.

No todas las personas que roban en las tiendas lo hacen como una reacción a conflictos con sus padres; cada caso es único. Lo que sí queremos recalcar° es
80 que—por regla general—la persona que comete esta clase de delito lo hace por algún motivo personal que va más allá del deseo de robar impunemente°. Quizás trata de obtener algo de la vida... porque siente que ésta le debe algo; tal vez padece de un conflicto
85 emocional o un trauma sicológico. Muy pocas de estas personas carecen de la capacidad de distinguir entre el bien y el mal.

El robo aplaca° a la persona momentáneamente, («Me salí con la mía»°; «gané»), pero cuando pasa el
90 entusiasmo, se siente mezquina°, desleal, «poca cosa»°. No se respeta a sí misma. Y todos sabemos que el concepto que tenemos de nosotros mismos es la base que determina la calidad de nuestra vida. La persona que se siente «poca cosa» no tiene impulso para salir
95 adelante y triunfar, y cae en relaciones destructivas.

DE ÚLTIMA HORA

Poco antes de ir a la imprenta, nos llegó la noticia de que Sonia fue atrapada por un guardia encubierto°. Intentaba robarse un creyón° de labios. Tal como ella pronosticó°, sus padres lloraron, gritaron... y—por
100 primera vez en mucho tiempo—le dieron toda su atención. Pero la chica no es feliz. Nos confesó que se siente triste y humillada y que jamás volverá a cometer un robo. El juez le impuso una multa y seis meses de trabajo para la comunidad. Por supuesto, la
105 condena° es leve° porque Sonia es menor de edad y se trataba de su primer arresto. «Quiero empezar por cero»°, dice. «El juez recomendó terapia y voy a sacarle provecho. Sé que tengo algunos problemas por resolver conmigo misma y también con mis padres...»
110 Todo parece indicar que Sonia va por el buen camino.

llena

capturada

venganza

acentuar, enfatizar

sin castigo

contenta
Me... conseguí lo que quería / baja / insignificante

sin uniforme
lápiz
predicted

sentencia / ligera

por... de nuevo

Comprensión

1. ¿Qué entretenimientos le gustan a Sonia?
2. Nombre algunas de las cosas que ella ha robado.
3. ¿Cómo empezó Sonia a robar?
4. ¿Cómo son las relaciones de los padres de ella entre sí?
5. ¿Por qué siguió Sonia robando después de la primera vez?
6. ¿Qué hace con lo robado?
7. ¿Cuáles son algunas de las consecuencias de los llamados robos «pequeños»?
8. Según el análisis, ¿cuáles son los dos motivos verdaderos de los robos de Sonia?
9. ¿Por qué es importante el concepto que tenemos de nosotros mismos?
10. ¿Qué hicieron los padres de Sonia cuando fue atrapada la chica?
11. ¿Cuál fue la condena de Sonia? ¿Por qué es leve?
12. ¿Qué decisiones ha tomado Sonia?

Interpretación

1. ¿Cree Ud. que este artículo está basado en una persona real o que es ficción? ¿Por qué?
2. Antes de ser atrapada, ¿se avergonzaba o no Sonia de lo que hacía? ¿Por qué piensa Ud. así?
3. Sonia robaba cosas superfluas. ¿Por qué? ¿Es esto común en los cleptómanos?
4. ¿Qué nos dice sobre la madre de Sonia el episodio de la bolsa de marca?
5. Además de los conflictos familiares, ¿qué otros motivos puede tener un cleptómano?
6. ¿Fue demasiado leve la condena de Sonia? ¿Qué condena le habría impuesto Ud.?
7. ¿Cuál es su reacción personal ante Sonia y su conducta? ¿Lástima? ¿Desprecio? ¿Antipatía? ¿Censura? Explique.

Intercambio oral

A. Una persona está en una tienda y ve a una joven como Sonia coger una bufanda de seda de marca y meterla rápidamente en su bolsa. ¿Debe llamar a una empleada y decírselo discretamente? ¿Debe no hacer nada y marcharse de esa sección de la tienda? Los estudiantes explicarán el porqué de su opinión.

B. Además de los robos en las tiendas, hay otros también dañinos, como el de libros en las bibliotecas. ¿Roban muchos libros en la biblioteca de su universidad? ¿Por qué roban algunos estudiantes libros de la biblioteca? Otras veces, los estudiantes no roban el libro entero, sino que arrancan las páginas que les interesan. ¿Es esto menos serio, peor o igualmente grave? ¿Debe un estudiante acusar a un compañero que hace estas cosas? ¿Por qué (no)?

CANDIDO

C. Defienda o ataque las siguientes afirmaciones.

1. La mayor parte de los problemas de los adolescentes son el resultado de una vida familiar insatisfactoria. Cuando los padres se divorcian o se llevan mal, los hijos generalmente se comportan de manera anormal. Por otra parte, los adolescentes con padres y hogares felices, rara vez tienen problemas.

2. La obsesión consumista de nuestra sociedad es la raíz de la mayoría de los robos. Las personas roban porque quieren poseer las mismas cosas que tienen sus amigos y no disponen de dinero para comprarlas.

D. Una mujer anónima le envió recientemente a Ann Landers $260 en efectivo para que los devolviera en su nombre a una tienda porque se había llevado, distraída, mercancía con ese valor sin pagarla. ¿Es posible que una persona salga de una tienda olvidándose de pagar tanto dinero? ¿Y una cantidad más pequeña? ¿Qué motivos puede haber tenido esta mujer para llevarse la mercancía? ¿Y para pagarla después?

E. Cada día se hace un poco más difícil robar. ¿Qué precauciones toman los grandes almacenes para evitar los robos? ¿Y las bibliotecas? ¿Y los bancos? ¿Detienen estos métodos a los ladrones o les sirven de desafío al presentarles una operación difícil?

ℛ epaso léxico

Reemplace las palabras y expresiones en cursiva en la columna (a) con los sinónimos que se dan en la columna (b).

(a)

La ladrona, que *parece* ser muy joven, comenzó robando *cosas de poco valor* en las tiendas. Hoy roba costosos vestidos *con el nombre de un diseñador*. La conversación de esta chica está *llena* de alusiones a sus padres. La joven *predice* que ellos le darán su atención si la *capturan*. El sicólogo piensa que ella busca la *venganza* porque se siente olvidada por sus padres.

El robo *contenta* a la persona. El ladrón piensa que *hizo lo que quería*, pero más tarde se siente *insignificante* y *bajo*. El sicólogo *pone énfasis en* que si la persona sale del episodio *sin castigo*, va a seguir robando. Por el contrario, si la persona es atrapada, como en este caso, por un detective *sin uniforme* y recibe una *sentencia de castigo*, aunque sea *ligera, tendrá que* analizarse y empezar *de nuevo*.

(b)

a. aparenta
b. aplaca
c. atrapan
d. baratijas
e. condena
f. de marca
g. encubierto
h. impune
i. leve
j. mezquino
k. poca cosa
l. por cero
m. pronostica
n. recalca
o. revancha
p. salpicada
q. se salió con la suya
r. se verá obligada a

SECCIÓN GRAMATICAL

Ser

1. **Ser** means *to be* in the sense of *to exist*. Its primary function is to establish identity between the subject and a noun, a pronoun, or an infinitive used as a noun, in order to indicate who someone is or what something is.

En esas novelas el asesino es siempre el mayordomo.	*In those novels the murderer is always the butler.*
Fue él quien te llamó.	*He was the one who called you.*
Lo que más le gusta a ella es bailar.	*What she likes best is dancing.*

2. **Ser** is also used to indicate origin, ownership, material, or destination.

—¿De qué parte de Sudamérica eres?—No soy de Sudamérica, soy de México.	*"From what part of South America are you?" "I am not from South America, I am from Mexico."*
Las joyas eran de mi abuela.	*The jewels were my grandmother's.*
Esos cinturones son de piel.	*Those belts are [made of] leather.*
¿Para quién son todas esas baratijas?	*For whom are all those trinkets?*

3. **Ser** has the meaning of *to take place, happen.*

El juicio fue en otra ciudad.	*The trial was in another city.*

4. **Ser** is the Spanish equivalent of *to be* in most impersonal expressions (i.e., when *it* is the subject of the English sentence). Thus, **ser** is used to tell the time of day, season, month, etc.

Es tarde, son ya las ocho y tengo prisa.	*It is late, it is already eight o'clock and I am in a hurry.*
Era verano y todas las ventanas estaban abiertas.	*It was summertime and all the windows were open.*
Era muy posible que la atraparan.	*It was very possible that they would catch her.*

5. **Ser**, combined with the past participle, is used to form the passive voice when an agent is expressed or strongly implied.

Sonia fue sentenciada a seis meses de trabajo para la comunidad.	*Sonia was sentenced to six months of community service.*
Las palabras del orador no fueron bien acogidas por el público.	*The speaker's words were not well received by the audience.*

This true passive is used in Spanish less often than in English. (For a more complete discussion of the passive voice, see chapter 12.)

6. **Ser**, combined with an adjective, tells us some essential characteristic of a person or thing.

Su casa es grande y moderna.	*His house is large and modern.*
—¿Cómo es tu profesor de español?—Es muy inteligente y simpático.	*"What is your Spanish teacher like?" "He is very intelligent and charming."*

7. **Ser** indicates the social group to which the subject belongs. Examples of social groups are **joven, rico, pobre, viejo, millonario, católico, comunista.** Trades and professions also fall into this category.

Aunque sus padres son millonarios, Julián es socialista.	*Although his parents are millionaires, Julián is a socialist.*
En mi familia, todas las mujeres son médicas.	*In my family all the women are medical doctors.*
Sonia es joven e inmadura.	*Sonia is young and immature.*

Aplicación

A *Hágale las siguientes preguntas a un compañero/una compañera, quien contestará con oraciones completas.*

1. ¿Quién eres? ¿Qué eres? ¿De dónde eres? ¿Cómo eres?

2. ¿Eres pobre o rico? ¿Eres extranjero? ¿Eres millonario?

3. ¿Qué es tu padre? ¿Qué es tu madre? ¿Son jóvenes tus padres o son de mediana edad? ¿Quién es el más joven de tu familia?

4. ¿De quién es la casa donde vives? ¿De qué es tu casa? ¿Cómo es? ¿En qué año, aproximadamente, fue construida?

5. ¿Qué hora es? ¿Qué día de la semana es? ¿Qué mes? ¿Qué estación?

6. ¿En qué año fuiste aceptado/a como estudiante por esta universidad? ¿Es difícil o es fácil ser aceptado aquí?

7. ¿Quién es la persona a quien admiras más? ¿Qué es lo que admiras de esta persona?

8. ¿Cuándo será nuestra próxima clase? ¿Dónde será?

B *Complete de manera lógica, usando* **ser.**

1. A Gloria le gustan mucho las matemáticas, por eso trabaja con números; ella...

2. La blusa de mi amiga es de seda, pero la mía...

3. Hoy es el cumpleaños de mi amigo y este pastel...

4. Soy muy diferente de mi hermano: él es bajo y gordo y yo...

5. Mi casa tiene un jardín muy hermoso y, si el sábado hace buen tiempo, la fiesta...

6. Mi familia es protestante, pero yo...

7. ¿Sabes quién llamó antes? Sospecho que...

8. Siempre ayudo a mis amigos todo lo que puedo porque...

9. Los muebles de mi habitación son de mi hermano, pero el televisor...

10. ¡Qué extraño! Hoy hace calor aunque...

C *Complete de manera original.*

1. Es evidente que...
2. Mis abuelos eran de...
3. El coche en el cual ando es de...
4. Nuestro próximo examen será...
5. Las flores que compré eran para...
6. Lo que más me gusta hacer en el verano es...
7. En el futuro, quisiera ser...
8. Mi profesor/a de español es de...
9. Creo que este libro es...
10. Mi actor y actriz favoritos son...

Estar

Unlike **ser, estar** never links the subject with a predicate noun, pronoun, or infinitive. **Estar** may be followed by a preposition, an adverb of place, a present participle **(gerundio)**, a past participle, or an adjective.

1. **Estar** expresses location, in which case it is usually followed by a preposition or an adverb.*

Valparaíso está en Chile.	*Valparaíso is in Chile.*
La revista está sobre la mesa.	*The magazine is on the table.*
La playa está lejos de nuestra casa.	*The beach is far from our home.*

2. **Estar** combined with the present participle (**-ndo** form) forms progressive tenses.**

Estuve dando vueltas por la tienda toda la tarde.	*I was walking around the store the whole afternoon.*
Estás hablando más de la cuenta.	*You are talking too much.*

3. Combined with adjectives or past participles, **estar** refers to a condition or state of the subject.

No puedo grabar el programa, porque mi video está descompuesto.	*I can't record the program because my VCR isn't working.*
Sonia está triste y avergonzada.	*Sonia is sad and ashamed.*
A pesar de los cuidados que recibe, el paciente está peor.	*In spite of the care he receives, the patient is worse.*

---

*Exception: Occasionally **ser** is combined with adverbs of place to refer to location. Such is the case, for instance, of the person who gives directions to the taxi driver saying:

Es allí en la esquina.   *My destination is (that place) there, at the corner.*

Avoid using the progressive form with verbs implying movement: **ir, venir, entrar, salir. They are in the progressive only in very special cases. Also do not use the progressive when the English expression is equivalent to a future: *We are buying (We will buy) a new car next fall.* (See chapter 13.)

4. Used with an adjective or past participle, **estar** may also refer to a characteristic of the subject as viewed subjectively by the speaker or writer. In this case, **estar** often conveys the idea of: *to look, to feel, to seem, to act.*

Ud. está muy pálida hoy.	*You are very pale today. (You look pale to me.)*
Ayer vi a tu niño; está muy alto.	*I saw your child yesterday; he is very tall.* (In the speaker's opinion, the child has grown a lot.)
Sarita estuvo muy amable con nosotros en la fiesta.	*Sarita was (acted) very nice to us at the party.*
Hacía calor en la playa pero ¡qué fría estaba el agua!	*It was hot at the beach, but the water was (felt) so cold!*

5. Estar + past participle refers to a state or condition resulting from a previous action.

El espejo está roto; lo rompieron los niños.	*The mirror is broken; the children broke it.*
La puerta estaba cerrada; la había cerrado el portero.	*The door was closed; the doorman had closed it.*
El ladrón fue detenido ayer por la policía; todavía está detenido.	*The thief was arrested yesterday by the police; he is still under arrest.*

Observe that **ser** + past participle = action; **estar** + past participle = resulting state or condition. (For further discussion of **estar** + past participle [the apparent passive], see chapter 12.)

$\mathcal{A}$ plicación

A *¿Dónde están? Señale, con oraciones completas, la situación de objetos y personas en la clase: libros, tizas, las mochilas de los estudiantes, los estudiantes, el profesor (la profesora), las ventanas, la puerta, etc.*

B **Escena mañanera.** *Cambie los verbos que se indican al presente del progresivo.*

Son las siete y la pequeña ciudad *despierta* con el bullicio acostumbrado pero, como es sábado y no hay escuela, los niños todavía *duermen*. Paula *riega* las plantas del jardín. *Canturrea* una tonada popular. *Mira* a Francisco, que *poda* el seto junto a la calle. Las plantas *crecen* mucho últimamente—piensa Paula—. En el caminito de piedra que conduce a la casa, el gato negro *se lame* las patitas delanteras. Al fondo del jardín, el perro *mueve* con gran agitación la cola porque acaba de divisar a una ardilla que *construye* su nido en la rama de un árbol. Ahora el perro le *ladra* a la ardilla con insistencia. Paula lo llama, porque es temprano y los ladridos *molestan* a los vecinos.

C **Situaciones y estados.** *Combine* **estar** *con los adjetivos de (b) para expresar cómo se sentiría Ud. en las circunstancias que se explican en (a). Use más de un adjetivo en cada caso si es posible. Añada además una breve explicación.*

<table>
<tr><td align="center">**(a)**</td><td align="center">**(b)**</td></tr>
</table>

1. Ud. se ha preparado con cuidado para una entrevista de empleo, pero cuando llega al lugar, le dicen que ya contrataron a otra persona.	*ansioso/a* *alegre* *avergonzado/a* *cansado/a*
2. Ud. va a ver por primera vez a una persona del sexo opuesto a quien conoció por la sección de anuncios de un periódico.	*confundido/a* *contento/a* *decepcionado/a* *defraudado/a*
3. Acaba de mudarse solo/a y ha pintado su nuevo apartamento sin ayuda de nadie. Ha sido un trabajo muy duro, pero cuando termina, piensa que todo quedó muy bonito.	*desesperado/a* *emocionado/a* *enojado/a* *exhausto/a* *frustrado/a*
4. Está en una fiesta. Tropieza con un/una joven, y la bebida que llevaba en la mano se derrama sobre el traje de él/ella.	*furioso/a* *ilusionado/a* *nervioso/a* *orgulloso/a*
5. ¡Por fin va realizar el sueño de su vida! Como premio por sus buenas notas, sus padres le han regalado un viaje al Japón.	*satisfecho/a* *temeroso/a* *triste*

6. Ud. está en un banco haciendo un depósito, y la cajera le dice que los cuatro billetes de $50 que Ud. acaba de darle son falsos.

7. Hace dos semanas le prestó un libro de la biblioteca a un amigo, que le prometió devolverlo al día siguiente. Ahora ha recibido una carta que le informa que el libro no ha sido devuelto y que tiene que pagar una multa.

8. Su novio/a le ha prestado su coche nuevo. En una esquina se descuida, no ve la luz roja, y choca con otro auto. Por suerte, Ud. está ileso/a, pero el precioso auto de su novio/a parece un acordeón.

D **Después del huracán.** *Su familia tiene una casa de verano en el campo. Hubo un huracán y Uds. van a inspeccionar los daños en la propiedad. Exprese el estado resultante en cada caso.*

Modelo: El sótano de la casa se inundó.

→ *El sótano de la casa está inundado.*

1. Una sección del techo se hundió.

2. Varios árboles cayeron al suelo.

3. El establo se llenó de agua.

4. El caballo y dos de las vacas murieron.

5. Algunas paredes se rajaron.

6. La fuerza del huracán arrancó los arbustos.

7. El río se desbordó.

8. Se rompieron los vidrios de las ventanas.

9. El agua destruyó el jardín.

10. El viento derribó las cercas.

E *Doña Amparo es una señora muy criticona. Asiste a la boda de una sobrina y hace comentarios sobre el acto y los invitados. Exprese Ud. la opinión personal de doña Amparo usando* **estar** + *adjetivo.*

1. Josefina tiene mi edad, pero parece tener diez años más.

2. La novia no es fea, pero en la ceremonia no se veía bien.

3. El traje que llevaba mi cuñada parecía antiguo.

4. A todos les gustó el pastel de boda, pero a mí no.

5. La fiesta no me pareció muy divertida.

6. No sirvieron mucha comida.

7. Mi sobrina actuó un poco fríamente conmigo.

8. Pero, a pesar de tantas cosas negativas, la boda me gustó.

SER/ESTAR + *CALIENTE, FRÍO, FRIOLENTO,* AND *CALENTURIENTO*

		ANIMATE REFERENCE	INANIMATE REFERENCE
1.	ser caliente	*hot* (vulgar), *passionate* (sexual connotation; characteristic)	*warm, normally of warm temperature*
2.	ser frío	*cold* (having a cold personality)	*cold, normally of cold temperature*
3.	ser friolento	*sensitive to the cold*	(not applicable)
4.	estar caliente	*hot* (to the touch); *hot* (vulgar) (sexual connotation; condition)	*hot* (to the touch), *having a high temperature at a given time*
5.	estar frío	*cold* (to the touch)	*cold* (to the touch), *having a low temperature at a given time*
6.	estar calenturiento	*feverish*	(not applicable)

Examples:

Animate reference

Arturo es muy frío y no nos recibió con afecto.

Arturo has a cold personality and he didn't receive us warmly.

Lucía siempre lleva abrigo de pieles porque es muy friolenta.

Lucía always wears a fur coat because she is very sensitive to the cold.

«Estás caliente, creo que tienes fiebre», dijo mi madre.

"You're hot; I think you have a fever," said my mother.

Cuando la ambulancia llegó, el hombre estaba frío y pálido; parecía muerto.

When the ambulance arrived, the man was cold and pale; he looked dead.

Creo que tengo gripe. Estoy calenturiento y me duele la cabeza.

I think I have the flu. I'm feverish and my head aches.

Inanimate reference

Mi habitación es muy caliente porque le da el sol por la tarde.

My room is very warm because the sun hits it in the afternoon.

Tierra del Fuego era fría e inhóspita.

Tierra del Fuego was cold and inhospitable.

Cuidado. No te quemes. La sopa está caliente.

Be careful. Don't burn yourself. The soup is hot.

No puedo planchar con esta plancha porque está fría.

I can't work with this iron because it's cold.

Do not confuse *hot* referring to temperature with *hot* meaning *spicy* (= **picante**).

Si le pones tanto chile a la comida, quedará muy picante.

If you put so much chili in the food it will be too hot.

CHANGES IN MEANING OF SOME ADJECTIVES

Some adjectives (and past participles) have different meanings depending on whether they are combined with **ser** or **estar**.

	WITH SER	WITH ESTAR
aburrido	*boring*	*bored*
borracho	*a drunk(ard)*	*drunk*
bueno	*good*	*in good health*
callado	*quiet*	*silent*
cansado	*tiring*	*tired*
completo	*exhaustive, total*	*not lacking anything*
consciente*	*conscientious*	*aware of, conscious*
despierto	*alert, bright*	*awake*
divertido	*amusing*	*amused*
entretenido	*entertaining*	*occupied (involved)*
interesado	*(a) mercenary (person)*	*interested*
listo	*witty, clever*	*ready*
malo	*bad*	*sick*
nuevo	*brand-new*	*like new*
seguro	*sure to happen, safe (reliable)*	*certain, sure (about something)*
verde	*green (in color)*	*unripe*
vivo	*lively, witty, bright (color)*	*alive*

---

*In Spain and some Spanish American countries like Colombia, **ser consciente de** is used to mean *to be aware of.*

La chica no es callada, pero estaba callada en la fiesta porque no conocía a nadie y estaba aburrida.	The young girl is not a quiet person but she was silent at the party because she didn't know anyone and she was bored.
El padre es borracho e interesado, pero los hijos son buenos y listos.	The father is a drunk and a mercenary person but the children are good and clever.
El chofer del coche no estaba consciente, aunque el médico estaba seguro de que estaba vivo.	The driver of the car wasn't conscious; although the doctor was sure that he was alive.

Aplicación

Decida qué forma verbal completa correctamente cada oración.

1. El examen médico de los astronautas (fue / estuvo) completo; necesitábamos (ser / estar) seguros de que (eran / estaban) listos para el vuelo espacial.

2. Mi habitación (es / está) muy fría y, como (soy / estoy) friolento, sufro mucho en el invierno.

3. Esa fruta (es / está) verde de color, pero no (es / está) verde; (es / está) lista para comer.

4. Un individuo que (es / está) consciente no maneja si (es / está) borracho.

5. Debes (ser / estar) seguro de que el horno (es / está) caliente antes de meter el pastel.

6. El niño (es / está) malo hoy; (es / está) calenturiento.

7. A veces (soy / estoy) aburrido en esa clase porque, aunque el profesor (es / está) bueno, (es / está) un poco aburrido.

8. (Soy / Estoy) cansado de ver paredes blancas; quiero una habitación cuyos colores (sean / estén) vivos.

9. El negocio (es / está) muy seguro y, como doña Alicia (es / está) una persona interesada, la garantía de ganar dinero la hará invertir en él.

10. La abuela de Irene (es / está) viva, aunque tiene ya noventa años; sus otros abuelos (son / están) muertos.

11. El chico (era / estaba) callado y tímido y siempre (era / estaba) entretenido sacando crucigramas.

12. La fiesta (fue / estuvo) muy divertida, pero bailé tanto que ahora (soy / estoy) muy cansada.

13. —José, ¿(eres / estás) despierto?—No, porque sé lo que vas a decirme y no (soy / estoy) interesado en oírlo.

14. El juego de herramientas que vende Toño (es / está) completo, no le falta ni una pieza y, como Toño es muy cuidadoso con sus cosas, (es / está) nuevo.

15. Esta computadora (es / está) nueva, pero no (es / está) buena, o tal vez yo no (soy / estoy) bastante listo para usarla.

16. El enfermo (es / está) consciente desde ayer; creo que (será / estará) bueno pronto.

ADJECTIVES, PAST PARTICIPLES, AND IDIOMATIC EXPRESSIONS THAT ARE USED WITH ESTAR ONLY

asomado (a la ventana)	*looking out (the window)*
arrodillado*	*kneeling*
ausente	*absent*
colgado*	*hanging*
contento**	*in a happy mood*
de acuerdo	*in agreement*
de buen (mal) humor	*in a good (bad) mood*
de guardia	*on duty, on call*
de moda (pasado de moda)	*fashionable (out of style, unfashionable)*
de pie, parado*	*standing*
de vacaciones	*on vacation*
descalzo	*barefoot*
escondido*	*hiding*
presente	*present*
satisfecho	*satisfied*
sentado*	*sitting*

---

*Notice that the English equivalents of these past participles are usually present participles (-ing forms).

Unlike **contento, the adjective **feliz** is normally used with **ser**. However, in the spoken language in some Spanish-American countries, **estar** may be used with **feliz**.

Aplicación

Invente un comentario adecuado para cada una de estas afirmaciones, utilizando expresiones de la tabla anterior.

Modelo: Trato de hacer bien las cosas, pero mi jefe es demasiado exigente.

→ Es verdad. Nunca *está satisfecho* con el trabajo de sus empleados.

1. Todos los vestidos que vi en la tienda eran de poliéster.
2. Tengo un Picasso en la sala de mi casa.
3. Cuando lo vimos, caminaba por la calle sin zapatos.
4. Mi esposa y yo nunca discutimos.
5. Don Jesús tiene muy mal carácter.

6. El acusado no permanece sentado cuando leen la sentencia.
7. Espero con ansiedad el final del año escolar.
8. La policía lleva tres días buscando al ladrón, pero no lo encuentra.
9. A mi abuela le gusta mirar a los que pasan por la calle.
10. Todos fuimos testigos de lo que sucedió.
11. ¡Saqué una A en el último examen!
12. Susita frotaba con una toallita la mancha de la alfombra.
13. El soldado no puede salir esta noche con su novia.
14. Bebita no vino hoy a clase.

COMMON COMBINATIONS OF PAST PARTICIPLE/ADJECTIVE AND PREPOSITION THAT REQUIRE SER

aficionado a	*fond of*	**idéntico a**	*identical to, with*
amigo de	*fond of*	**parecido a**	*similar to*
(in)capaz de	*(in)capable of, (un)able to*	**(im)posible de** + inf.	*(im)possible to*
difícil de + inf.	*hard, difficult to*	(def. art.) + **primero en**	*the first one to*
enemigo de	*opposed to*	**responsable de**	*responsible for*
fácil de + inf.	*easy to*	(def. art.) + **último en**	*the last one to*

Mi hermano es muy aficionado al boxeo, pero yo soy enemigo de los deportes violentos.	*My brother is very fond of boxing but I am opposed to violent sports.*
Si eres capaz de convencer a Pablo de que vaya de compras, yo seré la primera en felicitarte.	*If you are able to convince Pablo to go shopping, I'll be the first one to congratulate you.*

Observe the difference between **difícil** (**fácil, imposible**, etc.) + infinitive and **difícil** (**fácil, imposible**) **de** + infinitive:

Sus instrucciones eran siempre difíciles (fáciles, imposibles) de seguir.	*His instructions were always hard (easy, impossible) to follow.*

(**Difíciles [fáciles, imposibles] de seguir** are adjectival phrases referring to **sus instrucciones**.)

But:

Siempre era difícil (fácil, imposible) seguir sus instrucciones.	*It was always difficult (easy, impossible) to follow his instructions.*

(In Spanish, **seguir sus instrucciones** is the subject of **era difícil** (**fácil, imposible**, etc.)

A useful rule regarding these constructions: **de** is not used when the infinitive is followed by an object or clause.

COMMON COMBINATIONS OF PAST PARTICIPLE/ADJECTIVE AND PREPOSITION THAT REQUIRE ESTAR			
acostumbrado a	*used to*	**enemistado con**	*estranged from, an enemy of*
ansioso por (de)	*anxious to*		
cansado de	*tired of*	**libre de**	*free from*
cubierto de	*covered with*	**listo para**	*ready to*
decidido a	*determined to*	**loco de**	*crazy with*
		loco por	*most anxious to*
(des)contento de (con)	*(un)happy with*	**lleno de**	*filled with*
disgustado con	*annoyed with*	**peleado con**	*not on speaking terms with*
dispuesto a	*willing to, determined to*		
enamorado de	*in love with*	**rodeado de**	*surrounded by*
encargado de	*in charge of*	**vestido de**	*dressed in, dressed as*

Una joven mexicana escoge zapatos en una boutique de la Zona Rosa, en la ciudad de México. En esta sección de la capital abundan las boutiques elegantes como ésta.

Estoy loca por terminar esta lección.	*I am most anxious to finish this lesson.*
El niño se puso loco de contento cuando vio tu regalo.	*The child went crazy with joy when he saw your gift.*
Dámaso dijo que estaba dispuesto a hacer el viaje, pero que todavía no estaba listo para salir.	*Dámaso said that he was determined to take the trip but that he wasn't ready to leave yet.*
¡Los escritorios están cubiertos de polvo! ¿Quién está encargado de la limpieza?	*The desks are covered with dust! Who is in charge of the cleaning?*

Aplicación

A *Traduzca.*

1. Luisita, I am not responsible for your new schedule. I know that you are annoyed with the strange hours and that you are determined to change them. I would be the last one to suggest that you keep this schedule. But it was all your fault: your handwriting is very difficult to read and the person who was in charge of registration was not able to understand it.

2. I am not very fond of washing cars, but mine is covered with mud and I am willing to wash it. I am tired of driving a dirty car.

3. Olga, who is married to a policeman, was at the party. She was dressed in blue. I am not on speaking terms with her, but I must confess that she looked pretty. Soon she was surrounded by admirers. She was filled with pride. Her husband, who is very much in love with her, was mad with jealousy. I was very annoyed with this situation but for a different reason: her dress was almost identical to mine!

B *Clasifique las siguientes cosas de acuerdo con su opinión personal, usando, en oraciones completas, las expresiones* **fácil (difícil, casi imposible) de hacer; fácil (difícil, casi imposible) de comprender; fácil (difícil, casi imposible) de resolver.**

1. Hacer un acto en un trapecio.
2. Usar correctamente *ser* y *estar.*
3. Ahorrar suficiente dinero para ser millonario.
4. Montar en bicicleta.
5. La teoría de la relatividad.
6. La lección tres de este libro.
7. La última explicación que dio el profesor.
8. Las complicaciones del déficit en el presupuesto de los Estados Unidos.

C *Complete estas narraciones con la forma apropiada de* **ser** *o* **estar.**

1. **Un viaje a Bogotá.**

Se dice que Bogotá _____ en el centro de todos los caminos de

Colombia porque las instituciones más importantes del país _____

concentradas en la capital. Santa Fe de Bogotá _____ fundada por

Gonzalo Jiménez de Quesada y _____ llamada así por el nombre de
Bacatá, que _____ la villa india que _____ en este lugar cuando
llegaron los españoles. Bogotá _____ en un valle y _____ rodeada de
altos picos montañosos. Muchas de sus calles _____ estrechas y retorcidas,
porque _____ trazadas en la época colonial. El centro de la ciudad
_____ un muestrario de diversos estilos arquitectónicos.

Uno de los sitios más famosos de Bogotá _____ el Museo del Oro,
donde hay unas 35,000 piezas precolombinas de oro. Tal riqueza artística no
_____ sorprendente, porque antes de la llegada de los españoles, la región
_____ habitada por los indios chibchas, que _____ excelentes
artesanos. Muchas de las piezas de oro que hay en el museo _____ joyas y
objetos ceremoniales, y la mayoría de ellas _____ muy bien conservadas.

2. **Manzanillo.**

Antes de la llegada de los españoles, Manzanillo _____ un pequeño
pueblo de agricultores y pescadores. Después que México _____
independiente, en 1825, Manzanillo _____ nombrado puerto oficial. En
aquella época, la mercancía que traían los buques _____ enviada a las
ciudades del interior por medio de mulas. Hoy Manzanillo _____ el
puerto principal del Pacífico mexicano. Manzanillo _____ en la llamada
«Costa Dorada» de México y su clima _____ cálido todo el año. El lugar
_____ conocido sobre todo por el hotel Las Hadas, que _____
construido hace más de veinte años por el magnate Antenor Patiño, quien
_____ de Bolivia. El sueño de Patiño _____ hecho realidad en un
edificio de estilo único donde _____ representados elementos moriscos,
españoles y mexicanos. En Manzanillo _____ el Rancho Majahua, un
verdadero paraíso ecológico, que _____ lleno de jaguares, armadillos,
mapaches y aves. Las villas de este rancho _____ construidas de
materiales primitivos y _____ rodeadas de árboles. El atractivo mayor de
unas vacaciones en este rancho _____ el contacto con la naturaleza.

3. **La finca «El Paraíso».**

Cuando llegamos a «El Paraíso» nos dijeron que la finca _____ de
don Abundio Vargas. Don Abundio _____ un hombre de setenta años,
pero _____ bastante conservado y parecía _____ diez años más joven.

De joven _____ en la revolución; había _____ general y _____ condecorado varias veces por su valor. _____ un hombre alto y recio; su cara _____ expresiva y _____ tostada por el sol. Don Abundio _____ viudo. Sus hijos _____ ya hombres y mujeres y _____ viviendo en la ciudad; sólo _____ con el padre Clotilde, que _____ la menor. Aunque nos habían dicho que don Abundio _____ un hombre callado, _____ muy hablador con nosotros esa tarde. Le explicamos que _____ buscando a Cirilo Cruz, que _____ capataz de «El Paraíso» por muchos años. Don Abundio no sabía dónde _____ Cruz ni qué _____ haciendo en esos días. Dijo que Cruz _____ un excelente capataz, pero que _____ viejo y achacoso y por eso había dejado el empleo.

Ampliación léxica

LOS CALCOS SEMÁNTICOS

En español, un **álbum** (pl. **álbumes**) es un libro donde se coleccionan fotografías, poesías, autógrafos, etc. En inglés, *album* significa esto y también un disco. Recientemente, el significado de **álbum** se ha extendido en español a los discos por influencia del inglés, y con este último significado lo vemos usado en la

Los comerciantes norteamericanos se han dado cuenta de la gran importancia de los consumidores hispanos en este país. Por eso muchos catálogos de modas tienen versiones en español.

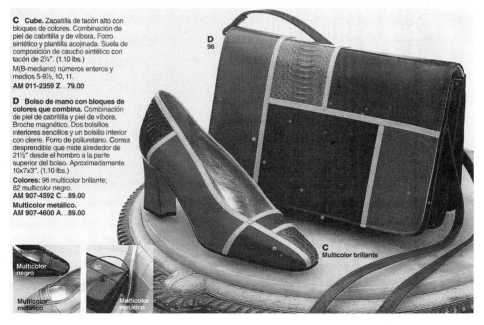

C Cube. Zapatilla de tacón alto con bloques de colores. Combinación de piel de cabritilla y de víbora. Forro sintético y plantilla acojinada. Suela de composición de caucho sintético con tacón de 2¼". (1.10 lbs.)
M(B-mediano) números enteros y medios 5-9½, 10, 11.
AM 011-2359 Z...79.00

D Bolso de mano con bloques de colores que combina. Combinación de piel de cabritilla y piel de víbora. Broche magnético. Dos bolsillos interiores sencillos y un bolsillo interior con cierre. Forro de poliuretano. Correa desprendible que mide alrededor de 21½" desde el hombro a la parte superior del bolso. Aproximadamente 10x7x3". (1.10 lbs.)
Colores: 96 multicolor brillante; 82 multicolor negro.
AM 907-4592 C...89.00
Multicolor metálico.
AM 907-4600 A...89.00

lectura (aunque este sentido no figura todavía en los diccionarios). Las palabras de este tipo, iguales o muy similares en su forma en ambos idiomas, pero con diferencias parciales o totales de significado, se llaman **calcos semánticos**. La siguiente lista contiene algunas de ellas:

Palabra inglesa	No diga	Diga
Sustantivos		
apology (excuse)	apología	**disculpa, excusa**
application (for a job, school, etc.)	aplicación	**solicitud, planilla**
argument (quarrel, dispute)	argumento	**discusión, pelea**
boat (large ship)	bote	**barco**
card (postcard, ID)	carta	**tarjeta**
compromise (settlement by mutual concessions)	compromiso	**acuerdo, convenio**
confidence (trust, faith)	confidencia	**confianza**
dependent	dependiente	**persona a (su) cargo**
engineer (train)	ingeniero	**maquinista**
faculty (professors)	facultad	**profesorado, profesores**
lecture	lectura	**conferencia**
mark (school grade)	marca	**nota**
notice	noticia	**aviso**
office (doctor's)	oficina	**consulta, consultorio**
official (person holding a public office)	oficial	**funcionario**
policy (plan or regulation)	policía	**política**
question (interrogation)	cuestión	**pregunta**
success	suceso	**éxito**
subject (school)	sujeto	**asignatura**
Verbos		
assume (to suppose)	asumir	**suponer**
attend (to be present)	atender	**asistir**
pretend (to feign, make believe)	pretender	**fingir**
realize (to be or become aware)	realizar	**darse cuenta de**
register (in school)	registrarse	**matricularse, inscribirse**
resign (a position)	resignar	**renunciar a**
save (money)	salvar	**ahorrar**
support (to provide for a person)	soportar	**mantener**

Adjetivos

actual (true, real)	actual	**real, verdadero/a**
effective (something that works)	efectivo	**eficaz**
formal (elegant)	formal	**de etiqueta**
ordinary (common, average)	ordinario	**común, vulgar**
peculiar (odd, eccentric)	peculiar	**extraño/a**
quiet (subdued, non-talkative)	quieto	**tranquilo/a, callado/a**
vulgar (rude, obscene)	vulgar	**grosero/a**

$\mathscr{A}$ plicación

A *Traduzca al español las palabras en inglés.*

1. Los hermanos Cabral tienen profesiones muy diversas; Manuel, el mayor, es (*train engineer*), Raúl, el segundo, es capitán de un (*boat*) que hace viajes a las costas de Sudamérica, y Tomás, el más joven, es (*official*) de gobierno. Yo no los conozco, pero conozco a Tito, el hijo de Raúl, un chico un poco (*peculiar*) que usa un vocabulario muy (*vulgar*).

2. Necesito dinero, porque tengo dos (*dependents*) que (*support*). Por eso, cuando vi en el periódico que un doctor necesitaba una buena recepcionista para su (*office*), envié mi (*application*) en seguida. Contesté todas las (*questions*) con exactitud y, aunque soy una chica (*ordinary*) y (*quiet*), tengo (*confidence*) en conseguir el empleo.

3. Hubo varias (*arguments*) en la última reunión del (*faculty*). Por fin, se llegó a un (*compromise*) y se va a cambiar la (*policy*) general de la institución. Ahora será obligatorio para los estudiantes el asistir a las (*lectures*). Espero que este cambio sea (*effective*).

4. Como yo no (*attended*) a clase la primera semana, el profesor (*assumed*) que no estaba (*registered*) en el curso y me envió un (*notice*) a casa. Ahora tengo que ofrecerle (*apologies*) por mis ausencias y enseñarle la (*card*) que me dieron al inscribirme. Creo que voy a (*pretend*) que estuve enfermo, porque no quiero tener una (*mark*) mala en esta (*subject*). La razón (*actual*) de mis ausencias es que acepté un trabajo y no (*realized*) que había un conflicto con las horas de clase. Ahora (*resigned*) a este empleo. No podré (*save*) dinero para el próximo año, pero por lo menos tendré (*success*) en éste.

B *Busque en un diccionario con definiciones en español el significado de las siguientes palabras. Haga después una oración con cada una:* **actual, atender, compromiso, confidencia, lectura, marca, cuestión, salvar.**

Distinciones léxicas

EQUIVALENTES DE TO KNOW

1. Cuando *to know* significa «tener conocimientos o información sobre algo», su equivalente es **saber**.

¿Sabes el camino?	*Do you know the way? (Do you know which is the right way?)*
Sé que tengo que estudiar mucho para pasar este curso.	*I know that I have to study a lot in order to pass this course.*
No sabíamos a qué hora empezaba la función.	*We didn't know at what time the show was supposed to begin.*

2. **Saber** + infinitivo significa *to know how*.

A los tres años de edad, ya Rubén Darío sabía leer y escribir.	*At three years of age, Rubén Darío already knew how to read and write.*

En inglés, cuando uno se refiere a destreza o habilidad, *to know how* se expresa a veces con *can*. En español no es así, pues hay una distinción clara entre **saber** y **poder**.

Yo sé tocar la guitarra pero hoy no puedo por el dedo roto.	*I can play the guitar but today I can't because of my broken finger.*
Ellos no hablaron con el hombre porque no saben hablar portugués.	*They didn't speak to the man because they can't speak Portuguese.*

3. **Saber(se) (de memoria)** significa *to know very well* o *to know by heart*.

Cuando yo era niño, todos (nos) sabíamos de memoria los diez mandamientos.	*When I was a child we all knew the ten commandments by heart.*
Pepito tiene diez años y todavía no se sabe la tabla de multiplicar.	*Pepito is ten years old and he still doesn't know the multiplication tables.*

4. Como se vio en el capítulo 1, el pretérito de **saber** significa frecuentemente *learned* o *found out*.

¿Cuándo supo Ud. que había ganado el premio?	*When did you learn that you had won the prize?*

5. **Saber** con referencia a una comida significa *to taste**. **Saber a** + nombre significa *to taste of* (*like*).

Este puré de manzana sabe muy bien.	*This applesauce tastes very good.*
Esta carne sabe a cerdo.	*This meat tastes like pork.*

---

*Si el sujeto es una persona, *to taste* es **probar**.

Siempre pruebo lo que estoy cocinando para saber si tiene bastante sal.	*I always taste what I am cooking to find out if it has enough salt.*

Saber a gloria y **saber a rayos** son dos expresiones comunes para indicar que algo sabe muy bien o muy mal.

Preparó un postre para sus invitados que sabía a gloria.	*She prepared a dessert for her guests that tasted wonderful.*

6. Cuando *to know* significa *to be acquainted* or *familiar with*, su equivalente es **conocer**.

¿Conoces este camino?	*Do you know (Are you familiar with) this road?*
La mayoría de las personas que conozco son pobres.	*Most of the people I know (I am acquainted with) are poor.*
Conozco bien la música de Chopin.	*I know well (I am quite familiar with) Chopin's music.*

7. **Conocer** puede ser sinónimo de **reconocer** (*to recognize*).

Pasé junto a él pero no me conoció.	*I passed next to him but he didn't recognize me.*
Conocí a don Pablo por las fotografías que había visto de él.	*I recognized Don Pablo from the photographs of him I had seen.*
Apenas vi el sobre conocí tu letra.	*As soon as I saw the envelope I recognized your handwriting.*

8. Como se vio en el capítulo 1, el pretérito de **conocer** significa generalmente *met* (*was [were] introduced to*).

Julio y yo nos conocimos el año pasado en la Argentina.	*Julio and I met last year in Argentina.*

Aplicación

A *Nombre algunas cosas que...*

1. sabe Ud. hacer.
2. no sabe hacer, pero quisiera saber hacer.
3. supo Ud. recientemente.
4. se sabe Ud. de memoria.
5. en su opinión, saben mal.

B *Nombre algunas ciudades o lugares que (a) conoce, (b) le gustaría conocer.*

C *Nombre algunas personas que (a) conoció recientemente, (b) le gustaría conocer.*

D *Traduzca.*

1. He knows the novel but he doesn't know who wrote it.
2. This water tastes of chlorine. Do you know why?
3. If you can't drive, I know a school where they teach you in a week.

4. Would you like to meet that journalist? I know her well.

5. Do you know any other remedy for a cold? This medicine tastes awful.

6. I don't know the neighborhood nor do I know the name of the street where Pepe lives but I know how to get to his house.

7. I know a guy who has seen that movie so many times that he knows the dialogue by heart.

8. I learned recently that Amanda had been sick but I didn't know she had lost so much weight. I didn't recognize her yesterday!

9. When I met Lolita, I didn't know she could cook but the first food she prepared for me tasted wonderful.

10. "I didn't know you could sing." "Yes, but I only sing when I know the lyrics of a song well and I am among people I know."

PARA ESCRIBIR MEJOR

La acentuación

Para aplicar las reglas de acentuación, es importante saber dividir bien las palabras en sílabas. Las reglas del silabeo están en el Apéndice, p. 419. Le recomendamos que repase estas reglas antes de estudiar las reglas de los acentos.

El acento ortográfico o tilde indica en qué vocal lleva la fuerza de la pronunciación (*stress*) una palabra. La tilde se usa en aquellas palabras que son excepciones a las reglas 1 y 2 que se dan a continuación.

1. Las palabras que terminan en vocal o en consonante **n** o **s** llevan la fuerza de la pronunciación en la penúltima sílaba: **sa**-le, an-ti-ci-**pa**-do, con-**vie**-nen, **jue**-ves.

2. Las palabras que terminan en consonante que no sea **n** o **s** llevan la fuerza de la pronunciación en la última sílaba: a-tra-**par**, ciu-**dad**, cla-**vel**, pe-sa-**dez**.

3. Muchas palabras no siguen las reglas 1 y 2 en cuanto al lugar donde recae la fuerza de la pronunciación, y esto se indica con una tilde: a-**é**-re-o, fre-**né**-ti-co, co-ra-**zón**, **miér**-co-les, **Víc**-tor, **ás**-pid, in-**mó**-vil, **lá**-piz.

4. La combinación de una o más vocales fuertes **(a, e, o)** y una o más vocales débiles **(i, u)** forma un diptongo o triptongo. Pero cuando la fuerza de la pronunciación recae sobre una vocal débil, el diptongo o triptongo se rompe. Esto se indica con una tilde: **Ma**-rio, Ma-**rí**-a; a-cen-tuar, a-cen-**tú**-a; des-viar, des-**ví**-a; co-**mí**-ais; ba-**hí**-a.

Aplicación

A Añada los acentos. *La vocal subrayada es la que lleva la fuerza en la pronunciación.*

1. En el jardin, en medio del verde cesped salpicado de treboles, surgian, como un milagro multicolor, amapolas, azaleas y siemprevivas.

2. El doctor Cesar Fornes es psiquiatra y muchos de sus pacientes son cleptomanos, esquizofrenicos o sufren de panico o depresion.

3. Al final de la verja se erguia el porton, junto al cual varios chicuelos escualidos pedian limosna.

4. La habitacion del bohemio era miserrima y lugubre, y estaba cerca de una alcantarilla donde pululaban las sabandijas.

5. En el deposito de la fabrica, una miriada de recipientes metalicos e impermeables protegian las substancias quimicas y volatiles de la evaporacion y la humedad ambiental.

6. La hipotesis hace hincapie en que el planeta tiene una orbita eliptica.

7. Benjamin Pages fue elegido alcalde de un pueblo de Aranjuez.

8. El vastago primogenito de la victima fue el culpable del robo.

9. El peligro nuclear es una cuestion de primordial importancia.

10. Felix era farmaceutico en la ciudad de Durango.

11. La timida e ingenua heroina de la pelicula realiza un salvamento heroico.

12. En Xochimilco platicamos con los mariachis y les compramos orquideas y gardenias a los vendedores ambulantes.

13. Mario les garantizo a Maria y a Mariana que la mansion quedaba en optimas condiciones.

14. Son caracteres opuestos: Cayetano es un celebre cosmonauta y Dario es un asceta mistico.

15. Ese zangano no tiene vocacion y es un imbecil y un farsante.

16. Esas reglas de trigonometria no son utiles para calcular volumenes.

17. Sanchez, Marques, Carvajal y Aranguren son mis huespedes.

18. El ruido continuo de la grua y de los vehiculos continua molestandome.

19. Asdrubal asevera que quiere ser quimico y no arqueologo.

20. No es verosimil que la mujer que llevaba la cantara cantara antes, pero pienso que cantara pronto.

B *En los siguientes pasajes se han suprimido los acentos gráficos. Póngalos.*

1. El hombre se tendio boca abajo junto al alambrado. Protegido del calor brutal del mediodia, escuchaba el correr de la acequia, y atento al levisimo agitarse de las hojas, vigilaba el jardin. A lo lejos, quiza brotada espontaneamente como parte de la vegetacion, vio a la niña...

José Donoso, *Ana María*

2. En la segunda edicion de esta guia practica, usted encontrara ejemplos fehacientes de la grandeza arquitectonica prehispanica, lo mas representativo de su cultura y su historia, asi como los servicios con que cuenta cada lugar, mapas de ubicacion, vias de acceso y consejos para disfrutar y conservar los sitios arqueologicos.

México Desconocido

Traducción

EMILIA'S PROBLEM

That style of jeans was very fashionable. On Thursday when I left work, I went shopping and bought them without trying them on. When I put them on at home, I realized they were too big (*No emplee* **quedar**). I was very busy on Friday and on Saturday morning, so I decided to exchange them on Monday.

On Saturday afternoon, Tula called me to invite me to go to the mall. "I have to buy a gift urgently," she explained. "It's for Juan's mother. Tomorrow is her birthday and I had forgotten." Tula is my best friend and she is used to having her own way but, although I knew how stubborn she was, I objected. "It's too late to go shopping. It's already after 5 o'clock and today they close at 6." "But, Emilia, the mall is nearby," replied Tula. "If you can be ready to leave in 10 minutes, we'll be there before 6." I agreed

¿Te gusta? Estas jóvenes compradoras escogen chaquetas en el Corte Inglés de Barcelona, España. Observe que parte del cartel está en catalán, algo muy común en las tiendas de Barcelona, una ciudad bilingüe.

because Juan is Tula's boyfriend and I knew that her relations with her future mother-in-law were a little cool lately. Besides, I thought that it was a good chance to exchange my jeans.

It was a quarter to six when I reached the sports clothing department of the store. The place was deserted. The employees, since they had no customers, were probably in the ladies' room preparing to go home. I waited (*use el pretérito progresivo*) for almost five minutes. The jeans in the size I needed were hanging on a rack within my reach. "They are identical to the ones I bought and the price is the same," I said to myself. "A saleswoman is not needed to make this type of exchange." I hung my jeans on the rack and put the smaller sized ones in my shopping bag. I told myself that what I had done was completely legal. In my shopping bag was the receipt that indicated I had paid for the merchandise.

Tula was on the main floor. She was very satisfied because she had found a good gift for her future mother-in-law. Everything happened very fast. When we were passing through the exit door, a deafening buzzer could be heard. Instantly a policeman and several employees appeared. The policeman opened my shopping bag. A plastic circle that I hadn't seen before was attached to one of the legs of the jeans. I was so nervous that I could hardly speak. I showed the receipt, but it was evident that I was surrounded by hostile persons. The expression on all the faces was ironic. "This receipt is from Thursday, miss," said the policeman. "How could you leave the store with these pants after buying them on Thursday without the alarm going off? I'm sorry but this receipt is not proof of payment for this merchandise. You're under arrest. Come with me."

*T*emas para composición

1. **Memorias de un/a guardia encubierto/a.** Imagine que Ud. trabaja como detective en un almacén y cuente uno o más casos en los que sorprendió a alguien robando.

2. Continúe la narración de lo que le pasó a Emilia. ¿Cómo salió ella de este apuro? ¿Estuvo bien lo que ella hizo o fue una estupidez? ¿Ha tenido Ud. alguna vez una experiencia similar a ésta? ¿Qué hubiera hecho Ud. en este caso?

3. **La manía de comprar.** La sociedad norteamericana es una sociedad típicamente consumista. Muchos extranjeros se asombran de la frecuencia con que la gente va de compras, de las continuas liquidaciones en las tiendas y de cómo la gente devuelve constantemente la mercancía que compró. ¿Está Ud. o algunas de las personas que conoce en este grupo de adictos a las compras? Explique su punto de vista sobre esto.

4. **La moda de hoy.** Muchas personas de gustos tradicionales se quejan de que la gente se viste hoy en día de una manera demasiado descuidada. ¿Qué opina Ud. de las modas, tanto masculinas como femeninas? ¿Le gustaría que fueran diferentes?

CAPÍTULO 3

LECTURA

Antonio Gala, un importante escritor y dramaturgo español contemporáneo, es el autor de esta narración, que fue publicada en *El País*, un periódico español. En ella nos presenta un episodio que desgraciadamente es muy común hoy día: una familia abandona a su perro al irse de vacaciones.

Para comprender mejor

Ud. va a leer una narración escrita en primera persona. El narrador es un perro. El autor trata de ocultar esto al principio para que el lector sienta más curiosidad a medida que lee, pero el estudiante debe saberlo antes, pues de lo contrario, los tres primeros párrafos van a resultarle confusos.

Esta lectura consta de cuatro partes principales, y podemos ponerle a cada una de estas partes un título. *Preparativos de viaje* (líneas 1–36), *En el coche* (líneas 37–50), *Echan al perro* (líneas 51–72), *Los sentimientos del perro* (líneas 73–89). Cuando lea, tenga en cuenta estos cuatro títulos, porque ellos resumen el contenido de su respectiva sección y le facilitarán la lectura.

Una historia común

Yo no creo haber hecho nada malo esta mañana... Me parecieron todos muy nerviosos. Iban y venían por los pasillos, esquivándose unos a otros. Ella le gritaba a la madre de él, y los dos niños, con las manos llenas
5 de cosas, entraban en el dormitorio de los padres, que yo tengo prohibido°. La pequeña—la más amiga mía—chocó contra mí dos o tres veces. Yo le buscaba los ojos, porque es la mejor manera que tengo de entenderlos: los ojos y las manos. El resto de su
10 cuerpo ellos lo saben dominar y, si se lo proponen°, pueden engañarte y engañarse entre sí; pero las manos y los ojos no. Sin embargo, esta mañana mi pequeña no me quería mirar. Sólo después de ir detrás de ella mucho tiempo, en aquel vaivén° desacostumbrado, me
15 dijo: «Drake, no me pongas nerviosa. ¿No ves que nos vamos de veraneo°, y están los equipajes sin hacer?» Pero no me tocó ni me miró.

que... *donde no me permiten entrar*

si... *si quieren*

ir y venir

nos... we are going away on summer vacation

Yo, para no molestar, me fui a mi rincón, me eché
encima de mi manta y me hice el dormido°. También

20 a mí me ilusionaba el viaje°. Les había oído hablar
días y días del mar y de la montaña. No sabía con
certeza qué habían elegido, pero comprendo que en
las vacaciones mi pequeña podrá estar todo el día
conmigo. Y lo pasaremos muy bien, estemos donde

25 estemos, siempre° que sea juntos.

Tardaron tres horas en iniciar la marcha. Fueron
bajando las maletas al coche, los paquetes, la
comida—que olía a gloria°—y los envoltorios° del
último momento. Me hacía falta correr de arriba abajo

30 por la escalera, pero me aguanté°. Cuando fueron a
cerrar la puerta, eché de menos mi manta. Entré en su
busca; me senté sobre ella; pero él me llamó muy
enfadado y no tuve más remedio que seguirlo.
Mientras bajaba, caí en la cuenta° de que, en el lugar

35 a que fuéramos, habría otra manta. Ellos siempre
tienen razón.

Los tres mayores, mi pequeña, su hermano y yo...
nos costaba trabajo caber en aquel coche, tan cargado
de bultos. Yo me acurruqué° en la parte de atrás, bajo

40 los pies de los niños. La madre de él se sentó en un
extremo, que suele ser su sitio. Los niños se peleaban
con cualquier pretexto esta mañana; seguían muy
nerviosos. Yo sufrí sus patadas con tranquilidad,
porque sabía que no iban a durar y porque era el

45 principio de las vacaciones. Cuando, de pronto, el
niño le dio un coscorrón° a mi pequeña, yo le lamí° en
cambio las piernas con cariño; pero ella me dio un
manotazo, como si la culpa hubiera sido mía. La miré
para ver si sus ojos me decían lo contrario. Ella, mi

50 pequeña quiero decir, no me miraba.

Fue cuando ya habíamos perdido de vista la
ciudad. Él se echó a un lado y paró el coche. Los de
delante daban voces° los dos; no sé si porque discutían
o por qué. La madre de él no decía nada; ya antes

55 había comenzado a decir algo, y ella la cortó con
malos modales°. Tampoco los niños decían nada...
Él bajó del coche y cerró de un portazo°; le dio la
vuelta°; abrió la puerta del lado de los niños, y me
agarró por el collar. Me resistí un poco y él, con

60 mucha irritación y voces, tiró de mí. Me bajó del
coche. Empujó con violencia la puerta, y volvió a
sentarse al volante. Oí el ruido del motor. Alcé las
manos hacia la ventanilla; me apoyé en el cristal.
Detrás de él vi la cara de mi pequeña con los ojos

65 muy redondos; le temblaban los labios... Arrancó el

me... fingí estar dormido
También... I too was
looking forward to the
trip

con tal

a... muy bien / bultos

contuve

caí... me di cuenta

me... me apreté

*golpe en la cabeza con el
puño / pasé la lengua*

daban... gritaban

con... de manera brusca
*de... tirando con fuerza la
puerta / le... he walked
around it*

coche, y yo caí de bruces°. Corrí tras él, porque no se
daban cuenta de que yo no estaba dentro, pero
aceleró tanto que tuve que detenerme cuando ya el
corazón se me salía por la boca... Me aparté, porque
70 otro coche, en dirección contraria, casi me arrolla°. Me
eché a un lado, a esperar y a mirar, porque estoy
seguro de que volverán por mí...

    Tanto miraba en la dirección de los desaparecidos,
que me distraje, y un coche negro no pudo evitar
75 atropellarme... No ha sido mucho: un golpe seco° que
me tiró a la cuneta°... Aquí estoy. No me puedo
mover. Primero, porque espero que vuelvan a este
mismo sitio en el que me dejaron; segundo, porque no
consigo menear° esta pata. Quizá el golpe del coche
80 negro aquél no fue tan poca cosa como creí... Me

de... con la boca contra el suelo

atropella

dull
zanja al lado del camino

mover

Buenos Aires, Argentina. Lo mismo que en los Estados Unidos, hay aquí muchas personas que se dedican a sacar a pasear los perros de los que no pueden hacerlo.

duele la pata hasta cuando me la lamo. Me duele
todo... Pronto vendrá mi pequeña y me acariciará y
me mirará a los ojos. Los ojos y las manos de mi
pequeña nunca serán capaces de engañarme. Aquí
85 estaré... Si tuviese siquiera un poco de agua: hace
tanto calor y tengo tanto sueño... No me puedo
dormir. Tengo que estar despierto cuando lleguen...
Me siento más solo que nadie en este mundo... Aquí
estaré hasta que me recojan. Ojalá vengan pronto...

Comprensión

1. ¿Quiénes son los cinco seres humanos que figuran en el cuento?
2. Según el narrador, ¿cuál es la mejor manera de entender a las personas? ¿Por qué?
3. ¿Qué aspectos de la conducta de la pequeña inquietaban al narrador?
4. ¿Por qué se hizo el dormido el perro?
5. ¿Por qué lo ilusionaba el viaje?
6. ¿Qué pasó cuando Drake echó de menos su manta?
7. ¿Cómo reaccionó la niña cuando su hermano le dio un coscorrón?
8. ¿Por qué no decía nada la madre del hombre?
9. ¿Cuál fue la reacción del perro cuando vio que el coche se iba y lo dejaba? ¿Por qué reaccionó así?
10. ¿Qué le sucedió a Drake después? ¿Por qué?
11. ¿Cómo se sentía el perro después del accidente?
12. ¿Por qué no se movía él de aquel sitio?

Interpretación

1. ¿Qué le parece este cuento? ¿Es conmovedor? ¿Demasiado sentimental? ¿Refleja la realidad?
2. ¿Cuál es la intención del Sr. Gala al escribir este cuento? ¿Cree Ud. que logra su propósito? ¿Por qué (no)?
3. En este cuento, sólo Drake tiene nombre; las personas se identifican como *él, ella, la madre de él, la pequeña.* ¿Cuál es la razón de esto? ¿Es un acierto o un error?
4. En su opinión, ¿es buena idea hacer que el perro cuente la historia en primera persona? ¿Por qué (no)?
5. El narrador dice que las manos y los ojos de las personas no pueden engañar. ¿Qué opina Ud.?

6. ¿Por qué dice el narrador «ellos siempre tienen razón»?

7. El perro quiere mucho a la pequeña. ¿Corresponde ella a este cariño? ¿Cómo interpreta Ud. la actuación de la pequeña?

8. Basándose en la actuación de los otros personajes, ¿cuál diría Ud. que es la posición de cada uno sobre el abandono del perro?

𝒥ntercambio oral

A. ¿Podrían ser los Estados Unidos el escenario de esta narración? ¿Es serio el problema del abandono de animales en nuestro país? ¿Por qué motivos hacen esto las personas?

B. Si Ud. se viera obligado a deshacerse de su perro, ¿qué haría? ¿Qué opciones tiene una persona en este caso? ¿Cuál es preferible?

C. Existe un serio problema de superpoblación de perros y gatos en los Estados Unidos. ¿De qué manera es evidente esto en la región donde Ud. vive? ¿Qué se hace para mejorar esta situación?

D. Algunas personas prefieren la compañía de perros y gatos a la de otros seres humanos. ¿Cómo se explica este fenómeno?

E. En vez de perros y gatos, a muchos les gusta tener mascotas exóticas como serpientes, cocodrilos, monos y hasta tigres. ¿Está bien esto? ¿Qué animales deben permitirse en una casa además de los perros y los gatos? ¿Cuál debe ser el criterio para decidir si un animal debe o no tenerse en casa?

F. En los Estados Unidos se gastan anualmente billones de dólares en alimentos y productos para animales domésticos. ¿Es esto justificable cuando tantos seres humanos mueren de hambre en otras partes del mundo? ¿Son superfluos algunos de estos gastos?

FUTUROS PERROS-GUIA BUSCAN FAMILIA

La **FUNDACION ONCE DEL PERRO-GUIA** tiene prevista la implantación de su Centro de Adiestramiento de Perros-Guía en la zona Noroeste de Madrid.

La instrucción de estos perros, que se inicia desde el primer mes de vida, ha de realizarse durante el primer año en un núcleo familiar donde reciban cariño y atención.

Todas aquellas familias que residan en las localidades de la zona Noroeste de Madrid y que deseen colaborar en la educación de los cachorros, pueden dirigirse a los teléfonos 589 46 17 y 613 22 20 de la FUNDACION ONCE, donde se les ampliará esta información.

ÀONCE

Repaso léxico

Escoja en la columna (b) la definición o sinónimo de cada palabra o expresión de la columna (a).

(a)		(b)
1. acurrucarse	a.	orilla de la carretera
2. aguantarse	b.	querer hacer o conseguir algo
3. arrollar	c.	ir y venir
4. certeza	d.	bultos
5. coscorrón	e.	sentarse de manera encogida
6. cuneta	f.	golpe en la cabeza con el puño cerrado
7. dar voces	g.	contenerse
8. de bruces	h.	pasar la lengua por un lugar
9. envoltorios	i.	seguridad
10. lamer	j.	mover
11. menear	k.	viaje de vacaciones que se hace en el verano
12. portazo	l.	atropellar con un vehículo
13. proponérselo	m.	boca abajo
14. vaivén	n.	gritar
15. veraneo	ñ.	golpe que se da al cerrar una puerta con fuerza

SECCIÓN GRAMATICAL

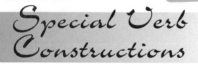

Special Verb Constructions

Some Spanish verbs require a special construction in which the person affected is not the subject but the indirect object.

Me encanta este libro.   *To me this book is delightful.*

In certain cases, there is an alternate structure in which the person affected is expressed as the subject (not the indirect object), but this alternative construction is much less frequent in Spanish than in English.

Estoy encantado con este libro.   *I'm delighted with this book.*

Where the two constructions exist in English, they are generally used with equal frequency. For these reasons, in section 4 (below) the alternative structures have been indicated for English but not for Spanish.

1. The most frequently used of these verbs is **gustar**. In the case of **gustar**, one or more things are pleasing (or displeasing) to the person or persons. The verb, therefore, will always be either in the third-person singular or the third-person plural, as seen in the following chart.

SENTENCE STRUCTURE WITH GUSTAR

STRESSED INDIRECT OBJECT PRONOUN*	INDIRECT OBJECT PRONOUN	VERB (THIRD-PERSON SINGULAR OR THIRD-PERSON PLURAL)	THE THING(S) THAT PLEASE(S)**
A mí	me		
A ti	te		
A él	le		
A ella	le		
A Ud.	le	GUSTA	ese disco.
A nosotros/as	nos	GUSTAN	esos discos.
A vosotros/as	os		
A ellos	les		
A ellas	les		
A Uds.	les		

*Necessary in the case of third persons for clarification. Used with the other persons for emphasis.
Do not use a person here. **Me gustas does not mean *I like you* but *I am attracted to you*. To tell a person that you like him/her, say: **Me cae Ud. (Me caes) bien**, or **Me cae Ud. (Me caes) simpático/a**.

A mucha gente le gustan las piñas pero no le gusta pelarlas.

Many people like pineapples but they don't like to peel (cut) them.

Although the table shows only the present tense, note that the same principles apply to all tenses.

A doña Hortensia le gustaban las flores blancas.

Doña Hortensia liked white flowers.

No creo que al peón le gustaría esa clase de trabajo.

I don't think the worker would like that kind of work.

2. Another common verb of this type is **doler** (*to hurt*).

STRESSED INDIRECT OBJECT PRONOUN*	INDIRECT OBJECT PRONOUN	VERB (THIRD-PERSON SINGULAR OR THIRD-PERSON PLURAL)	THE THING(S) THAT HURT(S)
A mí	me		
A ti	te		
A él	le		
A ella	le		
A Ud.	le	DUELE	la cabeza.
A nosotros/as	nos	DUELEN	los pies.
A vosotros/as	os		
A ellos	les		
A ellas	les		
A Uds.	les		

*Necessary in the case of third persons for clarification. Used with the other persons for emphasis.

¿Dónde le duele?—preguntó el médico.	*"Where does it hurt?" the doctor asked.*
A mi hermano le dolían las muelas pero no quería ir al dentista.	*My brother's teeth ached but he didn't want to go to the dentist.*

3. This type of construction is also used with the verb **faltar** in the case of distances, time, amount, etc., to tell the distance one has to go to arrive at one's destination, the time left before a deadline, the amount or quantity needed to reach a certain limit or goal, etc. The English translation varies according to the context.

A mi coche le faltan 732 millas para tener 5,000.	*The mileage on my car is 732 miles short of 5,000.*

A Juanito le falta una cuadra para llegar a su casa.	*Juanito is a block away from his home.*

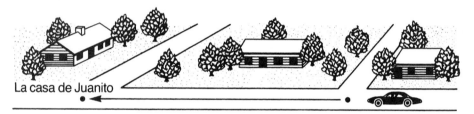

La casa de Juanito

A la botella le falta la mitad para estar llena.	*The bottle is half-full.*

This construction can also mean *to lack* or *to be missing*.

A este libro le faltan seis páginas.	*Six pages are missing in this book.*

Aplicación

A *Conteste usando oraciones completas.*

1. ¿Qué comidas te gustan más?
2. ¿Qué te gustaría hacer el próximo verano?
3. ¿Qué les gusta hacer a tus amigos?
4. ¿A cuál (cuáles) de tus amigos le(s) gusta(n) más...
   (a) ... los gatos?   (b) ... estudiar?   (c) ... el dinero?

B *Reemplace las palabras en cursiva con las que están entre paréntesis, haciendo otros cambios si es necesario.*

1. Si haces demasiado ejercicio te dolerán *los pies*. (todo el cuerpo)
2. *A muchas personas* les duele la cabeza cuando tienen gripe. (yo)
3. *La soprano* prometió que cantaría aunque le doliera la garganta. (tú)
4. A Benito le dolía ayer *la herida*, pero ya no le duele. (los ojos)
5. *A mí* me duele el brazo derecho cuando lo muevo. (nosotros)
6. *Al pobre perrito* le dolía una de las patitas. (los perritos)
7. —No creo que *el diente* le duela más—me dijo el dentista. (las muelas)
8. ¡Qué mal me siento, me duelen *el pecho y la espalda*! (todo)
9. *A nosotros* nos duele llegar tarde a las citas. (mucha gente)
10. Al boxeador le dolía *la cara*. (las dos piernas)

C *Exprese las palabras en cursiva usando una contrucción con el verbo* **faltar.**

Eran las ocho menos diez cuando comencé a hacer mi tarea anoche. Entonces descubrí que *mi libro no tenía* las páginas que yo necesitaba leer. Decidí ir a casa de Carlos para pedirle su libro. Salí, pero no llegué a su casa. Cuando *estaba a dos o tres cuadras* recordé que Carlos había salido esa noche.

D *Traduzca.*

1. How many kilometers do we have to go to get to Madrid?
2. "Nobody likes insects." "I do."
3. Often one's ears hurt when one has a cold.
4. "Does your head ache?" "No, doctor, but I have a sore throat."
5. Few people like cold weather.
6. Would your friend like to come to my home tonight?
7. It is twenty minutes to seven. (*Use* **faltar.**)
8. I explained my idea to Mr. García but he didn't like it.
9. He likes coffee a lot but she doesn't.
10. My cat's leg hurts.

4. Other verbs and expressions that use the **gustar** construction.

a. **agradar(le) (a uno)** — *to like*

No me agrada que los desconocidos me traten de «tú». — *I don't like it when strangers use the **tú** form with me.*

b. **alcanzar(le) (a uno)** — *to have enough*

A mi prima no le alcanzó la soga para amarrar la caja. — *My cousin didn't have enough rope to tie the box.*

c. **caer(le) bien (mal, etc.) (a uno)** — *to create a good (bad) impression (on one), to like*

La Sra. Jiménez me cae muy bien, pero su esposo me cae pesado. — *I like Mrs. Jiménez very much but I don't like her husband.*

d. **convenir(le) (a uno)** — *to suit (one's) interests, to be good for*

A Ud. no le conviene cambiar de empleo ahora. — *It is not good for you to change positions now.*

e. **costar(le) trabajo (a uno)** — *to be hard (for one); to have a hard time + **ing** form*

A Mauricio le cuesta mucho trabajo madrugar. — *It is very hard for Mauricio to get up early. (Mauricio has a hard time getting up early.)*

f. **dar(le) lástima (a uno)** — *to feel sorry for*

A los jóvenes les daba mucha lástima la viejecita. — *The young men felt very sorry for the old woman.*

g. **disgustar(le) (a uno)** — *to dislike*

Me disgustan las personas que no son sinceras. — *I dislike people who are not sincere.*

h. **encantar(le) (a uno)** — *to delight, to charm; to be delighted with*

Puerto Rico me encanta. — *I am delighted with Puerto Rico. (To me Puerto Rico is delightful [charming].)*

i. **extrañar(le) (a uno)** — *to be surprised*

¿No le extraña a Ud. que hoy haga tanto calor? — *Aren't you surprised that it is so hot today?*

j. **fascinar(le) (a uno)** — *to delight, to charm, to fascinate; to be fascinated by*

A ella le fascinan esas pulseras. — *Those bracelets delight her. (She is fascinated by those bracelets.)*

k. **hacer(le) falta (a uno)** — *to need*

¿Cree Ud. que a uno le hace falta dinero para ser feliz? — *Do you think that one needs money to be happy?*

l. **importar(le) (a uno)** — *to matter (to one); to mind*

A nosotros no nos importa esperar, ¿le importa a Ud.? — *We don't mind waiting, do you?*

m. **interesar(le) (a uno)**

Al profesor Quevedo le interesan mucho las ruinas egipcias.

to interest (one); to be interested in

Egyptian ruins interest Professor Quevedo a great deal. (Professor Quevedo is very much interested in Egyptian ruins.)

n. **molestar(le) (a uno)**

¿Les molesta a Uds. que fume?

to bother (one); to be bothered by

Does my smoking bother you? (Are you bothered by my smoking?)

o. **parecer(le) (a uno)**

A Raúl no le pareció bien que no lo llamaras.

to seem (to one)

Your not calling him didn't seem right to Raúl.

p. **preocupar(le) (a uno)**

A los padres de Julián les preocupaba su conducta.

to worry; to be worried by

Julián's behavior worried his parents. (Julián's parents were worried by his behavior.)

q. **quedar(le) (a uno)**

¿Cuánto dinero les queda a Uds.?

to have left

How much money do you have left?

r. **quedar(le) bien (mal) (grande, pequeño)**

A la clienta no le quedaba bien la falda.

El rosado es el color que me queda mejor.

to fit right (badly); to be (un)becoming; to be too large (small) (for one)

The skirt didn't fit the customer right.

Pink is the most becoming color for me.

s. **resultar(le) agradable (desagradable, difícil, doloroso, fácil, penoso, triste) (a uno)**

A algunos padres les resulta difícil castigar a sus hijos.

to be (turn out to be) pleasant (unpleasant, difficult, painful, easy, distressing, sad) (for one)

It is difficult for some parents to punish their children.

t. **sobrar(le) (a uno)**

Hicimos tan rápido el trabajo, que nos sobró el tiempo.

to have in excess, to have more than enough, to have left over

We did the work so fast that we had more than enough time.

u. **sorprender(le) (a uno)**

A Ernesto le sorprende que ella no haya venido.

to be surprised

Ernesto is surprised that she hasn't come.

v. **tocar(le) el turno (una rifa, la lotería) (a uno)**

—¿A quién le toca contestar ahora?—A mí.

A la familia Solís le tocó el premio gordo.

to be (one's) turn; to win (a raffle, a lottery prize)

"Whose turn is it to answer now?" "Mine."

The Solís family won the grand prize in the lottery.

5. **Poner(lo) (a uno)** + adjective = *to make* (*one*) + adjective. Notice that
   the difference between this idiom and the **gustar** construction is the use
   of the direct object pronoun.

Esa canción siempre la pone triste.	*That song always makes her sad.*
A ese hombre lo pone muy nervioso el montar en avión.	*Flying makes that man very nervous.*

$\mathcal{A}$ plicación

A *Genoveva y Gerardo son gemelos, pero son totalmente diferentes en sus gustos y en sus reacciones. Exprese en cada caso la reacción opuesta del otro gemelo usando expresiones de la lista anterior. No use la misma expresión dos veces.*

Modelo: A Genoveva le fascinan las películas de horror.

→ *A Gerardo le disgustan las películas de horror.*

1. A Gerardo le cuesta trabajo escribir cartas.
2. A Gerardo le preocupan los problemas políticos.
3. Gerardo se ve muy bien con ropa negra.
4. A Genoveva le dan mucha lástima los perros abandonados.
5. A Genoveva le resulta difícil llegar a tiempo a sus citas.
6. Genoveva administra bien su dinero y siempre le sobra.

B *Exprese de otra manera las oraciones, usando las expresiones entre paréntesis.*

Modelo: No todo el mundo encuentra simpático a Conrado (caerle bien).

→ *Conrado no le cae bien a todo el mundo.*

1. **Mi amigo Conrado.**

Mi amigo Conrado adora los animales (encantarle). Tiene más de cincuenta gatos y veinte perros y nunca tiene suficiente dinero para comprarles comida (alcanzarle). A veces estoy un poco preocupado por la situación de Conrado (preocuparle). Él necesita la ayuda de todos sus amigos (hacerle falta). Los vecinos de Conrado no aceptan que él tenga tantos animales en su casa (molestarle). Sería bueno para él mudarse (convenirle). Si Conrado ganara el premio gordo de la lotería, esto resolvería sus problemas (tocarle). Muchas personas encuentran extraño que un joven viva tan dedicado a los animales (extrañarle). Pero, como yo me intereso mucho en los animales también (interesarle), encuentro normal su interés (parecerle). Yo disfruto mucho de la compañía de Conrado (agradarle) y adoro sus perros y sus gatos (fascinarle).

2. **Un tipo necesitado.**

Soy muy sentimental y es desagradable para mí ver personas necesitadas por la calle (resultarle). Por eso decidí ayudar a aquel hombre que me había causado tan buena impresión (caerle bien). Sentí pena por él (darle lástima). Llevaba unos pantalones que eran muy cortos para él y una chaqueta que era

enorme (quedarle). Pensé que era una buena persona caída en desgracia
(parecerle). Decidí regalarle alguna ropa mía y un par de zapatos extra que
tenía (sobrarle). A él le causó sorpresa que lo llevara a mi casa
(sorprenderle). Cuando le di la ropa, quedó muy agradecido. Después que se
marchó, descubrí que no tenía mi billetera (faltarle).

C *Diga o nombre, usando oraciones completas.*

1. algo que les disgusta a sus padres y algo que les encanta
2. algo que le resulta difícil a mucha gente
3. la persona que le cae mejor (peor) de todas las que conoce
4. una cosa que no le conviene a nadie hacer
5. lo que le hace más falta a su amigo

Estos chistes contienen cuatro ejemplos de puntos gramaticales tratados en este capítulo. ¿Puede Ud.
encontrarlos todos?

"Me quedan cuatro pelos, pero me los fortifico con un champú bárbaro".

"Cuando me duelen los pies, ¡me duele todo!"

6. la cantidad de dinero que le queda para el resto de la semana

7. la persona a quien le tocó contestar antes que a Ud.

8. algunas cosas que le molestan a su madre

D Reacciones. *Diga, usando oraciones completas, algo que...*

1. lo/la pone triste generalmente a Ud.

2. pone contentos a sus amigos.

3. va a poner alegre a su madre.

4. lo/la pone nervioso/a.

5. lo/la puso frenético/a alguna vez.

6. lo/la pone muy molesto/a.

Pronoun Constructions

SPECIAL USES OF THE INDIRECT OBJECT PRONOUN

In Spanish the indirect object pronoun often expresses for whose advantage or disadvantage the action is done. This is frequently expressed in English with prepositions like *on, at, for*, and *from*.

—¡No te me mueras!—gritó la mujer desesperada, sacudiendo al herido.	*"Don't die on me!" yelled the woman, desperately shaking the wounded man.*
Me reía porque Luisito me hacía muecas.	*I was laughing because Luisito was making faces at me.*
Las naranjas estaban baratas y le compré dos al chico.	*The oranges were cheap and I bought two for (from) the boy.*

Note that in the last example the Spanish indirect object renders the meaning of both *for* and *from*. The context will usually indicate the exact meaning.

This so-called dative of interest is commonly found with verbs that are used reflexively. The subject of the Spanish verb is often inanimate in this case, and the sentence conveys the idea of an accident or involuntary event. Observe the difference in meaning between **Perdí las llaves** and **Se me perdieron las llaves**. In the first sentence the speaker shows guilt for the loss of the keys, perhaps through some neglect on his/her part; in the second sentence, the loss of the keys is presented as something accidental: *The keys got lost on me.*

Other examples:

¡Qué día de mala suerte tuvo Lola! **Se le rompió** el auto y **se le hizo tarde** para ir a trabajar, porque **se le fue** el autobús. Además, **se le perdieron** cinco dólares. Por la noche, **se le quemó** la comida y **se le cayó** al piso una de sus copas finas.	What an unlucky day Lola had! Her car *broke down on her*, and *it got too late for her* to go to work because *she missed* the bus. Besides, *she lost* five dollars. In the evening, dinner *got burnt on her* and *she dropped* one of her fine wineglasses on the floor.

Note that although there is often a parallel construction in English, at other times there is no exact equivalent and the sentence is expressed differently: **A Joaquín se le olvidaron las entradas** means *Joaquín forgot the tickets* (literally: *The tickets got forgotten to Joaquín*).

REDUNDANT USE OF THE DIRECT OBJECT PRONOUN

The direct object noun often precedes the verb in Spanish. In this case, a redundant direct object pronoun is used between the noun and the verb.

La carta la envié por correo; el paquete lo entregaré en persona.	*I mailed the letter; I will deliver the package in person.*
A María la vi ayer; a sus padres no los he visto en mucho tiempo.	*I saw María yesterday; I haven't seen her parents in a long time.*

USE OF LO WITH SOME VERBS

The neuter pronoun **lo** is used in Spanish as the direct object with the verbs **creer, decir, estar, parecer, preguntar, saber,** and **ser**. The **lo** refers to a previously stated idea. Note that no pronoun is used in English. The idea is sometimes rendered by *so*.

—**¿Cree Ud. que ellos llegarán a tiempo al aeropuerto?**—**No, no lo creo.**	*"Do you think that they'll arrive on time at the airport?" "No, I don't think so."*
—**¿Quién le dio a Ud. esa noticia?**—**Lo siento, no puedo decirlo.**	*"Who gave you that piece of news?" "I am sorry, I can't tell."*
Creíamos que González estaba casado, pero no lo está.	*We thought that González was married, but he is not.*
Mi novio no es escandinavo, pero lo parece.	*My sweetheart is not a Scandinavian but he looks like one.*
—**¿Cuánto cuesta el collar?**—**No lo sé, pero lo preguntaré.**	*"How much is the necklace?" "I don't know but I'll ask."*
Este capítulo parece difícil, pero no lo es.	*This chapter seems difficult but it is not (so).*

Aplicación

A *Exprese que una o más personas reciben ventaja o desventaja por cada verbo en negrita.*

1. Le presté a Roberto mi grabadora y él la **rompió**. **Grité** mucho porque estaba furioso. Mi novia **había comprado** esa grabadora en Navidad.

2. Le dije a mi madre que **limpiaría** las ventanas. Ella lo **agradeció** mucho, y para **demostrarlo, horneó** un pastel de chocolate.

3. La goma se **desinfló** en una carretera solitaria. La noche se **venía** encima. Recordé que el gato **se había quedado** en el garaje. Afortunadamente, un hombre **se acercó** y ofreció **cambiar** la goma.

B *Cambie las oraciones para expresar el carácter involuntario de la acción.*

Modelo: El pintor manchó el piso.

→ *Al pintor se le manchó el piso.*

1. La secretaria rompió la fotocopiadora.
2. La camarera derramó el jugo que llevaba en el vaso.
3. No puedo leer bien, porque olvidé mis lentes en casa.
4. En invierno los niños siempre pierden los guantes.
5. Ojalá que resolvamos pronto el problema que tenemos.
6. Haz la maleta con cuidado para no arrugar (*use subjuntivo*) los trajes.
7. Cuando estaba terminando el dibujo, usé demasiada tinta y lo estropeé.
8. La mantequilla está líquida porque la derretisteis.
9. Había lodo en la calle y ensucié mis zapatos blancos.
10. Ya no me duele el pie porque me curé la herida.

C *Exprese de otra manera, anteponiendo el complemento directo al verbo.*

Alquilamos **el apartamento** hace quince días, pero nos mudamos el domingo. Es un apartamento muy bonito. Pintamos **las paredes** de azul, porque es el color favorito de mi esposa. Limpiamos **la alfombra** el viernes, ya que el sábado traían **los muebles**. Habíamos comprado **el refrigerador** en Caracas y estaba instalado hacía una semana.

D Hablando de Drake. *Traduzca.*

1. Although Drake is not a pure German shepherd, he looks like one.
2. "Is Drake well-trained?" "I don't know but I think he is."
3. Drake's owners say they had no other option but I don't think so.
4. They also say they are animal lovers and, of course, they are not.
5. They should be sad because they dumped the dog, but they are not.
6. "Did you say that Drake's owners want to adopt another dog?" "Yes, I did."
7. "Did you know that Drake found a new home?" "Yes, I know."
8. Drake's new owner is a veterinarian. I know because I asked.

Special Time Constructions

1. An action or state that began in the past may continue in the present and be still going on. To emphasize this type of continuity, Spanish often uses one of the following three constructions:

   a. **Hace** + period of time + **que** + present or present progressive tense:

Hace tres años que trabajo (estoy trabajando) en Los Ángeles.*	*I have been working in Los Angeles for three years.*

   b. Present or present progressive tense + **(desde) hace** + period of time:

   Trabajo (Estoy trabajando) en Los Ángeles (desde) hace tres años.

   c. Present tense of **llevar** + period of time + *gerundio* of main verb:

   Llevo tres años trabajando en Los Ángeles.

2. Likewise, an action or state that began in the remote past may continue over a period of time to a point in the less-distant past when another occurrence took place. To emphasize this type of continuity, Spanish often uses one of the following constructions.

   a. **Hacía** + period of time + **que** + imperfect tense (simple or progressive):

Hacía tres años que trabajaba (estaba trabajando) en Los Ángeles, cuando me ofrecieron un empleo mejor en San Diego.**	*I had been working in Los Angeles for three years when I was offered a better job in San Diego.*

   b. Imperfect tense of **llevar** + period of time + *gerundio* of main verb:

   Llevaba tres años trabajando en Los Ángeles, cuando me ofrecieron un empleo mejor en San Diego.

---

*Also correct but much less frequent: **He estado trabajando tres** (or **por tres**, or **durante tres**) **años en Los Ángeles.**

Also correct but much less frequent: **Había estado trabajando tres (or **por tres** or **durante tres**) **años en Los Ángeles, cuando me ofrecieron un empleo mejor en San Diego.**

3. **Hace** and **hacía** are also used in expressions of time where *ago* and *before/previously* are found in English.

   a. With **hace**, the main clause is usually in the preterite or imperfect tense.

   Hace tres años que se marcharon.   *They left three years ago.*
   (Se marcharon hace tres años.)

   b. With **hacía**, the pluperfect tense is usually found in the main clause.

   Hacía tres años que se habían   *They had left three years before*
   marchado. (Se habían marchado   *(previously).*
   hacía tres años.)

The above patterns with **hace** and **hacía** are also equivalent to another time pattern in English:

     Hace tres años que se marcharon.   *It is three years since they left.*
     Hacía tres años que se habían   *It was three years since they had*
     marchado.   *left.*

A plicación

A *Lea estos párrafos y conteste las preguntas con oraciones completas.*

1. Antonio empezó a estudiar español en 1993, y en 1996 decidió pasar el verano en México para perfeccionar sus conocimientos. ¿Cuánto tiempo hacía que Antonio estudiaba español cuando decidió pasar el verano en México?

2. Un fin de semana, él volvió a visitar las pirámides de Teotihuacán que había visto por primera vez en 1992. ¿Cuánto tiempo hacía que Antonio había visto las pirámides por primera vez?

3. El primero de mayo, Antonio tomó alojamiento en un hotel de lujo, pero hoy es el primero de agosto y está pensando en mudarse a un hotel menos caro. ¿Cuánto tiempo hace que Antonio reside en un hotel de lujo?

4. Este año, Antonio vuelve a México para continuar sus estudios. Otra vez los profesores le preguntan cuánto tiempo hace que comenzó a estudiar el español. ¿Qué debe contestar?

B *Cambie las siguientes oraciones a construcciones* **(a)** *con* **hacer** *y* **(b)** *con* **llevar.**

Modelo: He estado buscando a mi gato perdido por una semana.

     → *Hace una semana que busco (estoy buscando) a mi gato perdido.*
     Llevo una semana buscando a mi gato perdido.

1. He estado viviendo en esta ciudad durante ocho años.
2. Habíamos estado jugando a las cartas por varias horas cuando ocurrió el apagón.

3. Mónica había estado esperando hora y media cuando llegó su galán.

4. Los detectives han estado investigando ese crimen durante muchos meses.

5. He estado tratando de comunicarme con él por más de una hora, pero su teléfono está ocupado.

6. La familia había estado planeando el veraneo por varios meses.

7. Mi amiga había estado ahorrando más de dos años para comprar aquel carro.

8. Hemos estado discutiendo ese asunto por varios días y no nos ponemos de acuerdo.

Ampliación léxica

MODISMOS CON EL VERBO HACERSE

Hemos visto en la lectura que **hacerse** puede emplearse en el sentido de **fingirse: hacerse el dormido (la dormida)**, *to pretend to be asleep*. La siguiente lista contiene algunas expresiones comunes de este tipo. Con excepción de la última expresión, que se forma con una frase preposicional, todas estas expresiones tienen formas femeninas y plurales. Sólo el masculino se da aquí por razones de espacio.

1. **hacerse el desentendido / el distraído / el sueco / el sordo**	*to pretend not to understand (not to hear, not to notice); to turn a deaf ear*
2. **hacerse el enfermo**	*to pretend to be sick*
3. **hacerse el enojado**	*to pretend to be angry*
4. **hacerse el gracioso**	*to say or play an unpleasant joke, to try to be funny*
5. **hacerse el muerto**	*to play possum (dead)*
6. **hacerse el nuevo**	*to pretend to be innocent (surprised)*
7. **hacerse el olvidadizo**	*to pretend to be forgetful*
8. **hacerse el tonto* / el loco**	*to play dumb*
9. **hacerse el valiente**	*to pretend to be brave*
10. **hacerse de la vista gorda****	*to pretend not to notice, to look the other way*

Ejemplos:

La jefa de Carmela es muy tolerante; cuando ella se hizo la enferma ayer, la jefa se dio cuenta del engaño, pero se hizo de la vista gorda.	*Carmela's boss is very lenient; when she pretended to be sick yesterday, the boss was aware of the deceit but looked the other way.*

---

*En México es común oír **¡No te hagas!** con el sentido de **¡No te hagas el tonto!**
Es común en varias regiones de Hispanoamérica. Es variante de **hacer la vista gorda.

Los tres soldados salvaron sus vidas haciéndose los muertos.	*The three soldiers saved their lives by pretending to be dead.*
Ellas sabían desde el principio que el televisor no funcionaba, pero se hicieron las nuevas cuando yo lo dije.	*They knew all the time that the TV set wasn't working but pretended to be surprised when I said it.*
Le he pedido la llave a Ramón varias veces, pero se hace el olvidadizo y no la trae.	*I have asked Ramón for the key several times but he pretends to be forgetful and doesn't bring it.*
La película me asustó mucho, aunque me hice el valiente delante de mi novia.	*The movie scared me a lot though I pretended to be brave in front of my girlfriend.*

Aplicación

***Traduzca el siguiente diálogo, fijándose en el uso de* hacerse.**

INÉS: You were unbearable last night at the party. You were trying to be funny the whole evening.

RAÚL: Don't pretend to be angry. You're exaggerating.

INÉS: I'm really angry. I pretended not to notice but I was embarrassed. In fact, when someone asked if you were my husband, I pretended not to hear.

RAÚL: All right, maybe you're right, but don't pretend to be surprised; you know I usually behave this way.

INÉS: That's true and I always have to pretend not to be listening. In fact, on one occasion, I even pretended to be asleep.

RAÚL: The next time, instead of pretending not to hear, give me a nudge.

INÉS: With pleasure.

Distinciones léxicas

ECHAR(SE) / TO THROW

En la lectura de este capítulo aparecen cuatro ejemplos del verbo **echar** y en cada caso la traducción al inglés es diferente. Aquí examinaremos algunas de las acepciones de este verbo, además de su relación con uno de sus equivalentes en inglés: *to throw*. En su sentido básico, los dos verbos expresan ciertos tipos de moción, pero, como se verá, ese significado se ha ampliado mucho. Primero, veremos algunas semejanzas y después algunas diferencias. Los tres grupos de ejemplos que presentamos indican **algunos*** de los múltiples usos literales y

---

*El verbo **echar** se usa tanto en la lengua popular que un miembro de la Real Academia Española, D. Manuel Seco, ha comentado lo siguiente: «... **echar** es un verbo comodín que la lengua culta tiende a no emplear, prefiriendo verbos de sentido más preciso...» El académico presenta varios casos del contraste entre la lengua popular y la culta:

Popular	*Culta*
echar una película	poner una película
echar un discurso	pronunciar un discurso

figurados de estos verbos. Tenga presente que muchas de estas oraciones—tanto en español como en inglés—, pueden expresarse de otra(s) manera(s). Note también cómo el significado varía según el contexto. En otros términos, no tiene sentido preguntar qué significa **echar** o *to throw* si no se da un contexto. Este análisis demuestra lo importante que es tener un buen diccionario y saber usarlo con inteligencia.

1.   Ejemplos de **echar** y *to throw* como equivalentes:

El público echó flores a las carrozas en el desfile.	*The public threw flowers at the floats in the parade.*
Han echado a Sergio de su trabajo.	*They have thrown Sergio out of his job.*
Cuando mi hermano me echó la culpa a mí, yo le eché una mirada furibunda.	*When my brother threw the blame on me I threw him a furious look.*
Colón se echó a los pies de la Reina Isabel.	*Columbus threw himself at the feet of Queen Isabella.*
Ellos me van a echar en (la) cara que no he terminado mi tesis.	*They'll throw in my face that I haven't finished my thesis.*

2.   Casos en que **echar**—solo o en frases—no equivale a *to throw*, sino que significa:

a.   *to add*

No le eches más sal a la sopa; no le hace falta.	*Don't add more salt to the soup; it doesn't need it.*

b.   *to begin* **(echar a)**

Cuando los niños vieron a su perrito, echaron a correr hacia él.	*When the children saw their dog, they began to run toward him.*

c.   *to mail*

¿Has echado la carta que te di esta mañana?	*Have you mailed the letter I gave you this morning?*

d.   *to pour*

A Fabio se le derrama el vino cada vez que lo echa en la jarra.	*Fabio spills the wine every time he pours it into the pitcher.*

e.   *to spare no expense in celebrating* (*an occasion*) **(echar la casa por la ventana)**

Siempre que tenemos visitas, echamos la casa por la ventana.	*Every time we have guests we spare no expense (splurge).*

f.   *to spoil* (transitive) **(echar a perder)**

Has echado a perder mis vacaciones con tus quejas.	*You've spoiled my vacation with your complaints.*

3. Diferentes equivalentes de **echarse**

   a. *to lie down*

   No quiero que la gata se eche   *I don't want the cat to lie down on*
   en esta alfombra.   *this rug.*

   b. *to pull over/step aside* **(echarse a un lado)**

   Cuando vi que el camión   *When I saw that the truck was*
   venía directamente hacia mí,   *coming straight toward me, I*
   me eché a un lado.   *pulled over (if in a car)/I stepped*
                                                aside (if on foot).

   c. *to spoil* (intransitive) **(echarse a perder)**

   Si no se arregla pronto el   *If the refrigerator is not fixed soon,*
   refrigerador, se echará a   *the food will spoil.*
   perder la comida.

Aplicación

De la lista que está en la columna (b), escoja la expresión con **echar(se)** *que corresponde a cada oración en la columna (a).*

(a)

1. El camino es estrecho y el auto no puede pasar si Uds. están en el medio.
2. Manolín llegaba tarde a su trabajo todos los días.
3. Olvidaste guardar la leche en el refrigerador.
4. Rocío me prestó un dinero y me lo recordaba todos los días.
5. Guille y Luisita tuvieron una pelea muy violenta delante de todos los invitados.
6. El niño metió el dedo en el pastel.
7. Cuando su primera hija nació, César dio una fiesta fabulosa.
8. ¿No has recibido todavía mi carta? ¡Qué malo está el correo!
9. Esta tierra está seca. Va a morirse la planta.
10. Este café está amargo y a mí me gusta dulce.
11. Mi perro duerme junto a mi sillón mientras leo el periódico.
12. Cuando el niño vio que había roto la ventana, se asustó.
13. El otro chofer dijo que yo había pasado una luz roja.
14. Me gusta la gaseosa muy fría y la mía no lo está.

(b)

a. *Echó la casa por la ventana.*
b. *Me lo echaba en cara constantemente.*
c. *Echó a correr.*
d. *Por favor, échame hielo en el vaso.*
e. *Es increíble—La eché hace una semana.*
f. *Tienen que echarse a un lado.*
g. *Le gusta echarse a mis pies.*
h. *Me echó a mí la culpa del accidente.*
i. *Por eso lo echaron.*
j. *Cuando lo vi, le eché una mirada furiosa.*
k. *Por eso se echó a perder.*
l. *¿Quieres que le eche más azúcar?*
m. *Voy a echarle agua.*
n. *Echaron a perder la fiesta.*

Lima, Perú. Como un miembro más de la familia, el perrito participa en el juego de este niño y su abuelo en el jardín de una residencia.

P A R A E S C R I B I R M E J O R

El acento diacrítico

En el capítulo anterior hemos visto las reglas de la acentuación normal. Aquí nos toca examinar ciertos casos especiales.

1. A continuación se enumeran aquellas palabras que utilizan la tilde o acento gráfico para diferenciarlas de otras de igual grafía que tienen distinto significado o función gramatical:

aun	*even*		**aún**	*still, yet*
de	*of*		**dé**	*give* (subjuntivo)
el	*the*		**él**	*he*

mas	*but*		más	*more*
mi	*my*		mí	*me*
se	*himself/herself*		sé	*I know*
si	*if, whether*		sí	*yes; himself/herself*
te	*you* (complemento directo)		té	*tea*
tu	*your*		tú	*you*

2. Los interrogativos y exclamativos (cómo, cuál, cuándo, cuánto, dónde, quién) llevan el acento gráfico para diferenciarlos de los relativos de la misma forma:

¡Cómo extraño el lugar donde nací!

How I miss the place where I was born!

Y ¿dónde naciste?

And where were you born?

En preguntas indirectas también se usa el acento.

Como ese estudiante es nuevo, voy a preguntarle cómo se llama y dónde vive.

Since that student is new I am going to ask him what his name is and where he lives.

3. La conjunción **o** (*or*) se escribe con tilde cuando aparece entre cifras para evitar la posible confusión con el cero.

¿Había 150 ó 200 personas en la reunión?

Were there 150 or 200 persons at the meeting?

4. Los demostrativos **este, ese, aquel**—con sus respectivos femeninos y plurales—pueden escribirse con tilde cuando son pronombres, aunque esta acentuación no es obligatoria.

No quiero esta fotografía; prefiero que me dé ésa.

I don't want this photograph; I prefer that you give me that one.

5. La palabra **solo** debe llevar tilde únicamente cuando se usa en el sentido de **solamente** y hay posibilidad de ambigüedad. Por ejemplo, en la oración **El abogado está solo en su bufete los viernes, solo** podría significar **sin compañía** o **solamente**. Para evitar la posibilidad del primer sentido, hay que escribir **sólo**.

6. ¿Deben usarse las tildes con las letras mayúsculas? A esta pregunta le contesta la Real Academia Española: «Se recomienda que cuando se utilicen mayúsculas, se mantenga la tilde si la acentuación ortográfica lo exige».

𝒜 p l i c a c i ó n

Añada los acentos necesarios.

Hablan Laura, Javier (su marido) y Elena (su amiga).

JAVIER: ¿Que vas a servirles a las visitas cuando vengan esta noche? Recuerda que Tomas bebe solo te.

LAURA: Si, a el le dare te, aunque no se si vendra. Tal vez le de un poco de pena. Aun me acuerdo de lo que paso la ultima vez. ¿Te acuerdas tu?

JAVIER: Si, por supuesto. Se que no te gusta repetir la historia pero, como Elena no la conoce, se la contare. Esa tarde Laura les habia servido a todos, aun a mi prima, que le cae mal. De pronto, Tomas se levanto para servirse a si mismo diciendo: «Necesito mas te».

LAURA: Y yo le dije: «Se paciente, que yo te servire ahora.» Mas el se lanzo a la bandeja donde estaba la tetera. Se cayo la bandeja y se hizo pedazos mi tetera de porcelana.

ELENA: ¡Que horror! ¡Tu mejor tetera destrozada!

LAURA: Javier me compro esta, pero aquella era insustituible para mi, porque era un recuerdo de familia.

Además de una "cara de póker," este perrito necesita una "cola de póker".

Traducción

A FAMILY DIVIDED

Use una construcción con **hace** *o* **hacía** *cuando sea posible.*

In my home we have had two cats for many years because my mother thinks that a house without a cat is not a home. My house is very large and we have more than enough space (*no emplee* **suficiente**), but dogs are not to the liking of my sisters or my father (*no use* **gustar**).

I, however, dislike cats; they are ungrateful animals. I want to be a veterinarian and to specialize in canines, because dogs delight me. When I was a child, the program "Lassie" fascinated me. I also liked to watch old Rin-Tin-Tin movies. However, these programs didn't attract my sisters (*no emplee* **atraer**); they preferred to watch cat cartoons. But it seems to me that, deep down, it bothered them that there were no heroic cats on television.

There was a time when I was a little afraid of dogs. It was about five years ago, when I read in secondary school about Cerberus, the mythological dog with three heads. That negative image stuck in my mind until I read another old tale that impressed me more, the one about Argus, Ulysses' dog. It made me sad to learn that Argus had been waiting for more than twenty years for his master when the latter returned. Upon seeing Ulysses again, the poor dog died of joy.

It seems to me that the most interesting characteristic of dogs is that they adapt to every climate. For example, huskies, which pull sleds in the snow, as well as St. Bernards, have very abundant hair because they need it (*no emplee* **necesitar**) to protect themselves from the cold. There are dogs for every taste. For those who live in a city, a small dog is appropriate (*no use* **apropiado**). To me, what is attractive is an animal that will love and defend me, so the dog that I would like to have would be a German shepherd.

For a long time I have been trying to influence my parents and sisters but, unfortunately, it has proved impossible to impose my taste on them. A friend told me, a few days ago, that perhaps their attitude will change, but I don't think so. Nevertheless, I should say that, although it hurts me a little that my wishes don't matter to anyone, I am delighted with my family.

Temas para composición

1. **El destino de Drake.** Continúe la historia del perro. Puede darle a su composición un final desgraciado o un final feliz.

2. Escriba sobre un perro, gato u otra mascota que tenga o haya tenido. ¿Dónde lo/la consiguió? ¿Cómo es? ¿Cómo son las relaciones de Uds.? ¿Es suyo/a o pertenece a toda la familia? ¿Qué cualidades positivas y negativas tiene?

3. **¿Perros o gatos?** ¿Cuáles prefiere? ¿Qué buenas cualidades y qué defectos pueden tener unos y otros? ¿Se presentan en los animales domésticos problemas sicológicos similares a los de las personas?

¿Sufren los animales domésticos espiritualmente como sufrimos nosotros? (*Use el mayor número de construcciones del tipo de* **gustar** *que sea posible.*)

4. **Las personas que maltratan a los animales.** ¿Podemos hacer algo por resolver esta situación? ¿Qué motivos existen para que una persona sea cruel con un animal? ¿Es posible que una persona que maltrata a los animales sea buena en otros sentidos? ¿Existen diferencias en el tratamiento que se da a los animales en otras culturas?

CAPÍTULO 4

LECTURA

El autor de este cuento, don Ramón del Valle-Inclán, es un miembro importante de la llamada «Generación del 98», un grupo de grandes escritores de principios del siglo XX. Valle-Inclán nació en la región de Galicia, y siempre tuvo orgullo de los orígenes aristocráticos de su familia. Es un escritor muy original e imaginativo y tiene influencias del movimiento modernista. En la región de Galicia hay un ambiente tradicional en el que se mezclan la religión católica, la superstición, las leyendas y el misterio. El cuento *El miedo* es un buen ejemplo de esto.

Para comprender mejor

Este cuento está narrado en primera persona y sucede en una capilla. Es una capilla oscura de arquitectura muy antigua, que está en *el pazo* de la familia del narrador. (En el campo de Galicia, un *pazo* es la mansión donde viven los aristócratas o señores dueños de las tierras.) Es importante que el lector se sitúe en este ambiente para que comprenda mejor el cuento. Los personajes de esta historia son: el narrador, un joven militar en el Regimiento del Rey; su madre, una señora muy religiosa; las dos hermanas del narrador, que son unas niñas y el Prior o Superior de un monasterio.

El miedo

Ese largo y angustioso escalofrío° que parece mensajero de la muerte, el verdadero escalofrío del miedo, sólo lo he sentido una vez. Yo acababa de obtener los cordones° de Caballero Cadete. Hubiera
5 preferido entrar en la Guardia de la Real Persona°; pero mi madre se oponía, y siguiendo la tradición familiar, fui granadero° en el Regimiento del Rey. No recuerdo con certeza° los años que hace, pero entonces apenas me apuntaba el bozo° y hoy ando
10 cerca de ser un viejo caduco°. Antes de entrar yo en el Regimiento mi madre quiso echarme su bendición. La pobre señora vivía retirada en el fondo de una aldea°, donde estaba nuestro pazo solariego°, y allá fui sumiso

chill

insignia militar que se lleva en el hombro / de... personal del Rey

grenadier
con... *exactamente*
apenas... *empezaba a salirme el bigote / decrépito*

pueblo muy pequeño
antiguo y noble

y obediente. La misma tarde que llegué, mi madre le
15 pidió al Prior de Brandeso que viniese a confesarme a
la capilla del pazo. Mis hermanas María Isabel y
María Fernanda, que eran unas niñas, bajaron a coger
rosas del jardín, y mi madre llenó con ellas los floreros
del altar. Después me llamó en voz baja para darme
20 su devocionario° y decirme que hiciese examen de
conciencia.

      —Vete a la tribuna°, hijo mío, allí estarás mejor.

      La capilla era húmeda, tenebrosa°, resonante.
Sobre el retablo° campeaba° el escudo concedido por
25 ejecutorias° de los Reyes Católicos al Señor de
Bradomín. Aquel caballero estaba enterrado a la
derecha del altar: el sepulcro tenía la estatua orante°
de un guerrero. La lámpara del presbiterio°
alumbraba día y noche ante el retablo, labrado como
30 joyel de reyes°...

      Las niñas fueron a sentarse en las gradas° del altar:
sus vestidos eran albos° como el lino de los paños°
litúrgicos. Una sombra rezaba bajo la lámpara del
presbiterio: era mi madre, que sostenía entre sus
35 manos un libro abierto y leía con la cabeza inclinada.
De tarde en tarde°, el viento mecía° la cortina de un
alto ventanal°: yo entonces veía en el cielo, ya oscuro,
la faz° de la luna, pálida y sobrenatural como una
diosa que tiene su altar en los bosques y en los
40 lagos...

      Mi madre cerró el libro dando un suspiro y llamó
a las niñas. Vi pasar sus sombras blancas a través del
presbiterio y columbré° que se arrodillaban a los lados
de mi madre. La luz de la lámpara temblaba con un
45 débil resplandor° sobre las manos, que volvían a
sostener abierto el libro. En el silencio, la voz leía
piadosa° y lenta. Las niñas escuchaban... Habíame
adormecido° y de pronto me sobresaltaron° los gritos
de mis hermanas. Miré y las vi en medio del
50 presbiterio abrazadas a mi madre. Gritaban
despavoridas°. Mi madre las asió° de la mano y
huyeron las tres. Bajé presuroso... Iba a seguirlas y
quedé sobrecogido° de terror. En el sepulcro del
guerrero se entrechocaban° los huesos del esqueleto.
55 Los cabellos se erizaron° en mi frente. La capilla había
quedado en el mayor silencio y oíase distintamente el
hueco y medroso rodar de la calavera° sobre su
almohada de piedra. Tuve miedo como no lo he
tenido jamás, pero no quise que mi madre y mis
60 hermanas me creyesen cobarde, por eso permanecí
inmóvil en medio del presbiterio, con los ojos fijos en
la puerta entreabierta. La luz de la lámpara oscilaba°.

libro de oraciones

*balcón reservado para los
   dueños del pazo /
   oscura / pared
   ornamentada al fondo
   del altar / se destacaba /
   patente de nobleza*
arrodillada rezando
*área frente al altar,
   separada del resto de la
   iglesia por una reja*
labrado... carved like a
   small royal jewel /
   *escalones / blancos /
   vestimentas*

de... *de vez en cuando /
   movía de un lado a
   otro / ventana grande /
   cara*

vi

brillo

devota
*quedado casi dormido /
   asustaron*

con mucho miedo / tomó

lleno
clashed
se... *se pusieron de punta*

hueco... hollow and scary
   rolling of the skull

flickered

En lo alto mecíase la cortina de un ventanal, y las nubes pasaban sobre la luna, y las estrellas se
65 encendían y se apagaban como nuestras vidas. De pronto, allá lejos, resonó festivo° ladrar de perros y música de cascabeles°. Una voz grave y eclesiástica llamaba:

— ¡Aquí, Carabel! ¡Aquí, Capitán!...
70 Era el Prior de Brandeso que llegaba para confesarme. Después oí la voz de mi madre trémula y asustada, y percibí distintamente la carrera retozona° de los perros. La voz grave y eclesiástica se elevaba lentamente como un canto gregoriano°:
75 —Ahora veremos qué ha sido ello... Cosa del otro mundo no lo es, seguramente... ¡Aquí, Carabel! ¡Aquí, Capitán!...

Y el Prior de Brandeso, precedido de sus lebreles°, apareció en la puerta de la capilla. Era un
80 hombre arrogante° y erguido°. En sus años juveniles también había sido Granadero del Rey. Llegó hasta mí, sin recoger el vuelo de sus hábitos blancos°, y afirmándome una mano en el hombro y mirándome la faz descolorida, pronunció gravemente:
85 —¡Que nunca pueda decir del Prior de Brandeso que ha visto temblar a un Granadero del Rey!...

No levantó la mano de mi hombro, y permanecimos inmóviles, contemplándonos sin hablar. En aquel silencio oímos rodar la calavera del
90 guerrero. La mano del Prior no tembló. A nuestro lado los perros enderezaban° las orejas con el cuello espeluznado°. De nuevo oímos rodar la calavera sobre su almohada de piedra. El Prior me sacudió:
— ¡Señor Granadero del Rey, hay que saber si son
95 trasgos° o brujas!...

Y se acercó al sepulcro y asió las dos anillas° de bronce empotradas° en una de las losas°, aquella que tenía el epitafio. Me acerqué temblando. El Prior me miró sin despegar° los labios. Yo puse mi mano sobre
100 la suya en una anilla y tiré. Lentamente alzamos la piedra. El hueco°, negro y frío, quedó ante nosotros. Yo vi que la árida y amarillenta calavera aún se movía. El Prior alargó un brazo dentro del sepulcro para cogerla. Después, sin una palabra y sin un gesto,
105 me la entregó. La recibí temblando. Yo estaba en medio del presbiterio y la luz de la lámpara caía sobre mis manos. Al fijar los ojos, sacudí las manos con horror. Tenía entre ellas un nido de culebras° que se desanillaron silbando°, mientras la calavera rodaba
110 con hueco y liviano son° todas las gradas del presbiterio. El Prior me miró con sus ojos de guerrero

alegre
campanillas

juguetona

canto... música religiosa muy solemne

greyhounds
alto, elegante, de buena figura / erecto
vuelo... flair of his white robes

paraban
con los pelos parados

duendes (hobgoblins)
anillos grandes, aros
fijas / piedras del sepulcro

abrir, separar

hoyo

serpientes
se... uncoiled hissing
hueco... hollow and soft sound

que fulguraban° bajo la capucha° como bajo la visera
de un casco°:

—¡Señor Granadero del Rey, no hay absolución...
115 Yo no absuelvo a los cobardes!

Y con rudo empaque° salió sin recoger el vuelo de
sus blancos hábitos talares°. Las palabras del Prior de
Brandeso resonaron mucho tiempo en mis oídos.
Resuenan aún. ¡Tal vez por ellas he sabido más tarde
sonreír a la muerte como a una mujer!...

brillaban / parte de un
hábito que cubre la
cabeza / visera... visor
of a helmet

aspecto
largos

Comprensión

1. ¿Por qué se hizo el joven granadero del Rey?

2. ¿Cómo indica el narrador que hace muchos años que pasó esta historia?

3. ¿Por qué fue el joven a la aldea?

4. ¿Qué hizo la madre la tarde en que llegó su hijo?

5. ¿Cómo era la capilla?

6. ¿Quién estaba enterrado a la derecha del altar?

Una vista del campo gallego con los diferentes tonos de verde de sus valles cultivados. La madre del protagonista de la lectura probablemente vivía retirada en un lugar así.

7. ¿Dónde estaban primero las niñas? ¿Y después?

8. ¿Por qué gritaban las niñas?

9. ¿Cómo supieron todos que el Prior llegaba?

10. ¿Qué hizo el Prior cuando escuchó los ruidos del sepulcro?

11. ¿Por qué sacudió el joven la calavera que le dio el Prior?

12. ¿Cuál fue la reacción del Prior cuando el joven sacudió la calavera?

Interpretación

1. La madre del narrador, ¿cómo era? ¿Qué datos nos da el narrador sobre ella?

2. ¿De qué manera impresiona al lector la descripción de la capilla?

3. El autor pone énfasis en los vestidos muy blancos de las niñas. ¿Hay alguna razón para esto?

4. ¿Qué influencia tienen en el lector el paisaje y las imágenes relacionadas con éste?

5. En diferentes momentos de la narración se habla de la lámpara y su luz. ¿Qué efectos logra el escritor con la lámpara en cada uno de estos momentos?

6. El escritor llama festivo el ladrar de los perros y menciona los cascabeles. ¿Con qué intención hace esto?

7. ¿Qué hechos y detalles hacen aparecer al Prior como un hombre muy valiente?

8. ¿Por qué son importantes la mención del pasado del Prior y la imagen del casco?

9. ¿Cree Ud. que el joven es cobarde? Explique su opinión.

10. ¿Cómo interpreta Ud. las palabras finales del narrador?

Intercambio oral

A. ¿Cómo es la relación del joven de la historia con su madre? ¿Es este tipo de relación común? Si este cuento se cambiara al momento presente, ¿qué cosas serían iguales? ¿Cuáles serían diferentes?

B. **El miedo.** ¿Qué reacciones puede producir en la gente? ¿Hay cosas que le dan miedo a todo el mundo? ¿Qué cosas les dan miedo a algunas personas y a otras no? ¿Puede matar el miedo?

C. ¿Cómo se define a un valiente? ¿Y a un cobarde? ¿Es posible ser ambas cosas a la vez? ¿Son más valientes los hombres que las mujeres?

D. **Las culebras.** ¿Por qué tantas personas les tienen miedo? ¿Qué otros animales inspiran asco, miedo u otras reacciones negativas en la gente? ¿Por qué cambian estas reacciones según el individuo?

Repaso léxico

Escoja las palabras apropiadas de la lista de la columna (b) para reemplazar las palabras en cursiva de la columna (a).

(a)	(b)
1. No pude ver su *cara* porque tenía la cabeza inclinada sobre su *libro de oraciones* mientras rezaba con voz *devota*.	*albos*
	una aldea
	asió
	caduco
2. Tenía el cabello *erizado*; aquel lugar tan *oscuro* lo asustaba.	*los cascabeles*
	certeza
	culebras
3. Aquel viejo *decrépito* vivía solitario en *un pequeño pueblo*.	*despavoridas*
	devocionario
4. No puedo decir con *exactitud* el número de *escalones*.	*espeluznado*
	faz
5. Ella me *tomó* de la mano y las dos corrimos *con mucho miedo* cuando vimos las *serpientes*.	*festivo*
	fulguró
6. Los vestidos *blancos* se destacaban con el *brillo* de la lámpara.	*gradas*
	hueco
	piadosa
7. *Las campanillas* daban un aire *alegre* al momento.	*resplandor*
	tenebroso
8. De repente, una luz *brilló* en aquel *hoyo* oscuro.	

SECCIÓN GRAMATICAL

The Subjunctive

The subjunctive mood is much more extensively used in Spanish than in English. But it still exists in the latter language. Notice the difference in meaning between (a) *The professor insists that Charles go* (subjunctive) *to class every day* and (b) *His friends insist that Charles goes* (indicative) *to class every day*. Sentence (a) requires the subjunctive because there is an implicit command on the part of the subject that someone do something. In sentence (b), however, Charles' friends are presenting his daily class attendance as a fact.

As in the first English sentence, the subjunctive in Spanish is generally found in the dependent (subordinate) clause and conveys a meaning different from the indicative: **El profesor insiste en que Carlos vaya a clase todos los días** versus **Sus amigos insisten en que Carlos va a clase todos los días**.

Spanish uses the subjunctive in uncertain or contrary-to-fact situations; English does too sometimes. The subjunctive is often shown in English through the use of the form *were* of the verb *to be* or the auxiliary words *may, might,* and *should*.

Si yo fuera Carlos, no perdería ninguna clase.	*If I were Charles [but I am not] I wouldn't miss any class.*
Temo que Carlos no apruebe este curso.	*I am afraid that Charles may fail this course.*
Si Carlos no aprobara este curso, su padre se disgustaría mucho.	*Should Charles fail this course his father would be very upset.*

In this text the subjunctive will be discussed as follows: (1) in noun clauses (chapter 4), (2) in relative or adjective clauses (chapter 5), and (3) in adverbial clauses (chapter 6).

1. A noun clause is a clause that has the same function as a noun, that is, it can be the subject or the object of a sentence.

   Subject:

El que Ramón no esté aquí (= La ausencia de Ramón) me molesta.	*The fact that Ramón is not here (= Ramón's absence) bothers me.*

   Object:

Quiero que me ayudes (= tu ayuda).	*I want you to help me (= your help).*

2. An adjective or relative clause has the same function as an adjective, that is, it describes (modifies) a noun.

Necesitan empleados que hablen español (= hispanohablantes).	*They need employees who speak Spanish (= Spanish-speaking).*
Busco un carro que no cueste caro (= barato).	*I am looking for a car that isn't expensive (= cheap).*

3. Adverbial clauses modify the verb as adverbs do. Likewise, they answer questions like *where?, how?, when?*

Te esperaré (¿dónde?) en el lugar que me digas.	*I'll wait for you (where?) in the place you tell me to.*
Se levantó (¿cómo?) sin que nadie lo ayudara.	*He got up (how?) without anyone's helping him.*
Le daremos tu recado (¿cuándo?) tan pronto como llegue.	*We'll give him your message (when?) as soon as he arrives.*

The Subjunctive I: The Subjunctive in Noun Clauses

EXPRESSIONS OF VOLITION

The subjunctive is required in Spanish in a dependent clause when the verb in the main clause indicates volition, intention, wish, or preference. Some typical verbs of this type are: **querer, desear, prohibir, sugerir, preferir**, and **aconsejar**.

Roberto quiere que contemos su historia.	*Roberto wants us to tell his story.*
Prefiero que Ud. no invite a esos señores.	*I prefer that you do not invite those gentlemen.*
¿Deseas que yo esconda los retratos?	*Do you wish me to hide the pictures?*
Él logrará que su hijo se gradúe este año.	*He will succeed in having his son graduate this year.*

In each of the preceding examples the subject of the dependent clause is different from the subject of the main clause, that is, there is a change of subject and the subjunctive is required. When there is no change of subject, the second verb is not a subjunctive but an infinitive.

Roberto quiere contar su historia.	*Roberto wants to tell his story.*
Prefiero no invitar a esos señores.	*I prefer not to invite those gentlemen.*
¿Deseas esconder los retratos?	*Do you wish to hide the pictures?*
Él logrará graduarse este año.	*He will succeed in graduating this year.*

Observe that sentences like *Roberto wants us to tell his story* cannot be translated word for word. The English direct object pronoun *us* becomes a subject pronoun in Spanish: **Roberto quiere que *nosotros* contemos su historia**.

Do not be misled by sentences like **Ella quiere que me afeite** (*She wants me to shave*). In this case, the Spanish **me** is not the equivalent of the English *me* but is a reflexive pronoun, since **afeitarse** is a reflexive verb. The subject of the dependent verb is **yo** and it is understood: **Ella quiere que (yo) me afeite**.

VERBS THAT COMMONLY INDICATE VOLITION, INFLUENCE, OR PREFERENCE

aceptar	*to accept*	**lograr**	*to succeed in, bring about that*
acceder a	*to agree to*	**mandar**	*to order*
aconsejar	*to advise*		
conseguir	*to succeed in*	**obligar a**	*to force*
consentir en	*to consent*	**oponerse a**	*to oppose*
dejar	*to let, allow*	**ordenar**	*to order*
desear	*to wish*	**pedir**	*to ask (someone to do something)*
disgustar(le) (a uno)	*to dislike*	**permitir**	*to allow*
empeñarse en	*to insist*	**preferir**	*to prefer*
estar de acuerdo con	*to agree with (approve of)*	**procurar**	*to try*
exhortar	*to exhort*	**prohibir**	*to forbid*
exigir	*to demand*	**proponer**	*to propose*
gustar(le) (a uno)	*to like*	**querer**	*to want, wish*
hacer	*to have or make (someone do something)*	**recomendar**	*to recommend*
		rogar	*to beg*
		sugerir	*to suggest*
impedir	*to prevent*	**suplicar**	*to beg, implore*
insistir en	*to insist*		
intentar	*to try*		
invitar a	*to invite to*		

LLAME A LAS CASAS POR SU NOMBRE

el pazo

la barraca

la masía

el carmen

el caserío

el cortijo

el cigarral

la casona

Barraca, Carmen, Cortijo, Masía, Pazo, Cigarral no son sólo las formas de llamar a la casa donde se vive en determinadas zonas de nuestro país. Son los nombres propios de unas casa con características propias. Unicas. Son la expresión de la forma de vivir y de la cultura en ese lugar. Desde Octubre La Casa 16 le presenta esas casas una a una, mes a mes, para que las conozca por fuera y por dentro. Para que llame a las casas por su nombre y sepa respetarlas si las quiere rehabilitar. Este mes el Carmen de Granada.

Descubra en La Casa 16 de Marie Claire, además de las secciones de siempre, la nueva sección de las casas con nombre propio.

la casa
DE MARIE CLAIRE

Además del pazo gallego, otras casas típicas del campo español tienen nombres especiales según la región. La masía está en Cataluña, el caserío en el País Vasco, el cigarral en Castilla, la barraca en Valencia, el carmen y el cortijo en Andalucía y la casona en Asturias.

VERBS OF COMMUNICATION

Sometimes verbs of communication like **decir, telefonear,** and **escribir** convey the idea of *will* or *preference*. In this case, the verb in the dependent clause is in the subjunctive. When the verb of communication merely introduces a fact, the subjunctive is not used.

Laura dice que cambies la fecha de tu viaje.	*Laura says for you to change the date of your trip.*
Le escribiré que espere nuestra llegada.	*I will write him (asking him) to wait for our arrival.*

But:

Laura dice que vas a cambiar la fecha de tu viaje.	*Laura says that you are going to change the date of your trip.*
Le escribiré que esperamos su llegada.	*I will write him that we are waiting for his arrival.*

$\mathcal{A}$ p l i c a c i ó n

A *Conteste de manera original usando el subjuntivo.*

1. ¿Qué les exigen generalmente los jefes a sus empleados?
2. ¿A qué se oponen sus padres?
3. ¿Con qué no está Ud. de acuerdo?
4. ¿Qué quiere Ud. que hagamos ahora?
5. ¿Qué órdenes les grita un sargento a los soldados?
6. ¿Qué mandan los estatutos de esta escuela?
7. ¿Qué prohíben los estatutos?
8. ¿En qué insisto yo siempre?
9. Si un amigo suyo tiene insomnio, ¿qué le recomienda Ud. que haga?
10. ¿Qué desean sus compañeros?
11. ¿Qué le gusta a Ud. que hagan sus amigos?
12. ¿Qué le pide su madre que haga?

B *Ud. y un compañero (una compañera) acaban de alquilar un apartamento y están leyendo el contrato. Escoja en la columna de la derecha la frase que le parezca más apropiada para completar cada regla del contrato, cambiando los infinitivos al subjuntivo.*

1. El contrato exige que (nosotros)...
2. El dueño recomienda que el nuevo inquilino...
3. El contrato nos impide que...
4. La segunda cláusula prohíbe que (nosotros)...
5. La ley obliga a los inquilinos a que...
6. No se consiente que los inquilinos..., pero extraoficialmente el administrador permite que...
7. Está prohibido que...
8. El contrato insiste en que el inquilino...
9. Se aconseja que el inquilino...
10. No se permite que...

a. pagar el día primero del mes
b. haber fiestas ruidosas en los apartamentos
c. tener gato
d. pagar la renta por adelantado
e. subarrendar el apartamento
f. darle una llave al administrador para casos de emergencia
g. instalar una cerradura nueva en la puerta de entrada
h. hacer reparaciones sin autorización del dueño
i. tener perro
j. fumar en los pasillos del edificio
k. no desconectar la alarma de incendios

C **En el aeropuerto.** *Ud. oye que el empleado de una línea aérea les da instrucciones a dos señores mexicanos en tránsito hacia Europa. Como ellos no saben inglés ni el empleado habla español, Ud. se ofrece a traducir. (Este ejercicio se puede hacer por escrito o prepararse en casa y escenificarse en clase con cuatro estudiantes.)*

SEÑOR 1: ¿Tendremos problemas con las visas?

EMPLEADO: Well, some countries ask that foreigners have visas, others don't. I suggest that you ascertain what each consulate requires travelers to do. It is also important to know what products they don't allow travelers to bring into the country. By the way, let me remind you to keep your passports in a safe place.

SEÑOR 2: ¿Y las reservaciones? ¿Sugiere Ud. que las confirmemos? También queremos que nos informe sobre la posibilidad de cambiar la fecha de regreso.

EMPLEADO: Of course, we recommend that you confirm your reservations several days before departure. As for the changes in dates, airlines only agree to passengers changing them in case of a sudden illness. And they require that one submit a medical certificate.

SEÑOR 1: Gracias, señor. (*Hablándole al intérprete*): Joven, dígale que nos disgusta que los empleados de esta compañía no hablen español y que propongo que lo/la contraten a Ud. que lo ha traducido tan bien todo.

EMPLEADO: Gentlemen, I beg you to forgive me for this inconvenience. I want you to understand that it is not my fault that our

Spanish-speaking clerk is on vacation. Hispanic groups insist that airlines hire more Hispanics but, so far, the law doesn't force them to do it. I invite you to write to our main office and explain that you prefer to be taken care of in your own language.

SEÑOR 2:   Sí, vamos a escribir. Gracias por todo. Adiós.

VERBS OF INFLUENCE

Some of the verbs listed in the table on page 94 are verbs of influence. This label indicates that the subject of the main verb tries to exert some influence over the subject of the subordinate clause in the performance of an action. The following verbs of influence allow an alternate infinitive construction: **dejar, hacer, impedir,* invitar a, mandar,* obligar a, permitir,*** and **prohibir.***

Sus padres no la dejan que salga con su novio. **Sus padres no la dejan salir con su novio.**	*Her parents don't let her go out with her boyfriend.*
Te prohíbo que me hables de esa manera. **Te prohíbo hablarme de esa manera.**	*I forbid you to speak to me (in) that way.*
Siempre la invitan a que cene con ellos. **Siempre la invitan a cenar con ellos.**	*They always invite her to have dinner with them.*
El maestro le mandó que escribiera en la pizarra. **El maestro le mandó escribir en la pizarra.**	*The teacher asked him to write on the board.*

A plicación

A *Conteste de dos maneras.*

1. ¿Te deja la policía conducir un auto sin tener licencia?
2. ¿Crees que muchas veces la ira hace que digamos cosas que no sentimos?
3. ¿Debo impedirle a mi gato que salga a la calle?
4. ¿Lo invitan a Ud. frecuentemente sus amigos a ir a su casa?
5. Si el niño tiene las manos sucias, ¿le manda su madre lavárselas?
6. ¿Crees que los padres deben obligar a los niños a acostarse temprano?
7. ¿Piensa Ud. que la ley nos debe permitir llevar armas para defendernos?
8. ¿Les prohíbes a los demás miembros de tu familia que entren en tu cuarto?
9. ¿Se les permite a los transeúntes que pisen la hierba del parque?
10. ¿Lo dejan a Ud. sus padres dormir en casa de sus amigos?

---

*These verbs take an indirect object pronoun.

B *¿Indirecto o directo? Complete con el pronombre apropiado.*

1. La niña lloraba porque su padre no _____ dejaba ir al cine.

2. Si viene tu amigo, _____ invitaré a merendar.

3. El hombre quería acercarse a la estrella, pero los guardias _____ impidieron hacerlo.

4. Los amos eran crueles con los esclavos y _____ obligaban a trabajar constantemente.

5. No sé por qué _____ prohibieron al científico que entrara en el laboratorio.

6. El dentista _____ mandó a la paciente abrir la boca.

7. Le dijo a la señora palabras tan duras que _____ hizo llorar.

8. Los cadetes no asistieron a la ceremonia porque no _____ invitaron.

9. En el siglo XVIII no _____ permitían a las mujeres que fueran a la universidad, pero sí _____ dejaban aprender música.

10. Si Tomás ensucia el piso con sus botas _____ haré limpiarlo.

WISHES EXPRESSED ELLIPTICALLY

Most verbs in the subjunctive are found in subordinate clauses. Direct commands are an exception. Another exception is the case of wishes expressed elliptically in sentences often beginning with **Que**:

Que tengas feliz viaje.	*Have a happy trip.*
Que Dios te bendiga.	*(May) God bless you.*
Que aproveche.	*Bon appétit! (I hope you enjoy your dinner.)*
¡Mueran los enemigos del pueblo!	*Down with the enemies of the people!*
Que en paz descanse (Q.E.P.D.).	*May he/she rest in peace.*

A plicación

Situaciones. *Use una expresión que comience con* **que** *para cada circunstancia.*

1. Sus padres van a una fiesta. Ud. desea que se diviertan y les dice:

2. Su compañera va a examinarse hoy. Ud. le desea éxito diciéndole:

3. La abuela de su amigo ha muerto. Cuando él habla de ella usa la expresión:

4. El presidente le habla al pueblo. La multitud lo aplaude y grita:

5. Su madre le manda hacer algo. Ud. quiere que lo haga otro miembro de su familia y le dice a su madre:

6. Ud. entra en un lugar donde hay dos personas que comen y les dice:

WISHES WITH OJALÁ (QUE) OR ¡QUIÉN...!

A very common way to express a wish in Spanish is by using **ojalá (que)** + subjunctive.* **Ojalá (que)** + present subjunctive is used when the speaker wishes for something to happen (or not to happen) in the future. **Ojalá (que)** + imperfect subjunctive expresses a wish that is impossible or unlikely to happen. **Ojalá (que)** + present perfect subjunctive expresses a wish about the immediate past. **Ojalá (que)** + pluperfect subjunctive refers to a wish that was not fulfilled in the past and denotes regret.

Ojalá que Jacinto llame hoy.	*I hope Jacinto calls today.* (A wish that may be fulfilled.)
Ojalá que Jacinto llamara hoy.	*I wish Jacinto would call today.* (A wish of difficult realization.)
Ojalá que Jacinto haya llamado.	*I hope Jacinto has called.* (The speaker is not at home or for some reason he/she doesn't know whether Jacinto has called or not.)
Ojalá que Jacinto hubiera llamado ayer.	*I wish (If only) Jacinto had called yesterday.* (The action didn't take place and the speaker regrets it.)

Quién + third-person singular imperfect subjunctive or third-person singular pluperfect subjunctive also refers to a wish of the speaker. Like **ojalá (que), quién** + subjunctive may express either (a) a wish of impossible or unlikely realization, or (b) regret, depending on the tense used. **¡Quién...!** is never used with the present subjunctive.

¡Quién pudiera vivir cien años!	*I wish I could live for one hundred years!*
¡Quién hubiera estado allí en ese momento!	*I wish I had been there at that moment!*

𝒜 plicación

A *Exprese usando* **ojalá:**

1. Dos deseos para el futuro.

2. Dos deseos difíciles de realizarse.

3. Dos deseos en el pasado que nunca se realizaron.

---

*In some countries, like Mexico, the form most used is **ojalá y.**

B *Haga dos oraciones con ¡Quién...! para indicar un deseo difícil de realizarse y dos oraciones con ¡Quién...! lamentándose porque algo no sucedió en el pasado.*

EXPRESSIONS OF EMOTION

The subjunctive is required in Spanish in a dependent clause when the verb in the main clause expresses feelings or emotion: regret, fear, pity, hope, surprise, etc.

Esperamos que pueda Ud. quedarse unos días más.	*We hope you can stay a few more days.*
Él siente mucho que ella esté enferma.	*He is very sorry that she is sick.*
Me sorprende que hayas perdido la billetera.	*I am surprised that you have lost your wallet.*

If there is no change of subject the infinitive is used:*

Espero poder quedarme unos días más.	*I hope I can stay a few more days.*
Él siente mucho estar enfermo.	*He is very sorry that he is sick.*
Me sorprende haber perdido la billetera.	*I am surprised that I have lost my wallet.*

COMMON VERBS THAT INDICATE FEELING OR EMOTION

admirar(le) (a uno)**	*to be astonished*	**lamentar**	*to regret*
alegrarse de, alegrar(le) (a uno)**	*to be glad*	**molestar(le) (a uno)****	*to bother*
celebrar	*to be glad*	**sentir**	*to regret*
dar(le) lástima (a uno)**	*to feel sorry*	**sentirse orgulloso (avergonzado) de**	*to feel proud (ashamed)*
esperar	*to hope*	**preocupar(le) (a uno)****	*to worry*
extrañar(le) (a uno)**	*to be surprised*	**sorprenderse de**	*to be surprised*
estar contento de	*to be happy*	**sorprender(le) (a uno)****	*to be surprised*
indignar(le) (a uno)**	*to anger*	**temer, tener miedo de, tenerle miedo a**	*to fear*

Note that these verbs use the **gustar construction treated in chapter 3.

---

*In the spoken language one occasionally hears the subjunctive even when there is no change of subject.

Yo siento que no haya podido asistir a las conferencias.	*I regret that I haven't been able to attend the lectures.*

Aplicación

A **En la consulta del siquiatra.** *Juan Galindo le explica sus problemas al siquiatra. Complete de manera original las confesiones de Juan.*

1. Doctor, mi verdadero problema es que tengo un doble a quien sólo yo veo y mi familia se siente avergonzada de que yo...

2. A ellos les extraña que yo...

3. Tengo miedo de que ellos...

4. Y yo temo que Ud....

5. A mí me preocupa que mi doble...

6. Además, me molesta que...

7. Yo espero que Ud....

B **Expresando emociones.** *Complete de manera original para expresar las emociones apropiadas a cada situación.*

1. El padre de su amigo está muy grave. Ud. habla con su amigo en el hospital y le dice:

   a. Siento mucho que...

   b. Me sorprende que...

   c. Espero que...

2. Su amiga Marita ha recibido un premio por su excelencia como estudiante. Ud. la llama y le dice:

   a. Marita, celebro mucho que...

   b. Estoy muy contento/a de que...

   c. Y me siento orgulloso/a de que...

3. Ud. canceló recientemente el seguro contra robos de su coche y acaban de robárselo. Ud. expresa cómo se siente diciendo:

   a. ¡Qué lástima que...

   b. ¡Cómo siento que...

   c. Me indigna que...

   d. Tengo confianza en que...

4. Recientemente Ud. ha faltado al trabajo algunas veces, y también ha llegado tarde, porque ha tenido muchos problemas personales. Habla con la señorita Riquelme, su jefa, y le dice:

   a. Srta. Riquelme, estoy muy avergonzado/a de...

   b. Lamento...

   c. Me preocupa que...

   d. Temo que...

   e. Prometo... Y confío en que...

C *Exprese una reacción original ante los siguientes hechos, usando verbos de emoción o sentimiento.*

Modelo: Juan no ha llamado todavía.

   → *Temo que le haya pasado algo.*

1. Vamos a España este verano.

2. Mañana operan a mi padre.

3. Recibí una «A» en ese curso.

4. Él no conoce la ciudad y se ha perdido.

5. Ese perrito se está quedando ciego.

6. Ella no tiene dinero para pagar la matrícula.

7. Me duele mucho la cabeza.

8. No encuentro mi libro de español.

9. Mi novio tiene un auto nuevo.

10. Tom Cruise quiere salir con Susana.

SEQUENCE OF TENSES

The following table summarizes the sequence or correspondence of tenses. These principles are applicable not only to noun clauses but also to adjective clauses (chapter 5) and adverbial clauses (chapter 6).

A. When the action in the dependent clause is simultaneous with, or subsequent to, the action of the main clause.

MAIN CLAUSE	DEPENDENT CLAUSE
1. Present indicative **Juan les pide** *Juan asks them*	
2. Present perfect **Juan les ha pedido** *Juan has asked them*	
3. Future indicative **Juan les pedirá** *Juan will ask them*	Present subjunctive **que vengan.** *to come.*
4. Future perfect indicative **Juan les habrá pedido** *Juan has probably asked them*	
5. Commands **Juan, pídales** *Juan, ask them*	
6. Imperfect or preterite **Juan les pidió (les pedía)** *Juan asked them*	
7. Pluperfect indicative **Juan les había pedido** *Juan had asked them*	Imperfect subjunctive **que vinieran (viniesen).** *to come.*
8. Conditional **Juan les pediría** *Juan would ask them*	
9. Conditional perfect **Juan les habría pedido** *Juan would have asked them*	

B. When the action in the dependent clause happened before the action of the main clause.

MAIN CLAUSE	DEPENDENT CLAUSE
1. Present indicative **Juan se alegra de** *Juan is happy*	
2. Present perfect **Juan se ha alegrado de** *Juan has been happy*	Imperfect subjunctive* **que vinieran (viniesen).** *that they came.*
3. Future indicative **Juan se alegrará de** *Juan will be happy*	Present perfect subjunctive **que hayan venido.** *that they have come.*
4. Future perfect indicative **Juan se habrá alegrado de** *Juan must have been happy*	
5. Commands **Juan, alégrese de** *Juan, be happy*	
6. Imperfect or preterite **Juan se alegraba (se alegró) de** *Juan was happy*	
7. Pluperfect indicative **Juan se había alegrado de** *Juan had rejoiced*	Pluperfect subjunctive **que hubieran (hubiesen) venido.** *that they had come.*
8. Conditional **Juan se alegraría de** *Juan would be happy*	
9. Conditional perfect **Juan se habría alegrado** *Juan would have been happy*	

---

*Because the imperfect subjunctive may correspond to the preterite indicative, imperfect indicative, or conditional tense, many Spanish speakers prefer to use the present perfect subjunctive to emphasize the completion of an action or state. Observe the ambiguity of **No creo que María lo hiciera**, which can mean: (a) *I don't think Mary did it*, (b) *I don't think Mary was doing it*, or (c) *I don't think Mary would do it*.

To express only meaning (a) (i.e., to stress completion), many speakers choose to say **No creo que María lo haya hecho**, which cannot have meanings (b) or (c).

What are the three possible translations of **Es posible que el médico viniera**?

Aplicación

Cambie al pasado.

1. Un crimen reciente.

A Jacinto le preocupa que los detectives no hayan encontrado todavía una pista que seguir y se extraña de que el criminal no haya dejado huellas. Piensa que no se trata de un suicidio, sino de un crimen, y se alegra de que la policía esté de acuerdo en esto.

Le da lástima que esa bella joven haya muerto y espera que capturen pronto al culpable. Teme que haya otra víctima si el asesino no es capturado en seguida. Además, le molesta que no se haga justicia.

2. Una carta.

Querida Adela: Siento mucho que no asistas a mi graduación. Muchos amigos se sorprenderán de que no estés allí. También mis padres lamentan que no puedas asistir; ellos están orgullosos de que yo me gradúe con tan buenas notas. A todos nos preocupa que no te sientas bien. Debes cuidar más tu salud. Un abrazo, Rosita.

3. Un compañero (una compañera) difícil.

Comparto el apartamento con un chico muy mandón (una chica muy mandona). Constantemente me dice que haga tal cosa, que no deje de hacer tal otra, que me acuerde de hacer algo más. Me prohíbe que toque sus discos y no me permite que use su computadora. Me molesta que él/ella se crea superior a mí. ¡A veces hasta interfiere en mi vida sentimental! Me aconseja que no llame a mi novio/a todos los días y me sugiere que lo/la ponga celoso/a y que salga también con otros chicos (otras chicas). Mis amigos conocen la situación y se admiran de que no me haya mudado de apartamento.

EXPRESSIONS OF UNCERTAINTY

The subjunctive is used in Spanish when the verb in the main clause expresses doubt, disbelief, uncertainty, or denial about the reality of the dependent clause.

Dudábamos que la policía pudiera llegar a tiempo.	*We doubted that the police could arrive on time.*
No cree que su enfermedad tenga cura.	*He doesn't believe that his illness has a cure.*
No estoy segura de que Raquel haya cerrado la puerta.	*I am not sure that Raquel has closed the door.*
La madre negaba que su hijo hubiera roto la ventana.	*The mother denied that her son had broken the window.*

When there is no change of subject the infinitive is generally used.*

Dudábamos de poder llegar a tiempo.	*We doubted we could arrive on time.*
No cree poder acompañarme al centro.	*He doesn't believe he can accompany me downtown.*
No estoy segura de haber cerrado la puerta.	*I am not sure I (of having) closed the door.*
La madre negaba haber roto la ventana.	*The mother denied she broke (having broken) the window.*

---

*In the spoken language one occasionally hears the subjunctive even when there is no change of subject: **Dudo que yo pueda ayudarte**.

The most common verbs of this type are **no creer, dudar, no estar seguro de, negar**, and **resistirse a creer**. However, **no creer** takes the indicative when the speaker is certain about the reality of the dependent verb regardless of someone else's doubt.

Ella no cree que yo me saqué la lotería.	*She doesn't believe that I won a prize in the lottery.* (But I, the speaker, know that I did.)

When verbs of this kind are used in a question, the doubt or assurance on the part of the person who asks the question determines the use of the subjunctive or the indicative.

¿Creen Uds. que ella pueda hacer ese trabajo?	*Do you think that she can do that work?*
¿Creen Uds. que ella puede hacer ese trabajo?	

In the first question the speaker doubts and wants to know if other people share his/her doubts; in the second question the speaker wants to know someone else's opinion and does not give his/her own.

The question **¿No cree Ud...?** (*Don't you think ... ?*) does not imply doubt on the part of the speaker. Thus the indicative is used.

¿No crees que él es muy inteligente?	*Don't you think that he is very intelligent?*

Observe the highly subjective nature of the verbs treated in this section. For instance, when the speaker says **Nadie duda que el crimen es uno de nuestros mayores problemas**, he or she is referring to a generally accepted fact. On the other hand, it is possible to say **No dudo que hayas estudiado, pero debías haber estudiado más**. The use of the subjunctive here indicates some mental reservation on the part of the speaker.

ACASO, QUIZÁ(S), AND TAL VEZ

The subjunctive is used in Spanish after **acaso, quizá(s)**, and **tal vez** (*perhaps*) when the speaker wishes to indicate doubt. If the speaker does not want to express doubt, the indicative is used.

Tal vez sea demasiado tarde.	*Perhaps it may be too late.*
Tal vez es demasiado tarde.	*Perhaps it is too late.* (I think it is.)
Quizás no quieran ayudarnos.	*Perhaps they don't want to help us.* (The speaker is in doubt.)
Quizás no quieren ayudarnos.	*Perhaps they don't want to help us.* (The speaker thinks they don't).

A plicación

A *Lea cada párrafo y después vuelva a leerlo, colocando esta vez al principio de cada oración las expresiones que se dan debajo. Cambie el verbo al subjuntivo cuando sea necesario.*

Modelo: Nadie en el pueblo duda que la anciana es una excéntrica.

1. La anciana es una excéntrica. Una de sus mayores excentricidades consiste en hablar sola. Su chifladura es peligrosa. Uno de estos días va a atacar a alguien. Deben enviarla a un asilo.

   a. Nadie en el pueblo duda que...   **b.** Nadie niega que...
   c. Pero, ¿cree Ud. que...?   **d.** Dudo que...   **e.** Y no creo que...

2. Se sentaron a la mesa en seguida. Las frituras que sirvió la madre estaban deliciosas. Eran de carne. El padre abrió una botella de vino. Dijo que ése era un día especial. Todos bebieron muy contentos.

   a. No estoy seguro de que...   **b.** No creo que...   **c.** Estoy seguro de que...   **d.** Dudo que...   **e.** También dudo que...   **f.** ¿Cree Ud. que...?

3. Antes de llegar a nuestro pueblo, el extranjero había pasado varios días perdido en el bosque. El extranjero había venido de muy lejos. En su juventud había sido muy rico. Había nacido en un castillo de Aragón. Sus padres habían sido nobles.

   a. Estábamos seguros de que...   **b.** Pero dudábamos que...
   c. Nadie creía que...   **d.** Aunque algunos creían que...
   e. También creían que...

B *Cambie las oraciones siguientes para expresar duda.*

1. Acaso todos nuestros gobernantes son honrados.
2. Tal vez podrán subir esa montaña.
3. Quizás esta noche podré dormir bien.
4. Acaso Susana querrá casarse con él.
5. Quizá no nos han visto.
6. Tal vez les gusta el pastel de chocolate.
7. Quizás nos estarán esperando en el aeropuerto.
8. Acaso habían secuestrado al Sr. Guzmán.

EL HECHO (DE) QUE (THE FACT THAT)

The word **hecho** (*fact*) in this expression can be misleading. **El hecho (de) que** and its elliptic forms **el que** and **que** normally require the subjunctive in the clause they introduce when the fact presented is viewed by the speaker with doubt, reservation, or some kind of emotion.

El hecho de que (El que, Que) *gasten* **tanto, me hace sospechar.**	*The fact that they spend so much makes me suspicious.*
El hecho de que (El que, Que) el chico *pudiera* **haber caído en el pozo, preocupaba a quienes lo buscaban.**	*The fact that the child might* have fallen into the well worried those looking for him.*
Me ha molestado el hecho de que (el que, que) no me *hayas* **llamado antes.****	*The fact that you didn't call me earlier has bothered me.*

---

*Note that the words *may* and *might* appear sometimes in the English sentence.
**Note that the order of the clauses can be inverted.

A p l i c a c i ó n

Una casa con fantasmas. *Un amigo suyo ha encontrado una casa estupenda y muy barata. Alguien le dice que la razón del precio bajo es que hay fantasmas en la casa. Complete los comentarios que Ud. le hace a su amigo combinando elementos de las dos columnas. Añada* **el hecho (de) que** *(el que, que) en la columna (a) y haga los cambios necesarios en los verbos.*

> *Modelo:* El hecho de que la casa se venda tan barata indica que tiene algún problema serio.

(a)	(b)
1. la casa se vende tan barata	a. *no significa que no haya ruidos*
2. lleva varios años vacante	b. *me hace dudar de que sean personas honestas*
3. se oyen ruidos por la noche	c. *significa que no sabes si debes comprarla o no*
4. me pides mi opinión	d. *indica que tiene algún problema serio*
5. los dueños no te hablaron de los fantasmas	e. *no quiere decir que no existan*
	f. *me da mucho miedo*
6. yo soy muy supersticioso/a	g. *me hace preguntarme por qué*
7. tú no has oído los ruidos	h. *me impide aconsejarte objetivamente*
8. tú no crees en fantasmas	

IMPERSONAL EXPRESSIONS

COMMON IMPERSONAL EXPRESSIONS

bastar	*to be enough*	**ser importante**	*to be important*
convenir	*to be advisable*	**ser (im)posible**	*to be (im)possible*
parecer mentira	*to seem incredible, impossible*	**ser (im)probable**	*to be (un)likely*
poder ser	*to be possible*	**ser lástima**	*to be a pity*
¡Qué lástima!	*What a pity!*	**ser necesario, ser preciso**	*to be necessary*
ser bueno	*to be a good thing*	**ser preferible**	*to be better*
ser difícil	*to be unlikely*	**ser urgente, urgir**	*to be urgent*
ser dudoso	*to be doubtful*	**valer más**	*to be better*
ser extraño	*to be strange*	**valer la pena**	*to be worthwhile*
ser fácil	*to be likely*		

Most impersonal expressions fall into one of the categories that call for the subjunctive (wish, doubt, emotion, unreality, etc.) and, therefore, require the subjunctive when there is a change of subject.

Pepito era un niño muy inteligente. *Bastaba* **que el maestro le explicara las cosas sólo una vez.**	*Pepito was a very intelligent child. It was enough for the teacher to explain things to him just once.*

Aspirador es la palabra preferida en España para la aspiradora, como se ve en este anuncio. Vemos aquí, además, catorce verbos en el modo subjuntivo para enumerar las cualidades que, según el anunciante, debe tener un aspirador.

¡Qué lástima que Betty no hable español! *Conviene* que aprenda por lo menos algunas frases.

What a pity that Betty doesn't speak Spanish! It is advisable that she learn at least some phrases.

Parecía mentira que Yoli hubiese olvidado tan pronto todo lo que hice por ella.

It seemed incredible that Yoli had forgotten so soon all I did for her.

Puede ser que Eduardo no sepa que se canceló la reunión. *Sería bueno* que se lo dijésemos.

It is possible that Eduardo doesn't know that the meeting was canceled. It would be a good thing (idea) for us to tell him.

Es necesario que el Prior vaya a la capilla en seguida.

It is necessary that the Prior go to the chapel immediately.

¿Sería posible que apareciera el fantasma del guerrero?

Would it be possible that the ghost of the warrior would appear?

Es urgente que estemos en Montevideo mañana, pero *es difícil* que encontremos asiento en el avión. *Sería preferible* que saliésemos ahora mismo en auto.	*It is urgent for us to be in Montevideo tomorrow but it is unlikely that we will find a seat on the plane. It would be better for us to leave right now by car.*
Será preciso que uno de nosotros vaya contigo. No conoces la ciudad y *es muy probable* que te pierdas.	*It will be necessary for one of us to go with you. You don't know the city and it is very possible that you will get lost.*
No valió la pena que plantaras tantos rosales en el jardín. En el futuro, *valdrá más* que siembres otra clase de flores.	*It wasn't worthwhile for you to plant so many rose bushes in the garden. In the future, it will be better for you to put in other kinds of flowers.*

There is also a less-common alternate construction that combines an indirect object pronoun and an infinitive. This construction is often heard when the speaker wishes to place the emphasis on the *person* rather than on the *action*.

Pepito era un niño muy inteligente. Al maestro le bastaba explicarle las cosas una sola vez.	*Pepito was a very intelligent child. It was enough for the teacher to explain things to him just once.*
No te valió la pena plantar tantos rosales en el jardín. En el futuro, te valdrá más sembrar otra clase de flores.	*It wasn't worthwhile for you to plant so many rose bushes in the garden. In the future, it will be better for you to put in other kinds of flowers.*

Avoid translating *for me* (*you*, etc.) as **para mí** (**ti**, etc.)

Note that if there is no change of subject, the infinitive is used.

Es urgente estar en Montevideo mañana, pero será difícil encontrar asiento en el avión. Sería preferible salir ahora mismo en auto.	*It is urgent to be in Montevideo tomorrow but it will be difficult to find a seat on the plane. It would be better to leave right now by car.*

Impersonal expressions that indicate certainty take the indicative: **ser cierto, ser evidente, ser verdad, ser un hecho, estar claro**, etc.

Es cierto que Carmen hace ejercicio todos los días.	*It is true that Carmen exercises every day.*

When used negatively the above expressions often indicate uncertainty and take the subjunctive: **No es cierto que Carmen haga ejercicio todos los días**.

No + ser + que... sino que... denies the reality of the main verb and it normally requires the subjunctive. Observe the sequence of tenses.

No es que no quiera hacerlo, sino que no puedo.	*It isn't that I don't want to do it but rather that I can't.*
No era que Jenaro no supiera la verdad, sino que no quería aceptarla.	*It wasn't that Jenaro didn't know the truth but rather that he didn't want to accept it.*

$\mathcal{A}$ plicación

A *Combine las expresiones entre paréntesis con las oraciones, cambiando los verbos a los tiempos correctos del subjuntivo si es necesario.*

Modelo: El profesor no ha llegado todavía. (Es extraño / Es evidente)
> → *Es extraño que* el profesor *no haya llegado* todavía.
> *Es evidente que* el profesor *no ha llegado* todavía.

1. Nos vamos sin decir adiós. (Será mejor / Es importante)
2. Le habías hecho un buen regalo a Jacinto. (Bastaba / Parecía mentira)
3. Tuvisteis que sacar todo el dinero del banco. (Sería una pena / Es cierto)
4. Pablo se ha quedado sin empleo. (¡Qué lástima! / Es extraño)
5. No pude llegar a tiempo. (Fue lamentable / Fue bueno)
6. La víctima del accidente había muerto. (Podía ser / Era falso)
7. Consigues buenos asientos para el teatro. (Es fácil / Es imposible)
8. El testigo ha declarado la verdad. (Es evidente / Es dudoso)
9. Virginia no le había contado lo sucedido a su madre. (Valdría más / Era mejor)
10. Nos veremos mañana a las seis. (Será difícil / Va a ser preciso)

B *A continuación de cada párrafo se dan varias expresiones impersonales. Escoja de cada grupo las dos que le parezcan más apropiadas, y use cada una de ellas en una oración que se relacione con el contenido del párrafo.*

1. **a.** Panchita se despertó sobresaltada. ¡Se había quedado dormida! La noche anterior, había olvidado sacar el botón del despertador y, como resultado, éste no había sonado.
¡Qué lástima! / Era evidente / Estaba claro / Parecía mentira
   b. Eran ya las ocho y media. Se tiró de la cama y entró frenética en el baño. No iba a poder llegar a la clase de las nueve, y ese día había un examen.
Era urgente / Era necesario / Era dudoso / Era difícil
   c. Mientras se vestía apresuradamente, Panchita debatía consigo misma si debería ir, aunque llegara tarde. En ese caso, tendría que explicarle a la Dra. Castillo lo sucedido. La otra posibilidad era no aparecerse e inventar una excusa para contarla en la clase del miércoles.
Era preciso / Era posible / Valía más / Era preferible
2. **a.** Su abogado defensor era uno de los mejores del país. Sin embargo, Vicente Romero sentía en el fondo del alma un marcado escepticismo sobre el futuro. La libertad le parecía un sueño remoto.
Era evidente / Era un hecho / Podía ser / Era posible

b. Era inocente, pero nadie creía sus palabras. Las circunstancias lo incriminaban. Alarcón y él se habían odiado por muchos años y varios testigos lo habían oído amenazarlo.
Era verdad / Era casi imposible / ¡Qué lástima! / Era dudoso

c. Nadie había visto el crimen, pero Vicente no podía probar dónde estaba a esa hora. Esto y sus amenazas eran suficientes para condenarlo.
Era cierto / Era (muy) posible / Era casi seguro

C *Su amigo Fernando siempre se equivoca en sus opiniones sobre la gente.*
Corrija cada una de sus afirmaciones usando la construcción No + es +
que... sino que...

Modelo: A tu padre no le gusta fumar. (el médico le ha prohibido el cigarro)

→ *No es que a mi padre no le guste fumar, sino que el médico le ha prohibido el cigarro.*

1. María es muy pobre. (es muy tacaña con su dinero)
2. Jorge se ha olvidado de llamarnos. (su teléfono está roto)
3. A Renato le encanta caminar. (necesita hacer ejercicio)
4. El profesor habla demasiado rápido. (tú no comprendes bien el español)
5. No te interesan los deportes. (no tengo tiempo de practicarlos)
6. Jesús tiene miedo de volar. (no quiere viajar ahora)
7. Herminia no ha estudiado para el examen. (el examen es muy difícil)
8. Elena no sabe bailar. (le duelen los pies)
9. El coche de Luis es nuevo. (lo cuida mucho)
10. No te gusta el dulce. (no quiero engordar)

D *Cambie al pasado las oraciones que formó en el ejercicio anterior.*

Modelo: No **era** que a mi padre no le **gustara** *fumar, sino que el médico le* **había prohibido** *el cigarro.*

$\mathscr{A}$*mpliación léxica*

LOS PREFIJOS IN- Y DES-.

Los prefijos **in-** (**im-** antes de **p**), y **des-** dan idea de oposición o contraste y también de **quitar, privar** o **carecer** de algo. **Imposible** es lo contrario de **posible; deshacer** lo contrario de **hacer**. En la lectura aparecen: **inmóvil** (que no se mueve), **descolorida** (que carece de color), **despegar** (lo contrario de **pegar,** separar) y **se desanillaron** (para referirse a las serpientes, que se estiraron, perdiendo la forma de anillo que tenían).

A continuación se dan algunos adjetivos y verbos formados con estos prefijos. Observe que muchos son similares a palabras en inglés.

impenetrable	inconforme	inmortal
imperceptible	inconsciente	inmueble
imperdonable	inconstante	inoportuno
impreciso	incrédulo	inquieto
improductivo	indeciso	insatisfecho
impropio	indeseable	inseguro
inaceptable	indigesto	insensato
inagotable	indomable	insufrible
inalterable	inestable	intachable
incansable	infiel	interminable
incierto	inimitable	intocable
incoloro	injusto	inválido
desabotonar	descolgar	desenganchar
desagraviar	desconectar	desengañar
desalentar	descongelar	desenvolver
desanimar	descoser	deshonrar
desarmar	descubrir	desinfectar
desatar	descuidar	desobedecer
descalzar	desempaquetar	destapar
descargar	desencantar	destornillar
descarrilar	desenchufar	desvestir

Aplicación

A **Definiciones.** *Escoja el adjetivo formado con el prefijo* **in-** *o* **im-** *que corresponde a cada definición.*

Algo o alguien que...

1. no tiene color
2. no se acaba
3. no puede penetrarse
4. no se cansa
5. no es seguro (2 adjetivos)
6. no tiene constancia
7. no puede valerse solo/a
8. no cree
9. no es apropiado
10. es eterno

11. tiene dificultad para tomar decisiones
12. es muy rebelde
13. no tiene fidelidad
14. no tiene sentido común
15. no se puede tocar
16. no tiene tachas o defectos
17. es imposible de imitar
18. no puede perdonarse
19. es difícil de digerir
20. no está tranquilo

B *Complete de manera original, usando una forma verbal que tenga significado contrario a las expresiones en cursiva.*

Modelo: *Le puse los zapatos* al niño, pero...
→ él *se descalzó.*

1. *Cargaron* todos los muebles en el camión, y al llegar a la nueva casa...
2. *Tapa* la olla, cocina el arroz quince minutos, y luego...
3. *Apreté* bien los tornillos, pero...
4. *Les dieron armas* a los hombres, pero al terminar la revolución...
5. El paquete *estaba envuelto* en papel de regalo y...
6. La plancha *está enchufada*, no olvides...
7. *Cuida* bien tus plantas, porque no tendrás flores si...
8. *Cosí* mal la tela y ahora...
9. A veces, el niño *hace lo que le mandan*, pero...
10. Los camarones *están congelados*, hay que...
11. *Colgué* el cuadro nuevo en la sala y...
12. *Cubrieron* la estatua con una lona y el día de la fiesta...

C *Exprese en español y haga después una oración con cada verbo.*

1. to disgrace
2. to undress
3. to untie
4. to discourage
5. to unbutton
6. to derail
7. to unpack
8. to unhook
9. to disillusion

Distinciones léxicas

DIFERENTES EQUIVALENTES DE BUT

1. Cuando *but* significa *nevertheless* o *yet*, sus equivalentes en español son **pero** o **mas**. Esta última se usa sólo en la lengua escrita.

El joven no huyó, pero estaba muy asustado.	*The young man didn't run away but he was very scared.*
No tenemos dinero, pero somos felices.	*We don't have money but we are happy.*
Estaba aislada en la aldea, mas leía los periódicos todos los días.	*She was isolated in the village but she read the papers every day.*

2. Después de una oración negativa, cuando *but* significa *but on the contrary, instead*, o *but rather*, en español se usa **sino** o **sino que**. Esta última se usa cuando la oposición es entre dos verbos conjugados.

Las niñas no se sentaron en los bancos, sino en las gradas.	*The girls didn't sit in the pews but on the steps.*
No estaban en una iglesia grande, sino en una capilla.	*They weren't in a large church but in a chapel.*

Los perros no son míos, sino del sacerdote.	The dogs aren't mine but the priest's.
No escribí ese cuento, sino que lo copié de un libro.	I didn't write that story but rather I copied it from a book.
El joven no entró en la Guardia Real, sino que se hizo granadero.	The young man didn't enter the Royal Guard but he became a grenadier instead.

Observe que todas las oraciones anteriores pueden ser respuestas a preguntas que exigen una selección entre dos posibilidades, pero que estas posibilidades se excluyen mutuamente.

¿Se sentaron las niñas en los bancos o en las gradas?

¿Estaban en una iglesia grande o en una capilla?

¿Son tuyos los perros o son del sacerdote?

¿Escribiste tú ese cuento o lo copiaste de un libro?

¿Entró el joven en la Guardia Real o se hizo granadero?

Si los dos elementos o las dos situaciones no se excluyen mutuamente, se usa **pero**, aunque la primera oración sea negativa. **Pero** en este caso tiene el sentido de **sin embargo** (*however*).

Los perros no son míos, pero yo los cuido.	The dogs aren't mine but (however) I take care of them.
El joven no entró en la Guardia Real, pero entrará algún día.	The young man didn't enter the Royal Guard but (however) he will enter some day.

3. **No sólo (solamente)... sino (que) también (además)** significa *not only . . . but (also)*.

No sólo era valiente, sino además atrevido.	He was not only courageous but also daring.
No sólo cogieron rosas, sino también claveles.	They not only picked roses but carnations as well.
No solamente se marchó, sino que también insultó al joven.	He not only left but he also insulted the young man.

4. Cuando *but* sigue a una oración afirmativa y significa *except*, sus equivalentes en español son **menos, excepto** y **salvo**.

Todos tenían miedo, menos (excepto, salvo) el Prior.	Everybody was afraid but the Prior.
Todo está bien menos (excepto, salvo) una cosa.	Everything is all right but one thing.
Todo se ha perdido menos (excepto, salvo) el honor.	All is lost but honor.

5. Cuando *but* significa *only* o *merely*, en español se usa **no** + verbo + **más que...** o **no** + verbo + **sino...**

La señora no tenía más que un hijo varón.	*The lady had but (only) one son.*
El médico no le dio sino un mes de vida.	*The doctor gave him but a month to live.*
No había nada allí más que culebras.	*There was nothing there but snakes.*

Aplicación

A *Complete, usando un equivalente de* **but.**

1. No conozco toda Galicia, _____ he estado en Santiago de Compostela. Esta ciudad es famosa por su catedral, que no es moderna, _____ fue construida en el siglo XII. Cuando fui a Santiago, no paré en un hotel, _____ en casa de los Lago, una familia amiga mía. Su casa no tiene _____ tres dormitorios. No es una casa muy grande, _____ es muy cómoda. Mis amigos son muy amables, no sólo me hospedaron en su casa, _____ además me mostraron toda la ciudad. Los Lago no son de Galicia, _____ viven allí hace muchos años. Todos nacieron en Castilla, _____ el hijo menor.

2. No me gustan las películas de miedo, _____ las románticas. En cambio, mi novio no quiere ver _____ películas de horror. No sólo las ve en el cine, _____ también alquila videos. Él ha visto todas las películas de esta clase, _____ «Las momias de Guanajuato». Cuando mi novio me invita al cine, yo no quisiera ir, _____ preferiría quedarme en casa viendo la televisión. _____ voy de todos modos, porque no quiero que vaya solo. Veo la película, _____ cierro los ojos en las escenas de miedo. No sufro normalmente de insomnio, _____ cuando veo una película de horror no puedo dormir. No soy cobarde, _____ imaginativa y nerviosa.

3. No hace _____ un año que murió Pedro Salgado. Salgado no fue solamente un buen padre, _____ un ciudadano ejemplar. No fue un héroe, _____ hizo algunas cosas heroicas. Su biografía no sólo se publicó en un libro, _____ también va a ser llevada al cine. Yo leí todo el libro, _____ el último capítulo.

La hermosa y antiquísima catedral de Santiago de Compostela, Galicia, punto focal de la historia y tradiciones de esta región de España.

B *Complete de manera original, usando un equivalente de* **but.**

1. Hacer eso no sólo es inmoral...
2. No tenemos bastante dinero para un taxi...
3. No quiso desayunar con nosotros...
4. Lucía no tiene veinte años...
5. El alcalde no mandó un representante al desfile...
6. Toda mi casa está limpia...
7. A mi tía no le gustan los macarrones...
8. Leí su carta tres veces...
9. No solamente no ganó dinero...
10. Luisa no estaba en la fiesta...
11. Nunca bebo jugo de uva...
12. Mi casa no es muy grande...
13. Todos votaron por ese candidato...
14. Él no es el bandido que busca la policía...

PARA ESCRIBIR MEJOR

Las palabras de enlace

Las palabras de enlace o transición son muy importantes al escribir, porque sirven de unión entre cláusulas, oraciones y párrafos, y determinan el sentido de lo que se escribe. Estas palabras son en su mayoría conjunciones, pero pueden también ser adverbios o expresiones de varias clases. Ud. encontrará muchas de estas expresiones en el capítulo 6, pues frecuentemente son el nexo entre la cláusula principal y la subordinada que contiene un verbo en el modo subjuntivo. Además, en la sección de *Distinciones léxicas* de este capítulo se presentaron los equivalentes españoles de *but*. A continuación se dan algunas de estas palabras de enlace, agrupadas según lo que indican.

1. Unión o adición: **además, ni, que, y** (**e** antes de **i** o **hi**)

Dijo *que* **había visto a Gervasio** *e* **Isabel, pero** *que* **no vio** *ni* **a Luisa** *ni* **a Rina.**	*He said [that] he saw Gervasio and Isabel but that he didn't see either Luisa or Rina.*

2. Separación, oposición o contraste: **a pesar de eso (esto), aunque, en cambio, excepto, mas, o** (**u** antes de **o** o **ho**), **pero, por el contrario, por otra parte, salvo, sin embargo**

Su madre rezaba en alta voz *o* **leía salmos.**	*His mother prayed aloud or read psalms.*
El joven no huyó de la capilla, *por el contrario,* **permaneció inmóvil.**	*The young man didn't run away from the chapel; on the contrary, he remained motionless.*
Fernanda escribe poesías, su hermana Eugenia, *en cambio,* **se interesa sólo en los negocios.**	*Fernanda writes poetry, her sister Eugenia, on the other hand, is only interested in business.*
Rolando todavía no tiene empleo, *sin embargo,* **le prometieron que lo colocarían en diciembre.**	*Rolando still doesn't have a job; however, they promised him they would hire him in December.*
Aunque **me gustan mucho las rosas,** *por otra parte,* **los claveles también son hermosos.**	*Although I like roses very much, on the other hand, carnations are also beautiful.*

3. Causa o motivo: **por eso, porque, pues, puesto que, ya que**

Mi televisor está roto, *por eso* **no pude ver el programa.**	*My TV set is broken, for this reason, I couldn't watch the program.*
No iré más a tu casa, *puesto que* **(*pues*) ya no me necesitas.**	*I won't go to your house again since you no longer need me.*
Por favor, *ya que* **tienes dinero, págame lo que me debes.**	*Please, since you have money, pay me what you owe me.*

4. Resultado o consecuencia: **conque, por consiguiente, por (lo) tanto, pues**

¡*Conque* estás enamorado de Jesusita! *Pues*, díselo.	*So you are in love with Jesusita! Then, tell her.*
Tengo que quedarme con el niño, *por consiguiente* (*por lo tanto*), no puedo salir esta noche.	*I have to stay with the child, therefore, I can't go out tonight.*

5. Condición: **con tal que, si, siempre que**

Él te perdonará *con tal que* (*siempre que*) le digas la verdad.	*He will forgive you provided that (as long as) you tell him the truth.*
Tu salud mejorará *si* te cuidas.	*Your health will improve if you take care of yourself.*

6. Comparación: **así como, como, cual, de igual manera**

Juan José tiene mucho dinero en el banco; *como* tú, él es muy ahorrativo.	*Juan José has a lot of money in the bank; like you, he is very thrifty.*
Lilian es *así como* me la había imaginado.	*Lilian is the same way as I had imagined her.*
La niña era delicada *cual* una flor.	*The girl was delicate like a flower.*

7. Propósito o finalidad: **a que, a fin de que, de esta manera, de este modo, para que**

El joven fue a la iglesia *a que* (*para que, a fin de que*) el Prior lo confesara.	*The young man went to church so that the Prior would hear his confession.*
Pensé que no debía decir nada y *de este modo* (*de esta manera*) evitaría una discusión.	*I thought I shouldn't say anything and this way I would avoid an argument.*

8. Tiempo: **a medida que, cuando, después que, en seguida, mientras tanto**

Los objetos se ven más pequeños *a medida que* nos alejamos.	*Objects look smaller as we get farther away.*
Llegó al restaurante y *en seguida* le trajeron una copa de vino.	*He arrived at the restaurant and, at once, they brought him a glass of wine.*
Ella lo esperaba de un momento a otro, *mientras tanto*, se mantenía ocupada arreglando la casa.	*She was expecting him at any minute; in the meantime, she kept busy tidying up the house.*

9. Ilustración: **en otras palabras, por ejemplo**

Pepe nunca se despierta a tiempo y falta mucho al trabajo, *en otras palabras*, es un vago.	*Pepe never wakes up on time and he misses work a lot, in other words, he is a lazy person.*
No me gustan algunas de las cosas que haces, *por ejemplo*, el que hables mal de tus amigos.	*I don't like some of the things you do, for instance, your badmouthing your friends.*

10. Resumen: **en conclusión, en fin, en resumen, por último, todo esto**

Sirvieron diferentes clases de carnes y pescados, *en fin* (*en resumen, en conclusión*), fue una cena magnífica.	*They served different kinds of meat and fish; in short, it was a magnificent dinner.*
Se afeitó, se peinó con cuidado y se puso el traje; *por último*, colocó una flor en su solapa.	*He shaved, he combed his hair carefully, and he put on his suit; finally, he placed a flower in his lapel.*
La capilla antigua y oscura, la tumba del guerrero, la noche, *todo esto* contribuye a crear un ambiente de miedo.	*The old and dark chapel, the tomb of the warrior, the night, all of this contributes to create a climate of fear.*

En un escrito largo, se puede lograr también la idea de continuidad entre párrafos con otros métodos, por ejemplo, con una estructura paralela, o repitiendo, como en eco, palabras e ideas usadas con anterioridad. Vea en el siguiente ejemplo como, a través de la repetición, se ha unido un párrafo con el precedente.

... Yo suspiré al recordar las palabras de Bécquer: «Volverán las tupidas *madreselvas* / de tu *jardín* las *tapias* a escalar / y otra vez en la *tarde*, aún más hermosas, sus *flores* se abrirán...»

Han pasado muchos años. Por las *tapias* de mi jardín, en *esta tarde* primaveral, como en *aquella*, trepan las *madreselvas* y me regalan sus *flores*. Junto a muchas otras *tapias*, en *tardes* así, otras *madreselvas* ofrecen milagros de color y aroma...

$\mathcal{A}$ plicación

A *Use las expresiones de enlace apropiadas en las siguientes oraciones. No utilice la misma expresión dos veces.*

1. Bradomín hubiera preferido entrar en la Guardia Real, (*however*), se hizo granadero (*since*) ésta era la tradición familiar.

2. La Marquesa era muy buena, (*although, on the other hand*), era un poco autoritaria.

3. La Marquesa vivía retirada en el pazo, (*therefore*), llevaba una vida muy tranquila.

4. (*The same way*) él obedecía a su madre, (*likewise*) sus hermanas pequeñas lo obedecían a él.

5. María Fernanda y María Isabel eran unas niñas, (*for this reason*), seguían a su madre a todas partes.

6. María Fernanda era muy tímida, María Isabel, (*on the other hand*), era más bien audaz.

7. Era primavera, (*however*), hacía frío en la capilla (*since*) había mucha humedad allí.

8. El señor de Bradomín había luchado en varias guerras, (*thus*), estaba representado en su estatua (*as*) guerrero.

9. Carabel y Capitán eran perros amistosos (*as long as*) su amo estuviera cerca.

10. (*As*) el Prior se acercaba a la capilla, se oía más el ladrido de los perros.

11. El Prior era valiente y (*besides*) era muy orgulloso.

12. La única solución era abrir el sepulcro, (*this way*) se sabría la verdad.

13. Por favor, abra Ud. el sepulcro (*at once*), (*in the meantime*) yo espero fuera.

14. Muchos sucesos que parecen sobrenaturales tienen una explicación lógica, (*for instance*), las serpientes en esta historia.

15. El Prior dijo: «Ud. es un cobarde, (*so*) no le doy la absolución».

16. Pasé un rato muy malo con mucho miedo, (*in short*), nunca olvidaré este episodio.

[B] **Escriba oraciones usando estas expresiones de enlace: si, ni, por consiguiente, por el contrario, pues (*para indicar consecuencia*), en fin, en otras palabras, por último.**

[C] **Escriba dos párrafos y ponga continuidad entre ellos usando la técnica «de eco» que se explica aquí.**

T r a d u c c i ó n

A HAUNTED HOUSE

When Steve asked me to accompany him on his trip to Santiago I wished he hadn't [done it]. There was hardly anyone on the highway that night because it was raining cats and dogs and it was almost impossible for a driver to see the road. But, since I didn't want Steve to go alone, I accepted while praying to God we wouldn't have an accident.

We didn't have an accident but our windshield wipers stopped working when we were halfway there and this forced us to stop. Lightning flashed in the sky and we made out a large, imposing house at the side of the road. "Let's go there," said Steve, "perhaps they'll let us spend the night. It is likely that the storm will last for several hours." I doubted that Steve's idea was a good one and I would have preferred that we stay in the car, but we were both soaking wet from trying to fix the wipers and Steve insisted so much that we change our clothes that I finally agreed to our going to the house.

There weren't any lights on. Perhaps the owners were sleeping. But . . . it was also very possible that nobody lived there. After we knocked many times without getting any answer, Steve suggested that we enter through a window. So we did.

The lights weren't working. It was lucky that Steve had his flashlight with him. It bothered me that the place was so dirty. We finally managed to find a couple of old blankets and two small sofas to lie down on.

I was trying to fall asleep, thinking it wasn't worth our having broken in, when I felt my sofa shaking. I woke up Steve and begged him for us to leave.

But Steve, who is a very skeptical person, refused to believe that my sofa had actually moved and demanded that I calm down.

Then, we heard noises upstairs. Since I am a coward, I ran out of the house as fast as I could. When I reached the car, I was very surprised that Steve was already there!

Temas para composición

1. Déle un final diferente al pasaje traducido, haciendo que los jóvenes se queden en la casa y explicando lo que sucedía allí.

2. Una película de fantasmas que vio una vez. ¿Estaba bien hecha? ¿Le pareció interesante, miedosa, absurda? ¿Por qué razón les gustan a tantas personas las películas de miedo? ¿Le gustan a Ud.?

3. Invente un cuento sobre una casa habitada por duendes. La familia que vivía en esta casa sufría constantes accidentes inexplicables, algunos bastante serios. Cuando supieron que unos hombrecillos malignos preparaban estos accidentes para divertirse, su primera reacción fue de terror. Iban a huir, pero se sobrepusieron a su miedo y decidieron que aquélla era su casa y eran los duendes quienes tenían que marcharse. ¿Qué hicieron ellos para librarse de los duendes? ¿Lo consiguieron?

4. Haga una composición usando el subjuntivo cuantas veces pueda, sobre el tema: «Las cosas que me gusta o disgusta que hagan otras personas y las cosas que quiero o sugiero que otros hagan».

$\mathcal{C}$ APÍTULO 5

L E C T U R A

El autor de esta lectura, Marco Aurelio Almazán, nació en México en 1922. Almazán ha publicado numerosas historias de carácter cómico en periódicos y revistas de México y otros países. También ha escrito varios libros, en los cuales, como en sus escritos más breves, el humor es la característica predominante.

Para comprender mejor

Aquí el autor nos presenta un buen ejemplo de ironía. En este caso, lo irónico consiste en que el resultado de lo acontecido es todo lo contrario de lo que se esperaba: la liberación femenina se transforma en liberación masculina y el tema es tratado con humorismo burlón.

Liberación masculina

Con la misma regularidad que el 16 de septiembre°, todos los años celebro el aniversario de mi independencia personal. No porque haya estado preso° o me haya divorciado, sino simplemente
5   porque permití que se emancipara mi mujer. Al liberarse ella—o creer que se liberaba—el que en realidad se liberó fui yo.

Permítanme ustedes que les explique cómo estuvo la cosa:
10   Cuando Clarita y un servidor° éramos novios, en vez de hacer manitas° y de contemplarnos el uno en las gafas del otro (como siempre lo han hecho las parejas de novios que tienen manos y que usan anteojos), nos poníamos a discutir con tanto ardor
15   como si estuviéramos casados. Y era natural: Clarita era una chica rebelde, audaz° y progresista, dialéctica° en sus estructuras más íntimas, en tanto que yo era un jovencito aburguesado°, con tendencia a la obesidad y la calvicie° prematuras, lleno de prejuicios casi
20   coloniales, conservador con mis ribetes° de reaccionario intransigente y ya bastante carcamal° en

En esta fecha de 1810 comenzó la guerra de independencia mexicana. / en la cárcel

un... yo
hacer... acariciarse las manos dos novios

atrevida / racional

un poco burgués
característica del que pierde el pelo / elementos / anticuado

125

mi modo de vestir y de pensar. El ideal de Clarita, en
cambio, era el movimiento de emancipación femenina:
la completa integración de la mujer en la sociedad, la
25 absoluta igualdad de derechos, la posibilidad de
acudir° a la universidad sin ser mirada con recelo° por
sus compañeros, la seguridad de ejercer su profesión
el día de mañana° (Clarita, entre paréntesis, estudiaba
ingeniería hidráulica) como cualquier ciudadano con
30 bigote, aunque ella—por razones de hormonas—
nunca llegara a tener bigote. En tanto que° mi
problema consistía precisamente en lo contrario, es
decir, que yo quería a una Clarita muy mujer de su
casa, que atendiera el hogar, que fuera ella misma a
35 hacer la compra al mercado, que preparase la comida
y que les enseñara a rezar y llevara a la escuela a los
hijos que Dios quisiera mandarnos, tal y como lo
habían hecho mi madre y mi abuela y mi bisabuela y
mis tías y mis tías abuelas° y todas las señoras
40 normales y decentes de mi familia y del círculo social
en que me desenvolvía°. Por eso discutíamos tanto
cuando éramos novios, tal y como si ya hubiésemos
estado casados.
　　Cuando por fin nos echamos encima el dulce
45 yugo°, Clarita siguió en sus trece° y yo en los míos.
　　Sin embargo, el día que se creó la Secretaría de
Recursos Hidráulicos y un pariente de Clarita tomó
posesión de ella° y le ofreció la Dirección° General de
la Comisión Hidrológica de la Cuenca del Río
50 Usumacinta° y sus Afluentes, con un sueldo que daba
mareos°, confieso que se humedeció° y reblandeció°
bastante mi resistencia. Contribuyeron también a
socavar° mi voluntad las lágrimas de Clarita. No tuve
más remedio que claudicar°. Y así fue como a los
55 pocos días Clarita fue nombrada y rindió la protesta°
como directora general de la recién organizada
Comisión Hidrológica de la cuenca del caudaloso°
Usumacinta. ¡Hasta que por fin—según ella—se había
emancipado como mujer!
60 　　Con el tiempo, yo me separé de la oficina donde
prestaba mis servicios, pues alguien tenía que atender
el hogar. Y aprendí bien pronto a hacerlo con un
mínimo de esfuerzo.
　　Desde entonces me levanto alrededor de las once
65 de la mañana. Después le digo a la sirvienta lo que
hay que comprar en el supermercado para hacer la
comida, y mando al chofer a recoger a los niños de la
escuela, adonde él mismo los llevó a las ocho de la
mañana, antes de que yo despertara. Después me

asistir, ir / sospecha, desconfianza
el... *en el futuro*
En... *Mientras que, En cambio*
tías... great-aunts
movía
nos... *nos casamos,* (lit.) **yugo** = yoke / **en...** *obstinada en su postura*
tomó... took over the Secretaryship / *puesto de Directora / río importante del sur de México / daba...* made one's head spin / *debilitó / ablandó /* undermine */ ceder*
rindió... *(Méx.)* took the oath
con mucha agua

afeito, me baño, me desayuno, leo el periódico con
toda calma y salgo a la calle silbando una tonadilla° de
moda. A las dos de la tarde ya estoy en el bar, para
tomar el aperitivo con los amigachos° cuyas mujeres
también se han liberado y trabajan como borricas° las
pobrecitas. Pero sin que nadie las haya obligado: por
su puro gusto°, para estar en las mismas condiciones
que el hombre. Tomamos la copa, hablamos de
política, de fútbol, de lo caro que está todo en el
mercado y de lo imposible que se ha puesto la
servidumbre°. Nos contamos chismes. Alguien suelta
el último cuento a propósito del presidente y todos
nos reímos de buena gana°, sanamente, sin acordarnos
siquiera de esas mujeres nuestras que a esa hora
todavía no pueden salir a comer porque están en
abrumadoras° juntas° de trabajo.

    Después como en algún restaurante de la Zona
Rosa° y por las tardes tengo tiempo más que suficiente
para ver telenovelas o para ir al salón. No de belleza,
claro, sino de billar. Otras veces prefiero leer en casa,
o ir al cine o dar un paseo. Y ya bien entrada la
noche°, recibo a mi Clarita, a mi hidráulica Clarita, a
mi proveedora Clarita; la recibo, digo, con un beso en
la frente. Después le traigo sus pantuflas° y le informo
que la muchacha le dejó la cena preparada en la
cocina. Pero casi siempre tiene que ponerse a revisar
algún presupuesto° o estudiar algún proyecto, después
de lo cual termina tan exhausta, que se va derecho a
la cama, mientras yo saboreo mi último wisky y veo el
noticiero de medianoche en la televisión.

    ¡Cuánta razón tenía Clarita, caramba°, desde que
éramos novios! No hay nada como la emancipación
femenina. Sobre todo, si trae aparejada° la liberación
masculina.

música de una canción

(Méx.) buddies
(lit.) donkeys, "like horses"

por... voluntariamente

las sirvientas

de... con gusto

exhausting / *reuniones*

distrito elegante de la Ciudad de México

bien... well after nightfall

zapatillas de casa

budget

by gosh, by golly

junto con ella

𝒞 o m p r e n s i ó n

1. ¿Qué aniversario celebra el autor todos los años?
2. Cuando Clarita y el autor eran novios, ¿cómo era ella? ¿y él?
3. ¿Qué significa para Clarita la emancipación femenina?
4. ¿Qué clase de esposa quiere él?
5. Por varias razones el autor claudicó. Explique sus motivos.
6. ¿Qué aprendió muy pronto el autor?
7. ¿Qué hacen el autor y sus amigos en el bar?

8. ¿Qué hace el autor por las tardes?

9. ¿Qué hacen de noche Clarita y su marido?

10. ¿Por qué le gusta tanto al autor la liberación femenina?

Interpretación

1. ¿Qué le parece esta narración? ¿Le parece humorística o irritante? Explique.

2. ¿Por qué llama la atención el título?

3. El autor parece burlarse de la emancipación femenina. ¿Cree Ud. que en realidad se opone a ella? Explique.

4. ¿Cómo es un joven aburguesado?

5. ¿Qué son prejuicios coloniales?

6. ¿Qué ejemplos del humorismo de Almazán encontramos en este cuento? ¿Y de la ironía?

7. El autor describe su concepto de la esposa ideal. ¿Qué opina Ud. de este concepto?

8. El autor no habla de los hijos de este matrimonio, sólo los menciona una vez. ¿Hay alguna razón para esto?

Intercambio oral

A. Describa su idea de un carcamal en el modo de vestir y en el modo de pensar. ¿Cómo sería una persona de tipo contrario?

B. La completa integración de la mujer en la sociedad y la absoluta igualdad de hombres y mujeres. Estado actual de ambas cuestiones.

C. ¿Hay profesiones masculinas y femeninas? Explique su opinión con ejemplos.

D. El autor dice que él y sus amigachos se cuentan chismes. ¿Son los hombres y las mujeres igualmente chismosos? Explique en qué basa su opinión.

E. Un problema que no aparece en esta historia es el de la doble jornada, es decir, cuando tanto el hombre como la esposa trabajan fuera de la casa, es la mujer quien hace los quehaceres domésticos al regresar al hogar. ¿Por qué no existe esta situación en el cuento de Almazán? ¿Es esto un problema serio en los Estados Unidos?

Repaso léxico

Cada palabra de la columna izquierda está tomada de la lectura y tiene un antónimo en la columna derecha. Encuentre el antónimo en cada caso y escriba una oración original usando las palabras numeradas.

1.	abrumador	a.	apoyar
2.	audaz	b.	confianza
3.	calvicie	c.	estimulante
4.	carcamal	d.	endurecerse
5.	caudaloso	e.	libre
6.	claudicar	f.	moderno
7.	humedecerse	g.	mucho pelo
8.	preso	h.	secarse
9.	reblandecerse	i.	seguir en sus trece
10.	recelo	j.	sin agua
11.	socavar	k.	tímido
12.	un servidor	l.	usted

SECCIÓN GRAMATICAL

The Subjunctive II: The Subjunctive in Relative Clauses

Relative clauses are most commonly introduced by a relative pronoun (e.g., **que**) or a relative adverb (e.g., **como, donde**). They take either the indicative or the subjunctive according to the criteria described below.

1. The subjunctive is used in relative clauses introduced by **que** when the antecedent is hypothetical, nonexistent, or unknown to the speaker.

Quiero comprar un automóvil que consuma poca gasolina.	*I want to buy a car that uses little gas.* (The speaker is not referring to any specific car.)
¿Hay alguien aquí que haya estado en el Perú?	*Is there anyone here who has been to Peru?* (The speaker doesn't know whether there is such a person.)

But:

Tengo un automóvil que consume poca gasolina.	*I have a car that uses little gas.*
Hay aquí tres estudiantes que han estado en el Perú.	*There are three students here who have been to Peru.*

Every time that one lists the characteristics of an unknown person or thing that one is seeking, the subjunctive must be used. This case is very common in everyday usage. If you read the classified ad section in any Spanish newspaper you will realize how frequently the subjunctive is used.

¡LA EMPRESA FEMENINA DE MAYOR CRECIMIENTO EN EL PAIS!

INVITA A MUJERES QUE DESEEN OBTENER:

Altos ingresos
Desarrollo profesional
Autofinanciamiento
Premios e incentivos
Viajes y ¡mucho más!

No se requiere experiencia previa,
solamente deseos de superarse
y mucho entusiasmo.

¡LLAMENOS!

La presencia de las mujeres en el sector laboral es hoy muy importante en todos los países hispánicos. Es frecuente ver en revistas y periódicos anuncios de trabajo como éste, de México, dirigidos a las mujeres.

Aplicación

A *Forme oraciones combinando las palabras entre paréntesis con las cláusulas que se dan. Si es necesario, ponga los verbos en el tiempo correcto del subjuntivo.*

Modelo: Un mecánico que es bueno. (Busco)

→ *Busco un mecánico que **sea** bueno.*

1. Una chica que sabía jugar al tenis. (Deseaban contratar)
2. Una casa que tiene diez habitaciones. (Ella es dueña de)
3. Algún estudiante que no había pagado su matrícula. (¿Había allí...?)
4. Una secretaria que habla japonés. (Se solicita)
5. Un colchón que es cómodo. (Necesito)
6. Algún pintor que no cobra mucho. (¿Conoces...?)
7. Asientos que estaban en las primeras filas. (Queríamos)
8. Un restaurante donde se come muy bien. (He encontrado)
9. Plazo que no llega ni deuda que no se paga. (No hay)
10. Un gato que cazaba ratones. (Ella necesitaba)
11. Una mujer que tiene dinero. (Él quiere casarse con)
12. Un periodista que había ido a la guerra. (Necesitaban)
13. Puede estar una semana sin dormir. (No hay nadie que)
14. Alguien que ha podido subir esa montaña (¿Hay...?)
15. Unos zapatos que me quedaban bien. (Buscaba)

B Un anuncio personal. *¿Qué cualidades son más importantes para Ud. en una persona del sexo opuesto? Escriba un anuncio usando tantos subjuntivos como pueda, explicando los requisitos que debe llenar esta persona.*

C Una oferta de empleo. *Alguien necesita un empleado (una empleada) que tenga exactamente las cualidades que Ud. tiene. Prepare un anuncio imaginario de periódico, enumerando estas cualidades.*

D *¿Cómo sería, para Ud., un profesor (una profesora) ideal? Explique, usando el mayor número de verbos en el subjuntivo que pueda, las buenas cualidades que espera encontrar Ud. en un profesor (una profesora).*

2. When the verb in the relative clause expresses an action or state that refers to the future or is not known to the speaker, the subjunctive must be used.

Él hará lo que le digas.	*He will do what you tell him* [*to do*]. (You haven't given him any orders yet.)
Lo haremos como Ud. lo desee.	*We will do it just as you (may) wish.* (We don't know exactly how you may wish it to be done.)

The following ads appeared in *La opinión*, a newspaper from Los Angeles. Note the use of the subjunctive in all the ads to explain the qualifications desired: **un hombre que** *no fume* **y que** *no sea* **gordito; una dama que** *sea* **bonita y que** *guste* **del baile y la música.**

Le pediré dinero al primer amigo que me encuentre.	*I will ask for money from the first friend* (whoever he may be) *that I run into.*
Yo estaba dispuesto a pagar lo que Ud. me pidiera.	*I was willing to pay whatever price you asked.* (You hadn't told me the price yet.)
Coma todo el pollo que quiera por tres dólares.	*Eat all the chicken you want for three dollars.* (The amount of chicken the person may want is unknown to the speaker.)
Nos veremos donde tú quieras.	*We'll meet wherever you wish.*

But:

Él hizo lo que le dijiste.	*He did what you told him (to do).*
Lo haremos como Ud. lo desea.	*We will do it just as you wish.* (We already know how you wish it done.)
Le pedí dinero al primer amigo que me encontré.	*I asked for money from the first friend I ran into.*
Siempre estoy dispuesto a pagar lo que Ud. me pide.	*I am always willing to pay what you ask.* (The speaker refers to a customary action.)
Comió todo el pollo que quiso por tres dólares.	*He ate all the chicken he wanted for three dollars.*
Nos veíamos donde tú querías.	*We used to meet wherever you wanted to.*

3. The following indeterminate expressions take the subjunctive when they refer to a hypothesis or possibility; they take the indicative if the user makes a statement of fact or reality: **cualquiera que, cualquier** + noun + **que, comoquiera que, dondequiera que**.

Cualquiera que nos ayude será recompensado.	*Anyone who may help us will be rewarded.*
Él comerá cualquier comida que le sirvan.	*He will eat whatever food they may serve him.*
Dondequiera que Ud. vaya, encontrará pobreza.	*Wherever you may go you will find poverty.*
Comoquiera que lo haga, lo hará bien.	*However he may do it, he will do it well.*

But:

Cualquiera que nos ayudaba era recompensado.	*Anyone who helped us was rewarded.*
Él siempre come cualquier comida que le sirven.	*He always eats whatever food they serve him.*
Dondequiera que fui, encontré pobreza.	*Wherever I went I found poverty.*
Comoquiera que lo hace, lo hace bien.	*However he does it, he does it well.*

4. The following proportionate comparisons use the first verb in the subjunctive when the speaker is referring to what is hypothetical or future; otherwise, the indicative is used.

Mientras* más estudien, más aprenderán.	*The more they study, the more they will learn.*
Mientras menos comas, más adelgazarás.	*The less you eat, the more weight you will lose.*
Mientras menos se toque Ud. la herida, mejor.	*The less you touch your wound, the better.*
Mientras más cerezas comas, más querrás comer.	*The more cherries you eat, the more you will want to eat.*

But:

Mientras más estudian, más aprenden.	*The more they study, the more they learn.*
Por supuesto, mientras menos comía, más adelgazaba.	*Of course, the less I ate, the more weight I lost.*
El problema de las cerezas es que mientras más comes, más quieres comer.	*The problem with cherries is that the more you eat, the more you want to eat.*

$\mathcal{A}$ plicación

A *Cambie los siguientes pasajes al futuro.*

1. No emplearon a la persona que más lo merecía y fue injusto que no me dieran el empleo a mí. Claro que siempre digo lo que pienso y esto no les gusta a muchos y a veces soy el último que llega al trabajo por la mañana, pero siempre hago lo que me mandan, escucho lo que me aconsejan mis superiores y lo organizo todo como mi jefe quiere.

2. Mi amiga Zoila siempre tuvo las cosas que necesitaba y aun más, porque su padre le daba todo lo que le pedía. Por eso, aunque los amigos la ayudaron cuanto pudieron, debió enfrentarse a la vida y sufrió mucho. Dondequiera que fue, encontró problemas. Esperaba que todos hicieran lo que ella quería, pero no fue así.

B *Cambie al pasado.*

No soy muy cuidadoso en el vestir. Cualquiera que me conozca lo sabe. Dondequiera que voy, llevo la misma ropa, porque pienso que comoquiera que me vista, me veré igual. Generalmente compro cualquier cosa que me vendan sin pensar en cómo me queda. Cualquier amigo que me critique pierde el tiempo, porque no pienso cambiar.

---

*__Mientras__ is more frequent in Spanish America. In Spain, the more common usage is either (1) **cuanto**, to modify an adjective or adverb, or (2) **cuanto (a / os / as)**, to modify a noun.

Cuanto más estudien, más aprenderán.
Cuantas más cerezas comas, más querrás comer.

Cristina Saralegui es una cubana que ha residido en Miami por muchos años. Cristina se ha hecho muy famosa en todos los Estados Unidos como presentadora, a través de su programa de televisión, ''el Show de Cristina''.

C *Complete usando un verbo y según su experiencia personal.*

1. Cualquiera que venga a verme a mi casa...
2. Dondequiera que voy...
3. Cualquier disco que me presten...
4. Cualquier amigo que me necesite...
5. Cualquiera que me vea cuando me levanto por la mañana...
6. A veces compro cualquier...
7. Dondequiera que esté...
8. Cualquiera que llame por teléfono...

D *Complete de manera original.*

1. ¿Sabe Ud. por qué hablo poco? Porque opino que mientras menos...
2. Los niños norteamericanos ven demasiada televisión. Creo que mientras menos...
3. La vida es injusta y te aseguro que mientras más pienses en esto...
4. El problema de algunas personas es que cuanto más tinte se ponen en el pelo...
5. Tengo muchos amigos, pero quiero conocer a más gente. Pienso que mientras más...
6. Ganamos mucho ahora, pero el problema es que cuanto más gana uno...

E *Traduzca.*

1. The more Marco and his fiancée argue, the more they seem like a married couple.
2. The more money his wife will earn, the happier Marco will be.
3. The more soap operas Marco watches, the more he wants to watch.
4. You'll see that the less Marco works, the more time he'll spend with his buddies.
5. The more his wife studies at the university, the more rebellious she'll become, according to that reactionary.
6. The fewer prejudices people have, the better they get along.

IDIOMATIC EXPRESSIONS THAT USE THE SUBJUNCTIVE

1. **Por** + adjective or adverb + **que** (*No matter how* + adjective or adverb) is followed by the subjunctive when the speaker does not accept the thought expressed by the verb as a fact.

Por bonita que ella sea, no la elegirán reina.	*No matter how pretty she may be, they won't select her as the queen.*
Por mucho que te apresures, no terminarás a tiempo.	*No matter how much you may hurry, you will not finish on time.*

But:

Por mucho que te apresuras, nunca terminas a tiempo.	*No matter how much you hurry, you never finish on time.* (This is a fact. The speaker knows that the subject customarily hurries.)

2. **Que yo sepa (que sepamos), que digamos**, and **que diga** are common idiomatic expressions in the subjunctive.

   a. **Que yo sepa (que sepamos)** = *As far as I (we) know.*

   b. **Que digamos** is used to stress a preceding negative statement and it is difficult to translate since its meaning will vary with the context.

   c. **Que diga** = *I mean*, in the sense of *I meant to say* or *that is.*

El Dr. Jordán no ha llegado todavía, que yo sepa.	*Dr. Jordán hasn't arrived yet, as far as I know.*
Que sepamos, no han puesto todavía las notas en la pared.	*As far as we know, they haven't posted the grades on the wall yet.*
No coopera Ud. mucho conmigo que digamos.	*You are not exactly cooperating with me.*
No nos queda mucho dinero que digamos.	*We don't actually have much money left.*
Él salió a las ocho, que diga, a las seis.	*He left at eight, I mean, at six.*

3. The following idiomatic formulas always take the subjunctive:

cueste lo que cueste	*no matter how much it may cost* (only used in third-person singular or plural)
pase lo que pase	*whatever happens* (only used in third-person singular)
puedas o no (puedas)	*whether you can or not* (used in any person)
quieras o no (quieras)	*whether you be willing or not* (used in any person)

These formulas can be used in the past as well: **costara lo que costara, pasara lo que pasara, pudieras o no, quisieras o no**.

Nuestro país ganará la guerra, cueste lo que cueste.	*Our country will win the war, no matter how much it may cost.*
Pase lo que pase, no cederé.	*Whatever happens, I will not give up.*
Pudiéramos o no, nuestro jefe nos hacía trabajar excesivamente.	*Whether we could or not, our boss made us work excessively.*

$\mathcal{A}$ plicación

A **Confesiones de un pesimista.** *Complete el siguiente párrafo, usando los verbos:* acostarse, correr, darse, doler, esforzarse, estudiar, gastar.

Tengo mala suerte. Por mucho que me _____, debo confesarlo. No, no trate de consolarme; por más que Ud. _____, no podrá convencerme de lo contrario. Por ejemplo, soy muy dormilón y sé que por temprano que me _____, no podré levantarme a tiempo por la mañana. Me levantaré tarde y por mucha prisa que _____, perderé el autobús. Por supuesto, correré tras él, pero sé que por mucho que _____, no lo alcanzaré. Bueno, de todos modos, no vale la pena que vaya a clase. Por mucho que mi padre _____ en mi educación y por más que yo _____, nunca llegaré a graduarme.

B *Conteste, usando en su respuesta la forma apropiada de uno de los siguientes:* **cueste lo que cueste, pase lo que pase, puedas o no, quieras o no.**

1. Los padres que son estrictos, ¿obligan a sus hijos a ir a la escuela?
2. Si una persona sueña con tener algo y cuenta con el dinero para comprarlo, ¿lo comprará aunque sea caro?
3. Si hay una tormenta mañana, ¿debemos cancelar la clase?
4. ¿Cree Ud. que un estudiante debe hacer siempre su tarea de español?
5. Si hay una guerra y yo tengo edad militar, ¿me obligará la ley a inscribirme en el servicio?
6. Mi jefe es muy exigente. ¿Me obligará a trabajar los sábados?

C *Conteste, usando* **que yo sepa** *o* **que digamos** *en su respuesta.*

1. ¿Hace frío en Puerto Rico en el invierno?
2. ¿Se va de viaje tu profesor esta semana?
3. ¿Eres muy rico/a?
4. ¿Es ya hora de terminar esta clase?
5. ¿Tendremos el día libre mañana?
6. ¿Está muy barata hoy la vida?
7. ¿Es agradable guiar un coche cuando hay mucha nieve en la carretera?
8. ¿Hubo un accidente de aviación el lunes pasado?

Ampliación léxica

PALABRAS QUE CAMBIAN SU SIGNIFICADO SEGÚN EL GÉNERO

En la lectura se habla de «un beso en la frente». La palabra **frente** es una de las que tienen distinto sentido según el género. La siguiente lista contiene las más comunes.

	el	la
calavera	*womanizer, playboy*	*skull*
canal	*canal, channel*	*gutter, conduit*
capital	*capital* (money)	*capital* (city)
cólera	*cholera*	*anger*
coma	*coma*	*comma*
cometa	*comet*	*kite* (toy)
corneta	*bugler*	*bugle; woman bugler*
corte	*cut*	*court* (e.g., la corte real)
cura	*priest*	*cure*
editorial	*editorial*	*publishing house*
frente	*front* (of building; military)	*forehead*

gallina	*coward*	*hen*
guardia	*guardsman*	*guard* (corps); *woman guard*
guía	*guide* (man)	*guide* (book); *telephone book; woman guide*
mañana	*tomorrow*	*morning*
orden	*order* (opp. of disorder)	*order* (command); *religious order*
parte	*dispatch, message*	*part, portion*
pendiente	*earring*	*slope*
policía	*policeman*	*police force; policewoman*
vocal	*male member of a board*	*vowel; female member of a board*

A plicación

Decida entre la forma masculina y la femenina. Haga las contracciones necesarias.

1. Según (el editorial / la editorial) del periódico, (el cólera / la cólera) se extiende rápidamente por (el capital / la capital) del país, sin que haya podido encontrarse (un cura / una cura) hasta el momento.

2. Susita se hizo (un corte / una corte) en (el frente / la frente) accidentalmente mientras jugaba con (el cometa / la cometa).

3. No puedo usar (este guía / esta guía), le falta la parte de atrás y (el orden / la orden) de las palabras está mal.

4. Cuando el padre perdió (el capital / la capital) que tenía, decidió mudarse con su familia a (el corte / la corte), pero los problemas de (el mañana / la mañana) aún estaban sin resolver.

5. Es la responsabilidad de (el corneta / la corneta) el anunciar el cambio de (el guardia / la guardia).

6. Hay que limpiar (el canal / la canal) que está en (el frente / la frente) de la casa, porque tiene muchas hojas.

7. Rodrigo es (el vocal / la vocal) de la institución que está autorizado para dar (ese orden / esa orden).

8. Según (el parte / la parte) más reciente de (el frente / la frente), (los calaveras / las calaveras) que encontró (el guía / la guía) son de soldados enemigos.

9. (El cólera / la cólera) la cegaba, porque le habían robado (los pendientes / las pendientes) de brillantes, pero no quería llamar a (el policía / la policía).

10. (El editorial / La editorial) «Futuro» va a publicar mi libro sobre (el cometa / la cometa) Halley.

11. Cuando (el calavera / la calavera) regresaba de la fiesta, su coche resbaló por (el pendiente / la pendiente) y cayó en (el canal / la canal). Él todavía no ha salido de (el coma / la coma) y su familia quiere llamar a (el cura / la cura).

12. Freddy, eres (un gallina / una gallina), corriste apenas viste a (el guardia / la guardia).

Distinciones léxicas

TO ASK

1. Cuando *to ask* se refiere a una pregunta, ya sea directa o indirecta, su equivalente en español es **preguntar**.

La chica le preguntó al pastor: «¿De quién son esas ovejas?»	*The girl asked the shepherd: "Whose sheep are those?"*
Nunca le preguntes a Felipe cuántos años tiene.	*Never ask Felipe how old he is.*

Loretta Sánchez, congresista del sur de California, es de origen mexicano. Cada día aumenta más el número de mujeres hispanas que participan activamente en la política de nuestro país.

To ask a question es **hacer una pregunta**.

Pueden Uds. hacerme las preguntas que quieran.	*You may ask me any questions you wish.*

Cuando *to ask* tiene el sentido de *to inquire after* o de *to try to find out about*, su equivalente es **preguntar por**.

No preguntaste por mí cuando estuve enfermo.	*You didn't ask about me when I was sick.*
Hay un hombre aquí que pregunta por ti.	*There is a man here asking for you.*

2. Cuando *to ask* significa *to request* o *to demand*, su equivalente es **pedir**.

Teresa me pidió que cantara.	*Teresa asked me to sing.*
Los Otero piden $100,000 por su casa.	*The Oteros are asking $100,000 for their house.*

Pedir prestado/a/os/as es *to borrow, to ask to borrow.*

Su hermano siempre le pide prestado dinero.	*His brother is always borrowing money from him.*
Lucía me pidió prestada la cámara, pero no se la di.	*Lucía asked to borrow my camera, but I didn't give it to her.*

3. Cuando *to ask* se refiere a una invitación, se usa **invitar** en español.

Los invitaron varias veces a la Casa Blanca.	*They were asked several times to the White House.*
Pablo invitó a Susana a salir el domingo.	*Pablo asked Susana out on Sunday.*

A plicación

A *Decida entre* **pedir** *y* **preguntar.**

1. Le (pediré / preguntaré) a Guillermo cómo se llama su novia.
2. Cuando vio al bandido gritó (pidiendo / preguntando) auxilio.
3. Debe de ser caro. ¿Quieres que (pidamos / preguntemos) cuánto cuesta?
4. Juanita (me pidió / me preguntó) mi televisor ayer.
5. ¿Cuánto estás (pidiendo / preguntando) por tu coche?
6. (Pídele / Pregúntale) que te ayude a arreglar la plancha.
7. Quiero (pedirle / preguntarle) a Elisa si conoce al Profesor Tirado.
8. La curiosidad de los niños los hace (pedir / preguntar) constantemente.
9. El pueblo (pide / pregunta) que disminuyan los impuestos.
10. Me siento mal. Llamaré al médico para (pedirle / preguntarle) un turno.
11. Si alguien (pide / pregunta) por mí, dígale que regreso a las tres.
12. Se arrepintió de haber dicho eso y (pidió / preguntó) perdón.
13. En algunos países está prohibido (pedir / preguntar) limosna.
14. Vamos a (pedirle / preguntarle) a José si irá a la fiesta.
15. La vio llorar, pero no se atrevió a (pedirle / preguntarle) por qué lloraba.

B *Traduzca.*

1. You didn't ask him if he had asked his dentist for an appointment.
2. It is a pity you didn't come. Everybody was asking for you.
3. If you ask her out you should ask her where she would like to go.
4. Our company has asked two astronauts to collaborate in the project.
5. "Have you ever been asked to their home?" "Don't ask silly questions."
6. First, the man asked me my name and then he asked me for my autograph.

C *Complete de manera original.*

1. Quisiéramos pedirle prestados sus...
2. No se debe pedir prestado...
3. No me gusta que me pidan prestada...
4. ¿Pediste prestadas...?
5. Una ocasión en que pedí prestado...

PARA ESCRIBIR MEJOR

Usos de la coma

Las comas de un escrito equivalen a pausas al hablar. El uso de la coma tiene mucho de rasgo estilístico personal, pero hay reglas generales que deben seguirse. Debe usarse la coma:

1. Para separar palabras o frases que forman una serie o conjunto.

La casa era vieja, oscura, deprimente.	*The house was old, dark, depressing.*
Inés pasó todo el día en su habitación, poniendo en orden sus papeles, escribiendo a máquina, leyendo su correspondencia.	*Inés spent the whole day in her room putting her papers in order, typing, reading her mail.*

La coma se omite antes del último elemento si éste va precedido por **y (e), o (u), ni**.*

¿Compraré una mesa cuadrada, redonda u ovalada?	*Shall I buy a square, round, or oval table?*
José apagó el despertador, apartó las mantas y saltó de la cama.	*José turned off the alarm clock, pushed aside the blankets, and jumped out of bed.*

---

*Sin embargo, se permite usar coma en este caso para evitar ambigüedad. En la oración **Fernando irá con Agustín y Jacinto, mi primo, con José**, puede pensarse que Fernando irá con Agustín y con Jacinto, y que una persona diferente, el primo de la persona que hable, irá con José. Una coma después de Agustín aclararía que Jacinto es el primo y que él y José forman la segunda pareja.

Si la conjunción está repetida, sí se usa la coma.

No tengo ni dinero, ni amigos, ni empleo.	*I don't have money, friends, or a job.*

2. Cuando se omite un verbo por ser igual al de la oración anterior.

Los demás estudiantes compraron libros; Elsa, no (no los compró).	*The other students bought books; Elsa didn't.*
Todos salieron con paquetes; ella, (salió) con las manos vacías.	*They all left with packages; she left empty-handed.*

3. Para separar expresiones como **efectivamente** (*precisely, in fact*), **esto es** (*that is to say*), **en realidad** (*actually*), **no obstante** (*nevertheless*), **por consiguiente** (*therefore*), **por ejemplo** (*for example*), **por supuesto** (*of course*), **por último** (*finally*), **sin embargo** (*however*), etc.

En realidad, es fácil aprender a usar la coma correctamente.	*Actually, it's very easy to learn to use the comma correctly.*
Creo, sin embargo, que tú debes practicar más.	*I think, however, that you should practice more.*

4. Antes de las conjunciones que se llaman adversativas: **aunque, excepto, menos, pero, sino**.

Ella estudió bastante, pero no pudo aprobar el curso.	*She studied a lot but she couldn't pass the course.*
No eligieron tesorera del club a Juana, sino a su hermana Chana.	*They didn't elect Juana as treasurer of the club, but rather her sister Chana.*
Comeré algo, aunque no tengo hambre.	*I'll eat something although I am not hungry.*

5. Para marcar un inciso o aclaración dentro de la oración.

Don Agustín, que era muy rico, viajaba constantemente.	*Don Agustín, who was very rich, traveled all the time.*
Guadalajara, la capital de Jalisco, es la cuna de los mariachis.	*Guadalajara, Jalisco's capital, is the cradle of mariachis.*

6. Para indicar un vocativo en cualquier posición.

Eso es, amigos, lo que voy a explicarles.	*That, my friends, is what I am going to explain to you.*
¡Pepín, ven acá ahora mismo!	*Pepín, come here right now!*

7. Después de una expresión larga de circunstancia que antecede al sujeto de la oración.

Cuando Joaquina se cayó de la silla, Roberto estaba en su cuarto.	*When Joaquina fell from her chair, Roberto was in his room.*
Agobiado por las pesadas alforjas, el caballo avanzaba despacio.	*Weighed down by the heavy saddlebags, the horse was advancing slowly.*

8. Para separar un sujeto muy largo del resto de la oración, evitando así confusiones. (Un sujeto corto nunca se debe separar de su predicado.)

El que hayas estado tan cerca de mi casa y no me hayas llamado para que nos encontráramos, es inexcusable.	*The fact that you have been so close to my home and you didn't call me so that we could meet is inexcusable.*

$\mathcal{A}$ plicación

A *Añada comas donde sea necesario.*

1. Señorita dijo el jefe no estoy para nadie que llame excepto en caso de emergencia.

2. Cuando entró en la sala avanzó hacia el armario sacó una botella y una copa y se sirvió un trago.

3. Lleno de un miedo irracional Roberto no se atrevió a desobedecer al duende que lo miraba de modo amenazante.

4. Pablo Jacinto e Isabel son primos míos; Teresa no.

5. Las angustias que sufrió en aquella difícil época de su vida y los problemas económicos que tuvo que superar fortalecieron su carácter.

6. Voy a firmar esa carta por supuesto aun cuando el hacerlo me perjudique.

7. María después que termine de limpiar la alfombra haga el favor de sacudir los muebles lavar los platos y barrer la cocina.

8. Mi novio no es ni guapo ni rico ni aristocrático pero yo lo quiero como si lo fuera.

9. Todos rieron del chiste de Elena; yo en cambio me quedé serio.

10. Hijo mío muchos van a fallarte en la vida; tu madre nunca.

11. En la finca de mi tía había caballos ovejas cabras y vacas.

12. El extranjero que no sabía mucho español nos hizo repetir varias veces la explicación hasta que por fin la comprendió.

13. Nunca he visto una persona tan llena de vida tan alegre tan optimista como tu hermana Rosario.

14. Cuando despertó a la mañana siguiente no recordaba nada de lo que había pasado.

B *En los siguientes pasajes literarios se han suprimido las comas. Póngalas.*

1. Cuentan que un viajero llegó un día a Caracas al anochecer y sin sacudirse el polvo del camino no preguntó dónde se comía ni se dormía sino cómo se iba a donde estaba la estatua de Bolívar. Y cuentan que el viajero solo con los árboles altos y olorosos de la plaza lloraba frente a la estatua que parecía que se movía como un padre cuando se le acerca un hijo. El viajero hizo bien porque todos los americanos deben querer a

Bolívar como a un padre. Bolívar no defendió con tanto fuego el derecho de los hombres a gobernarse a sí mismos como el derecho de América a ser libre. Los envidiosos exageraron sus defectos. Bolívar murió de pesar del corazón más que de mal del cuerpo en la casa de un español en Santa Marta. Murió pobre y dejó una familia de pueblos.

José Martí, Tres héroes

2. Un adivino a quien nadie conocía penetró al palacio por el pórtico que daba a la Plaza de la Alegría lanzando voces desgarradoras. Con el cabello largo y desgreñado las facciones descompuestas por el terror envuelto en un rebozo de púrpura en jirones corriendo y saltando cual si pisase en millares de clavos candentes buscaba con ojos desorbitados no se sabe qué cosas tremendas e inauditas en los muros en los monolitos cubiertos de oro en las soleras de los techos en las estatuas y pilastras en el aire mismo.

César Vallejo, Hacia el reino de los sciris

3. En aquella ciudad tropical modesto emporio al que llegaban ocasionales compradores enviados por compañías tabacaleras la vida se deslizaba monótonamente. Cuando algún barco fondeaba en el puerto nuestro cónsul festejaba el acontecimiento con un banquete en el salón morisco del hotel Palmas. El invitado de honor era siempre el capitán a quien el negrito del consulado llevaba la invitación a bordo con el ruego que la extendiera a un grupo elegido por él de oficiales y pasajeros. Aunque la mesa descollaba por lo magnífica el calor húmedo volvía desabridos y hasta sospechosos los más complicados productos del arte culinario de modo que únicamente mantenía allí su atractivo la fruta; mejor dicho la fruta y el alcohol.

Adolfo Bioy Casares, La pasajera de primera clase

𝒯 raducción

MY COUSINS LOURDES AND CLARA

My cousins Lourdes and Clara lived in a town so small that it didn't even have a movie theater. They would have preferred to live in a big city that would offer many forms of entertainment and that would provide cultural activities.

When they graduated from high school, Lourdes decided to attend a university where she could major in Spanish and Business Administration. Clara, on the other hand, wanted to go to a military school where she could prepare for a career as an army officer. At first, Clara had some difficulties regarding her admission, but she didn't give up.

Finally, both girls managed to get into schools that offered what they desired and these schools were in the same city.

In her third year, Lourdes fell in love with a fellow student named Ivan who had been born in Russia. Clara thought Lourdes should find someone who had more things in common with her, but Lourdes didn't pay attention to her; furthermore, when Ivan asked her if she would elope with him, she said yes.

On the other hand, Clara felt attracted to a student named Eduardo who turned out to be from her hometown. Eduardo wanted a wife who would take care of the house and the children and he was opposed to Clara's becoming a military officer but, no matter what he said, she was decided. Since they couldn't reach a compromise that would satisfy both of them, Eduardo didn't ask Clara to marry him.

Today Clara has the rank of lieutenant and, as far as I know, has never married.

Temas para composición

Use por lo menos seis subjuntivos.

1. Cuente las experiencias de una pareja joven que busca apartamento. Quieren que el apartamento reúna ciertas condiciones, pero no tienen mucho dinero para la renta.

2. Algunos creen que una institución militar estatal no debe excluir a las mujeres. Dé su opinión personal explicando los pros y los contras de la presencia de mujeres en instituciones de esta clase.

3. ¿Hasta qué punto debe la ley fomentar la inclusión de mujeres por medio de la acción afirmativa? Explique los pros y los contras y dé su opinión personal.

4. En los últimos años, varios países han tenido a mujeres como presidente o primer ministro. ¿Tendrá Estados Unidos una presidenta algún día? ¿Sería buena o mala idea? Describa a la mujer ideal para tal cargo.

5. En la lectura vemos invertidos los papeles tradicionales: el marido se queda en la casa mientras la mujer sale a trabajar. En los Estados Unidos se ha hablado mucho últimamente de estos maridos «amos de casa». ¿Qué opina Ud. de esta inversión de papeles? Si el marido tuviera un mal empleo y la mujer un empleo donde ganara mucho dinero, ¿sería ésta una buena solución? ¿Le gustaría ser el esposo o la esposa en una familia así?

$$\mathscr{C} \textbf{A P Í T U L O} \quad 6$$

LECTURA

Este artículo de Segundo Peña se publicó en la revista colombiana *Cromos*. En él se nos habla de Eva Perón, una figura polémica, adorada por muchos y detestada también por muchos, pero ante la cual pocas personas permanecen indiferentes.

Para comprender mejor

Santa Eva de las Américas tiene forma circular. Comienza en el momento de la muerte de Eva y explica las reacciones de los argentinos ante el hecho (desde el principio hasta la línea 29) y entonces vuelve atrás, a hablarnos de su nacimiento y su vida (de la línea 30 a la 81). En los dos últimos párrafos vuelve una vez más a la muerte y así se cierra el círculo. Aunque la primera y la última parte hablan de la muerte de Eva, la enfocan desde diferentes puntos de vista. En la primera parte se habla de su fama y se mencionan hechos que la prueban; en la última, el periodista se concentra en el destino final del cadáver.

La lectura principal va seguida de un comentario sobre el diario de Madonna. El comentario puede dividirse en dos partes tituladas: «Madonna y Menem» y «Madonna busca a Evita». Tenga en cuenta esto al leer, así como las tres divisiones que se dieron en el párrafo anterior.

Santa Eva de las Américas

A los cuatro minutos de su muerte, José Espejo, el antiguo portero del edificio y en ese momento secretario de la Confederación General de Trabajadores, habló por radio para solicitar que fuera
5 proclamada «Santa Eva de las Américas». Su cuerpo, que el médico catalán Pedro Ara Sarria había embalsamado° temporalmente, fue visto en su ataúd° con tapa de cristal por no menos de 3,000,000 de personas.
10 Su autobiografía se convirtió después de su muerte en lectura obligatoria en los colegios, y miles de hospitales, montañas, ríos, pueblos y hasta un asteroide, fueron bautizados en su nombre. Pero un

embalmed / *caja para un muerto*

147

sindicato° superó a todo el mundo: le envió al Papa un   *asociación de trabajadores*

15 telegrama, firmado por sus 160,000 miembros, a fin de
que la canonizaran. El Vaticano respondió que tenía
noticias de sus virtudes cívicas, pero que nada sabía
sobre sus prácticas religiosas o sobre el heroísmo que
se requieren para ser santo.

20   Esto no impidió que Eva ascendiera a una especie
de santidad laica°, de la que se aprovechó Perón* en   *no religiosa*
los tres años que sostuvo el poder sin su presencia
viva. Su fama de santidad creció durante el exilio de
diecisiete años de Perón. Luego, al regresar él con el

25 cadáver, lo usó como una especie de talismán para
recuperar el poder y hacer de Isabelita* una segunda
Eva. No lo logró, porque aunque las dos mujeres
tuvieron una vida casi igual antes de que conocieran a
Perón, la segunda simplemente no dio la talla°.   *no... fracasó porque no tenía las cualidades necesarias*

30   «Nada en mi destino es extraordinario», dijo Evita
una vez, y negó que le debiera nada a la suerte. Nació
en Los Toldos, un pueblito a 280 kilómetros de
Buenos Aires, el 7 de mayo de 1919. Su padre vivía en
Junín, una ciudad cercana, y mantenía en Los Toldos

35 a Juana Ibarguren, la madre de Eva, con quien tuvo
cinco hijos.

     Fue una muchacha pálida, solitaria y soñadora,
que apodaban «la flaca» y que iba al cine todas las
semanas cuando se fueron a vivir a Junín. (Su padre

40 había llevado a su prole° ilegítima a la ciudad.) «La   *sus hijos*
flaca» devoraba las revistas que narraban las historias
de jóvenes que se habían vuelto famosos o describían
la deslumbrante° vida de los ricos y las estrellas. Pero   *muy brillante*
a sus sueños egoístas, la niña unió una sensibilidad°   sensitivity

45 nacida de la penuria° que luego la convertiría en   *pobreza extrema*
apóstol de la justicia social. «Hasta los once años»—
confesó—«creía que había pobres como había hierba
y ricos como había árboles. Un día aprendí, por boca
de un trabajador, que había pobres porque los ricos

50 eran demasiado ricos».

     A los catorce años la sedujo un cantante de tangos
y se marchó con ella a Buenos Aires. Eva trabajó en
un cabaret, en una estación de radio y en una empresa
de publicidad, al mismo tiempo que tenía fugaces°   *de corta duración*

55 romances que sirvieron para que hiciera carrera. Era

---

*Nota: Perón asumió la presidencia de la Argentina en 1946 pero fue, más que presidente, un dictador de derechas. Entre otras irregularidades, hizo modificar la constitución del país para prolongar su gobierno cuando expiró el término legal. Destituido en 1955, tres años después de la muerte de Eva, se refugió en España. A su regreso del exilio en 1972, Perón volvió a gobernar, esta vez brevemente. Isabel, su segunda esposa, fue elegida presidenta a su muerte, pero resultó un fracaso como figura política y fue sustituida en 1976 por una junta militar.

En un desfile por las calles de Buenos Aires, Eva acompaña a su esposo en medio de gran pompa militar. Su enfermedad estaba ya muy avanzada y, a causa de su debilidad, fue necesario instalar un soporte de metal en el automóvil y amarrarla a él para que pudiera sostenerse de pie.

ambiciosa y el cine se convirtió en su meta°. Pero, aparte de que nunca llegó a ser una buena actriz, todo cambió cuando conoció al coronel Juan Domingo Perón, entonces Ministro de Trabajo, un atlético

60 militar pro-fascista de 50 años, que practicaba la equitación°, la esgrima° y el boxeo, y que había nacido 24 años antes que ella.

Ya en el poder, con sus frases y acciones a favor de «mis descamisados°», Eva se convirtió en la mujer

65 más célebre de América.

Eva pensó hacer con el mundo lo que había hecho en su país. Su viaje a Europa fue un gran triunfo, pero no desprovisto° de sinsabores°. Franco y Salazar° la recibieron con gran pompa, pero el Papa Pío XII no la

70 condecoró° como deseaba. Cuando estaba a punto de viajar a Inglaterra, el rey Jorge VI anunció que no estaría en Londres para recibirla. Del Papa no pudo vengarse, pero hizo que subieran el precio del trigo y la carne, los productos que habían enriquecido a la

75 Argentina durante la guerra y que aún necesitaban los ingleses y los otros devastados países europeos.

objetivo

arte de montar a caballo / fencing

personas sin camisa, frase inventada en época de Perón para referirse a los pobres

carente / momentos desagradables / Franco... dictadores de España y Portugal respectivamente / honró con una medalla

Había viajado en dos aviones, con una comitiva de cien personas y ciento treinta maletas. Llevó ochenta trajes, sesenta pares de zapatos, cincuenta
80   sombreros, docenas de pieles y unos 20,000,000 de dólares en joyas, la gran debilidad de Evita.

Después que murió a los 33 años de un terrible cáncer, el país, comandado por el doctor Ara, se entregó a una orgía necrofílica sin paralelo en el siglo.
85   Ara perfeccionó su obra de embalsamamiento y tuvo que convivir con el cadáver, que terminó por tutear°, en el edificio de la Confederación de Trabajadores, donde debía esperar a que se construyera una grandiosa tumba. Pero no habría de ser así. Ni
90   siquiera fue terminada la estatua, que iba a ser dos veces más alta que la de la Libertad. Perón no visitó sino una vez el laboratorio de Ara. El líder estaba demasiado ocupado seduciendo colegialas°.

La obra maestra de Ara terminó por ser enterrada
95   en el mausoleo de los Duarte°, donde centenares de argentinos siguen rindiéndole homenaje póstumo. Los mitos no mueren fácilmente.

EL DIARIO DE MADONNA
La conocida cantante dio a la revista «Vanity Fair» su diario, escrito durante el rodaje° de la
100   película *Evita*.

De su encuentro con el presidente Menem, Madonna escribe: «Nos sentamos y sus ojos recorrieron cada pulgada de mi cuerpo. Un hombre muy seductor°. Noté que tenía los pies pequeños y que
105   se teñía el pelo de negro. Hablamos sobre lo fanática que me había vuelto queriendo saberlo todo sobre Eva. Él no me quitaba los ojos de encima. Decidí que Menem escuchara parte de la música de la película, para que pudiera percibir el espíritu de lo que
110   estábamos tratando de lograr°. Cuando puse la nueva canción, la que Eva le canta a Perón cuando se da cuenta de que se está muriendo, observé que se le escapó una lágrima».

En su afán° por capturar la personalidad de Eva,
115   Madonna habló con mucha gente que la conoció. Una dama muy influyente le contó anécdotas sobre la crueldad de Perón con su esposa. Esta señora le dijo que Perón no visitaba a Eva en su habitación de enferma porque le desagradaba su olor y que, estando
120   Eva todavía viva, le hizo inyectar productos químicos para ayudar a la preservación de su cadáver. También prohibió que le dieran calmantes° porque podrían arruinar el proceso de conservación del cuerpo. Después de esto, Madonna no quiso saber nada más.

---

hablarle usando **tú**

jovencitas de edad escolar

*Duarte era el apellido de
su padre.*

filmación

atractivo

conseguir

ansiedad

medicinas para el dolor

Escenas como ésta de la película "Evita" fueron comunes en la vida del matrimonio Perón. Desde un balcón del palacio presidencial —la Casa Rosada—, Eva (Madonna) y Juan Perón (Jonathan Pryce) saludan al pueblo.

125 Ya tenía suficientes elementos para encarnar° con   *personificar*
éxito al personaje. Y escribió en su diario: «Anoche
soñé con Evita. No estaba fuera de ella observándola.
Yo era ella».

𝒞 o m p r e n s i ó n

Explique con sus palabras, basándose en la lectura.

Sobre Eva:

1. Las pruebas que tenemos de la inmensa popularidad de Evita.
2. La reacción del Vaticano ante la petición de que la canonizaran.
3. Quién era la familia de Eva y qué vida llevó ella antes de conocer a Perón.
4. El viaje de Eva a Europa.
5. La vida de Perón después de la muerte de su primera esposa.
6. Lo que pasó al final con el cadáver.

Sobre Madonna:

7. La entrevista de Madonna con el Presidente Menem.
8. Lo que le contó a Madonna la dama de sociedad.
9. La reacción de la cantante al tener tantos datos sobre Eva.

Interpretación

1. El título de un artículo suele ser significativo. ¿Qué impresión causa «Santa Eva de las Américas» en el lector? ¿Cree Ud. que el autor usa este título con sarcasmo o por otro motivo?

2. Como se indicó en *Para comprender mejor*, página 147, la lectura comienza comentando la reacción de la gente ante la muerte de Evita y después nos habla de su nacimiento, niñez y juventud. ¿Qué efecto tiene esta presentación no cronológica en el lector? ¿Qué relación hay entre el principio y el fin del artículo?

3. En Europa, Eva se pone en contacto con Franco, Salazar, el Papa y Jorge VI. Estos líderes reaccionan de manera diferente. ¿Qué relación hay entre las reacciones y el credo político de estas personas? ¿Qué indica esto sobre las tendencias políticas de Eva?

4. ¿Qué clase de persona era Evita? ¿Cree Ud. que era una ambiciosa sin escrúpulos, una hábil política o una persona con deseos sinceros de ayudar al pueblo? ¿Cómo se explica la adoración que sentían por esta mujer llena de joyas los descamisados carentes de todo?

5. Basándose en el artículo y en el diario de Madonna, ¿qué opina Ud. de Perón? ¿Qué clase de persona era? ¿Cuáles eran los sentimientos de él hacia su primera esposa?

6. En el artículo se nos dice que «el país se entregó a una orgía necrofílica». ¿Qué significa esto? ¿Cree Ud. que la expresión es adecuada o le parece un poco exagerada? ¿Por qué?

7. ¿Qué significa el verbo *tutear* en conexión con Ara y el cadáver de Eva?

8. Basándose en lo que Madonna dice de Menem en su diario, ¿cuál cree Ud. que es la impresión de ella sobre el presidente argentino?

Intercambio oral

A. Evita dijo una vez: «Hay pobres porque los ricos son demasiado ricos». ¿Es cierto esto? ¿Tiene otros motivos la pobreza? ¿Qué se puede hacer para aliviarla?

B. Hace años, la comedia musical *Evita* y, más recientemente, la película del mismo nombre, tuvieron gran éxito en los Estados Unidos, a pesar de que el público norteamericano no sabe mucho sobre los Perón, ni siquiera sobre la Argentina. ¿Cuál es la razón de la popularidad de estas obras?

C. En muchos países tradicionales, las mujeres ocupan desde hace bastantes años importantes posiciones públicas, pero éste no es el caso en los Estados Unidos. ¿Cómo se explica esto? La derrota de la primera candidata a la vicepresidencia hace años, ¿estuvo relacionada con su condición femenina? ¿Cuándo estará listo nuestro país para aceptar una mujer presidenta?

D. El poder detrás del trono. Se dice que detrás de cada hombre que ha triunfado, siempre hay una mujer que lo ayudó. ¿Es esto verdad? El papel de la primera dama es muy importante en los Estados Unidos.

¿Qué primeras damas han sido más admirables? ¿Cuáles no han sido populares? ¿Cómo ayudaron / perjudicaron algunas primeras damas al presidente?

𝒱 o c a b u l a r i o

Reemplace las palabras en cursiva por sus sinónimos que se encuentran en la Lectura.

1. *La asociación de trabajadores* lucha por los derechos de los obreros.
2. *Las cajas de muerto* elegantes tienen forro de seda.
3. Ud. debe ser respetuoso y no *tratar de tú* a las personas que no conoce bien.
4. Perón era experto en *la lucha con espada* y *el arte de montar* a caballo.
5. El viaje de Eva tuvo algunos *incidentes desagradables*.
6. El Papa no *le dio una medalla* a Eva como ella esperaba.
7. Prefiero tener un solo amor verdadero que tener varios romances *de corta duración*.
8. A Perón le gustaban *las jovencitas de edad escolar*.
9. Muchos programas de televisión muestran la *esplendorosa* vida de los ricos.
10. Su *objetivo* era llegar a ser una estrella de cine famosa.
11. No *consiguieron* completar en un mes *la filmación* de la película.
12. Frecuentemente, *las pastillas para el dolor* afectan el estómago.

SECCIÓN GRAMATICAL

The Subjunctive III: The Subjunctive in Adverbial Clauses

THE SUBJUNCTIVE AFTER CERTAIN CONJUNCTIVE PHRASES

1. The following conjunctive phrases denote proviso, supposition, purpose, etc., and are always followed by the subjunctive.

a fin de que	in order that, so that	**en caso (de) que**	in case (that)
a menos que	unless	**no sea (fuera) que**	lest (so that . . . not), in case that
a no ser que	unless	**para que**	in order that, so that
con tal (de) que	provided (that)	**sin que**	without

Evita no viajaría a menos que pudiera llevar muchas maletas.	*Evita wouldn't travel unless she could take many suitcases.*
Te compraré lo que quieras con tal de que me des el dinero.	*I will buy you whatever you want provided that you give me the money.*
En caso de que me necesites, estaré en mi habitación.	*In case you need me I will be in my room.*
Antonio apuntó la fecha, no fuera que se le olvidara.	*Antonio wrote down the date lest he (so he wouldn't) forget it.*
Ara embalsamó el cadáver para que (a fin de que)* se conservara en buen estado.	*Ara embalmed the body in order that it would remain in good condition.*
Perón salió del país sin que sus enemigos lo detuviesen.	*Perón left the country without his enemies' stopping** him.*

Para que and **sin que** are formed by combining **que** with the prepositions **para** and **sin** respectively. When there is no change of subject **para** and **sin** are not followed by **que** and the infinitive is used.

Le escribiríamos para remitirle el cheque.	*We would write him in order to send him the check.*
Siempre entra sin verme.	*He always enters without seeing me.*

2. The conjunctions **de modo que, de manera que** (*so that*) take the subjunctive when they express purpose; when they express result they take the indicative.

Eva anunciaba sus obras caritativas de modo que (de manera que) todo el mundo las conociera.	*Eva advertised her charitable work so that (in such a way that) everybody would know about it.*
Eva anunciaba sus obras caritativas, de modo que (de manera que) todo el mundo las conocía.	*Eva advertised her charitable work and because of that (as a result of that) everybody knew about it.*

3. The most common conjunction of concession is **aunque**. **Aunque** takes the subjunctive when it refers to an unaccomplished act or hypothesis, or when it indicates that the speaker does not believe the statement to be a fact. Otherwise, the indicative is used.

Aunque me lo jures no lo creeré.	*Even if you swear it to me I will not believe it.*
Aunque haya hecho algo malo, yo la perdonaré.	*Even if she has done something wrong I will forgive her.*
Aunque me lo juraras no lo creería.	*Even if you swore it to me I wouldn't believe it.*
Aunque hubiese hecho algo malo, yo la perdonaría.	*Even if she had done something wrong I would forgive her.*

***Para que** is far more common in the spoken language than **a fin de que**.

**English uses a possessive here plus the *-ing* form while Spanish uses a subject pronoun plus the subjunctive.

But:

Aunque me lo juraste no lo creí.	*Although you swore it to me I didn't believe it.* (It is a fact that you swore it.)
Aunque hizo algo malo la perdoné.	*Although she did something wrong I forgave her.* (It is a fact that she did something wrong.)

$\mathcal{A}$ plicación

A **Obstáculos.** *A veces Ud. tiene el propósito de hacer algo, pero algún obstáculo se lo impide. Explique las circunstancias que pueden impedir cada acción, completando las frases con las claves que se dan. Añada algo original.*

Modelo: *Mañana asistiré a clase, a menos que mi coche se rompa. Es difícil para mí ir a la universidad en autobús.*

1. Mañana asistiré a clase a menos que...
   a. mi coche / romperse
   b. (yo) / estar enfermo
   c. nevar mucho
   d. la clase / cancelarse

2. Todas las noches preparo mi lección de español a no ser que...
   a. mis amigos / invitarme
   b. haber / programas muy buenos en la televisión
   c. dolerme / la cabeza
   d. tener que estudiar otra asignatura

3. Generalmente ahorro $50 a la semana, a menos que...
   a. (yo) / haber tenido gastos extraordinarios
   b. ser / el cumpleaños de algún amigo
   c. (yo) / tener que pagar alguna deuda
   d. alguien / pedirme dinero prestado

B **La billetera perdida.** *Complete esta narración con verbos que tengan sentido.*

He perdido mi billetera. Creo que la dejé sobre mi cama. De manera que... apenas termine esta clase. Espero encontrarla en mi cuarto pero, en caso de que no... la buscaré por toda la casa. En caso de que no... en la casa, iré mañana a la oficina de objetos perdidos de mi escuela. Y en caso de que ellos no..., pondré avisos en las paredes, a fin de que... ¿Y en caso de que nadie...? Pues no podré ir al cine en un mes.

C **Las condiciones de Luis.** *Complete de manera original las condiciones que Luis le pone a su amigo Germán.*

1. Germán, te prestaré estos casetes con tal que...
2. Saldré contigo el sábado con tal que...
3. Iré de compras contigo con tal que...
4. Te llevaré a tu casa en mi carro con tal que...

D **Cosas que pasaron y cosas que no pasaron ayer.** *Complete las oraciones, para expresar las cosas que no pasaron ayer, con la conjunción* **sin que** *y la forma apropiada del verbo.*

Modelo: Dos estudiantes se pegaron en la clase / el profesor no pudo impedirlo

→ *Dos estudiantes se pegaron en la clase sin que el profesor pudiera impedirlo.*

1. Josefina me contó su problema / yo no se lo pedí
2. Raquel escribió una composición excelente / Emilio no la ayudó
3. Limpié mi cuarto / nadie me lo sugirió
4. Juan Felipe salió de la casa / nosotros no lo vimos
5. Mi amiga tomó prestada mi casetera / yo no lo supe
6. Alguien te robó el reloj / tú no te diste cuenta
7. Corté la hierba de mis vecinos / ellos no me pagaron
8. Di un paseo en la bicicleta de Arturo / él no me autorizó

E **Dar para recibir.** *Complete cada frase, usando* **para que** *o* **a fin de que** *y el subjuntivo del mismo verbo, como se hace en el modelo.*

Modelo: Debemos **demostrar** afecto a nuestros amigos... para que (a fin de que) ellos nos **demuestren** afecto a nosotros.

1. Es necesario ayudar a los demás...
2. Tienes que perdonar a tus enemigos...
3. Debes sonreírle a la gente...
4. Debemos respetar a todo el mundo...
5. Tenemos que hacerles favores a los compañeros...
6. Debes amar a Dios...

F **Mi tía la precavida.** *Mi tía Amparo siempre piensa en lo que puede pasar. Complete de manera lógica lo que ella me diría.*

1. Sobrina, lleva paraguas cuando salgas, no sea que...
2. Ten siempre a mano un duplicado de tu llave, no sea que...
3. Lleva un recipiente con agua en el baúl del coche, no sea que...
4. Lleva unos dólares escondidos en un zapato, no sea que...
5. Pon un extinguidor de incendios en la cocina, no sea que...
6. Guarda siempre una linterna en la mesa de noche, no sea que...

G *Cambie los infinitivos entre paréntesis, fijándose en el sentido de los pasajes.*

1. Mi accidente.

Aunque (llover y hacer frío) anoche, salí en mi coche. Aunque (manejar) con cuidado, el pavimento estaba mojado y no pude evitar que el auto resbalara. El chofer del auto contra el cual choqué, se puso furioso, aunque el choque (no haber sido) serio y aunque yo (explicarle) que no había sido culpa mía. ¿Qué dirá mi madre esta tarde cuando lo sepa? Aunque (comprender) que yo no tuve la culpa del accidente, se disgustará mucho. En cuanto al chofer, me pondrá pleito, aunque la compañía de seguros (pagarle) el arreglo de su auto. Es de esas personas que insisten en usar las vías legales aunque (no ser) necesario.

2. Un juego de baloncesto.

El sábado juega mi equipo de baloncesto. Las entradas son caras pero, aunque (costar) todavía más, pagaría el precio con gusto. Es difícil que alguien me critique por esto pero, aunque (criticarme), iría a ese juego. ¡Va a ser emocionante! El equipo contrario es muy bueno y quizás no ganemos. Pero, aunque (perder), valdría la pena haber ido.

THE SUBJUNCTIVE AFTER CONJUNCTIONS OF TIME

COMMON CONJUNCTIONS OF TIME

antes (de) que	*before*	**hasta que***	*until*
cuando	*when*	**mientras (que)**	*while, as long as*
en cuanto	*as soon as*	**tan pronto**	*as soon as*
después (de) que	*after*	**como**	

*With the verb **esperar, a que** is also used.

1. The conjunction **antes (de) que** is always followed by the subjunctive since it introduces an action or state that is not, was not, or will not be a reality at the time expressed by the main verb.

Todos los días me despierto antes de que suene el despertador.	*I wake up everyday before the alarm clock goes off.*
Perón ya planeaba embalsamar el cadáver de Eva antes de que ella muriera.	*Perón was already planning to embalm Eva's body before she died.*
Pasarán varias semanas antes de que el Presidente acceda a ver a Madonna.	*Several weeks will go by before the President agrees to see Madonna.*

2. The other conjunctions of time can take either the subjunctive or the indicative. They will take the subjunctive when they introduce an action or state that has not yet taken place.

Te van a dar ganas de viajar cuando veas esos folletos de viaje.	*You will feel like traveling when you see those travel brochures.*

Deposita mi cheque en cuanto llegue.	*Deposit my check as soon as it arrives.*
Los actores regresarán a los Estados Unidos después de que termine el rodaje.	*The actors will return to the United States after the filming is finished.*
Las mujeres seguirán luchando hasta que haya una mujer presidenta.	*Women will continue struggling until there is a woman president.*
Su esposa no lo perdonará mientras (que) él no cambie su manera de ser.*	*His wife will not forgive him as long as he doesn't change his ways.*
Ella dijo que me escribiría tan pronto como pudiera.	*She said she would write me as soon as she could.*

These conjunctions will take the indicative when the action or state that they introduce is customary or has already taken place.

Siempre me dan ganas de viajar cuando veo folletos de viaje.	*I always feel like traveling when I see travel brochures.*
Todas las semanas deposito tu cheque en cuanto llega.	*Every week I deposit your check as soon as it arrives.*
Los actores regresaron a los Estados Unidos después que terminó el rodaje.	*The actors returned to the United States after the filming was finished.*
Las mujeres siguieron luchando hasta que hubo una mujer presidenta.	*Women continued struggling until there was a woman president.*
Su esposa no lo perdonó mientras (que) él no cambió su manera de ser.*	*His wife didn't forgive him as long as he didn't change his ways.*
Ella me escribió tan pronto como pudo.	*She wrote me as soon as she could.*

𝒜 p l i c a c i ó n

A *Escoja la forma verbal correcta para cada oración.*

1. Después que (hayas escrito / escribiste) la carta, ponla en el sobre.
2. Estoy dispuesta a hacer el trabajo mientras me (pagaron / paguen) bien.
3. Ud. deberá esperar hasta que (llegue / llega) su turno.
4. Dijo que cuando (dieran / dieron) las doce comeríamos.
5. Sé que esperasteis hasta que vuestro consejero (estuvo / estaría) desocupado.
6. Luisa se arrepintió después que se lo (dijera / dijo) a su novio.
7. Saldré para la estación tan pronto como me (vista / visto).

---

*When the main verb is negative, the verb that follows **hasta que** and **mientras que** is usually negative too.

8. Después que (pintaremos / pintemos) las paredes, el cuarto se verá mejor.

9. Cuando (termine / termina) el verano compraremos alfombras nuevas.

10. El jurado no dará su veredicto mientras que no (hay / haya) un voto unánime.

11. No me gusta salir a la calle cuando (llueve / llueva).

12. En cuanto (haya lavado / lavó) la ropa, debe Ud. plancharla.

B *Complete de manera original.*

1. Su esposo la comprenderá mejor cuando...

2. Mi amiga se quitó el vestido en cuanto...

3. No conseguirán Uds. convencerme mientras...

4. Simón quiere contarnos lo ocurrido antes de que...

5. El gobierno enviará auxilios a los damnificados mientras...

6. Vas a ser muy feliz cuando...

7. Deben Uds. seguir intentándolo hasta que...

8. Ellos se pusieron a bailar tan pronto como...

C **No después, sino antes.** *Sustituya* después (de) que *por* antes (de) que *en las siguientes oraciones, haciendo otros cambios que sean necesarios.*

1. Vi el musical *Evita* después que salió la película.

2. Tengo un libro sobre Perón y voy a leerlo después de que mi amigo me lleve a ver la película.

3. Perón fue a Europa por primera vez después que terminó la Guerra Mundial.

4. Evita y sus hermanos vivieron en Los Toldos después de que su padre los llevó a vivir a Junín.

5. Evita decidió hacerse actriz después que Perón se casó con ella.

6. Después que Eva se enfermó, sus relaciones con su esposo se volvieron frías.

7. Evita adquirió fama de santa ante la gente después que murió.

8. El doctor Ara preservó muchos cadáveres después que Perón lo contrató.

D *Cambie al pasado los siguientes pasajes.*

1. **El perro policía.**

Mientras espero para que revisen mi equipaje en el aeropuerto internacional, observo a una señora muy distinguida, que llega a la fila antes que yo llegue y que lleva un maletín y varias bolsas. Antes de que le toque el turno de acercarse al mostrador, pasan dos funcionarios de aduana con un perro. El perro corre hacia la señora y, antes de que los hombres puedan impedirlo, salta sobre ella ladrando nerviosamente. La señora trata de librarse del animal, pero es inútil. «Un perro entrenado para oler drogas», comentan los otros viajeros. Los de la aduana le piden a la mujer que abra el maletín. Pero antes que ella lo haga, todos sabemos que el policía canino no busca drogas esta vez. El perro saca una larga hilera de chorizos de una de las bolsas y los engulle antes que consigan sujetarlo.

2. En un restaurante.

El hombre parece tener mucha hambre y devora el pan de la cesta antes que le sirvan la comida. Cuando le sirven, come tan rápido, que termina el postre antes de que otros clientes que llegaron al mismo tiempo hayan terminado el plato principal. Y, apenas ha comido el postre, escapa corriendo del restaurante antes que el camarero le traiga la cuenta.

CONDITIONAL CLAUSES WITH IF

Spanish conditional clauses with **si** (*if*) take the indicative or the subjunctive depending on the type of condition they refer to.

1. When an *if* clause introduces (a) a contrary-to-fact verb, or (b) a condition that is unlikely to take place, the imperfect subjunctive is used in Spanish for present or future time and the pluperfect subjunctive is used for past time.* As in English, the other verb is either conditional or conditional perfect.

Si tuviera un caballo, practicaría la equitación.	*If I had a horse I would practice horseback riding.* (I don't have a horse.)
Si ella fuese una buena actriz, sería famosa.	*If she were a good actress she would be famous.* (She is not a good actress.)
Si Eva no hubiese muerto tan joven, no sería hoy tan conocida.	*If Eva hadn't died so young she wouldn't be so well-known today.* (She died young.)
Si Ud. hubiera ido conmigo se habría divertido muchísimo.	*If you had gone with me you would have enjoyed yourself very much.* (You did not go with me.)
Si recibiera carta de él mañana, me pondría contento.	*If I received (were to receive) a letter from him tomorrow, I would be happy.* (It is unlikely that I will receive a letter tomorrow.)

2. *If* clauses that introduce a verb that is neither contrary to fact nor unlikely to take place use the indicative.

Si se llega temprano al cine se consigue un buen asiento.	*If one gets to the movies early one gets a good seat.*
Si no trabajábamos no nos pagaban.	*If we didn't work we didn't get paid.*

---

*Do not use a present subjunctive in Spanish when **si** means *if*. In everyday usage one hears: **No sé si vaya o no**, but in this case **si** actually means *whether: I don't know if (whether) I should go or not.*

La muerte ocupa un lugar muy importante en la cultura hispánica y por eso, la orgía necrofílica que siguió a la muerte de Eva no es nada sorprendente. Tampoco es sorprendente la abundancia de chistes que presentan la muerte de un modo irreverente. Este chiste es un buen ejemplo.

Si me prestas tu bicicleta te la devuelvo mañana.	*If you lend me your bicycle I'll return it to you tomorrow.*

THE ALTERNATE FORM: DE + INFINITIVE

De + simple infinitive or **de** + compound infinitive is sometimes used instead of a **si** clause, especially in the case of contrary-to-fact conditions.

De tener Emilio suficiente pintura (Si Emilio tuviera suficiente pintura) pintaría toda la casa.	*If Emilio had enough paint he would paint the whole house.*
De haberlo sabido ellos antes (Si ellos lo hubieran sabido antes) habrían felicitado al ganador.	*If they had known before they would have congratulated the winner.*

Note that the subject generally follows the verb in this construction.

COMO SI + SUBJUNCTIVE

Como si (*as if*) always presents a contrary-to-fact or hypothetical situation and it takes either the imperfect or the pluperfect subjunctive. The imperfect refers to an action or state that is coincident in time with the main verb; the pluperfect indicates an action or state prior to the main verb.

Gasta dinero como si fuera rico.	*He spends money as if he were rich.*
Ella cuenta lo que pasó como si hubiese estado allí.	*She tells what happened as if she had been there.*

NI QUE + *IMPERFECT OR PLUPERFECT SUBJUNCTIVE*

Ni que is generally used in elliptical exclamatory clauses and always precedes an imperfect subjunctive or pluperfect subjunctive verb. Its translation into English varies according to the circumstances.

¿Vas a salir en medio de esta tormenta? ¡Ni que estuvieras loca!	*Are you going out in the middle of this storm? Anybody would think that you are crazy!*
Carmen pensaba que creeríamos su historia. ¡Ni que fuésemos tontos!	*Carmen thought we would believe her story. As if we were fools!*
Federico estaba enterado de todo. ¡Ni que hubiese oído lo que dijimos!	*Federico knew about everything. It's as if he had heard what we said!*

THE EXPRESSION POR SI (ACASO)

Por si (acaso) (*just in case*) is followed by either the present indicative or the imperfect subjunctive, the latter indicating a more unlikely situation.

Te dejaré la llave por si llegas (llegaras) a casa antes que yo.	*I'll leave you the key in case you arrive (in case you should arrive) home before I do.*
Marita tiene a mano una novela por si acaso el programa de televisión es (fuera) aburrido.	*Marita has a novel handy in case the TV program is (should be) boring.*

A p l i c a c i ó n

A *Explique con oraciones completas lo que haría o habría hecho en las siguientes circunstancias.*

1. Si fuera presidente de los Estados Unidos.
2. Si se hubiera sacado la lotería en el último sorteo.
3. Si fuese el profesor de esta clase.
4. Si hubiera nacido hace cien años.
5. Si supiera que le quedaba sólo un año de vida.
6. Si se encontrara en la calle una billetera con $1,000 dólares.
7. Si alguien le hubiera regalado un coche deportivo del último modelo.
8. Si le ofrecieran un contrato para actuar en el cine.
9. Si su perro (o gato) se hubiese perdido.
10. Si descubriera que hay petróleo en el patio de su casa.

B **Situaciones.** *Use la expresión* de + *infinitivo en los siguientes pasajes como sustituto de las cláusulas que comienzan con* si.

1. Si yo consiguiera un buen trabajo, pasaría unas Navidades alegres, porque tendría bastante dinero, y si tuviera bastante dinero, compraría regalos para todos mis amigos.

2. Si yo cocinara bien, invitaría a mis amigos a comer a menudo. Y si aprendiera a preparar platos mexicanos, convidaría a los Gómez, que son mis vecinos.

3. Alberto nos dijo que si se hubiera enterado de que veníamos, nos habría conseguido un lugar donde parar, y que si lo hubiéramos llamado cuando llegamos, nos habría ido a buscar al aeropuerto. ¡Qué lástima! Si hubiésemos sabido que Alberto era tan amable, le habríamos escrito antes de nuestro viaje.

4. Si el estante no se hubiese caído, yo tendría ahora un lugar para poner mis libros. Es culpa tuya, porque el estante no se habría caído si tú hubieses usado suficientes tornillos cuando lo armaste.

C *Traduzca.*

1. He treats his friends as if they were enemies.
2. You speak as if you knew everything.
3. She buys clothes as if her father were a millionaire.
4. You behave as if the others didn't exist.
5. I don't understand. It is as if the teacher hadn't explained this.
6. Lucho reacted as if I hadn't warned him.
7. It is midnight and they are making noise as if it were noon.
8. She goes on living as if her husband hadn't died.
9. You play your record player as if you were deaf.
10. He smells as if he hadn't taken a bath.

D *Haga expresiones con* **ni que** *basándose en los siguientes datos.*

Modelo: Herminia se expresa como si lo supiera todo.

→ *¡**Ni que** lo supiera todo!*

1. Ellos gastan tanto dinero como si fueran ricos.
2. Ud. lo cuenta como si hubiera estado presente.
3. Me miró como si me pudiese leer el pensamiento.
4. Nuestro jefe nos exige como si nos pagara un sueldo fabuloso.
5. Aurelio contestó como si lo hubieras ofendido.
6. Se sirvió la comida como si estuviera sola en la mesa.
7. Me reclamas como si yo tuviera la culpa de tu problema.
8. Don Miguel nos habla como si él fuera una persona muy importante.
9. Quiere que lo lleve a todas partes como si fuese su chofer.
10. Andas tan despacio como si te dolieran los pies.

E *Complete de manera original, usando* **por si (acaso).** *Use* **por si (acaso)** *+ presente de indicativo en las cuatro primeras oraciones, y* **por si (acaso)** *+ imperfecto de subjuntivo en las cuatro últimas.*

1. Mi madre tendrá lista la comida a las seis...
2. Nos quedaremos en casa esta tarde...

3. Voy a planchar mi vestido nuevo...
4. Pon suficiente gasolina en tu auto...
5. Debes llevar paraguas...
6. Siempre tengo aspirinas en el botiquín...
7. Le daré a Ud. mi dirección...
8. Es bueno tener en el bolsillo la libreta de cheques...

Ampliación léxica

EXPRESIONES CON LA PALABRA SANTO

Muchas expresiones comunes reflejan la influencia que ha ejercido la iglesia católica en la cultura hispánica. Un buen ejemplo es el uso frecuente de la palabra **santo/a**.

1. **Santo/a** se combina con algunos sustantivos para poner énfasis en su significado.

Ella hace siempre su santa voluntad.	*She always does exactly as she pleases.*
Estuve esperándote todo el santo día (toda la santa tarde).	*I was waiting for you the whole blessed day (afternoon).*
Esa santa calma (cachaza) con que lo hace todo, me desespera.	*That complete calmness with which he does everything drives me crazy.*

2. **El (día del) santo** es la fecha dedicada en el calendario católico para honrar el santo cuyo nombre lleva una persona.* El santo se llama también **onomástico** en Hispanoamérica y **onomástica** en España.

El 19 de marzo es el santo de mi hermana Josefa, y el 24 de junio, el santo de mi hermano Juan.	*The 19th of March is my sister Josefa's saint's day (name day) and the 24th of June, my brother John's.*

3. La expresión **santo remedio** se usa para referirse a una solución excelente para un problema.

Dejé una luz encendida en el cuarto del niño y ¡santo remedio! no lloró más.	*I left the light on in the child's room and, like magic!, he didn't cry any more.*

4. **Santo y bueno** es una expresión de aprobación.

Mientras me devuelvas el coche antes de las siete, santo y bueno, puedes llevártelo.	*As long as you return my car before 7 o'clock, well and good (OK), you can take it.*

---

*En Hispanoamérica es común que la persona lleve el nombre del santo en cuyo día nació. En este caso, la persona celebra su santo y su cumpleaños el mismo día.

5. **Decir el milagro, pero no el santo** se usa cuando se cuenta algo que sucedió, pero no se quiere decir el nombre de la persona envuelta en el incidente.

—¿Quién hizo eso?—Yo digo el milagro, pero no el santo.	*"Who did that?" "I tell what happened but not the person involved."*

6. **¡Santo Dios!** y **¡Dios Santo!** son exclamaciones equivalentes a **¡Dios mío!***

¡Santo Dios! ¡Qué desastre! Se rompieron todos los platos.	*Good Heavens! What a disaster! All the dishes got broken.*

7. **Desnudar (Desvestir) un santo para vestir otro** es el equivalente de la expresión en inglés *to rob Peter to pay Paul*.

No puedo quitarle la casetera a Susana para dártela a ti; sería desvestir un santo para vestir otro.	*I can't take the cassette player away from Susana to give it to you; it would be like robbing Peter to pay Paul.*

8. **No es santo de mi devoción** se usa para referirse a una persona que a uno no le gusta.

No quiero ir con Adela. Ella no es santo de mi devoción.	*I don't want to go with Adela. She is not my cup of tea (not exactly my favorite person.)*

9. **¿A santo de qué?** indica que algo es inoportuno o inconveniente. Indica también la desaprobación de quien habla sobre algo que hizo otra persona.

Me pregunto a santo de qué cambiaron la hora de esa clase.	*I am wondering why on earth they changed the hour of that class.*
¿A santo de qué me pide que lo ayude? Él no ha sido nunca un buen amigo.	*By what right is he asking me to help him? He has never been a good friend.*

10. **Írsele a uno el santo al cielo** se utiliza cuando la persona que está hablando olvida lo que iba a decir. Su equivalente en inglés es *to lose one's train of thought*.

Yo se lo iba a contar a Juana, pero se me fue el santo al cielo.	*I was going to tell Juana about it but I forgot what I was going to say.*

11. **En un santiamén** es un adverbio sinónimo de **muy rápidamente**.

Sé que Uds. tienen prisa, pero no se preocupen, me vestiré en un santiamén.	*I know that you are in a hurry, but don't worry, I'll get dressed in a jiffy.*

---

*Recuerde que, a diferencia de lo que sucede en ciertas culturas, no es irrespetuoso usar este tipo de expresión en español.

12. **Quedarse para vestir santos** se usa sólo en el caso de mujeres y es sinónimo de **quedarse soltera.***

<table>
<tr><td>Ana es muy tímida y creo que se quedará para vestir santos.</td><td>Ana is very shy and I think she will remain single.</td></tr>
</table>

Aplicación

A **Situaciones entre amigos.** *Exprese su reacción ante cada situación usando una de las expresiones con* **santo** *de la lista anterior.*

1. Una de sus amigas es una persona muy pasiva y flemática. Todo lo hace muy despacio y nada parece preocuparle. Ud. hace un comentario sobre el carácter de su amiga...

2. El 29 de junio es el día de San Pedro y San Pablo, el 12 de septiembre se conmemora el nombre de María y el 12 de diciembre es el día de la Virgen de Guadalupe. Ud. tiene amigos que se llaman María, Lupita, Pedro y Pablo. Marca en su calendario estas fechas y dice...

3. Cuando Ud. llega al estacionamiento, encuentra que un vándalo ha destruido su coche. Ud. exclama con desesperación...

4. Ud. tenía el problema de que nunca encontraba sus papeles importantes. Compró un archivo y ahora los clasifica y los guarda allí. La idea dio excelentes resultados. Ud. se lo cuenta a un compañero...

5. Uno de sus amigos es muy informal. Promete hacer una cosa y no la hace. Ayer, por ejemplo, dijo que lo llamaría por la tarde y Ud. esperó en casa su llamada, pero él no llamó. Cuando Ud. lo ve, le dice...

6. Ud. conoce a un joven muy caprichoso y dominante, que siempre hace lo que quiere sin contar con nadie. Ud. dice que a este amigo siempre le gusta hacer...

7. Su prima Lolita busca el hombre perfecto y no acepta a ninguno de sus enamorados. A todos les encuentra defectos. Ud. piensa que, con esa actitud, Lolita no va a casarse nunca y le dice...

8. Sus invitados tienen mucha hambre y Ud. les asegura que la comida estará lista muy pronto, diciéndoles...

9. Su hermana tiene un novio que a Ud. le cae muy antipático. Ud. evita hablar con este chico y le explica a una amiga el porqué...

10. Rosario nunca le ha hecho un favor y Ud. no cree que es una verdadera amiga. Ahora, Rosario le pide dinero prestado. Ud. comenta...

11. Su tío Lorenzo es muy distraído. Frecuentemente, en medio de una conversación, olvida lo que iba a decir. Ud. explica este problema de su tío...

---

*El origen de esta expresión está en que, en el pasado, las mujeres solteras, por tener más tiempo libre, hacían trabajo voluntario en la iglesia, y entre sus tareas más importantes estaba el arreglar los altares y los vestidos de las estatuas que había en ellos. Hoy, una gran parte de las mujeres solteras tienen un oficio o carrera y ya no tienen tiempo «para vestir santos». Además, la idea del matrimonio como único objetivo de la mujer va desapareciendo en los países hispánicos, igual que en los EE.UU. Sin embargo, esta expresión todavía se usa, sobre todo en tono de broma.

12. Ud. sabe que un estudiante de la clase fue a ver al decano para quejarse del profesor. Cuando se lo cuenta a varios compañeros y ellos le preguntan quién fue el estudiante, Ud. contesta...

13. Su compañero de apartamento necesita arreglar su auto y va a usar el dinero de la renta para esto. Ud. le aconseja que no lo haga, diciéndole...

14. A Ud. no le importa prestar sus libros, a condición de que se los cuiden y se los devuelvan pronto. Dígale a un amigo que, con tal de que cumpla estas condiciones, tiene su consentimiento para llevarse sus libros...

B **Use cinco de las expresiones anteriores en oraciones originales.**

C **¿Cuántas expresiones con la palabra Dios se le ocurren? Consulte un diccionario y haga cinco oraciones originales, empleando giros con esta palabra.**

Distinciones léxicas

EQUIVALENTES ESPAÑOLES DE TO BECOME

1. Cuando alguien entra en una profesión, oficio o grupo organizado, en español se usa **hacerse** combinado con un nombre. En algunos casos, **hacerse** también se combina con adjetivos, como en las expresiones **hacerse rico** y **hacerse famoso**.

Como su novio quiere hacerse médico, ella se ha hecho dentista.	*Since her boyfriend wants to become a doctor she has become a dentist.*
Mi tío se hizo peronista en 1947.	*My uncle became a member of the Peronist party in 1947.*
Espero hacerme famoso con este invento.	*I hope to become famous with this invention.*

Algunas expresiones comunes con **hacerse** son:

hacerse tarde	*to become (get) late*
hacerse de noche	*to become (get) dark*
hacerse necesario	*to become necessary*
Pronto se hará de noche, así que se hace necesario que regresemos a casa.	*It will soon get dark and so it becomes necessary for us to return home.*

2. **Ponerse** + adjetivo significa *to become, to take on a certain condition or state*. Esta expresión se refiere frecuentemente a una reacción involuntaria o accidental que, en el caso de personas, tiene motivos sicológicos.

Al oír la noticia, se pusieron muy serios.	*Upon hearing the news they became very serious.*
Cada vez que veía a la niña, Pedrito se ponía colorado.	*Every time he saw the girl, Pedrito blushed (became or turned red).*

Eva se puso muy delgada en los últimos meses de su enfermedad.	*Eva became very thin in the last months of her illness.*
Mi blusa blanca se puso amarilla cuando la lavé.	*My white blouse became (turned) yellow when I washed it.*

3. Cuando *become* significa *to change or turn into*, su equivalente en español es **convertirse en** + nombre.

Esta polilla se convertirá en mariposa.	*This moth will become a butterfly.*
Él se convertía en hombre-lobo en las noches de luna llena.	*He became a werewolf on nights when there was a full moon.*
El agua de la fuente se convierte en hielo en invierno.	*The water in the fountain turns into ice in winter.*
Ese chico se ha convertido en un problema últimamente.	*That boy has become a problem lately.*

En las oraciones anteriores, puede también usarse **volverse** + nombre. Pero el uso más frecuente de **volverse** es en frases hechas, como **volverse loco**.

4. Cuando *become* se refiere a un cambio que tardó mucho tiempo en realizarse o que es el producto de una larga serie de sucesos, su equivalente en español es **llegar a ser**. Observe que **llegar a ser** nunca se usa en el caso de cambios rápidos o repentinos.

Si practicas a diario la esgrima, llegarás a ser campeón algún día.	*If you practice fencing daily you will become a champion some day.*
Aunque al principio se odiaban, llegaron a ser grandes amigos.	*Although they hated each other at first, they got to be good friends.*
Eva nació pobre, pero llegó a ser muy poderosa.	*Eva was born poor but she became (got to be) very powerful.*

5. Si el propósito de *to become* es averiguar lo que le pasó o pasará a alguien o algo, se usan **hacerse** o **ser de**.

¿Qué fue (Qué se hizo) de aquel amigo tuyo?	*What became of that friend of yours?*
¿Qué será de nosotros?	*What will become of us?*

6. **Meterse a** + nombre tiene generalmente un sentido despreciativo, y se usa cuando una persona se dedica a una profesión u oficio para el cual no está capacitada.

Evita se metió a actriz, pero no tenía ningún talento dramático.	*Evita became an actress but she didn't have any dramatic talent.*
Mi amigo Claudio no tenía trabajo y se metió a carpintero.	*My friend Claudio didn't have a job and became a carpenter.*

7. *To become* es equivalente de **quedarse** + adjetivo en algunas expresiones. Las más comunes de éstas son: **quedarse calvo** (*to become bald*), **quedarse ciego** (*to become [go] blind*), **quedarse solo** (*to be left alone*), **quedarse sordo** (*to become deaf*), **quedarse viudo/a** (*to become a*

widower/widow). Observe que todas estas expresiones tienen en común la idea de pérdida.

Algunos hombres se quedan calvos antes de los treinta años.	*Some men become bald before they are thirty.*
Si sigues oyendo tanto rock, pronto te quedarás sordo.	*If you continue to listen to so much rock you will soon become deaf.*

$\mathcal{A}$ plicación

A *Complete los pasajes de la sección (a) con expresiones de la sección (b).*

(a)

1. Juan leía constantemente con muy mala luz. Creo que por eso...

2. Ernesto la amaba mucho, pero después que ella lo engañó con su mejor amigo, su amor...

3. Es un niño con gran talento. Un líder genuino. Algún día...

4. Hablaba solo, y discutía en voz alta con personas imaginarias. Todos pensábamos que...

5. Dejamos el helado fuera del refrigerador y al poco rato...

6. Mi gato y mi perro se odiaban al principio, pero con los años...

7. Los padres de Lilí la han llevado al médico porque sospechan que tiene anorexia y...

8. La familia de Orlando es católica, pero él se enamoró de la hija de un ministro y...

9. Los amigos de Pepín tuvieron un accidente muy serio. Le dimos la noticia y...

10. Los Jiménez ya no viven en este barrio y no los he visto en varios años...

11. Yo quería ser profesor de español algún día, pero saqué una F en el curso de composición y he decidido...

12. En Hispanoamérica, es muy frecuente el caso de un presidente que después de su primer período de gobierno...

13. No quiso almorzar con nosotros. Dijo que tenía que estar en el centro a las tres y...

14. Sus padres murieron y no tiene hermanos ni parientes cercanos. La pobre Amelita...

(b)

a. ¿Qué sería de ellos?

b. meterme a carpintero

c. se le hacía tarde

d. llegaron a ser amigos

e. se hizo metodista

f. se convirtió en antipatía

g. se quedó ciego

h. se ha quedado sola

i. se puso muy pálido

j. se ha puesto muy delgada

k. se puso blando

l. iba a volverse loco

m. se convierte en dictador

n. llegará a ser presidente

B *Imagine que han pasado unos años y Ud. encuentra a un amigo a quien no ha visto desde su graduación. Él le pregunta qué ha sido de varios de sus compañeros de estudios. Explíquele a su amigo lo que fue de ellos, usando equivalentes de* to become *y basándose en los siguientes datos. Trate de elaborar explicaciones originales.*

1. Andrés Pérez es ahora médico.
2. Andrés y Cuquita Gómez son novios desde el mes de junio.
3. Luis Quirós no tiene pelo.
4. Lolita Ruiz pesa 200 libras.
5. Vicente Guzmán está en un manicomio.
6. Saturnino Rovira es presidente de una compañía.
7. Emilio Arteaga es rico.
8. Marta Salazar es policía.
9. El hermano de Marta está casi sordo.
10. Nicolás Ríos es cantante, pero canta muy mal.

C *Complete.*

1. Cada día ve peor, el médico dice que _____ ciega.
2. La admiración que sentía por él _____ antipatía.
3. ¿Quieres _____ socio de nuestro club?
4. Mi padre _____ furioso cuando vio la cuenta del teléfono.
5. En el otoño, las hojas _____ primero amarillas y después, de color marrón.
6. Si algún día _____ millonario, espero que te acuerdes de mí.
7. Un refrán dice que el que _____ redentor, termina crucificado.
8. Cuando pregunté qué _____ Paulina, Rodrigo _____ muy nervioso.
9. La tierra _____ lodo cuando llueve mucho.
10. A los dos días de estar en la cárcel, el pelo de Ramiro _____ blanco.

PARA ESCRIBIR MEJOR

El punto y coma

1. El punto y coma indica una pausa más larga que la indicada por la coma. Por eso muchas veces sustituye a ésta antes de las expresiones que unen dos cláusulas, cuando el hablante haría una pausa marcada.

No tengo nada que decirle; por lo tanto, no lo llamaré.	*I don't have anything to tell him; therefore, I won't call him.*
No quiero hacer negocios con ese señor; sin embargo, escucharé su proposición.	*I don't want to do business with that gentleman; however, I'll listen to his proposition.*

2. El punto y coma separa frases largas dentro de un párrafo. Estas frases tienen generalmente comas separando sus elementos internos.

La casa de la finca, con su techo de tejas y sus paredes de madera despintadas, se alzaba frente al camino; a un costado de la casa, había un bosquecillo.	*The farmhouse, with its tile roof and its weathered wooden walls, stood facing the road; on one side of the house there was a small forest.*

3. El punto y coma separa los elementos de una enumeración cuando son largos y pudiera haber confusión si se usaran comas.

El primer hombre que llegó a la reunión era de edad madura, un poco calvo; el segundo, era un viejo alto y delgado; el tercero, un caballero elegante, que llevaba un bastón de puño dorado.	*The first man who arrived at the meeting was middle-aged, balding; the second one, was a tall and thin old man; the third one, an elegant gentleman who was carrying a cane with a golden handle.*

A plicación

A *En los siguientes pasajes de* **Miau** *de Pérez Galdós se han suprimido las comas y los puntos y comas. Póngalos.*

1. —Me he quedado helado—dijo don Ramón Villaamil esposo de doña Pura el cual era un hombre alto y seco los ojos grandes y terroríficos la piel amarilla toda ella surcada por pliegues enormes en los cuales las rayas de sombra parecían manchas las orejas transparentes largas y pegadas al cráneo la barba corta larga y cerdosa con las canas distribuidas caprichosamente formando ráfagas blancas entre lo negro el cráneo liso y de color de hueso desenterrado como si acabara de recogerlo de un osario para taparse con él los sesos.

2. Aquí mucho gas allí tinieblas acá mucha gente después soledad figuras errantes. Pasaron por calles en que la gente presurosa apenas cabía por otras en que vieron más mujeres que luces por otras en que había más perros que personas.

3. Milagros era la que guisaba solía madrugar más que las otras dos pero la noche anterior se había acostado muy tarde y cuando Villaamil salió de su habitación dirigiéndose a la cocina la cocinera no estaba aún allí.

4. Con otro que no fuera Ponce ya se libraría Cadalso de emplear lenguaje tan impertinente pero ya sabía él con quién trataba. El novio estaba amoscadillo y Abelarda no sabía qué pensar. Para burla le parecía demasiado cruel para verdad harto expresiva.

5. Adiós niño salado diviértete todo lo que puedas no vayas a la oficina más que a cobrar haz muchas conquistas pica siempre muy alto arrímate a las buenas mozas y cuando te lleven a informar un expediente pon la barbaridad más gorda que se te ocurra.

Traducción

A VISIT TO BUENOS AIRES

If you were to inherit a large fortune or if you should win the lottery and become a millionaire, how would you spend the money? Allow me to give you a piece of advice: take a trip to Buenos Aires. Although you may not believe it, it has been said that Buenos Aires is the world's other "Big Apple." Now that you have seen Madonna's movie about Eva Perón, wouldn't you like to visit the homeland of that woman whose good and bad deeds became so notorious? Before you go, I suggest that you study a guide book. In order for one to enjoy a trip to a foreign country, one should first read about its famous places and customs.

As soon as you get to the capital of Argentina, you can take a three-hour tour called "Eva Perón." If you do so, you will see the Casa Rosada, the presidential palace, from whose balcony Evita often addressed her enthusiastic admirers. After you've seen that famous balcony, you can visit the Café Tortoni, which became famous because of Agustín Magaldi who brought Evita to Buenos Aires when she was only 14 or 15 years of age.

You can visit the cemetery of Recoleta where Evita is buried. Although her mausoleum is not one of the most imposing, it is easy to locate and worth seeing. You probably recall that, after becoming the wife of Juan Domingo

Buenos Aires. Vista de la Avenida 9 de Julio con su obelisco. Esta avenida es una de las más anchas del mundo.

Perón, Eva became ill and died at the age of 33. At the time of her death, even though she was married to a man who had become a dictator, she had become the most celebrated woman in Spanish America. Even today, for some Argentinians, it's as if she had had no defects; she is regarded as a saint.

ᴛemas para composición

Use en su composición tantos casos del subjuntivo como sea posible.

1. **Un viaje a...** Escoja una ciudad que haya visitado y descríbala. Hable de sus calles, de la vida diaria, de sus monumentos y lugares de interés. Si no ha visitado ninguna ciudad interesante, hable de alguna que le gustaría visitar. Puede buscar información en folletos turísticos.

2. En el pasaje que acaba Ud. de traducir se sugiere que si hereda mucho dinero o se saca la lotería visite Buenos Aires. ¿Usaría Ud. parte del dinero en este viaje? ¿En qué otras cosas usaría el dinero? Con un millón de dólares en la mano, ¿qué haría Ud.?

3. **Eva Perón.** Escriba sobre esta mujer tan discutida. ¿Cuál es su impresión de ella? ¿Una santa o una manipuladora del pueblo? Puede basarse para su composición en los datos que se dan en la lectura o buscar información adicional.

4. **Madonna.** ¿Qué piensa Ud. de ella? ¿Cree que fue acertado el que la escogieran para representar el papel de Evita? ¿Hay otra actriz que en su opinión hubiera sido más apropiada? Los argentinos se han quejado del excesivo énfasis que la película *Evita* pone en el aspecto sexual de la vida de Eva. ¿Cree Ud. que este énfasis se debe a Madonna?

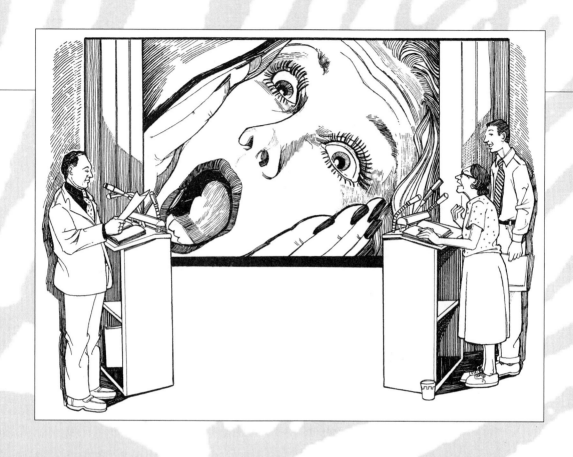

La mayor parte de las películas que se ven en los países hispánicos son norteamericanas. Muchas tienen subtítulos en español, pero en otras las voces han sido dobladas. El doblaje de películas extranjeras al español es hoy una industria importantísima en varios países, porque la enorme popularidad de los video-clubs ha multiplicado la demanda de películas. Este artículo de Juan Ramón Vidal, publicado en la revista española *Muy Interesante*, tal vez le enseñe algo que no sabe sobre el doblaje de películas.

*P*ara comprender mejor

Ud. comprenderá mejor este artículo si sabe, antes de comenzar a leer, que los dos primeros párrafos describen la escena en una habitación donde se realiza el doblaje de una película, y que la mención de brujas y vampiros se hace de modo humorístico, porque los que doblan van a extraerles el jugo fonético (la voz) a los actores originales.

El dividir una lectura en secciones ayuda a su comprensión, sobre todo, si se tiene en mente mientras se lee el tema o propósito central de cada sección. Desde la línea 15 a la línea 37, el artículo se concentra en las dificultades generales que presenta el doblaje de películas, y de la línea 38 a la 75 se exponen los problemas que enfrenta este doblaje hoy en día en España. Por último, de la línea 76 al final, se comentan las técnicas modernas en el proceso de doblaje.

Voces en la sombra

En torno° a la tenue° luz de un atril° se monta el aquelarre°. Los «vampiros» (nombre que se da a los actores de doblaje°), fijos los ojos en la pantalla que tienen enfrente, se disponen a extraer el jugo fonético° de los «muñecos» (actores de la versión original) y sustituirlo por el suyo propio.

5

Se hace el más absoluto de los silencios. El galán fílmico° comienza a mover los labios, pero de su boca no surge sonido alguno. Con precisión milimétrica, el vampiro va depositando sus propias frases, llenando sílaba a sílaba la boca del muñeco. La pantalla vuelve

10

En... *alrededor de / poco intensa /* lectern */ reunión de brujas /* dubbing / **jugo...** *palabras*

galán... *el protagonista de la película*

a ofrecer la misma escena. La voz del galán nos es ahora familiar y se dirige a nosotros con palabras que todos entendemos.

15 «Desde el punto de vista de la métrica°, algunos idiomas—como, por ejemplo, el caso del castellano respecto al inglés—son muy diferentes», explica Manuel Bailina. «Las pausas no coinciden al hablar, por lo que hay que disfrazar° las frases de manera que

20 esto pase desapercibido°. El uso del genitivo° sajón obliga incluso, en ocasiones, a dar la vuelta a toda la frase. Pero quizá lo que más problemas plantea° es el ajuste de las labiales. Cuando el actor pronuncia una *b*, una *m* o una *p*, cierra los labios, lo que resulta

25 claramente visible en la pantalla. Si no se quiere que el personaje «cante»°, hay que situar la labial en el mismo sitio, cosa que a veces no es nada fácil».

«Los papeles° más difíciles suelen ser los de señores mayores, alcohólicos, drogadictos y, en

30 general, de la gente que no reacciona de una manera normal», asegura el presidente de la Asociación Profesional de Actores del Doblaje de Madrid. «Cuando el personaje está borracho o, de alguna manera, tocado°, suele hablar muy bajito en el rodaje°,

35 sin apenas despegar los labios. Al dejar la escena sin sonido para doblarla ya no se sabe cuándo empieza ni cuándo termina de hablar».

El enemigo actual° del doblaje no es otro que la prisa. La avalancha de vídeos domésticos provocó una

40 creciente demanda de películas, con lo que las compañías productoras inundaron los vídeo-clubs con telefilmes norteamericanos que tenían que ser doblados. La velocidad a la que hubo que realizar el trabajo ocasionó que muchos quedaran mal hechos.

45 En los años cincuenta, una película de dos horas se doblaba en cinco o seis jornadas°. Hoy se hace en dos. No se asimilan° bien los textos. Muchas veces se descuida la interpretación°. Esto, como otras artes, requiere inspiración. Es como si a Picasso se le

50 hubiera exigido que pintara un cuadro en diez minutos.

También se van perdiendo otros hábitos, antes firmemente respetados, como el hecho de que fuera siempre el mismo actor quien doblase a una estrella

55 durante años. Rafael Luis Calvo—ya fallecido—era el actor que doblaba a Clark Gable. Un día entró en un bar, se dirigió al camarero y le pidió una cerveza... «Tiene usted la misma voz que Clark Gable», comentó al pronto el empleado. «No señor—atajó

length of breath groups, meter

cambiar

pase... *no se note / el uso de ('s) para indicar posesión / presenta*

resalte de manera desagradable

roles

high (slang) / *filmación de la película*

hoy día

días de trabajo
comprenden
actuación

60 Luis Calvo—, es Clark Gable el que tiene la misma
voz que yo».

Pero los actores extranjeros hablan ahora con
distinta voz en cada película. En el ciclo dedicado por
TVE° a Humphrey Bogart hace unos años, cada
65 semana Bogart hablaba con una voz diferente. En
total fueron cuatro o cinco actores los que le prestaron
su voz en el ciclo. Cuando se emitió por primera vez
Casablanca en TVE, contó con un excelente doblaje,
en el que la voz de Bogart estuvo a cargo de José
70 Guardiola. Pero cuando, un tiempo después, la
película apareció en los vídeo-clubs, el doblaje era el
realizado durante el franquismo°, en el cual se
censuraron todas las alusiones al pasado del
protagonista, Rick Blaine, luchando con el bando de
75 los republicanos en la Guerra Civil española.

El buen sonido final se consigue en la mesa de
mezclas°. Después del último «take», el material
doblado se ensambla nuevamente y, junto a la banda
internacional de sonido°, pasa al montaje definitivo. Se
80 incorporan ahora algunos efectos, como ecos,
resonancias°, sonido telefónico o de radiotransmisión,
en las frases que lo requieran. Todo esto se va
mezclando sincrónicamente en el llamado rollo de
mezclas°. Es una operación delicada, llena de matices°.
85 Quizás sea en este aspecto de las mezclas en el
que más ha evolucionado el doblaje en los últimos
tiempos. La incorporación a la industria
cinematográfica de nuevos sistemas como el ya
popular Dolby, ha hecho que cada vez se preste más
90 atención al «sound-track», a la ambientación sonora°
de la película. Lo que se pretende° es que las voces se
integren, siendo lo más fieles posible a la banda
original.

Estas tendencias no han sentado muy bien° a los
95 actores veteranos. «A los técnicos les gusta mucho el
«sound-track», los ruidos y efectos, los violines, los
cañones...», comenta Roberto Cuenca. «Pero la
película no es el ruido de la batalla, sino
fundamentalmente la interpretación de los actores».

Televisión Española,
nombre de un canal

época del gobierno de
Franco

mesa... mixing desk

banda... sound track

reverbs

rollo... master tape /
variaciones sutiles

ambientación... *efectos de*
sonido / se... se quiere
conseguir

no... *no les han gustado*

𝒞 o m p r e n s i ó n

Explique, basándose en el artículo.

1. Quiénes son los vampiros.
2. Quiénes son los muñecos.

3. Por qué el señor Calvo decía que Clark Gable tenía la misma voz que él.

4. Los problemas fonéticos y sintácticos que hay cuando se dobla del inglés al español.

5. Los papeles más difíciles de doblar.

6. Las causas y los resultados de la prisa al doblar.

7. Lo que sucedió con la serie de Bogart en TVE.

8. Los sonidos y efectos que se añaden al final.

9. Los cambios que ha habido en los últimos tiempos en la mezcla de sonidos.

10. La reacción de algunos actores veteranos a los efectos de sonido modernos.

I n t e r p r e t a c i ó n

1. ¿Cree Ud. que el título es adecuado? ¿Por qué (no)? Si no lo cree, sugiera otro título.

2. ¿Qué impresión causa en el lector el primer párrafo? ¿Cree Ud. que comenzar el artículo así es un acierto o un error? ¿Por qué?

3. En su opinión, ¿es mejor ver una película extranjera con subtítulos o doblada? ¿Qué ventajas y desventajas hay en ambos casos?

4. ¿Qué motivos tuvo el gobierno de Franco para censurar las alusiones a la Guerra Civil en *Casablanca*? ¿Qué piensa Ud. de este tipo de censura?

5. ¿Qué películas dobladas ha visto? ¿Le molestaría ver a un mismo actor o a una misma actriz hablar con voces diferentes según la película? ¿Por qué (no)?

6. ¿Son importantes para Ud. los efectos especiales de sonido? ¿Por qué (no)? ¿Es verdad que la interpretación de los actores es más importante que los efectos? ¿Y que el argumento? Explique su opinión.

I n t e r c a m b i o   o r a l

A. Las razones por las cuales no hay muchas películas dobladas al inglés. ¿Qué clase de películas se doblan con más frecuencia? ¿Deberían doblarse más?

B. A causa del gran número de hispanos que viven en los Estados Unidos y no hablan bien el inglés, algunas compañías de televisión, como HBO, transmiten películas dobladas al español. Muchos piensan que esto no es bueno, porque el inglés se va haciendo así menos necesario para estas personas y por eso no lo aprenden. ¿Es esto cierto? ¿Debe haber más programas en español o menos?

C. **La censura en el cine.** En los Estados Unidos no hay censura de tipo político, pero sí la hay en lo moral mediante las clasificaciones *PG, R* y *X*. ¿Tiene el cine hoy, en general, escenas de sexo demasiado explícitas y que son innecesarias? ¿Qué daño causa esto en niños y adolescentes? En cuanto a la violencia, ¿debe censurarse? ¿Hace daño esto a los chicos muy jóvenes?

D. **Una actividad divertida.** Los estudiantes se dividirán en grupos pequeños, y cada grupo escogerá una escena de una película norteamericana y traducirá el diálogo al español. Se asignarán los papeles de los distintos actores y actrices, se proyectará el vídeo en clase quitándole la voz, y los estudiantes harán el «doblaje».

E. Se ha dicho que los gestos presentan en las películas dobladas un problema aun más serio que el movimiento de los labios. Cada cultura tiene sus gestos característicos. Las viejas películas de Godzila, por ejemplo, parecen ridículas en inglés por las expresiones exageradas de los actores japoneses. ¿Cómo difieren los gestos y movimientos del hispanohablante y del angloparlante? Los estudiantes buscarán información sobre este tema para comentar en clase.

La mayor parte de las películas que se ven en los países hispánicos son producidas en Hollywood. En España, se doblan al español, pero en Hispanoamérica generalmente tienen subtítulos. A veces, el nombre de la película se traduce palabra por palabra; otras veces, como en el caso de *Dante's Peak,* el nombre en español es diferente. ¿Sabe Ud. cuál es el equivalente en inglés de *Enemigo íntimo*?

Repaso léxico

Escoja palabras de la lista y reemplace con ellas las expresiones en cursiva.

1. En la reunión se *presentó* el problema y se explicó lo que se *quería conseguir*.
2. El *posesivo* español se expresa con «de» y no con apóstrofo.
3. Los actores se reunieron *alrededor de* una mesa larga.
4. El cuarto estaba iluminado por una luz muy *débil*.
5. *La actuación* del *protagonista* fue brillante.
6. La actriz tiene una voz expresiva, rica en *pequeñas variaciones*.
7. Durante la filmación de la escena, hubo que *cambiar* el texto.
8. Una película se dobla hoy en dos *días de trabajo*.
9. La industria *cinematográfica* es muy importante en el momento *presente*.
10. Durante *la época de Franco*, al gobierno no le *gustaban* las alusiones a la Guerra Civil.
11. ¿Qué piensas de *los efectos de sonido* de la película?
12. A veces, los actores no *comprenden* bien su papel.

actual
la ambientación sonora
asimilan
disfrazar
en torno a
el franquismo
fílmica
galán
genitivo
interpretación
jornadas
matices
planteó
pretendía
el rodaje
sentaban bien
tenue

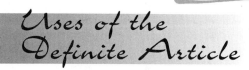

SECCIÓN GRAMATICAL

Uses of the Definite Article

The definite article is found in both Spanish and English with nouns that are definite or known to the speaker.

Siéntate en la silla que está junto a la ventana.

Sit on the chair that is next to the window.

In Spanish, however, the definite article is necessary in many cases when no article is required in English. The rules concerning the definite article in Spanish have many exceptions, and therefore careful observation is recommended. However, the following general guidelines can be helpful.

1. The definite article is needed with nouns referring to concepts and abstract things, as well as with nouns that refer to a group or class in general.

La gente suele pensar que el dinero es muy importante en la vida.	*People usually think that money is very important in life.*
En el mercado abundaban los claveles, pero escaseaban las rosas.	*At the market carnations were plentiful but roses were scarce.*

When there is an idea of amount (if the words *some* or *any* can be inserted in English), the article is omitted in Spanish.

Conozco gente sin dinero que es feliz.	*I know (some) people without (any) money who are happy.*
Hay niños que siempre comen hortalizas.	*There are (some) children who always eat (a certain amount of) vegetables.*

Note that the verb **haber** always conveys an idea of quantity or amount; therefore, it is not followed by the definite article except in rare regional usage.

2. The definite article is generally used with dates, seasons, meals, centuries, and hours.

En el verano el desayuno se sirve a las ocho, en el invierno a las ocho y media.	*In summer breakfast is served at eight, in winter it is served at eight-thirty.*

This rule, however, is not always followed. In the case of the seasons, the article is optional after **de** and **en**; in the case of hours, it is often omitted in the expression **de** + hour + **a** + hour.

Tanto en invierno como en verano tenemos el mismo horario: de siete a ocho, desayuno; de una a dos, almuerzo; de siete a nueve, cena.	*In winter as well as in summer we have the same schedule: from seven to eight, breakfast; from one to two, lunch; from seven to nine, dinner.*

With the days of the week, the article is omitted after **ser: Hoy es jueves.*** With the year, it is generally omitted, except in the case of abbreviations.

Eso sucedió en 1955.	*That happened in 1955.*

But:

Eso sucedió allá por el 55.	*That happened around '55.*

---

*Note that this rule applies only when you are telling what day of the week it is (was, will be, etc.). When **ser** means *to take place* the article is used.

La reunión es el jueves.	*The meeting will be on Thursday.*

3. The definite article precedes most titles, except when speaking directly to the person. Exceptions to this rule are the following titles: **don, doña, san(to), santa, fray, sor**.

El rey Juan Carlos I es el sucesor del general Francisco Franco.	*King Juan Carlos I is the successor of General Francisco Franco.*

But:

Fray Gabriel Téllez fue el creador de Don Juan Tenorio.	*Fray Gabriel Téllez was the creator of Don Juan Tenorio.*

4. The well-known rule about the definite article preceding parts of the body and garments extends also to some physical and psychological acts and reactions.*

Al oírte no pude contener la risa.	*When I heard you I couldn't hold back my laughter.*
Déjame recobrar el aliento; estoy extenuada.	*Let me catch my breath; I'm exhausted.*

5. The construction **tener** + definite article + part of the body or garment + adjective is the Spanish equivalent of the English possessive + part of the body or garment + *to be* + adjective.

El niño tenía la carita triste.	*The boy's little face was sad.*
La víctima tenía los ojos cerrados y la cara hinchada.	*The victim's eyes were closed and his face was swollen.*
Tienes los pantalones manchados.	*Your pants are stained.*

6. The definite article is used with the words **cama, cárcel, colegio, escuela, guerra, iglesia**, and **trabajo** when they are preceded by prepositions.

Si Ud. no va a la guerra cuando lo llamen, lo enviarán a la cárcel.	*If you don't go to war when they call you, they'll send you to jail.*
Conocí a Jaime en la iglesia, no en la escuela.	*I met Jaime in church, not at school.*

Observe that these words may also fall under rule 1. In this case, they take the article even if they are not preceded by prepositions.

El trabajo y la escuela son las claves del progreso.	*Work and school are the keys to progress.*

7. The definite article has customarily been used with certain geographical names. The most common are: **la Argentina, el Brasil, el Canadá, los Estados Unidos, la Florida, la Habana, la India, el Japón, el Paraguay, el Perú, la República Dominicana, El Salvador**, and **el Uruguay**.

---

*A reminder: Usually, as the following patterns show, no possessive adjective is needed to identify the possessor. **El alumno levantó** *la* **mano para contestar; Alberto se quitó** *el* **sombrero; Cuando la hijita de Pedro comenzó a llorar, él le cambió** *el* **pañal.** Sometimes, however, the possessive adjective is necessary for clarity or to avoid ambiguity: *Mi* **pelo brilla más que** *el tuyo*; **Ponte** *tu* **camisa, no** *la mía.*

Today, however, the article is often omitted with these names, especially in the press. Two countries that have consistently kept the article are **El Salvador** and **la República Dominicana**.

Names of places that are modified by an adjective take the definite article: **la España meridional, el Perú colonial**.

8. Names of sciences, skills, school subjects, and languages require the definite article when they are used as subjects of a sentence or as objects of a preposition other than **de** or **en**.

La física es una asignatura interesante, pero prefiero estudiar biología.	*Physics is an interesting subject, but I prefer to study biology.*
El español no es difícil, pero tengo problemas con el alemán.	*Spanish is not difficult, but I have problems with German.*
¿Has visto algún libro de español escrito en alemán?	*Have you seen any Spanish book written in German?*

Exception: the article is used after the preposition in the case of **interesarse en**.

Desde niño, el Senador Galán se interesó en la política.	*Since he was a child, Senator Galán was interested in politics.*

9. The definite article is omitted before the ordinal numbers in the names of kings, popes, and other rulers: **Carlos Quinto** (*Charles the Fifth*), **Isabel Segunda** (*Elizabeth the Second*).

10. Percentage figures in Spanish are generally preceded by the definite article. So are units of measure (e.g., *hour, dozen, liter*, etc.) in cases where English uses *a, an*.

El noventa por ciento de las películas extranjeras que ponen en España están dobladas.	*Ninety per cent of the foreign movies shown in Spain are dubbed.*
Ese candidato tuvo el setenta y cinco por ciento de los votos.	*That candidate had seventy-five percent of the votes.*
La carne estaba a cinco dólares la libra, mientras que la leche estaba a sólo cincuenta centavos el litro.	*Meat was five dollars a pound, while milk was only fifty cents a liter.*
—¿Cuánto cobran por las clases de baile?—Veinte dólares la hora.	*"How much do they charge for dancing lessons?" "Twenty dollars an hour."*

Aplicación

A *¿Con o sin artículo definido? Complete, haciendo contracciones si es necesario.*

1. En mi universidad, no hay _____ profesores malos, _____ profesores son en general excelentes, pero _____ estudiantes no quieren a ninguno tanto como a _____ doctora Julia Morton. En

_____ invierno y en _____ verano, de _____ lunes a _____

sábado, entre _____ siete y _____ ocho, mientras tomo _____

desayuno, veo a esta señora pasar por _____ Calle Laredo, donde

vivo. No sé si pasa también _____ domingo, porque ese día voy a

_____ iglesia. Aunque nació en _____ Canadá, _____

profesora Morton comenzó a interesarse en _____ español desde

_____ niñez. _____ señora Morton se lleva muy bien con

_____ hispanos de todas _____ nacionalidades. Ella es especialista

en _____ cultura azteca. Habla además _____ francés y _____

portugués.

2. Jesusita fue ayer a _____ mercado porque necesitaba _____

comestibles. _____ huevos estaban a sólo diez pesos _____

docena, pero _____ verduras le parecieron muy caras. Las compró,

sin embargo, porque iba a servir _____ verduras en _____ cena. A

Jesusita le encanta _____ pan, no puede concebir una comida sin

_____ pan. Ella no come _____ carne, es vegetariana, pero a su

novio le gusta _____ carne, así que compró _____ pan y también

_____ carne.

3. En 1939 volvió _____ paz a España y _____ Generalísimo

Francisco Franco tomó _____ poder. Cuando Franco murió, se

coronó rey a Juan Carlos _____ Primero, que es nieto de Alfonso

_____ Trece. _____ libertad reina ahora en España, después de

tantos años sin _____ libertad. Más de _____ ochenta por ciento

de _____ españoles prefiere _____ monarquía como sistema de

gobierno.

4. Aunque _____ mujeres han sido discriminadas en todos _____

siglos, _____ historia presenta muchos casos de _____ mujeres

que se han destacado. Muchas de estas mujeres se han dedicado a

_____ vida religiosa. Por ejemplo, _____ Santa Teresa de Jesús,

en _____ Siglo de Oro, _____ Sor Juana Inés de la Cruz, en

_____ México colonial y, en el siglo XX, _____ Madre Teresa en

_____ India.

B *Traduzca.*

1. Miss Ruiz came to see us after supper, her face was sad and she couldn't hold back her tears.
2. Wheat is harvested in Castille, while Southern Spain produces olives.
3. Pepito's mother made him go to bed early because he came from school with mud on his pants.
4. I put roses in Luisa's room because she loves flowers. Roses were fifteen dollars a dozen but I bought them anyway.
5. Last Tuesday was election day but forty percent of the people didn't vote.
6. The girl I met at work was born in Havana; she has black hair and green eyes.

Uses of the Indefinite Article

The indefinite article **(un, una, unos, unas)*** is used in Spanish much less than its counterpart in English, so most rules about its use really deal with cases in which the indefinite article is omitted in Spanish while it is used in English.

1. The indefinite article is omitted in Spanish in the following cases:
   a. After the verb *to be* when referring to professions, trades, nationalities, ranks, and affiliations.

Su madre soñaba con que él fuese médico, pero él quería ser basurero.	*His mother dreamt of his being a doctor but he wanted to be a garbage collector.*
No sabía que la novia de Blas era argentina.	*I didn't know Blas's girlfriend was an Argentinian.*
La madre de Purita es católica, pero ella es budista.	*Purita's mother is a Catholic but she is a Buddhist.*

Note that in this type of classification the word following **ser** really functions as an adjective in Spanish. When this word is modified the classification becomes individualized and the indefinite article is used to nominalize it. **Ser médico, ser argentina**, and **ser católica** are general classifications; however, **ser un médico famoso, ser una argentina muy simpática**, and **ser una católica muy devota** refer to personal characteristics of the individual that make him or her stand out from the rest of the group.

---

*The definite article **la** becomes **el** before feminine nouns beginning with stressed **a** or **ha**. Popular usage has extended this rule to the indefinite article: **un asa, un hacha**, but **una habitación**.

The indefinite article can also be added for emphasis even when the noun is not modified. This happens mostly in exclamations.

¡Es un varón!	*It's a boy!*
¡Juanita es una actriz!	*Juanita is (quite) an actress!*

But:

No sé si el bebé es varón o hembra.	*I don't know whether the baby is a boy or a girl.*
Juanita es actriz.	*Juanita is an actress.*

b. Before **otro/a** (*another*), **cien, ciento** (*a hundred*), **mil** (*a thousand*), **cierto/a** (*a certain*); and after **medio/a** (*half a*) and **tal** (*such a*). The indefinite article is also omitted in the expression: **¡Qué** + noun + **tan (más)** + adjective! (*What a* + adjective + noun!).

¡Tenía tal apetito! Se comió media libra de pan y más de cien cerezas.	*He had such an appetite! He ate half a pound of bread and more than a hundred cherries.*
Cierta persona me dijo que Ramírez tuvo otro ataque recientemente.	*A certain person told me that Ramírez had another attack recently.*
Te he explicado esto mil veces y no quiero explicarlo otra vez.	*I have explained this to you a thousand times and I don't want to explain it again (another time).*
¡Qué día tan (más) hermoso!	*What a beautiful day!*
¡Qué situación tan (más) embarazosa!	*What an embarrassing situation!*

Exception: **Un(a) tal**, before a proper name, means *one, a certain, a person by the name of.* **Un(a) cierto/a** can also be used with a similar meaning, but it is less common.

Una tal Dolores Cisneros reclamó la herencia.	*Some woman by the name of Dolores Cisneros claimed the inheritance.*

c. With unmodified nouns preceded by the verbs **tener, poseer, llevar,** and **usar**. Also, with unmodified nouns preceded by the prepositions **con** and **sin**.

El hombre llegó al hotel sin reservación. Tenía fiebre y también tenía dolor de estómago. Aunque era invierno, no llevaba abrigo. Había venido a pie, porque no había conseguido taxi.	*The man arrived at the hotel without a reservation. He had a fever and he also had a stomachache. Although it was winter, he was not wearing a coat. He had come on foot because he hadn't been able to get a taxi.*
Pocas personas usan dedal cuando cosen.	*Few people use a thimble when they sew.*
Nadie me espera en casa; no tengo familia ni tampoco tengo perro.	*Nobody is waiting for me at home; I don't have a family and I don't have a dog either.*

Note that these nouns refer to things of which the subject would normally have (wear, use) only one at a time. Since **un, una** also have a numerical meaning (*one*), using **un, una** would be redundant. However, if the concept of number is emphasized, the article is retained.

¡Tantas cuentas que pagar, y yo sin un centavo!	*So many bills to pay and I don't have a (single) cent!*
Cuando tengo mucho frío no llevo un suéter, sino dos.	*When I am very cold I don't wear one sweater but two.*

The indefinite article is also retained when the noun is modified since, in that case, the emphasis is on the individuality of the noun, which is distinguished by the adjective from others of its kind.

El hombre tenía una fiebre muy alta y un dolor de estómago terrible.	*The man had a very high fever and a terrible stomachache.*
Mi madre siempre usa un dedal de plata.	*My mother always uses a silver thimble.*
La actriz, que llevaba un abrigo de visón, hablaba con un acento muy desagradable.	*The actress, who was wearing a mink coat, spoke with a very unpleasant accent.*

d. In many proverbs and adages.

A caballo regalado no se le mira el colmillo.	*Never look a gift horse in the mouth.*
Ojos que no ven, corazón que no siente.	*Out of sight, out of mind.*
Casa que se blanquea, inquilinos quiere.	*A house that gets whitewashed wants tenants.*

2. Special meanings of **unos, unas**.

The plural forms **unos, unas** are equivalents of *some* when *some* expresses quantity or degree, or when it means *a number of, a few,* or *about*.

Vivimos unos años en aquel edificio.	*We lived in that building for some (a number of) years.*
Tengo unos pesos que puedo prestarte.	*I have some (a few) dollars that I can lend you.*
Unos diez estudiantes presenciaron el accidente.	*Some (About) ten students witnessed the accident.*

Unos, unas often equals *a pair*.

unas piernas perfectas	*a perfect pair of legs*
unos brazos fuertes	*a strong pair of arms*
unos ojos preciosos	*a beautiful pair of eyes*
unas manos hábiles	*a pair of capable hands*
unas tijeras	*a pair of scissors*
unos alicates	*a pair of pliers*
unas tenazas	*a pair of tongs*

Aplicación

Complete las siguientes narraciones con el artículo indefinido cuando sea necesario.

1. ¡Qué _____ suerte! Pablito encontró en la acera _____ billete de _____ cien dólares y, exactamente _____ media cuadra más allá, _____ otro billete, esta vez de cinco. Y eso, a pesar de que era _____ poco miope y andaba sin _____ lentes.

    Pablito era _____ verdadero pícaro. No tenía _____ trabajo y se pasaba el día en la calle. Gracias a _____ manos hábiles, ganaba a veces _____ dólares jugando a las cartas. Tenía _____ barba y _____ bigote y, en invierno y en verano llevaba _____ chaqueta vieja de cuero. Pocas personas sabían que Pablito tenía _____ familia y que era _____ familia de prestigio. Su padre era _____ catedrático y su madre _____ pianista famosa. Pero el pobre Pablito era _____ alcohólico y este vicio había arruinado su vida.

    En la calle Independencia, Pablito se encontró con su mejor amigo, _____ tal Rata, y le contó su hallazgo. Rata era _____ mecánico, pero tampoco trabajaba. Felicitó a Pablito y los dos se fueron, abrazados, a celebrar lo sucedido con _____ tragos en _____ taberna.

2. El novio de Violeta es _____ soldado y siempre lleva _____ uniforme cuando sale con ella. Ayer estaba lloviendo y vino sin _____ paraguas. ¡Qué _____ tonto! Se le mojó el uniforme. Violeta es _____ prima mía; por eso le presté a su novio _____ pantalones. También le presté _____ paraguas para el regreso a su casa, porque seguía lloviendo y yo no tengo _____ carro. Además, le aconsejé que la próxima vez averiguara si iba a llover. «_____ hombre precavido vale por dos», dice el refrán.

3. ¡Qué _____ día tuve ayer! Cuando intenté abrir la puerta del dormitorio, descubrí que no tenía _____ llave. Tampoco llevaba _____ identificación. Llamé a _____ policía, pero él no creyó que yo era _____ estudiante, aunque soy _____ conocido líder

estudiantil. ¡Jamás me había pasado tal _____ cosa! Finalmente, resolví el problema cuando _____ otro estudiante que es mi amigo me identificó.

4. ¿Te acuerdas de Rosa, aquella vecina nuestra que tenía _____ piernas preciosas y _____ ojos muy expresivos? Me dijeron que está comprometida con _____ tal Jesús, que es _____ venezolano. Yo no sabía que Rosa tenía _____ novio, porque no lleva _____ anillo. Pero parece que aunque Jesús es _____ buen joyero, no ha podido conseguir trabajo y no tiene _____ peso. Por eso no ha podido darle _____ anillo a Rosa.

Prepositions I

SIMPLE PREPOSITIONS IN SPANISH			
a	*to, at, in, for, upon, by*	hacia	*toward*
ante	*before*	hasta	*until, as far as, up to*
bajo	*under*	para	*for, to, on, by*
con	*with*	por	*for, by, in, through, because of, around, along*
contra	*against*	según	*according to*
de	*of, from, to, about*	sin	*without*
desde	*since, from*	sobre	*on, about, over*
en	*in, into, at, on*	tras	*after*
entre	*between, among*		

Se presentaron ante el juez para protestar contra nosotros.
They went before the judge to protest against us.

Elena se inscribió bajo un nombre supuesto.
Elena registered under a fictitious name.

Él llegó hasta la esquina y se escondió tras un árbol.
He went as far as the corner and hid behind a tree.

Caminaron hacia la calle que está entre el parque y la iglesia.
They walked toward the street that is between the park and the church.

Según Conchita, hablaron mucho sobre el asunto sin tomar ninguna decisión.
According to Conchita, they talked a lot about the matter without making any decision.

Aplicación

¿Culpable o inocente? *Complete la siguiente narración, usando las preposiciones españolas equivalentes a las preposiciones que se dan en inglés.*

La versión (*of*) el policía (*about*) el incidente fue que el auto estaba estacionado (*in*) la avenida Malpaso (*between*) las calles Fresno y Asunción, (*at*) las 10 (*in*) la mañana. El auto estaba justamente (*under*) un letrero que prohibía estacionarse (*in*) la mañana (*from*) las 8 (*to*) las 12. Así lo declaró el policía (*before*) el juez. (*According to*) el automovilista, sin embargo, él estaba (*in*) el coche cuando vio que el policía caminaba (*toward*) allí y, (*without*) decir una palabra, ponía un papel (*on*) su parabrisas. El chofer explicó que había dado vueltas (*around*) las calles (*in*) ese barrio (*for*) una hora (*without*) poder encontrar estacionamiento. Había ido (*as far as*) el parque, pero inútilmente. Entonces había decidido detenerse (*in order to*) esperar (*until*) que se fuera otro coche. Estaba allí, (*according to*) él, (*since*) las nueve y media. Añadió que, cuando vio que el policía le ponía una multa, salió (*of*) el coche y fue (*after*) él, tratando de explicarle que no había hecho nada (*against*) la ley, porque un auto (*with*) el chofer dentro no se considera estacionado. ¿Está Ud. (*with*) el chofer o (*against*) él? ¿Qué decidiría (*in*) este caso si fuera el juez?

USES OF A

1. **A** before the direct object.

   a. The preposition **a** precedes the direct object when the latter is a *definite* person or personified thing. Pronouns like **alguien, nadie,** and **quien**, which refer to people, are usually preceded by **a**.

La mujer acusó a su marido de haberle pegado.	*The woman accused her husband of having hit her.*
El niño besó a su madre y abrazó a su tía.	*The little boy kissed his mother and hugged his aunt.*
—¿A quién viste?—No vi a nadie.	*"Whom did you see?" "I saw no one."*
Todos debemos defender a nuestra patria.	*We all should defend our homeland.*
Brasil (El equipo de Brasil) venció a México (al equipo de México) en el campeonato de fútbol.	*Brazil (Brazil's team) defeated Mexico (Mexico's team) in the soccer championship.*

A is not used with an inanimate, non-personified object, nor when the noun object refers to an indefinite person or to a group of people in which individuals are de-emphasized.

El nuevo propietario arregló el techo de la casa, levantó las cercas y plantó flores.	*The new owner repaired the roof of the house, put up the fences, and planted flowers.*
Diógenes quería encontrar un hombre honrado.	*Diogenes wanted to find an honest man.* (Any man, not a specific one.)

| La compañía importó obreros extranjeros para construir el puente. | The company imported foreign workers to build the bridge. (Individuals are de-emphasized; they imported workers as they would import machinery.) |

b.   **A** is omitted after the verb **tener** when it means *to possess:* **Tengo dos hermanos (un novio muy guapo, varios profesores excelentes).**

However, when **tener** means *to hold* or *to be,* **a** is used before definite animate direct objects.

| La madre tenía a su bebé en los brazos. | The mother was holding her baby in her arms. |
| Tenemos a nuestro padre en el hospital. | Our father is in the hospital. |

c.   If the subject of the sentence is nonhuman and the direct object is a definite animal, rules given in (a) and (b) for persons apply and **a** generally precedes the direct object, even in the case of lower species like insects.

La vaca lamía a su ternerito.	The cow was licking her calf.
Las ratas transportan a sus crías con la boca.	Rats transport their offspring with their mouths.
Cientos de hormigas atacaron al pobre gusano.	Hundreds of ants attacked the poor caterpillar.
La araña atrapó a la mosca en su tela.	The spider trapped the fly in its web.

But:

| Las serpientes comen ratones. | Snakes eat mice. (Individuals are de-emphasized; mice are only food here.) |

Use of **a** with animal direct objects when the subject is human is very subjective. Most people would use it with pets and animals of the higher species. (This is especially true in the case of animal lovers.) In general, if the speaker attaches importance to the animal, **a** is used; on the other hand, if the animal is treated like a *thing,* the **a** is omitted.*

| El chico salvó a la abeja de morir ahogada. | The boy saved the bee from drowning. |
| Carlos ensartó a la pobre mariposa con un alfiler grande.** | Carlos skewered the poor butterfly with a large pin. |

---

*For some examples of the use of **a** with animals, see García Márquez, in *El amor en los tiempos del cólera*: «... tratando de asustar **al** loro... cuando se dieron cuenta de que no alcanzarían **al** loro... extendió la mano para atrapar **al** loro...»; Carpentier in *Los pasos perdidos:* «El graznido de un pájaro despierta **a** las chicharras del techo... un cargo de perrero para que arrojara **a** los perros del templo...»; Gregorio López Fuentes in *El indio:* «El triunfo soliviantó más **a** la manada (de jabalíes)... era que uno de los perros había levantado **al** ciervo... (el cazador) no podía abandonar **a** sus cachorros.»
**Note that although Carlos treats the butterfly like a thing, the speaker doesn't, as shown by the use of *poor.*

But:

La cocinera espantó las moscas que volaban sobre el pastel.	*The cook shooed away the flies that were flying over the pie.*

2. **A** precedes the indirect object.

A mi tío Pascual le encantaban las películas de ciencia-ficción, y cuando murió, le dejó su dinero a una compañía de películas en vez de dejármelo a mí.	*My uncle Pascual loved science-fiction movies and when he died, he left his money to a movie company instead of leaving it to me.*

Some verbs like *to buy, to borrow, to rob* (*steal*), and *to take away* are followed by the preposition *from* in English. In Spanish the person or entity from whom the subject borrows, buys, etc., is the indirect object and **a** is used.*

El joven le pidió prestados unos pesos a su amigo para comprarle flores a la viejecita.	*The young man borrowed a few pesos from his friend to buy flowers from the old lady.*
Si le quitas 15 a 50 te quedan 35.	*If you take 15 away from 50 you have 35 left.*
En vez de pedirle prestado el dinero al banco, Daniel se lo robó a su padre.	*Instead of borrowing the money from the bank, Daniel stole it from his father.*

3. **A** follows verbs that express motion, whether this motion is physical or figurative. It is also used after verbs of beginning. In these categories are: **acercarse a, arrojarse (lanzarse) a, bajar a, caer a, comenzar (empezar) a, echarse a, ir(se) a, llegar a, ponerse a, salir a, subir(se) a, tirar a, venir a, volver a**.

El suicida se arrojó (se lanzó) al abismo.	*The suicidal man threw himself into the abyss.*
Cuando salió a la calle, el joven se sentía tan alegre que comenzó (empezó) (se puso) a cantar.	*When he went out to the street, the young man felt so happy that he began to sing.*
Cuando Margarita oyó que la llamaban, bajó al primer piso.	*When Margarita heard them calling her she went down to the first floor.*
—¡Vete a la cama, Pablito!—gritó la madre.	*"Go to bed, Pablito!" yelled the mother.*
El criminal siempre vuelve a la escena del crimen.	*The criminal always returns to the scene of the crime.*

Note that some of these verbs do not require a preposition in English.

El forastero se acercó a la casona desierta.	*The stranger approached the imposing, deserted house.*
Después de nadar mucho rato, el náufrago llegó a la orilla.	*After swimming for a quite a while the shipwrecked man reached the shore.*

---

*This special use of the indirect object was presented in chapter 3.

4. **A** follows verbs that refer to a teaching-learning process. It is also used after verbs that express the subject's intention to engage in some activity or to have someone else do so. In these categories are: **aprender a, convidar (invitar) a, consagrarse (dedicarse a, enseñar a, forzar (obligar) a, impulsar a, incitar a**.

—¿Quién lo enseñó a manejar? Maneja Ud. bastante mal.	*"Who taught you how to drive? You drive rather badly."*
Mi madre siempre me obligaba a comer hortalizas.	*My mother always forced me to eat vegetables.*
Después que murió su esposa, Tomás se dedicó a cocinar.	*After his wife died Tomás devoted himself to cooking.*
Os invitaremos a cenar con nosotros.	*We will invite you to have dinner with us.*

5. **A** expresses the manner in which an action is performed.

«Irse a la francesa» significa en español irse sin despedirse.	*"To leave French-style" (To take French leave) means in Spanish to leave without saying good-bye.*
«A mi manera» es una canción que me gusta mucho.	*"My Way" is a song I like very much.*
Irma siempre escribe sus cartas a mano, porque no sabe escribir a máquina.	*Irma always writes her letters by hand because she can't type.*
Sirvieron en la cena bisté a la parrilla y manzanas al horno.	*At dinner they served grilled steak and baked apples.*
¿Hiciste el viaje a caballo o a pie?	*Did you make the trip on horseback or on foot?*

Many adverbial expressions of manner take the preposition **a**.

a ciegas	*blindly*	**a tontas y a locas**	*without thinking*
a escondidas	*behind soneone's back, secretly*	**gota a gota**	*drop by drop*
		paso a paso	*step by step*
a la fuerza	*against one's will, by force*	**poco a poco**	*little by little*
a lo loco	*in a crazy way*	**uno a uno, uno por uno**	*one by one*
a oscuras	*in the dark*		
a propósito	*on purpose*		
a sabiendas	*knowingly*		

Sus padres se oponían a sus relaciones y ellos se veían a escondidas.	*Their parents were opposed to their relationship and they met secretly.*
Él no obró a ciegas, actuó a sabiendas.	*He didn't act blindly, he acted knowingly.*
No me gusta hacer las cosas ni a lo loco ni a la fuerza.	*I don't like to do things in a crazy way or by force.*

«Paso a paso se va lejos» y «Gota
a gota se llena la copa» dicen dos
refranes.

*"Little by little one goes far" and
"Drop by drop the glass gets
filled" say two proverbs.*

Fueron saliendo uno a uno, y
poco a poco se vació la sala.

*They left one by one and the room
emptied little by little.*

La Sra. Guillén nos dejó a oscuras
sobre ese asunto a propósito.

*Mrs. Guillén left us in the dark
about that matter on purpose.*

6. **A** expresses a point in time.

Pasan mi telenovela favorita a las
nueve.

*They show my favorite soap opera
at nine.*

Al salir de la casa vi al cartero.

*Upon leaving the house I saw the
mailman.*

A principios (fines) de mes te
enviaré el cheque.

*At the beginning (the end) of the
month I will send you the check.*

A + definite article + period of time = period of time + *later.*

Al poco tiempo (a los pocos días,
a la semana, al mes, al año, a los
cinco minutos) eran grandes
amigos.

*A little while (a few days, a week,
a month, a year, five minutes) later
they were great friends.*

7. **A** often precedes measurements and prices.

Dicen que la temperatura estará
mañana a 40° centígrados.

*They say the temperature will be
40° centigrade tomorrow.*

Es ilegal correr a cien kilómetros
por hora en este pueblo.

*It is illegal to go one hundred
kilometers per hour in this town.*

¿A cómo compraste las toronjas?
Están a tres por un dólar en la
esquina.

*How much did you pay for the
grapefruits? They are three for a
dollar at the corner.*

SOME COMMON VERBS FOLLOWED BY A

acostumbrar a	*to be accustomed to*	esperar a	*to wait to*
arriesgarse a	*to risk + -ing*	jugar a	*to play*
asistir a	*to attend*	limitarse a	*to limit oneself to*
aspirar a	*to aspire to*	negarse a	*to refuse to*
atreverse a	*to dare to*	oler a	*to smell of, like*
ayudar a	*to help*	parecerse a	*to resemble*
comprometerse a	*to promise to*	renunciar a	*to give up*
condenar a	*to condemn to*	responder a	*to answer, respond to*
contribuir a	*to contribute to*	resignarse a	*to resign oneself to*
dar a	*to face (toward), look out on*	saber a	*to taste of, like*
		salir a	*to take after*
decidirse a	*to decide to*	traducir a	*to translate into*

José acostumbra a criticar a todo el mundo, pero cuando se atrevió a criticar abiertamente a su jefe, se arriesgó a perder su empleo.	*José is accustomed to criticizing everybody but when he dared to criticize his boss openly he risked losing his job.*
Miguel no asistió a sus clases ayer, pero no estaba enfermo; lo vi jugando a las cartas con sus amigos.	*Miguel didn't attend his classes yesterday but he wasn't sick; I saw him playing cards with his friends.*
Rosita aspira a ser presidenta de los estudiantes, por eso se comprometió a ayudar a organizar la fiesta.	*Rosita aspires to be student president, that's why she promised to help organize the party.*
Los antecedentes penales del hombre contribuyeron a la decisión del juez de condenarlo a cadena perpetua.	*The criminal record of the man contributed to the judge's decision to condemn him to life in prison.*
Me decidí a alquilar el apartamento porque da al parque.	*I decided to rent the apartment because it faces the park.*
El señor Ortiz se negó a pagarles y se limitó a firmar un pagaré.	*Mr. Ortiz refused to pay them and he limited himself to signing an IOU.*
Mi hija no se parece a mí en el temperamento, salió a su padre.	*My daughter doesn't resemble me in her temperament, she took after her father.*
Blanca no se resigna a renunciar a su hijo.	*Blanca doesn't resign herself to giving up her child.*
Mi amiga no ha respondido al cuestionario, porque espera a que yo lo traduzca al español.	*My friend hasn't answered the questionnaire because she is waiting for me to translate it into Spanish.*
Ella preparó una bebida extraña. Olía a café, pero sabía a chocolate.	*She prepared a strange drink. It smelled like coffee but it tasted like chocolate.*

Aplicación

A *Decida si debe ponerse* **a** *o no en cada caso. Haga contracciones con el artículo cuando sea necesario.*

1. **Noche de insomnio.**

Tengo _____ tantos vecinos desconsiderados, que no puedo dormir. Anoche, por ejemplo, ya tarde, oía _____ el loro de los Mendoza, que gritaba pidiendo _____ galletas. Los Mendoza tienen _____ su loro en una jaula, pero no cubren _____ la jaula por la noche y el animal piensa que es de día. En el jardín, un gato llamaba _____ su novia. Me enloquecía la guitarra de Víctor, el chico del tercer piso, que tocaba _____ rock. La música despertó _____ mi perro y le inspiró _____ una serie de aullidos haciéndole coro. Sobre mi cabeza, sentía _____ los pasos enérgicos de la señora Vidal, que esperaba _____ su esposo. Él llegó por fin, y por un gran rato los oí _____ los dos discutir a gritos. Me parecía ver _____ Juana Vidal, que agarraba _____ la escoba y atacaba _____ su marido. ¡No soporto _____ esa pareja! Pensé en llamar _____ la policía, pero me contuve y traté de concentrarme en la lectura de un libro. Entonces, vi _____ una cucaracha en un rincón del cuarto y me levanté a buscar _____ el insecticida. ¡Detesto _____ las cucarachas! Después que eliminé _____ la cucaracha, me fui a la ventana y contemplé _____ la calle. Veía _____ los coches y oía _____ su estruendo, aun con el cristal cerrado. Desesperada, decidí que si no podía hacer desaparecer _____ mis vecinos ni dejar de escuchar _____ sus ruidos, sí podía crear _____ mis propios ruidos. Busqué _____ un casete de un compositor _____ quien admiro mucho, Wagner, y puse _____ el casete en mi casetera con el volumen máximo.

2. **La finca de mis tíos.**

Cuando era niña, siempre pasaba las vacaciones con mis tíos en su finca. Mis tíos tenían _____ tres hijas y yo quería mucho _____ la menor, que era de mi edad. Mi tío tenía _____ mucho ganado en sus potreros. Me encantaba observar _____ los peones cuando, por las tardes, metían en el corral _____ las vacas que ordeñarían por la madrugada. Hacían esto todos los días porque en los climas tropicales no tienen _____ el ganado permanentemente en un establo como sucede en invierno en los países fríos.

Las reses no son animales estúpidos como cree la gente. Yo he visto _____ las vacas cuidar con mucho amor _____ los terneritos y reconocer _____ las personas que las han tratado bien.

Mis tíos no compraban _____ carne para comer; comían _____ animales de la finca. Cada quince días, los peones mataban _____ una vaca o _____ un ternero. Esto me impresionaba mucho, porque los otros animales olían _____ la sangre y mugían en el potrero. Eran mugidos muy tristes, como si las reses supieran que habían perdido _____ uno de los suyos.

DE MENDIGO A MILLONARIO

DE MENDIGO A MILLONARIO
Por una apuesta de dos dueños de una casa de inversiones, los protagonistas de esta sensacional comedia cambian su vida de un día a otro.
EDDIE MURPHY
DON ACKROYD
01028 VH/117 MIN/COLOR
$9.95

SÚPER SECRETO
Una comedia excepcional de intriga internacional en una atmósfera súper cargada de humor. Una película de muchas excitantes y dramáticas aventuras.
VAL KILMER
01017 VH/90 MIN/COLOR
$9.95

THE MEN'S CLUB
Es una noche de juerga para ellos. Una oportunidad para beber, reír y hablar de amoríos matrimonio, carrera y sexo.
ROY SCHEIDER
TREAT WILLIAMS
01033 VH/103 MIN/COLOR
$9.95

LOS DUELISTAS
La historia de los oficiales del ejército de Napoleón que se confrontan violentamente a través de una serie de duelos.
KEITH CARRADAINE
HARVEY KEITEL
01012 VH/102 MIN/COLOR
$9.95

LA CONVERSACION
Suspenso, terror, agonía una película con un reparto estelar maravilloso. No se podrá olvidar de este espectáculo cinematográfico.
GENE HACKMAN
CINDY WILLIAMS
01009 VH/104 MIN/COLOR
$9.95

EL IMPLACABLE
Steve McQueen en el papel que le llevó al estrellato, creándole la fama y el nombre El Implacable, tanto en el cine como su vida real.
STEVE MCQUEEN
01022 VH/104 MIN/COLOR
$9.95

GUARDIANES DEL HONOR
Una controversial historia en una academia militar donde los cadetes son sometidos a las exigencias más crueles de disciplina
ROBERT WOOD
KARIN WELL
01023 VH/90 MIN/COLOR
$9.95

PASIONES ROBADAS

PASIONES ROBADAS
La primera noche robó su diario... La segunda leyó sus fantasías... La tercera las vivieron juntos— la esposa insatisfecha y él ladrón de corazones.
STEVEN BAUER
BARBARA WILLIAMS
01027 VH/101 MIN/COLOR
$9.95

Esta lista es de un catálogo que vende videos por correo a los consumidores hispanos de los Estados Unidos. Aunque abundan las buenas películas producidas en los países hispánicos, mucha gente prefiere ver películas de Hollywood dobladas o con subtítulos.

B **Una película muy movida.** *Complete la siguiente narración de manera original.*

Creo que las películas de violencia no son buenas, porque enseñan a los niños a... e incitan a los jóvenes imaginativos a... Pero mi amiga Paulita acostumbra a... y cuando me invitó anoche a... no pude negarme. En estas películas, es obligatoria una escena de persecución, casi siempre al final. Pero en la que vi anoche, la escena estaba al...

El bandido estaba dentro de un edificio; salió a..., se acercó a... y lo golpeó en la cabeza; le quitó a... las llaves de su coche y arrancó en él. Iba muy rápido, probablemente a... Los policías lo vieron y empezaron a... en su coche patrullero. Hacía frío, la temperatura debía de estar a... y el pavimento estaba resbaladizo. Al llegar a... el bandido intentó doblar a..., las ruedas chirriaron y el coche se subió a..., chocando contra un poste. El bandido volvió a... El coche patrullero se acercaba a... cada vez más. Los perseguidores querían bloquear al otro coche para forzarlo a... De repente, el fugitivo detuvo su carro, salió de él y echó a... Los policías también habían dejado su auto y lo perseguían a... A las pocas cuadras, el hombre cayó a..., pero se levantó al... Al final, llegó a... sobre un río, que tenía paredes de concreto a los lados. El hombre se subió a... y comenzó a... insultando a los policías. Éstos empezaron a... y una de las balas hirió al... en un hombro. Los policías volvieron a..., pero estas balas no dieron en el blanco. El hombre trató de bajar a... poco a... por uno de los pilares del puente, pero no pudo y, desesperado, se arrojó a...

C *Haga comentarios basándose en los siguientes datos y usando expresiones adverbiales con la preposición a.*

Modelo: Rosa tiene que escribir una carta y su máquina de escribir está rota.

→ *Va a tener que escribir la carta a mano.*

1. Era una noche sin luna y teníamos que avanzar muy despacio.
2. No debes hablar sin saber lo que dices.
3. No fue un accidente. Lo hizo intencionalmente.
4. El niño cogió el pedazo de pastel sin que nadie lo viera.
5. No te obligaré a hacer nada contra tu voluntad.
6. No sabía lo que hacía. La ira le impedía ver la verdad.
7. Cada vez que salía un soldado enemigo, nuestras tropas lo mataban.
8. Todo lo haces sin organización ni plan previo.
9. Recibí contestación a mi carta tres días después de escribirla.
10. Invirtió su dinero en aquella compañía y un año más tarde tenía el doble.

D *Traduzca.*

1. Although Luis aspires to be a politician like his mother, I think he takes after his father and will be a concert pianist.
2. When we approached the house we saw that it faced a beautiful lake that looked like Lake Tahoe.
3. I'm not opposed to helping Inés translate that poem into Spanish, but I'll limit myself to helping her only at the end of the week.
4. Two friends of mine challenged me to learn to fly an airplane but so far I haven't made up my mind to do it.
5. This tropical fruit looks like an apple and smells like garlic, but it tastes like ambrosia.
6. I've decided to give up this job and borrow some money from my father in order to devote myself to learning to type.
7. Before responding to Carlos's questions, Laura waited to hear that he was committing himself to do things her way and to not do anything without thinking. (*No emplee* **pensar**).

8. I was in the habit of playing tennis every Saturday, but now that my leg is broken I have resigned myself to playing cards.

9. The judge condemned the drunken motorist to spend two months in jail.

10. We wanted to make the trip on horseback but someone stole the saddles from the farmer and we had to go on foot.

Ampliación léxica

VARIACIONES REGIONALES

En la lectura aparecen palabras como **take** y **Dolby** tomadas sin alteración del inglés, y también palabras españolas adaptadas a la tecnología moderna, como **mesa de mezclas** y **banda sonora**.

A continuación, se da una lista de algunas palabras comunes en la vida moderna que tienen diferentes nombres según el país.* El primer nombre que se da en cada caso es el que preferimos, porque se usa en el mayor número de países.

answering machine	**contestador automático, contestador de llamados**
appliances	**electrodomésticos, blancos, enseres**
automatic teller	**cajero automático, electrocajero**
ballpoint pen	**bolígrafo, pluma, lápiz de pasta, lapicero, birome (f.)**
beeper	**buscapersonas, el busca, radiolocalizador, rastreador de personas**
cassette player	**casetera, tocacintas**
closet	**closet, ropero, armario empotrado, placard (m.)**
computer	**computadora, computador, ordenador**
cordless phone	**teléfono inalámbrico, teléfono sin hilos**
dishwasher	**lavaplatos, lavavajillas**
down payment	**entrada, enganche, depósito, pago inicial, pronto, señal, seña**
food processor	**procesador de alimentos, robot**
hot plate	**calientaplatos, comal, plancha**
jeans	**vaqueros, mahones, bluyins, blue jeans, pantalones de mezclilla**
lunch box	**lonchera, fiambrera**
magic marker	**marcador, plumón, rotulador, fibra, mechón**
mop	**trapeador, trapera, fregona, mapo, mopa, aljofifa, trapo y palo**

*No se trata de que el estudiante aprenda todas estas palabras, sino de que se dé cuenta de la gran variedad en este tipo de vocabulario.

MULTIOFERTAS

"SUPER CREDITO UNION"

EQUIPO
DE SONIDO
PANASONIC
Bs. 19.990

TELEFONOS IMPORTADOS
desde **Bs. 339**

CONTESTADORA
PANASONIC Mod. KX - T1450
Bs. 4.490

JUEGO DE 3 LINTERNAS
LUMILITE PROFESIONAL
Bs. 1.210

TELEFONO DE NEON
Bs. 3.290

MINI COMPONENTE - DOBLE CASETTE
MARCAS AIWA ó TOSHIBA   desde **Bs. 7.630**

BETAMAX ó VHS PROGRAMABLE c/c
desde **Bs. 15.990**

COMPAC DISC PROGRAMABLE C/REMOTO
desde **Bs. 8.590**

FAX SHAP MOD. UX181
Bs. 29.990

T.V. SHARP
ó SANYO 25" c/c
Bs. 29.990

WALKMAN SPORT
TRANSPARENTE
desde **Bs. 798**

RADIO CASSETTE
DOBLE STEREO
Bs. 3.289

CARGADOR DE PILAS
PANASONIC
Bs. 1.490

RADIO RELOJ TELEFONO
INALAMBRICO
Bs. 4.828

DISCOS LASER
Bs. 362

HORNOS MICROONDAS
desde **Bs. 13.990**

Este anuncio de artículos electrónicos es de Venezuela. Observe que en algunos casos se utiliza el nombre en inglés: *walkman*, pero otras veces existe un equivalente en español: *hornos microondas*.

paper clip	**clip (*pl.* clips), presilla, ganchito**
push-button phone	**teléfono de teclas, teléfono de botones**
radio/tape recorder	**radiograbadora, radiograbador, grabador, radiocaset**

refrigerator	**refrigerador, refrigeradora, nevera, heladera**
stapler	**engra(m)padora, presilladora, abrochadora, grapadora, clipiadora**
VCR	**vídeo, videocasetera, videograbadora**
walkman	**walkman, loro**

Aplicación

Sustituya cada nombre en cursiva por el nombre que se usa en el mayor número de países.

1. Acabo de comprar un teléfono *sin hilos* y *de botones* que tiene también *contestador de llamados* en la misma unidad.

2. *El robot, el lavavajillas, el comal* y *la heladera* se clasifican como *blancos*.

3. Cuando comenzaron las clases en septiembre, compré *plumas, plumones, presillas* y *una abrochadora*.

4. Guarda *el mapo* en *el armario empotrado* de la cocina, por favor.

5. Siempre deposito mi dinero en *el electrocajero*.

6. *Un radiolocalizador* no es lo mismo que *un loro*.

7. En mi habitación tengo *una videocasetera, un radiocaset* y *un tocacintas*.

8. Puse una cantidad como *enganche* y voy a pagar mi *ordenador* a plazos.

9. La joven tenía puestos unos *bluyins* muy estrechos y llevaba *una fiambrera* en la mano.

Distinciones léxicas

PARECER Y PARECERSE A

Tanto **parecer** como **parecerse a** equivalen a *to resemble*, pero no pueden usarse indistintamente. **Parecer** expresa la semejanza del sujeto a un concepto o a una persona, animal o cosa indefinidos. **Parecerse a** expresa la semejanza del sujeto a una persona, animal o cosa definidos.

Las siguientes fórmulas pueden aplicarse a la mayoría de los casos:

Parecer + sustantivo sin artículo.

Parecer + sustantivo precedido del artículo indefinido.

Parecerse a + nombre propio o pronombre.

Parecerse a + sustantivo precedido por un artículo definido, un demostrativo o un posesivo.

Esta tela parece seda.	*This fabric resembles silk.*
Roberto parece un boxeador. (cualquier boxeador, persona indefinida)	*Roberto resembles a boxer.*
Esa mujer parece un loro. (cualquier loro, porque habla sin parar)	*That woman resembles a parrot.*

Tu vestido parece un traje de baño. (cualquier traje de baño, cosa indefinida)	*Your dress resembles a bathing suit.*
Roberto se parece a ese boxeador. (un boxeador determinado)	*Roberto resembles that boxer.*
Con ese peinado, esa mujer se parece a mi loro. (un animal definido)	*With that hairdo that woman resembles my parrot.*
Tu vestido se parece al traje de baño de Lola. (un traje de baño determinado)	*Your dress resembles Lola's bathing suit.*

Aplicación

Complete, usando la forma apropiada de **parecer** *o* **parecerse a.** *Haga contracciones cuando sea necesario.*

1. «¡Qué bonita postal te mandó tu prima de su viaje por Europa; _____ un parque». «Sí, _____ el Parque de Chapultepec de la Ciudad de México».

2. El niño tenía miedo porque, en la oscuridad, las cortinas blancas movidas por el viento _____ fantasmas.

3. El profesor quiere hablarme porque mi composición _____ a la de Yoli.

4. Algunos perros _____ sus amos.

5. Ese joven no _____ un criminal, pero _____ que lo condenarán, porque dos testigos lo acusan.

6. Tu casa _____ un castillo, no _____ la descripción que hiciste de ella.

7. Elisita _____ su abuela, como ella, _____ una muñeca de porcelana.

8. A ese niño le gusta mucho trepar; _____ un mono.

9. Tomé tu abrigo por equivocación, porque _____ el mío.

10. Tino y Tano son gemelos, pero no _____ . Tino es muy serio y lleva gafas, _____ un intelectual; Tano es muy guapo, _____ un artista de cine. Mi hermana dice que _____ Brad Pitt.

PARA ESCRIBIR MEJOR

Otros signos de puntuación

En capítulos anteriores se ha estudiado el uso de la coma y el punto y coma. A continuación se dan los casos más importantes en el uso de otros signos de puntuación.

1. Se usan los dos puntos:

    a. Para indicar que sigue una enumeración de lo contenido en la frase precedente.

José tenía dos grandes defectos: era perezoso y mentía constantemente.	*José had two serious defects: He was lazy and he lied constantly.*

    b. Cuando se va a citar lo dicho por otra persona.

Cuando los policías lo detuvieron dijo: «Soy culpable».	*When the police arrested him he said, "I'm guilty."*

    c. En los saludos de las cartas, aun en las cartas familiares.

Querido Ernesto:	*Dear Ernesto,*

2. Se usan los puntos suspensivos:

    a. En una cita, para indicar que se ha omitido parte de la frase original.

... y acercó a la niña su pecho, en un abrazo apretado...	*. . . and she held the child to her breast in a tight embrace . . .*

    b. Para indicar una pausa de tipo emocional.

Pues, yo no sé... creo que no le diría nada... o tal vez sí...	*Well, I don't know . . . I think I wouldn't tell him anything . . . or perhaps I would . . .*

    c. En frases incompletas. También en enumeraciones incompletas, como equivalente de **etcétera**.

Ella tiene las mejores intenciones, pero...	*She has the best intentions, but . . .*
Mis modelos han sido los novelistas realistas: Pereda, Valera, Pérez Galdós...	*My models have been the realistic novel writers: Pereda, Valera, Pérez Galdós . . .*

3. El guión menor (*hyphen*) divide una palabra al final de una línea. También indica palabras compuestas como **socio-económico** e **histórico-político**. El guión se usa en español mucho menos que en inglés.

4. El guión mayor, o raya, se usa, lo mismo que el paréntesis, para separar elementos incidentales en la frase, pero el paréntesis hace una separación más marcada.

El hombre de la cámara—un turista seguramente—se detuvo frente a la iglesia.	*The man with the camera—a tourist for sure—stopped in front of the church.*

La raya sirve también para indicar que alguien habla en un diálogo.*

—Y usted, ¿ha viajado mucho?	*"And you, have you traveled a lot?"*
—No, señor, sólo he hecho unos cuantos viajes locales.	*"No, sir, I have taken only a few local trips."*

5. Las comillas se utilizan:

a. Para indicar una cita textual.

Martí dijo: «Nuestro vino es agrio, pero es nuestro vino».	*Martí said, "Our wine is acidic but it is our wine."*

b. Para dar énfasis a una palabra o frase o indicar ironía.

Entonces «mi amigo» invitó a mi novia a salir con él.	*Then "my friend" invited my sweetheart to go out with him.*

c. Con palabras extranjeras, técnicas o muy familiares.

Después del último «take» se presta atención al «sound-track».	*After the last take, attention is given to the sound track.*

Aplicación

Pónganse los signos de puntuación que faltan en las siguientes oraciones.

1. El refrán dice Perro que ladra no muerde.
2. La razón de mi negativa es muy simple no quiero colaborar con hipócritas.
3. Pero ¿te vas? Eso no sé me confunde un poco
4. Y usted, ¿no trabaja? No, yo vivo de mis rentas.
5. Ramón Gómez de la Serna que debe su fama a su humor ingenioso dijo El tornillo es un clavo peinado con la raya al medio.
6. Pusimos las manzanas que recogimos cuatro o cinco docenas en el maletero del carro.

---

*A veces también se usan comillas (" ", « »), pero la raya es el signo más común para el diálogo en español.

7. ¿Dónde dejaste a los escuincles? dijo el hombre.

8. La guerra entre España y los Estados Unidos se llamó hispano americana.

9. Espera, Gustavo, no te vayas Quiero que sepas

10. Mi primo trabaja como stunt man en el cine.

11. Dio un concierto de violín maravilloso. Tocó piezas de Chopin, Beethoven, Bach

12. y salió sin decir una palabra.

13. Juan y Santiago el mismo Santiago de quien te hablé resolvieron el problema.

14. No soy ambicioso. Sólo le pido a Dios dos cosas salud y paz.

15. Sí, él me ayudó, pero a gastar mi dinero. Con ayudas de esa clase terminaré en la miseria.

Traducción

A DRACULA MOVIE

On Sundays, after going to church, I'm in the habit of having lunch in a restaurant with my girlfriends, but yesterday I went to lunch alone because my friends were out of town. After being there a few minutes, I began to get bored; it's no fun to eat without having someone to talk with. As there were some movie theaters nearby, I made up my mind to go into one of them.

They were showing a Dracula film dubbed in Spanish. In the billboard photo, Dracula looked like Bela Lugosi, but of course it wasn't he. Although

at times I rent horror films to watch them with friends, bravery is not one of my virtues and, in order to watch a film of this kind without any company and in the darkness of a movie theater, one needs bravery. In any case, I dared to enter.

I groped my way until I found a seat. When I got used to the darkness I saw that the auditorium was almost empty. "It's natural," I said to myself, "it's three in the afternoon and people prefer to be outside when the weather is good."

How strange! In spite of being a little afraid, I fell asleep in the middle of the picture. I think I slept a half hour. When I woke up startled, I saw a young man seated on my left. He had arrived while I was sleeping. This bothered me. "It's not that he couldn't have found a seat in another row," I thought, "because today there are about a thousand empty ones." The man was tall and thin and wore a black cape over his shoulders. "He looks Transylvanian," I thought, amused. "He must have borrowed the cape from Dracula, because no young man uses a cape nowadays."

On the screen, Dracula was sinking his fangs into the neck of a young woman who was sleeping, and delightedly he was drinking her blood drop by drop. In the next scene, Dracula was again a vampire and was taking flight through the open window. The young woman, now awake, watched the vampire fly away. Terrified, she was calling to her sister and when she opened her mouth, one could see her long, sharp fangs.

The words "The End" appeared and I heard a low, sinister laugh. It was the man in the cape. What a guy! I was sure that he had laughed on purpose in order to frighten me. I was short of breath but, of course, it wasn't for fear of that crazy man. Suddenly I understood why I had fallen asleep before: I was sick—the flu or some virus; I had a sore throat and probably a fever. I would get to bed as soon as I got home.

I went out to the lobby. There were people waiting for us to leave in order to go in to the next show. I felt something warm and wet on my neck. I touched myself and to my surprise I saw that my fingers were red. Almost at the same time, a child approached me and shouted, "Mom, look at that woman's fangs." I ran frantically to the mirror that was next to the door. The mirror reflected the lobby and the people but not my image.

Temas para composición

1. Escriba la continuación de la historia que acaba de traducir, suponiendo que la narradora es ahora una mujer vampiro.

2. Esta narración también puede interpretarse considerando que la narradora tenía gripe o un virus como pensó y que la fiebre, combinada con el horror de la película, la hizo imaginar todo esto. Escriba una continuación lógica que excluya el aspecto sobrenatural.

3. **Una vez en un cine.** Todos tenemos alguna anécdota relacionada con un cine. Hay allí discusiones por los asientos, alguno se molesta porque el que está delante no lo deja ver o porque dos personas comentan la película en voz alta, etc. Escriba un episodio, real o imaginario, sucedido en un cine.

4. **Los vampiros: realidad y ficción.** Hable sobre estos animalitos en la vida real y sobre las leyendas tejidas en torno a ellos.

5. La capa es una prenda de vestir muy interesante; muchos personajes la llevan: Don Juan, el demonio y todos los superhéroes y los malvados de los comics. ¿Es esto casualidad? ¿Qué efecto tiene en Ud. un personaje con capa? ¿Qué le sugiere? Haga un censo de los personajes de ficción y su vestimenta especial, y dé una interpretación personal del significado de cada traje.

Lidia Falcón, la fundadora del Partido Feminista Español, es además una escritora interesante. La mayor parte de su obra tiene un mensaje social, y éste es el caso de la obra de teatro cuya primera escena reproducimos aquí. La situación extremada que nos presenta, con un inspector de policía más interesado en un partido de fútbol que en una pobre mujer golpeada, es un recurso que utiliza la autora para llamar la atención de la opinión pública hacia la causa femenina.

*P*ara comprender mejor

Las obras teatrales que se desarrollan en una época contemporánea al lector suelen ser fáciles de leer, porque copian el lenguaje de la gente común. Esto se ve claramente en esta escena, donde los personajes son un ama de casa y dos policías.

Esta obra tiene un propósito de denuncia y lleva a cabo este propósito por medio de la exageración y la ironía. Tenga esto en cuenta desde el principio. Algunas frases no tendrán sentido para Ud. a menos que las lea consciente de la intención de burla de la autora; por ejemplo, el hecho de que el inspector diga que la seguridad de la patria está en peligro sólo porque unos bandidos han asaltado un banco, o que perdona a Magda por haber hecho la acusación contra su esposo.

No moleste, calle y pague, señora

ESCENA I

Comisaría° de policía. Se levanta el telón° y el inspector está sentado en el estrado°. Una radio de transistores que tiene encima de la mesa retransmite° un partido de fútbol°. Fuma un puro° y se limpia las
5 uñas con un palillo.

Magda entra en la habitación. Es una mujer de mediana edad; vestida con un traje feo y anticuado, zapatos bajos, peinado de peluquería barata; manos de fregar; lleva un ojo morado, arañazos en la cara y un
10 brazo en cabestrillo°; se expresa mal y siempre está a punto de llorar. Se acerca a trompicones° hasta el

estación / cortina de un teatro / plataforma

broadcasts

soccer / *tabaco, cigarro* (cigar)

en... in a sling

a... *poco a poco, con dificultad*

estrado. Éste, con la mesa, le queda casi a la altura de la cara.

MAGDA—(*Muy asustada*) Buenos días...

15   El inspector no la oye. Se retransmite en ese momento un gol; el inspector ríe y se frota las manos; aplaude entusiasmado. Después, sigue limpiándose las uñas con satisfacción.

MAGDA—(*Un poco más alto*) Buenos... buenos días...

20   El inspector levanta la vista, y mira con sorpresa y desconfianza a la mujer.

INSPECTOR—¿Qué hace usted aquí?

MAGDA—El... el policía de la puerta me dijo que pasara...

25 INSPECTOR—(*Cada vez más irritado*) ¿Para qué?

MAGDA—Para presentar una denuncia°...   *acusación*

INSPECTOR—(*Entre sorprendido y colérico°*) ¿Una   *muy enojado*
denuncia? ¿Aquí? ¿Hoy?

MAGDA—(*Asiente con la cabeza cada vez más*
30 *insegura*) Sí...

INSPECTOR—(*Ahora realmente sorprendido*) Pero,
¿por qué?

MAGDA—(*Balbuceando°*) Usted... ¿usted es policía?   Stammering

INSPECTOR—¡Naturalmente! ¿Qué cree que hago aquí
35 si no?

El inspector vuelve a olvidar a Magda. Se limpia las uñas satisfecho, prestando toda su atención al programa de radio.

MAGDA—(*Da un paso hacia la mesa, mira hacia*
40 *arriba para llamar la atención del policía. No sabe qué*
hacer. Por fin, como el inspector no se da por aludido°,   *no... finge no oír*
insiste.) Mi marido me ha pegado...

El inspector la mira con asombro. Deja el palillo y se inclina sobre la mesa para mirarla mejor.

45 INSPECTOR—Y a mí, ¿qué?°   **Y...** What's that to me?

MAGDA—Quería presentar una denuncia...

INSPECTOR—(*Colérico*) ¡Denuncia! ¿Será posible? ¿No tiene usted nada mejor que hacer que venir aquí a presentar denuncia porque su marido la ha pegado
50 un domingo por la tarde, mientras retransmiten el partido de fútbol?

MAGDA—(*Está muy desconcertada e insegura, pero saca valor e insiste*) Me ha hecho mucho daño... Me ha roto el brazo... y me ha echado de casa. Dice que no
55 me volverá a dejar entrar. Dice que va a meter a los niños en un asilo° para que no le molesten más...   *orfanato*

El inspector la mira ahora con sorpresa y distracción, como si escuchara un cuento. Hasta parece interesado por el relato°. Baja un momento el   *narración*
60 tono de la radio.

INSPECTOR—¿Por qué?

MAGDA—(*Más valiente al ver el interés del policía*)
Dice que ya no me quiere, que no le gusto. Dice que
los niños y yo le molestamos, que hacemos mucho
65 ruido y que no le dejamos oír el partido...
El inspector da un respingo° al oír esto y pone
una expresión feroz.

da... hace un movimiento
brusco

INSPECTOR—(*Enfadado*) ¿Y eso es verdad?
Magda lo mira asustada nuevamente, y sin
70 comprender responde...
MAGDA—Bue... bueno, a veces sí, claro... Los niños
son pequeños... Juegan y chillan y yo no puedo...
El resto de la frase se pierde. Magda sigue
hablando sin que se la oiga. La radio está más fuerte,
75 se oyen los gritos del campo de fútbol.
INSPECTOR—(*A gritos y muy enfadado*) ¡Y todavía
querrá denunciarlo! ¡Un pobre hombre, cansado de
trabajar, que regresa a su casa para disfrutar con el
inocente recreo de escuchar un partido de fútbol, y
80 final de la Copa, además, y competición contra el Real
Madrid° en su propio campo! ¡Y se encuentra con una
mujer llorona y unos niños gritones que no le dejan
oír con tranquilidad!... ¡Pero si es para matarlos a
todos! ¡Poco le ha hecho!

equipo de fútbol

85 Magda se echa a llorar bajito. Entra el
subinspector alterado°.
SUBINSPECTOR—¡Inspector! ¡Han atracado° el Banco
Requejo! ¡Aquí mismo! ¡Los atracadores están dentro!
¡Han herido al cajero y tienen veinte rehenes°...

agitado
asaltado

hostages

90 El inspector baja nuevamente el tono de la radio,
mientras bufa°, se retuerce en el asiento y se mesa° los
cabellos.

gruñe / *se... se tira de*

INSPECTOR—¡Maldita sea°! ¡Malditos sean todos los
terroristas, masones, mafiosos, comunistas, etarras*,
95 macarras°, maricones°, chorizos°!

Maldita... Damn it!

pimps / *homosexuales* /
ladronzuelos

La radio grita en ese momento otro gol. El
inspector está rojo de ira°. Grita inarticuladamente sin
pronunciar palabras. Magda llora. El subinspector
asiente con la cabeza, comprensivo de la actitud de su
100 superior.

furia

INSPECTOR—(*Indignado*) ¡Vaya por Dios°! ¿Todavía
sigue usted aquí? ¿No se ha dado cuenta de los graves
problemas que tenemos? ¡La seguridad de la patria
está en peligro y usted llorando por un bofetón más o
105 menos! ¡Nosotros arriesgándonos la vida por usted, y
otros como usted, para defenderlos de criminales,
terroristas, chorizos, maricas, y demás ralea°! ¡Y su

Vaya... Well, for God's
sake

demás... *otra gente de esa clase*

---

*Los etarras son miembros de la ETA, acrónimo de Euskadi Ta Askatasuna (Patria Vasca y
Libertad), un grupo terrorista que lucha por la independencia del País Vasco.

pobre marido, reventado de trabajar°, sin poder
disfrutar del partido!... (*Hace un ademán°con la mano*
110 *de perdón y olvido, mientras le señala la puerta.*).
¡Ande, váyase! ¡Váyase de una vez, y por ésta se lo
perdono...! ¡Pero que no se repita!

    Magda sale llorando, apretándose el brazo, por el
lateral izquierdo°, por donde ha entrado y salido el
115 subinspector.

    El inspector sube el tono de la radio. Enciende
otro puro y vuelve a limpiarse las uñas con sonrisa de
satisfacción. Se oyen los gritos en el campo al marcar
otro gol.

reventado... *matándose de*
tanto trabajar / gesto

el... *el lado izquierdo del*
escenario

Comprensión

1. ¿Qué está haciendo el inspector cuando se levanta el telón?
2. ¿Cómo es Magda? ¿Cuál es su estado físico?
3. ¿Para qué se ha presentado Magda en la comisaría de policía?
4. ¿Qué ha hecho su marido, según Magda?
5. ¿Por qué el inspector no quiere prestarle atención a Magda?
6. ¿Cuál es la amenaza del marido respecto a los hijos?
7. ¿Por qué se ha molestado tanto el marido en esta ocasión?
8. ¿Con qué argumentos defiende el inspector la conducta del marido?
9. ¿Qué noticia trae el subinspector?
10. ¿Qué organizaciones maldice el inspector?
11. ¿Con qué pretexto despide el inspector a Magda?
12. ¿A condición de qué «perdona» el inspector a Magda?

Interpretación

1. ¿Qué imagen quiere darnos la autora cuando nos dice que el traje de Magda es feo y anticuado y que tiene zapatos bajos, peinado de peluquería barata y manos de fregar?
2. ¿Cómo sabemos que espiritualmente Magda es insegura y tímida?
3. ¿Siente Ud. compasión por Magda? ¿Cómo logra la autora esta reacción?
4. ¿Qué función tiene el estrado en la narración? ¿Tiene algún efecto en la imagen que se presenta de Magda?
5. ¿Qué piensa Ud. del inspector? ¿Con qué detalles logra la autora esta reacción en el lector?
6. ¿Le parece a Ud. exagerada la conducta del inspector? ¿Por qué (no)?
7. ¿Qué clase de persona (de marido, de padre) es el marido de Magda? Explique en qué basa su opinión.
8. El teatro del absurdo deforma la realidad para transmitir su mensaje. ¿Clasificaría Ud. esta escena como teatro del absurdo? ¿Por qué (no)?

Una mujer policía en Sevilla, España. Esta señorita comprendería mejor a Magda que el inspector que nos presenta Lidia Falcón en la lectura.

9. La autora ha hablado de los mensajes de su obra literaria. ¿Cuál es el mensaje de esta selección?

10. ¿Es universal o local el tema de esta obra? Explique.

ℐ n t e r c a m b i o   o r a l

A. **La presente situación social de la mujer en los Estados Unidos.** ¿En qué difiere de la de hace cien años? ¿En qué sentido es diferente el tratamiento que da nuestra sociedad a hombres y mujeres?

B. **Los movimientos feminista y masculinista.** ¿En qué consisten? ¿Cuál está más justificado? ¿Por qué?

C. **La violencia doméstica.** ¿Cómo puede evitarse? Además de la violencia del hombre contra la esposa, ¿qué otros casos de violencia hay? ¿Qué sucesos reales relacionados con este problema se han publicado en los periódicos recientemente?

D. ¿Debe la policía intervenir en los casos de violencia doméstica? ¿Hasta qué punto? ¿Qué debe hacerse en tales situaciones?

E. La obra nos presenta a un policía pasivo para cumplir con su deber porque le importa más oír el juego de fútbol por radio. Nuestros policías parecen tener el problema opuesto a esta pasividad: se les ha acusado frecuentemente de reacciones excesivas y muy violentas. ¿Está justificada esta conducta de la policía? ¿Cuál es la causa? ¿Cuál la solución?

F. El fanatismo por los deportes puede convertirse en un problema. En los Estados Unidos se habla de «las viudas del fútbol». ¿Por qué algunas personas tienen tal obsesión por los deportes? ¿Cuál es la razón de que el fútbol (*soccer*) tenga tantos fanáticos en todo el mundo y tan pocos en los Estados Unidos?

Repaso léxico

Reemplace las palabras en cursiva con expresiones apropiadas de la lista.

ademán	comisaría	puro
alterado	demás ralea	el relato
asilo	denuncia	rehenes
atracado	un estrado	reventado
a trompicones	ira	el telón
bufa	mesa	y a mí, ¿qué?
colérico	no se da por aludido	

1. Cuando Magda llega a la *estación de policía* para presentar su *acusación*, el inspector está fumando un *tabaco*.
2. Magda está nerviosa y hace *la narración* de la tragedia familiar *con dificultad*.
3. Su esposo le ha roto un brazo y quiere enviar a sus hijos a un *orfanato*.
4. El inspector está sentado en *una plataforma* y *finge no oír*.
5. Cuando por fin habla, dice: «*Eso no me importa*».
6. El esposo, *exhausto* de tanto trabajar, estaba *agitado* y había *furia* en su voz.
7. El inspector va a exterminar a los terroristas y *otra gente de esa clase*.
8. El inspector está *muy enojado, gruñe* y se *tira de* los cabellos.
9. Han *asaltado* un banco y los bandidos tienen veinte *prisioneros*.
10. El inspector hace un *gesto* de perdón mientras cae *la cortina*.

SECCIÓN GRAMATICAL

Prepositions II

USES OF DE

1. **De** expresses origin, separation, or departure. Some common verbs of this type are **abstenerse de, alejarse de, deshacerse de, divorciarse de,**

huir de, partir de, prescindir de, salir de, separarse de, ser de, surgir de, venir de.

Magda venía del hospital.	*Magda was coming from the hospital.*
Sin decir palabra, ella se separó de nosotros y salió del cuarto.	*Without saying a word she walked away from us and left the room.*
El médico me dijo que prescindiera del tabaco y me abstuviera de beber.	*The doctor told me to do without tobacco and to abstain from drinking.*
Mi amiga se divorció del mismo hombre dos veces.	*My friend divorced the same man twice.*
No sé de dónde surgió el problema, pero nos va a ser difícil deshacernos de él.	*I don't know where that problem came from, but it is going to be difficult for us to get rid of it.*
Es mejor huir de la tentación que arrepentirse de haber caído en ella.	*It is better to flee from temptation than to repent for having fallen into it.*

2. **De** expresses possession or indicates where someone or something belongs.

El mantel es de mi madre, las servilletas son de Susana y los cubiertos son de mi abuela.	*The tablecloth is my mother's, the napkins are Susana's, and the silverware is my grandmother's.*
Un hombre de mundo y una muchacha de campo no hacen una buena pareja.	*A man of the world and a country girl don't make a good couple.*
Me interesan mucho los problemas de actualidad.	*I am very interested in present-day problems.*
Brasil es el país más grande de la América del Sur.	*Brazil is the biggest country in South America.*

3. **De** is used to form adjectival phrases, many of which are equivalent to a two-noun combination in English. Spanish noun + **de** + noun = English noun + noun.

bebedor de café	*coffee drinker*	**reloj de oro**	*gold watch*
casa de campo	*country house*	**techo de tejas**	*tile roof*
cuentos de hadas	*fairy tales*	**vestido de seda**	*silk dress*
mesa de cristal	*glass table*	**vida de ciudad**	*city life*

4. **De** is equivalent to *with* and *in* when describing or identifying someone or something. When the identification is based on the location, **de** is equivalent to *in, on,* or *at*.

El hombre de la barba roja y la mujer del parche en el ojo parecen piratas.	*The man with the red beard and the woman with the patch over her eye look like pirates.*
¿Quién es el joven del uniforme blanco?	*Who is the young man in the white uniform?*
El hombre de la tienda me dijo que él no vivía en el edificio de la esquina, sino en la casa de al lado.	*The man at the store told me that he didn't live in the building on the corner but in the house next door.*

5. **De** expresses manner. Some common expressions with **de** are **de balde (de gratis)**, *for free*; **de buena (mala) gana**, *(un)willingly*; **de buena (mala) fe**, *in good (bad) faith*; **de memoria**, *by heart*; **de pie**, *standing*; **de puntillas**, *on tiptoe*; **de reojo**, *out of the corner of one's eye*; **de repente**, *suddenly*; **de rodillas**, *on one's knees*.

La vi de casualidad cuando tuve que salir de repente.	*I saw her by chance when I had to go out suddenly.*
Yo era tan pequeñito entonces, que sólo de puntillas alcanzaba a la mesa.	*I was so small then that only on tiptoe did I manage to reach the table.*
En el pasado, los alumnos que no sabían la lección de memoria, debían permanecer de pie o de rodillas en un rincón.	*In the past, pupils who didn't know the lesson by heart had to remain standing or kneeling in a corner.*
Durán actuó de mala fe en ese negocio.	*Durán acted in bad faith in that deal.*
De buena gana le hubiera hablado, pero me limité a mirarla de reojo.	*I would have spoken to her willingly but I limited myself to looking at her out of the corner of my eye.*

6. **De** expresses cause and, therefore, it follows the verbs **culpar**, *to blame for*; **morir(se)**, *to die of*; **ofenderse**, *to be offended at*; **padecer, sufrir**, *to suffer from*; **quejarse**, *to complain about*; and **reírse**, *to laugh at*.

El enfermo se quejaba de dolores de cabeza y padecía de alergia.	*The patient was complaining of headaches and suffered from an allergy.*
El marido de Magda la culpaba del ruido de los niños.	*Magda's husband blamed her for the children's noise.*
No es educado reírse de la gente.	*It is not polite to laugh at people.*

Morirse de as well as **muerto/a de** are very often used in a figurative manner: **morirse/estar muerto/a de (aburrimiento, cansancio, calor, dolor, hambre, frío, miedo)** *to be (dying of boredom, dead tired, extremely hot, in great pain, starving, freezing, half-dead with fright)*; **morirse/estar muerto/a de risa** *to die (to crack up) laughing*; **morirse/estar muerto/a de (sed, sueño, tristeza)** *to be extremely (thirsty, sleepy, sad)*; **morirse/estar muerto/a de vergüenza** *to die of embarrassment (shame)*.

Enciende el aire acondicionado, por favor, me muero de calor.	*Turn the air-conditioning on, please, I am dying of the heat.*
Cada vez que el niño decía una palabrota, su padre se moría de risa, pero yo me moría de vergüenza.	*Every time the child said a dirty word, his father died laughing, but I died of embarrassment.*

Some common expressions that combine past participles and adjectives with **de** to indicate cause are **estar aburrido/cansado de esperar** *to be bored from/tired of waiting*; **estar (amarillo de envidia, morado de frío, pálido de miedo, rojo de ira)** *to be (green with envy, blue with the cold, pale with fear, red with anger)*.

| Pálidos de miedo, los niños veían a su padre, que estaba rojo de ira, pegarle a su madre. | *Pale with fear, the children watched their father, who was red with anger, hit their mother.* |
| Hace mucho frío en esta esquina. Estoy morada de frío y cansada de esperar el autobús; llamaré un taxi. | *It is very cold at this corner. I am blue with the cold and tired of waiting for the bus; I'll call a taxi.* |

7. Since **de** expresses cause, it is often combined with verbs that express emotion or describe mental states and attitudes. Some verbs of this type are: **alegrarse de, arrepentirse de, asombrarse de, asustarse de, avergonzarse de, cansarse de, compadecerse de, desconfiar de, dudar de, enamorarse de, extrañarse de, sorprenderse de.**

Se arrepentirá Ud. de haberle dado el empleo a Armando.	*You will be sorry you gave Armando the job.*
Debes avergonzarte de haber desconfiado de mí.	*You ought to be ashamed of having mistrusted me.*
La abuela se asombraba de las nuevas modas.	*The grandmother was astonished at the new fashions.*
Don Paco se ha enamorado de Madrid y no se cansa de pasear por sus calles.	*Don Paco has fallen in love with Madrid and he doesn't tire of strolling along its streets.*
Debemos compadecernos de las víctimas del abuso doméstico.	*We should feel pity for the victims of domestic abuse.*

COMMON VERBS FOLLOWED BY DE

abusar de	*to abuse, misuse; to impose on*	**disfrutar de**	*to enjoy*
acordarse de**	*to remember*	**encargarse de****	*to take charge (care) of*
agarrarse de (a)	*to seize, clutch*	**enterarse de**	*to hear, find out (about)*
burlarse de	*to make fun of*	**jactarse de****	*to boast about*
cambiar de	*to change*	**llenar de**	*to fill with*
carecer de	*to lack*	**no dejar de***	*not to fail to*
cesar de*	*to cease to*	**olvidarse de****	*to forget*
constar de, componerse de	*to consist of*	**protestar de**	*to protest*
		quejarse de	*to complain about*
darse cuenta de	*to realize*	**servir de**	*to serve as*
dejar de*	*to cease to, stop*	**sospechar de**	*to suspect*
depender de	*to depend on*	**vestirse de**	*to be (get) dressed as, dressed in*
despedirse de	*to say good-bye to*		

---

*These verbs are usually combined with an infinitive.
**These verbs may be combined either with an infinitive or with a noun.

Te jactas de tener buena memoria, pero dijiste que te encargarías de apagar las luces y te olvidaste de hacerlo.	*You boast of having a good memory but you said that you would take care of turning off the lights and you forgot to do it.*
Al fin se dio Ud. cuenta de que no puede depender de Octavio. Él abusa de sus amigos, se burla de todo y sólo quiere disfrutar de la vida.	*Finally you realized that you can't depend on Octavio. He imposes on his friends, makes fun of everything, and only wants to enjoy life.*
Cuando el ladrón se enteró de que la policía sospechaba de él, se cambió de ropa y se deshizo del revólver.	*When the thief heard that the police suspected him, he changed clothes and got rid of his revolver.*
Mi apartamento se compone de una sola habitación que sirve de sala y dormitorio.	*My apartment consists of only one room, which serves as living room and bedroom.*
Los jóvenes se vistieron de negro para protestar de la dictadura.	*Young men and women dressed in black to protest the dictatorship.*

Aplicación

A **Hablando de Magda.** *Complete las oraciones con el equivalente en español de las palabras entre paréntesis. Haga contracciones cuando sea necesario.*

1. La mujer (*with*) el brazo en cabestrillo y un ojo morado (*from*) un golpe se llama Magda.

2. Su marido (*boasts about*) ser muy inteligente y (*he doesn't cease to*) humillarla, llamándola tonta.

3. El hombre quiere (*to enjoy*) su juego de fútbol sin interrupciones y (*complains about*) que hay mucho ruido.

4. En realidad, muchos problemas (*come from*) la obsesión de este hombre por el deporte.

5. Magda (*regrets*) haberse casado con un hombre tan egoísta.

6. El departamento donde viven es pequeño, (*it consists of*) sólo dos habitaciones, y la familia (*lacks*) muchas cosas.

7. Magda (*got tired of*) tantos malos tratos, ahora (*she realizes*) que este hombre (*has abused*) ella.

8. Magda (*willingly*) (*would flee from*) su casa, pero (*she depends on*) su esposo económicamente.

9. El inspector no la apoya, al contrario, (*makes fun of*) ella.

10. Magda necesita (*to change*) vida.

11. Magda debe ir a un abogado (*to find out about*) su situación legal.

12. Si no hay otra solución, Magda debe (*separate from*) su esposo y después (*divorce*) él.

B *Complete usando una expresión adverbial con* **de.**

1. El hombre llegó muy tarde a su casa. Para no despertar a su mujer, se quitó los zapatos y caminó...

2. Mi televisor no funciona y no tengo dinero, pero por suerte, mi amigo es técnico en televisores y lo arreglará...

3. Si estoy en un restaurante con un amigo y él me dice que hay un hombre en la otra mesa que parece loco, yo, como soy discreto, no miro de frente, sino...

4. Hacía sol, era una bonita tarde de primavera. Pero el cielo se cubrió de nubes y comenzó a llover...

5. En algunas religiones, la gente reza en la iglesia...; en otras, se reza...

6. Paquita no tiene los teléfonos de sus amigos en su libreta de direcciones porque se los sabe todos...

7. A mi novio no le gusta ir de tiendas; a veces me acompaña, pero sé que va...

8. Perdóname, José. Sé que te hice daño, pero no lo hice a propósito; actué...

C **Aplicación interactiva.** *Un(a) estudiante completará la frase adjetival con un sustantivo y escogerá a un compañero (una compañera). Su compañero/a hará una oración con la frase adjetival.*

1. piso de...
2. tribunal de...
3. vestido de...
4. cartas de...
5. copas de...
6. profesor de...
7. juego de...
8. clases de...
9. tarima de...
10. pasajes de...
11. viaje de...
12. contrato de...

D *Complete de manera original, usando el verbo que se indica en cada caso.*

1. Ella es muy caritativa. Siempre ayuda a los pobres. (compadecerse de)

2. El estudiante nuevo no quiso ir a la recepción. (avergonzarse de)

3. El hombre atropelló a un chico con su coche ayer. (culpar de)

4. Los inquilinos del edificio están furiosos y se niegan a pagar la renta. (quejarse de)

5. Me sorprendió la muerte del esposo de María. ¡Parecía tan fuerte y saludable! (padecer de)

6. La señora Perales no quiso darle la llave de su casa a la mujer que va a limpiar los sábados. (desconfiar de)

7. La hermana de Raimundo ha estado varias veces en el hospital recientemente, ¿no? (sufrir de)

8. No sé por qué lo dije. Mis palabras le causaron una mala impresión al profesor. (arrepentirse de)

9. Mi coche está roto, pero mi padre lo va a arreglar. (entender de)

E **Reacciones personales.** *Colóquese imaginariamente en cada una de las siguientes circunstancias y explique cómo se siente, usando* **estar muerto/a de** *o* **morirse de.**

1. En su casa hay fantasmas.
2. Ud. no ha comido nada en todo el día.
3. En un banquete, Ud. accidentalmente salpica de salsa el vestido de dos señoras muy elegantes.
4. Trabajó doce horas consecutivas hoy.
5. Va caminando por el desierto. (*Dé dos reacciones.*)
6. Ud. está viendo por televisión una comedia de su actor cómico favorito.
7. Hoy se levantó a las seis y ya son las doce de la noche.
8. Ha salido a la calle con ropa ligera y comienza a nevar.
9. El dentista le está arreglando una muela sin anestesia.
10. Acaba de romper con su novio/a.

F *Traduzca.*

1. "Cristina's brother is the boy with the guitar." "Which one, the one in the green coat?" "No, the young man in black."
2. When the man with the enormous mustache saw that the two boys were laughing at him he turned red with anger.
3. Of all the paintings in the museum, the one Celia liked best was *The Boy in Blue.* Would you take care of buying a good copy for her? Please, do not fail to do it.
4. The police suspect a man with black hair dressed as a sailor. They know that the victim said good-bye to him before leaving town.
5. If you are Hispanic, you turn yellow with envy and purple with the cold, not green and blue.
6. "These lottery tickets are from Don Pascual's store." "Is that the store next door?" "No, it's the store at the corner."

USES OF CON

1. **Con** expresses accompaniment, both physical and figurative, as *with* does in English.

El sábado pasado fui con Josefina a un baile.	*Last Saturday I went with Josefina to a dance.*
Debes definirte: o estás conmigo o estás contra mí.	*You should define your position: either you are with me or against me.*

2. **Con** expresses instrumentality: **con las manos,** *with one's hands;* **con pluma,** *with a pen;* **con una herramienta especial,** *with a special tool.*

3. **Con** is combined with a noun to form adverbial expressions of manner.

No puedo trabajar con cuidado y con prisa al mismo tiempo.

I can't work carefully and in a hurry at the same time.

La enfermera hablaba con vacilación y con acento extranjero.

The nurse spoke hesitantly and with a foreign accent.

4. The following table includes common verbs that are used with **con**.

SPANISH VERB + CON + *INFINITIVE OR NOUN OR PRONOUN*			
acabar con	*to put an end to, finish off*	**contribuir con (dinero, etc.)**	*to contribute (money, etc.)*
casarse con	*to marry*	**encariñarse con**	*to get attached to*
comparar(se) con	*to compare (oneself) to*	**enojarse con (+ person)**	*to get angry at*
comprometerse con	*to get engaged to*	**soñar con**	*to dream of*
contar con	*to rely on, count on*	**tropezar con**	*to stumble over, run across*

Contamos con Ud. para que acabe con nuestros problemas.

We count on you to put an end to our problems.

Lucía se comprometió con Antonio y se casará con él en febrero.

Lucía got engaged to Antonio and she will marry him in February.

Mi padre tropezó con los patines y se enojó mucho con mi hermanito.

My father stumbled over the roller skates and was very angry at my little brother.

Cuando quise deshacerme del gato ya era tarde; me había encariñado con él.

When I tried to get rid of the cat it was too late; I had gotten attached to him.

Bernardo contribuyó con mil dólares a ese programa.

Bernardo contributed one thousand dollars to that program.

Aplicación

Complete de manera original.

1. Soy sentimental y me encariño mucho con...

2. A veces me enojo con...

3. Aunque el hombre iba alumbrando el camino con..., la noche era muy oscura y tropezó con...

4. En abril, Yolanda se comprometió con... y ese mismo mes, su hermana se casó con...

5. Nuestro ejército acabó con...
6. Por favor, no me compares con...
7. ¿Podemos contar con... para esta buena obra?
8. Si me saco la lotería, contribuiré con... para obras de caridad.
9. Soy muy optimista, siempre sueño con...
10. En el fútbol se le da a la pelota con...

USES OF EN

1. **En** indicates location in time or space, whether it is physical or figurative.

En julio nos quedaremos en un hotel en la playa.	*In July we will stay at a hotel on the beach.*
Liliana dejó la copa en la mesa de centro y se sentó en el sofá.	*Liliana left the glass on the coffee table and sat on the sofa.*
Mi amigo, que en paz descanse, murió en la miseria.	*My friend, may he rest in peace, died in dire poverty.*
Está metido en el tráfico de drogas y terminará en la cárcel.	*He is involved in drug dealing and will end up in jail.*

2. **En** refers to a specialty, expertise, or degree.

Mi tío es doctor en medicina, especialista en enfermedades de la piel y experto en cáncer de la piel.	*My uncle is a doctor of medicine, a specialist in skin diseases, and an expert in cancer of the skin.*
Celestina era muy sabia en asuntos de amor.	*Celestina was very wise in matters of love.*

3. **En** expresses manner or means.

Julia tiene miedo de viajar en avión, prefiere ir en barco.	*Julia is afraid of traveling by plane, she prefers to go by boat.*
A muchos les gustan los libros de español escritos en inglés.	*Many people like Spanish books written in English.*
Entraron en silencio en la funeraria.	*They entered the funeral parlor silently.*
Muchos dicen en broma lo que no se atreven a decir en serio.	*Many people say in jest what they don't dare to say seriously.*

SOME COMMON VERBS FOLLOWED BY THE PREPOSITION EN

apoyarse en	*to lean on, upon*	**ingresar en (una sociedad, etc.)**	*to join (an association, etc.)*
confiar en	*to trust, confide in*	**molestarse en**	*to take the trouble to*
convertirse en	*to turn into*	**pensar en**	*to think of**
empeñarse en, insistir en	*to insist on*	**quedar en**	*to agree to, decide on*
entrar en*	*to enter*	**tardar + period of time en**	*to take (person or vehicle) + period of time to*
fijarse en	*to notice*	**vacilar en**	*to hesitate to*
influir en	*to influence*		

---

*In most Spanish American countries one hears **entrar a** rather than **entrar en**.
Pensar de expresses *to have an opinion about*.

¿Qué piensas de Madonna?	*What do you think about Madonna?*

Probablemente no te fijaste en Adela, pero cojeaba al andar y se apoyaba en su esposo.	*You probably didn't notice Adela but she walked with a limp and was leaning on her husband.*		

Probablemente no te fijaste en Adela, pero cojeaba al andar y se apoyaba en su esposo. — *You probably didn't notice Adela but she walked with a limp and was leaning on her husband.*

El examen del lunes va a influir mucho en la nota; cuando pienso en esto, me pongo nerviosa. — *Monday's exam is going to influence the grade a lot; when I think of this I become nervous.*

Pablo y yo quedamos en vernos esta noche. — *Pablo and I agreed to meet tonight.*

Como yo vacilé en acompañarlo, Fernando insistió en entrar solo en el cuarto. — *As I hesitated to accompany him, Fernando insisted on entering the room alone.*

Confío en que esto no se convierta en un problema. — *I trust this won't turn into a problem.*

Tardé más de cinco minutos en encontrar una respuesta apropiada. — *It took me (I took) over five minutes to find a suitable answer.*

No voy a molestarme en pedirle que ingrese en nuestra asociación. — *I won't bother asking him to join our association.*

𝒜 p l i c a c i ó n

Complete de manera original.

1. ¿Te fijaste en...?
2. Después de mucha discusión, quedamos en... y confío en...
3. Aunque Josefina tenía una pierna lastimada, se empeñó... y entró en... caminando con dificultad, apoyada en...
4. Me pasé el día pensando en...
5. Elvis Presley influyó mucho en... y en unos años se convirtió en...
6. Probablemente, tardaré... en..., así que no te molestes en...
7. Me gustaría ingresar en...
8. Por favor, si puedo ayudarlo, no vacile en...

SPANISH VERBS THAT DO NOT REQUIRE A PREPOSITION*

Some Spanish verbs do not require a preposition but their English equivalents do require one. The table contains the most common ones.

acusar	*to tell on*	impedir	*to prevent from*
aprobar	*to approve of*	lograr	*to succeed in*
buscar	*to look for*	pagar	*to pay for*
conseguir	*to succeed in*	presidir	*to preside over*
esperar	*to wait for*	querer	*to care for, feel affection for*

*Unless, of course, one uses **a** before the direct object, as explained in chapter 7.

Busco un amigo que apruebe lo que hago, que jamás me acuse y, sobre todo, que me quiera.	*I am looking for a friend who approves of what I do, who never tells on me and, above all, who cares for me.*
Estrella esperó a su amiga, que es taquillera en el cine, y así consiguió entrar sin pagar el boleto.	*Estrella waited for her friend who is a ticket seller at the theater and this way she succeeded in entering without paying for the ticket.*
Los enemigos del decano no lograron hacer que lo reemplazaran, pero le impidieron que presidiera la última reunión de profesores.	*His enemies didn't succeed in having the dean replaced but they prevented him from presiding over the last faculty meeting.*

Aplicación

A *Traduzca.*

1. He prevented her from going because he cares for her.
2. Dr. Torres presided over the meeting.
3. The boys succeeded in taking the record player without paying for it.
4. When I was waiting for the bus I saw a little girl looking for her mother.
5. I don't approve of what you did but I won't tell on you.

B **El asalto al tren.** *Complete con la preposición correcta si se necesita una preposición. Haga contracciones con el artículo cuando sea necesario.*

El tren partió _____ Aguasclaras a las tres _____ la tarde y, apenas se había alejado unos metros _____ la estación, cuando los bandidos entraron _____ nuestro vagón como surgidos _____ la nada. _____ realidad, habían bajado _____ el techo. El conductor no se dio cuenta _____ que había problemas _____ nuestro vagón. Este asalto puede compararse _____ los que se ven en las películas _____ el oeste, porque los asaltantes estaban vestidos _____ vaqueros.

El pasajero _____ el primer asiento, que era un policía jubilado, se puso _____ pie para tratar _____ tirar _____ el cordón de alarma, pero uno de los bandidos, que tenía una escopeta, lo vio _____ reojo y le pegó _____ la culata _____ el arma. El hombre _____ la escopeta, que parecía ser el jefe, dijo que nuestras vidas dependían _____ nosotros mismos, porque no vacilaría _____ matar a quienes tratasen _____ impedirle _____ realizar el asalto. Nos pidió que nos abstuviésemos

_____ gritar y añadió que confiaba _____ nuestro sentido común. Todos estábamos pálidos _____ miedo.

El asaltante, que no cesaba _____ hablar, dijo que todos teníamos que contribuir _____ nuestro dinero a la revolución y que los ciudadanos debían cumplir _____ su deber y acabar _____ los enemigos del pueblo. Insistió _____ que muchos no aprobaban _____ los medios que ellos utilizaban, pero que la violencia era la única manera _____ influir _____ la opinión pública y conseguir _____ ayudar a los pobres.

Cuando estábamos cerca _____ la próxima estación, los asaltantes se despidieron _____ nosotros y nos dijeron que, _____ nuestra contribución, habíamos ingresado _____ el movimiento revolucionario.

Ampliación léxica

FORMACIÓN DE SUSTANTIVOS ABSTRACTOS

En la lectura aparecen varios sustantivos abstractos, la mayoría de ellos combinados con la preposición **con** para describir emociones: **con satisfacción, con sorpresa, con desconfianza, con distracción, con tranquilidad**. Paralelo al *-tion* del inglés, **-ción** es uno de los sufijos más usados en español para formar sustantivos abstractos. Otros sufijos comunes para formar palabras de este tipo (que son todas femeninas) son:

-ancia:	abundancia, arrogancia, distancia, importancia, intolerancia, vagancia
-dad:	bondad, entidad, humildad, infinidad, intensidad, seriedad
-encia:	ausencia, decadencia, decencia, excelencia, paciencia, prudencia
-ez:	altivez, delgadez, estupidez, niñez, pesadez, rapidez
-eza:	belleza, dureza, extrañeza, firmeza, ligereza, naturaleza, nobleza, pereza, pureza, tristeza
-tud:	altitud, inquietud, juventud, lentitud, plenitud, virtud
-ura:	blandura, cordura, frescura, gordura, hermosura, holgura, negrura, ternura

Aplicación

A *Diga qué significan en inglés las siguientes palabras.*

1. blancura	4. solvencia	7. soledad	10. rudeza
2. sensatez	5. grandeza	8. destreza	11. simpleza
3. fragancia	6. presteza	9. finura	12. altura

Rigoberta Menchú, con el traje típico de su país, Guatemala, en una de sus frecuentes apariciones en público. Menchú ganó el premio Nobel por sus actividades en defensa de las mujeres indígenas.

B *Reemplace los adverbios terminados en **-mente** con sustantivos abstractos precedidos de **con.***

Modelo: Se comportó sensata* y decentemente.

→ *Se comportó con sensatez y decencia.*

1. No me dirigí a don Eustaquio arrogantemente. Le pedí humildemente que me ayudara y él reaccionó noble y bondadosamente.

2. ¿Trabajaba lentamente? No, trabajaba rápida, pero eficientemente.

3. Sirvieron vinos y comida abundantemente y, después de comer, nos sentamos perezosamente bajo un árbol.

4. Actuar firmemente no significa actuar duramente ni tampoco intolerantemente.

***sensata** = **sensatamente**. Cuando hay dos palabras que terminan en **-mente**, la terminación **-mente** se omite en la primera de ellas.

5. El niño me miró intensa y tristemente y yo lo acaricié tiernamente.

6. Examinemos seriamente el caso, y no lo decidamos ligeramente, sino prudentemente.

7. Aunque el hombre estaba borracho y hablaba pesada y estúpidamente, yo lo escuché tranquila y pacientemente.

8. La señora, que vestía elegantemente y hablaba altivamente, miraba inquietamente hacia la puerta.

Distinciones léxicas

MODISMOS CON LA PALABRA ATENCIÓN

1. *¡Atención!* — *Careful! Look out!*

   ¡Atención! Obras en la carretera. — *Careful! Road repairs.*

   Atención a la ortografía. — *Watch your spelling.*

   ¡(Su) atención, por favor! — *(May I have) your attention, please!*

2. *llamar la atención* — *to attract attention, to catch the eye*

   Éste fue el modelo que llamó más la atención en la exhibición de autos. — *This was the model that attracted the most attention at the auto show.*

3. *Me llama la atención.* — *It surprises me.*

   A todos nos llamó la atención que el profesor no estuviera en la fiesta. — *We were all surprised that the professor was not at the party.*

4. *llamarle la atención (a uno por algo)* — *to reprimand, to find fault with somebody over something*

   La jefa le llamó la atención a su secretaria por su falta de puntualidad. — *The boss reprimanded her secretary for her lack of punctuality.*

5. *prestar atención* — *to pay attention, to listen to*

   Magda hablaba, pero el policía no le prestaba atención. — *Magda was talking, but the policeman wasn't listening to her.*

6. *en atención a esto* — *in view of this*

   Soy un cliente muy antiguo y, en atención a esto, espero que hagan una excepción en mi caso. — *I am a very old customer and, in view of this, I hope you make an exception in my case.*

7. *atención* — *kindness*

   Muy agradecido por su atención, quedo de Ud. atentamente, — *Thanking you for your kindness, I remain, sincerely,*

8. *atenciones* — *courtesies*

   Nos colmaron de atenciones cuando estuvimos en su casa. — *They went out of their way for us when we were at their home.*

$\mathcal{A}$ plicación

Para cada situación de la columna (a), escoja la expresión correspondiente de la columna (b).

(a)	(b)
1. Probablemente no hablaba bien el inglés, porque no abrió la boca en toda la noche.	a. Mándala a la atención del director del programa.
2. A ella le gusta mucho destacarse y siempre va a las fiestas vestida de rojo.	b. Por eso no me llamó la atención lo que dijo de ti.
3. David se pasa la clase hablando con la chica de al lado y no me deja concentrarme.	c. Nos llamó la atención su silencio.
4. Las instrucciones para el manejo de esta máquina son muy importantes, y un descuido puede causar serios accidentes.	d. Muy agradecido por su atención.
	e. ¡Atención a las carteras!
	f. Es un color que llama la atención.
5. Aunque era culpable, el chico era menor de edad y no tenía antecedentes penales.	g. Señoras y señores, su atención, por favor.
6. Voy a escribir una carta pidiendo informes sobre esas excursiones.	h. Le pediré al administrador del edificio que le llame la atención.
7. Los esposos Cortés son muy amables.	i. Sí, tuvieron muchas atenciones conmigo.
8. Voy a anunciar los días y las horas de nuestras próximas reuniones.	j. Sí, la profesora Robles le llamó la atención ayer.
9. Lo conozco muy bien. Envidia a los que triunfan y habla mal de ellos.	k. En atención a esto, le suspendieron la sentencia.
10. Cuando hay mucha gente en las tiendas en Navidad, se multiplica el número de robos.	l. Deben Uds. prestar mucha atención a la explicación del técnico.
11. Mi vecino siempre deja su auto en mi espacio en el estacionamiento de mi edificio.	
12. Tengo que escribir una carta en español. ¿Qué pongo al final?	

PARA ESCRIBIR MEJOR

$\mathcal{E}l$ diálogo

En un diálogo, la persona que escribe desaparece para que hablen los personajes que ha creado. A veces, un autor expresa sus ideas a través de las palabras de un personaje, pero otras veces, como en el caso de la lectura de este capítulo, los personajes hablan según su carácter, que es muy diferente del carácter de la persona que escribe.

En realidad, el secreto de un buen diálogo es la naturalidad y su correspondencia con los personajes que en él participan. En la lectura, Magda, un ama de casa no muy instruida, tímida, con poca estima de sí misma, muestra todo esto a través de sus palabras balbuceantes y sumisas. El inspector habla como hombre duro, acostumbrado a imponer su autoridad. Su rudeza se refleja en su vocabulario grosero. En la escena hay pasajes narrativos, pero fíjese que en ellos la narradora no hace comentarios de tipo subjetivo, sino que da detalles que contribuyen al trazado de sus personajes. La descripción del inspector, obsesionado con el fútbol que se transmite por radio mientras fuma un gran puro y se limpia las uñas con un palillo, completa la imagen del personaje que sus palabras van a darnos.

Un buen diálogo no debe contener detalles superfluos; tampoco largos parlamentos que parezcan discursos. Un intercambio de frases cortas y preguntas y respuestas produce una conversación viva e interesante.

1. EL DIÁLOGO EN EL TEATRO

En la escena de la lectura, la señora Falcón utiliza mucha descripción. Esto es característico del «teatro para ser leído», muy común hoy. En el teatro tradicional, sin embargo, el dramaturgo escribe principalmente para representar ante un público y añade las descripciones como una manera de ayudar a los que pondrán la obra en escena, diciéndoles cómo debe ser el decorado, qué gestos deben hacer los personajes, etc. Estas sugerencias del dramaturgo se llaman **acotaciones**. Algunos dramaturgos ponen muchas acotaciones en sus piezas; otros, como Benavente y Unamuno, muy pocas.

2. EL DIÁLOGO EN CUENTOS, NOVELAS Y RELATOS

El diálogo intercalado dentro de una narración le da vida a ésta. Fíjese cómo el escritor uruguayo Enrique Amorim utiliza el diálogo entre un joven y su prima en este fragmento de su cuento «Miss Violeta March»:

—¡Qué horror! —exclamó mi pequeña prima, sacudiéndose el brazo—. ¡Cómo ganar este tiempo perdido!... —sonrió con malicia—. O perder este maravilloso tiempo ganado contigo...
—¿Estás contenta, primita?
—¡Ay, mucho, mucho! ¡Tanto como quisiera haber nacido en estos campos!
  Y corrimos por los senderos dando saltos, contentos de haber nacido en cualquier lado.
—Oye—la detuve—. A ti qué te gusta más, ¿París o Nueva York?
—A mí: ¡París! ¡París! —respondióme llena de gozo.
—Pues escucha. Yo defenderé a la ciudad americana contra tus ataques de entusiasta parisina. Y explicaremos que esta ardua discusión nos ha tomado el tiempo.
—Eso es, eso es lo más atinado —gritó Mila inocentemente—. ¡Qué buena excusa la que se te acaba de ocurrir!...

Esta vez en fila, en la terraza, nos estaban esperando Victoria, la madre y miss March. No se habían sentado aún a la mesa. Mi tía dijo sentenciosa:
—Siempre el mismo tú. Discutiendo tonterías y el padre, malhumorado en la mesa.

Observe que los buenos escritores no usan constantemente **dijo** para indicar que un personaje ha hablado, sino que utilizan otros verbos que frecuentemente indican el estado anímico del personaje. En este fragmento vemos: **exclamó, sonrió con malicia, la detuve, respondióme llena de gozo, gritó Mila inocentemente, dijo sentenciosa**. Algunos otros verbos que pueden usarse son: **contestar, preguntar, murmurar, replicar, gritar, protestar, insistir, anunciar, quejarse, observar, exclamar, repetir**.

Aplicación

A *Escriba una escena breve con un diálogo de tipo teatral.*

B *Escriba un pasaje narrativo corto, intercalando en él un diálogo. Trate de usar otros verbos en vez de* **decir**.

Traducción

CONFLICTING OPINIONS

Mónica and Teresa are roommates who never cease to argue because the first is an ardent feminist whereas the second is not. Mónica has just finished reading the morning paper when Teresa enters the room.

MÓNICA: I'm furious. In an article, a psychotherapist states that we can't put an end to domestic violence because we can't rely on the truthfulness of women's accusations.

TERESA: I don't doubt the sincerity of your reaction, Moni, but sometimes wives exaggerate. You can't blame only the man for what happens at home.

Este titular con su subtítulo salió en un número reciente del periódico *Prensa Hispana* de Phoenix, Arizona.

La mujer avanza, pero todavía la detiene la cultura del "machismo"

❑ **La educación le permitirá enfrentar los retos del Siglo XXI**

MÓNICA: Are you now going to defend that Australian we read about yesterday? He got angry at his wife and stabbed her because she refused to change the television channel so that he could watch a soccer game. The poor woman died from the stab wounds.

TERESA: (*Looking at Mónica out of the corner of her eye.*) Remember that they were both drunk, according to the paper.

MÓNICA: So what? I am surprised at your stubbornness. Perhaps when you marry Luis he'll abuse you and you'll stop trusting men and will regret (*no emplee* **sentirás**) having fallen in love with him. If that is the case, I hope you'll have the courage to divorce Luis.

TERESA: You have to be kidding me. You can't compare Luis to those brutal men. You should be ashamed of yourself for thinking of such a possibility.

MÓNICA: I realize that he doesn't show any symptoms now, but who knows, sometimes people change suddenly.

TERESA: (*Irritated.*) Let's change the subject. I don't like your talking about Luis this way just because you suspect all men.

MÓNICA: OK. Have you heard that a woman killed her husband because he abused her constantly? She had complained about his abuses to the police several times but they had not paid attention to her. The swine finally paid for what he did.

TERESA: (*Filling her cup with coffee again.*) Frankly, I don't approve of her conduct and I'm surprised at the insensitivity of your last remark. But I won't take the trouble to show you that your opinion lacks good sense.

MÓNICA: (*Sarcastically.*) Thanks. I can always count on you to say something nice. Notice that I have refrained from insulting you.

TERESA: Well, I didn't like what you said about Luis. Let's try to be more courteous.

MÓNICA: Good idea. But don't fail to think about what I've said concerning men. And don't forget that I've warned you.

Mónica goes off to her psychology class, leaving Teresa half-angry and half-amused.

Temas para composición

1. **Opiniones encontradas.** ¿Está Ud. de acuerdo con Mónica o con Teresa? Comente las opiniones de estas chicas y, basándose en lo que dicen, describa la personalidad de cada una.

2. **Compañeros/as de habitación.** ¿Qué costumbres y defectos de la otra persona hacen difícil la convivencia? ¿Qué hábitos y características

personales debe tener un compañero (una compañera) de cuarto ideal? ¿Qué experiencias personales de convivencia con otra persona tiene Ud.?

3. **Los nuevos oficios y profesiones de la mujer.** El movimiento feminista ha impulsado a la mujer a entrar en profesiones y oficios que antes eran casi exclusivamente para los hombres. Dé su punto de vista sobre esto.

4. **Los matrimonios mal llevados.** ¿Es posible salvar un matrimonio cuando ha habido entre los esposos insultos y hasta golpes por largo tiempo? ¿Es el divorcio una solución? ¿Deben permanecer unidos los esposos por el bien de los hijos? ¿Hasta qué punto afecta a los hijos el fracaso matrimonial de los padres?

CAPÍTULO 9

LECTURA

Enrique Anderson Imbert, de origen argentino, es famoso no sólo como narrador sino también como crítico literario. Su *Historia de la literatura hispanoamericana* es muy conocida lo mismo en español que en inglés. Este autor ha sido profesor de la Universidad de Michigan (1947–65) y de Harvard (1965–80).

Para comprender mejor

Este cuento se centra en tres temas principales: la expropiación gubernamental, los prejuicios/estereotipos étnicos y la violencia juvenil. Al leer el relato por segunda vez, Ud. verá cómo el autor va preparando al lector para el acto con el que se termina la historia.

La sandía°

watermelon

Galán había ido a Boulder, Colorado, Estados Unidos, para enseñar literatura en la escuela de verano de la universidad. De lunes a viernes, gracias al alboroto° estudiantil, el tiempo pasaba volando;

5 pero los sábados y domingos ¡qué aburridero°! Los estudiantes se escabullían° y él se quedaba solo, vagando° entre aulas abandonadas. Para peor, este fin de semana se prolongaba en un lunes que también era fiesta: el 4 de julio. Día de la Independencia... de otra

10 patria. O sea, un día más de aburrimiento. Galán hubiera querido despachar las clases una tras otra, sin descanso, para acabar de una vez y marcharse de vacaciones.

Muy temprano, ya aburrido, salió de su residencia. Un auto—el único a esas horas—se detuvo a su lado.

15 Era uno de los decanos, a quien había conocido en la inauguración de cursos. «Parece un gigante», pensó Galán, «pero es porque lo estoy viendo a través de un cristal de aumento°: en realidad es un chico lampiño° y rubicundo°».

20 —¿Quiere que lo lleve a alguna parte?

ruido
aburrimiento
se escapaban
yendo de un lado a otro

cristal... magnifying glass / *sin barba ni bigote / de tez rojiza*

235

—No voy a ninguna parte.

—Si no tiene otra cosa que hacer, ¿por qué no se viene conmigo?

—¿A dónde?

25 —A un valle.

—Si no es molestia° para usted...   *inconveniente*

—Molestia, ninguna. Suba.

Y partieron.

—Lo voy a llevar al Valle de los Treinta. Treinta
30 amigos. Nos pusimos de acuerdo, lo compramos y con las maderas del bosque y las piedras de la montaña nos levantamos unas casas. Durante años y años hemos veraneado allí. Pero ahora el Gobierno nos expropia las tierras para construir una represa°.   *embalse* (dam)
35 Justamente hoy, a las diez, nos reunimos con nuestro abogado. Estoy seguro de que vamos a conseguir una buena indemnización, pero aun así lamento perder ese paraíso, sobre todo por mis niños. Para ellos la vida en el valle es la felicidad misma. Imagínese cómo les
40 habrá caído la noticia de que teníamos que irnos.

—¡Pobres! Los comprendo.

—Andan con la cara larga. Están convencidos de que la culpa es de unos espías que, respaldados° por   *protegidos*
un gobierno enemigo se metieron en nuestras tierras y
45 ahora nos despojan°... Como en una película de   *roban*
bandidos, ¿no?, con cowboys buenos y cowboys malos.

Se rieron. Galán esperó un ratito y dijo:

—Mire. Pensándolo bien, creo que lo mejor será
50 que dejemos el paseo para otro día. Hoy están ustedes muy ocupados y mi presencia los va a molestar.

—No. Si° usted no estará presente. Mientras   But
nosotros conversamos con el abogado, usted se da
unas vueltas°, solito y su alma°. Le va a gustar.   *paseos / solito...
                                                         completamente solo*
55 —Pero no estoy presentable: así, en mangas de camisa, con esta barba de dos días.

—No se preocupe.

Por las ventanillas del auto Galán vio cómo los senderos—estrechos, tortuosos°—huían del inmenso   *retorcidos*
60 azul de la mañana y se ocultaban en un laberinto de cuestas°. Tres veces se bajó el decano y abrió el   *pendientes*
candado° de tres tranqueras°. Unos barquinazos° más   padlock / gates / *saltos*
y por fin el auto frenó° frente a una cabaña. En la sala *paró*
bebían cerveza muchos caballeros: nórdicos, rubios,
65 altos, fuertes. El decano presentó a Galán. Un saludo exacto y esos caballeros—de apellidos anglosajones y escandinavos—siguieron hablando de expropiaciones e indemnizaciones.

«No es que sean fríos», pensó Galán, «es que hoy
70 no tienen el ánimo° para cortesías de salón. Además,   **no...** they are not in the mood

entre ellos y yo no hay nada en común. A mí me
faltan esos ojos claros y me sobran estos bigotazos
negros; debo parecerles una criatura inferior». A una
voz° se formó la asamblea. El decano sonrió a Galán y
75 Galán, sonriendo, salió de la cabaña y empezó a
alejarse.

     Era un lugar raro. En el aire vibraba una violencia
a punto de manifestarse. «Algo va a pasar aquí; una
aventura, cualquier cosa», se dijo Galán. Y se rió. Un
80 cerro lo invitó—lo desafió, más bien—a trepar°.
Trepó. «Todavía estoy ágil. Los cincuenta años no me
pesan. ¡Arriba!». Cuando estaba llegando a lo que
creía ser la cima° descubría que había otra; y al llegar
a ésta, otra. Se tocó la cabeza: caliente como una
85 sandía al sol. «Cuidado con una insolación° a mi
edad». Oyó el rumor° de un río. Bajó para refrescarse.
Tropezó en° una raíz, resbaló en el barro y cayó de
bruces° sobre un charco de la orilla. Se levantó, sucio.
Zapatos, pantalones, camisa: todo hecho una miseria°.
90 Aun la cara sentía embarrada°. ¡Qué facha°! ¡Qué
dirían los pulcros° yanquis del Valle de los Treinta
cuando lo vieran regresar así! Se agachó° sobre el
agua. Se lavó manos y cara. Se refrescó la cabeza. Se
tendió en una peña° para secarse al sol.
95   Una abeja empezó a zumbarle por la oreja
izquierda. Trató de espantarla, pero la abeja se
obstinaba. Ahora se le posó en la mejilla. En eso le
pareció oír el cascabel° de una serpiente. La abeja
paseó por la nariz. Después se fue. A la serpiente no
100 la oyó más. Galán miró a uno y otro lado. Agarró una
rama larga y azotó° el suelo, a su alrededor. «Si la
serpiente estaba aquí, con estos golpes habrá
disparado°». Por si acaso, le daría tiempo para
disparar más lejos. Dio otros golpes. Nada. «Bueno: la
105 verdad es que la abeja y la serpiente no son tan malas,
después de todo». Se tendió otra vez sobre la peña
pelada. Mientras el sol le secaba el barro de los
zapatos, los pantalones y la camisa se puso a mirar, en
el fondo° del río, cómo lucían los colores de las
110 piedras: verdes, amarillas, rosadas, pardas, grises,
coloradas... Todas redondeadas por esa larga lengua
que lamía y lamía desde hacía siglos. Y vio, debajo del
agua, a la sombra de un árbol, una sandía. Redonda
como una piedra más. O como una cabeza. La habían
115 colocado allí, en la corriente, para mantenerla fría.
¡Qué hermosa era! Verde, verde, verde. ¡Y lo roja que
estaría por dentro! Color de fuego y gusto de hielo.
«Fruta-oximoron: fría llamarada°», anotó Galán. Oyó
que la hojarasca° se removía. ¡Epa! ¿Sería la
120 serpiente, ahora el cascabel con sordina°? ¡Ah, no!

A... Unánimemente

subir

parte superior

sunstroke
ruido
**Tropezó... Chocó con / de...
con la cara hacia abajo**
mess / *cubierta de barro /
apariencia*
limpios
inclinó

roca

rattle

golpeó

huido

bottom

llama grande
conjunto de hojas secas
mute

¡Qué alivio! Era solamente un chico. Era un chico de
unos once años. «Igual al padre», observó. Y jugó con
la impresión: «Parece un chico, pero es porque lo
estoy viendo a través de unos lentes al revés°: en
125 realidad es un gigante». El chico estaba disfrazado de
explorador°, con un gran sombrero, botas de cuero, un
pañuelo al cuello y en el cinto una pistola de juguete.
Un Kit Carson° infantil y feroz que pasó al lado de
Galán sin mirarlo, pero sabiendo que estaba allí, y se
130 asomó al río:

    —¿Todavía está la sandía?—dijo, buscándola con
los ojos.

    —Sí. Todavía...—contestó Galán, sonriéndose—.
¿Tenías miedo de que yo me la hubiera comido?

135   —Oh, no. Usted no haría eso ¿no?—y, alzando la
voz, gritó—: O.K. It's O.K.

    Entonces del bosquecillo salieron otros dos niños:
de seis y ocho años.

    —¡Hola! —los saludó Galán con cariño: le
140 recordaron a sus propios hijos.

    Los niños le miraron, callados.

    —¿No hay serpientes de cascabel por aquí?
Tengan cuidado. Me pareció haber oído una.

    —Por aquí, no—contestó el chico—; por el
145 puente, dicen que sí.

    —¡Tengan cuidado! No estoy seguro, pero creo
que oí una serpiente de cascabel.

    —Usted habla raro, —dijo el chico.

    —Es que no hablo bien en inglés. Mi lengua es
150 española.

    —Ah, es mexicano.

    —No. Argentino. ¿Saben dónde queda la
Argentina?

    Con un gesto de las manos y otro de la boca el
155 chico dijo que no, mientras con un encogimiento de
hombros° agregaba que tampoco le importaba saberlo.

    Galán:—La Argentina está muy lejos, muy al sur.

    —¿Y en México celebran el 4 de julio, como
nosotros?

160   —No. No sé. Supongo que no. Cada país tiene sus
propias fiestas. Pero yo no soy mexicano...

    El chico se puso a inspeccionar a Galán, de arriba
a abajo.

    —Ah—dijo Galán riéndose—, no creas que
165 siempre ando así, sucio. Me caí y me embarré.

    —Yo tuve una vez un amigo mexicano. No era
malo. Creo.

    —Me alegro.

    —Aunque los mexicanos...

170   —Los mexicanos, ¿qué?

a... through glasses from the wrong end

scout

Véase la Traducción al final del capítulo

con... *levantando los hombros*

—Nada. Mi padre está con otros señores, allá abajo.

—Ya sé.

Ahora el chico señaló a la redonda° el Valle de   a... *alrededor*
175 los Treinta y dijo:

—Todo esto es nuestro.

—Ya sé.

—Dicen que México es lindo.

—Sí. Debe de ser un país muy lindo. No sé.
180 Nunca he estado allí. Yo vengo de la Argentina, que también es un lindo país. Yo nací en un lugar muy parecido a éste.

Los niños no le sacaban la vista de encima. El mayor dijo que iba a buscar una cosa y se fue.
185 —¿Me comprenden bien? —Galán siguió hablando a los niños, que lo miraban y miraban—. Porque mi inglés es muy malo ¿no? Yo nací en un lugar como éste, al pie de unas sierras, junto a un río...

(Kit Carson vino de atrás, despacito, con una gran
190 piedra entre las manos alzadas, y la descargó° con   *tiró*
todas sus fuerzas sobre la cabeza de Galán. La cabeza, abierta y sangrando, cayó al río, junto a la sandía.)

𝒞 o m p r e n s i ó n

1. ¿Qué datos personales acerca de Galán nos proporciona el autor a través del cuento?
2. ¿Qué es el Valle de los Treinta?
3. ¿Qué papel desempeña el gobierno en esta historia?
4. ¿De qué están convencidos los niños?
5. Según Galán, ¿cómo eran los caballeros reunidos en la cabaña?
6. Según Galán, ¿cómo les parecería él a esos señores?
7. ¿Qué pasó cuando Galán llegó al río y qué vio él?
8. Describa al chico que apareció de repente.
9. ¿Qué les dice Galán a los chicos acerca de sí mismo?
10. ¿Qué hizo «Kit Carson» al final?

𝒥 n t e r p r e t a c i ó n

1. ¿Qué importancia tiene el título del cuento?
2. ¿Por qué dice Galán que el decano parece un gigante?
3. ¿Por qué se refiere el decano a las películas de bandidos?
4. ¿Cómo interpreta Galán la actitud de los señores cuando el decano lo presentó a ellos?
5. ¿Por qué dice Galán que la sandía es una fruta «oxímoron»? ¿Qué opina Ud. de esta observación?

6. Cuando Galán ve a «Kit Carson», ¿por qué dice que parece un chico a pesar de ser un gigante?

7. ¿Por qué los chicos toman a Galán por mexicano?

8. ¿Qué opinan los chicos de los mexicanos?

9. ¿Por qué hizo «Kit Carson» lo que hizo al final?

Intercambio oral

A. La expropiación ocurre cuando se desposee de una cosa a su propietario, dándole una indemnización por lo general. Se efectúa legalmente por motivos de utilidad pública. Algunos creen que de esta manera el gobierno abusa de los derechos individuales. ¿Qué opina Ud.?

B. Los prejuicios / estereotipos étnicos. Explique los conceptos estereotípicos que tiene Galán acerca de los norteamericanos. Y los que tienen los chicos con respecto a los hispanos. ¿Cuál puede ser el origen de estos conceptos?

C. La violencia juvenil. ¿Por qué es tan común hoy día? ¿Influencia del cine y la televisión? ¿Deficiencias de los padres? ¿Los videojuegos? ¿Las drogas?

D. Los diferentes acentos de los extranjeros que hablan inglés producen diferentes efectos en los oyentes. ¿Negativos? ¿Positivos? ¿Erróneos? ¿Hay discriminación en los Estados Unidos hacia el acento de ciertas regiones? ¿Por qué (no)?

Galán, el protagonista de "La sandía" dice que su patria, la Argentina, es un hermoso país. Este valle de la región de "El Bolsón", con sus picos nevados al fondo, no tiene nada que envidiarle al valle que se describe en el cuento.

ℛ e p a s o   l é x i c o

Identifique cada palabra con su definición o sinónimo.

1.	agacharse	**a.**	aspecto
2.	cuesta	**b.**	limpio
3.	de bruces	**c.**	escaparse
4.	descargar	**d.**	pendiente
5.	despojar	**e.**	sin barba ni bigote
6.	embarrado	**f.**	inclinarse
7.	escabullirse	**g.**	paseo
8.	facha	**h.**	quitar una posesión a alguien
9.	frenar	**i.**	tirar
10.	lampiño	**j.**	rojizo
11.	pulcro	**k.**	cubierto de lodo
12.	rubicundo	**l.**	acostado con la cara contra el suelo
13.	vagar	**m.**	parar
14.	vuelta	**n.**	ir de un lugar a otro sin destino

SECCIÓN GRAMATICAL

Uses of para

The general concept behind **para** is aim, goal, destination, either real or figurative.

Para is used to express:

1. Purpose, aim, *in order to*.

Mi hermano estudia para ingeniero.	*My brother is studying to be an engineer.*
El gobierno quería el valle para construir una represa.	*The government wanted the valley to build a dam.*
Galán bajó al río para refrescarse.	*Galán went down to the river to cool off.*
No hay que ser rico para ser feliz.	*It is not necessary to be rich in order to be happy. (You don't have to be rich . . .)*

2. Motion toward a specific destination.

Parto para el Brasil esta tarde.	*I am departing for Brazil this afternoon.*
La ambulancia acababa de salir para la escena del accidente.	*The ambulance had just left for the scene of the accident.*
Las mujeres iban para el mercado con grandes cestas.	*The women were on their way to the market with large baskets.*

3. Use or suitability. Also for whom or for what something is meant.

Te olvidaste de poner en la mesa copas para vino.	*You forgot to put wineglasses on the table.*
Éste es el mejor remedio para el dolor de cabeza.	*This is the best remedy for headaches.*
Hay una venta especial de llantas para nieve.	*There is a special sale of snow tires.*
Llevaban velas para el santo patrón del pueblo.	*They were carrying candles for the patron saint of the village.*
Los candados eran para las tranqueras.	*The padlocks were for the gates.*

4. Deadlines or a definite point in time.

El carpintero tendrá la mesa lista para la semana que viene.	*The carpenter will have the table ready by next week.*
Para el otoño, el valle ya no será nuestro.	*By the fall, the valley will no longer be ours.*
Este reporte es para el primero de diciembre.	*This paper is due on December the first.*
—¿Qué hora es?—Faltan diez minutos para las tres.	*"What time is it?" "It is ten minutes to three."*

5. *Compared with, considering (that).*

Esta casa es demasiado grande para una familia tan pequeña.	*This house is too large for such a small family (considering that the family is so small).*
Hoy hace mucho calor para noviembre.	*Today it is very warm for November.*
El valle era un paraíso para los niños.	*The valley was a paradise for the children. (Other people would not necessarily consider it a paradise.)*
Ella tiene ya sesenta años pero se ve joven para su edad.	*She is already sixty but she looks younger for her age (considering her age).*

6. *To be about to, to be on the verge of.** **Listo para** means *ready to.*

Estaba muy nerviosa y le faltaba poco para echarse a llorar.	*She was very nervous and she was about to start crying.*
Hay muchas nubes negras en el cielo. Está para llover.	*There are many black clouds in the sky. It is about to rain.*
Los plátanos vienen congelados y listos para freír.	*The plantains come frozen and ready to be fried.*
Estábamos listos para salir cuando oímos la explosión.	*We were ready to go out when we heard the explosion.*

A p l i c a c i ó n

A *Explique el uso de los siguientes objetos usando la preposición* **para** *en su respuesta.*

¿Para qué se usa(n)...?

1. el líquido corrector
2. unos anteojos oscuros
3. la guía de teléfonos
4. las toallas de papel
5. un monedero
6. el jabón

B *Dé una fecha futura—exacta o probable—para cada pregunta.*

¿Para cuándo...?

1. terminará este curso
2. te graduarás de la universidad
3. piensas casarte
4. cambiarás el coche que tienes por uno nuevo

C *Identifique al destinatario de cada acción usando* **para.**

¿Para quién(es)...?

1. explica el profesor la lección
2. compras tú flores a veces
3. son la mayoría de las cartas que llegan a tu casa
4. compras regalos de Navidad

---

*In many Spanish American countries, and especially in Mexico, **estar por** is used instead of **estar para** to express *to be about to, to be on the verge of.*

Llevaré paraguas porque está por llover.	*I'll carry an umbrella because it is about to rain.*
Espera a Juan, está por llegar.	*Wait for Juan, he'll be arriving at any minute. (He is about to arrive.)*

In some countries, especially in the Caribbean, **estar al** is the expression commonly used in this case:

Llevaré paraguas porque está al llover.

Espera a Juan, está al llegar.

D *Conteste las preguntas explicando el propósito de las acciones.*

¿Para qué...?

1. lavas tu ropa
2. cierras a veces las cortinas
3. estudias
4. ahorras dinero
5. vas al cine
6. llamas por teléfono a tus amigos

E *Establezca comparaciones usando* **para** *y basándose en la información que se da en cada caso.*

Modelo: Esta casa tiene cinco dormitorios. En mi familia hay sólo tres personas.

→ *Esta casa es demasiado grande para mi familia.*

1. El coche costaba $5000. Yo sólo había ahorrado $3000.
2. La temperatura del horno es de 450°. El pastel hay que hornearlo a 350°.
3. Nenita sabe resolver ecuaciones de álgebra. Nenita tiene sólo diez años.
4. Peso ciento veinte libras. Mido seis pies de estatura.
5. Hoy la temperatura es de 50°. Estamos en el mes de junio.

Uses of por

There are two basic concepts behind **por**. One involves the subject's feelings and explains the motivation or reasons for an action; the other deals with the physical aspects of an action and introduces details such as approximate time, approximate location, as well as means or manner of performing the action, agent of an action, etc.

Por is used to express:

1. Motivation, reasons, compulsion (*because of, out of, for, on behalf of, on account of*).

No pudimos ir por el mal tiempo.	*We couldn't go because of the bad weather.*
¡Por Dios! Ella hizo eso por celos.	*For heaven's sake! She did that out of jealousy.*
Gonzalo hace muchos sacrificios por sus hijos.	*Gonzalo makes many sacrifices for his children (for their sake).*
El abogado rogó al juez por su cliente.	*The lawyer pleaded with the judge on behalf of his client.*
El Papa recibió el Premio Nobel por su labor por la paz.	*The Pope received the Nobel Prize on account of his work for peace.*

2. Feelings or attitudes of the subject toward a person or thing; also *to be for, to be in favor of.*

Siento gran admiración por ese autor.	*I feel great admiration for that author.*
Su odio por aquel hombre no podía describirse con palabras.	*His hatred for that man could not be described with words.*

María siempre vota por los candidatos republicanos.	*María always votes for the Republican candidates.*
Estoy cien por ciento por esa ley.	*I am one hundred percent for that law.*

3. The object of an errand, usually with verbs like **ir**, **venir**, **mandar**, **enviar**.

Vine por el libro que dejé aquí ayer.	*I came for the book that I left here yesterday.*
Como no quería cocinar envió al chico por comida al restaurante.	*As she didn't want to cook, she sent the boy to the restaurant for food.*
Mi esposa se siente muy mal. Voy por el médico.	*My wife feels very sick. I am going for the doctor. (I'm going to get the doctor.)*

4. Approximate location or time; place of transit (*around, in, by, through, throughout, along*).

El chico dijo que no había serpientes por ahí.	*The boy said that there weren't snakes around there.*
Nos gustaría viajar por España.	*We would like to travel around Spain.*
La Alhambra se comunica con el Generalife por un túnel.	*The Alhambra is connected with the Generalife through a tunnel.*
—¿Por dónde se sale de este edificio?—Por aquí.	*"How does one get out of this building?" "This way."*
Pasó por mi lado sin verme.	*He passed by my side without seeing me.*
El día está precioso. Demos un paseo por la avenida.	*The day is very beautiful. Let's stroll along the avenue.*

5. Duration of an action. **Por** is frequently omitted in this case.

Nos quedaremos en la ciudad (por) una semana.	*We will stay in the city (for) a week.*
Estuvo discutiendo con el vendedor (por) dos horas.	*He was arguing with the salesman for two hours.*
Estuvimos sin vernos (por) un mes.	*We didn't see each other in a month.*

6. Substitution, exchange, price.

No creo lo que dices. ¿Me tomas por tonta?	*I don't believe what you are saying. Do you take me for a fool?*
Mi amigo está enfermo, ¿puedo examinarme por él?	*My friend is sick, may I take the exam for him (in his place)?*
Como el novio vive en Europa, se casarán por poder.	*Since the bridegroom lives in Europe, they will be married by proxy.*
El gobierno les dará una buena indemnización por esas tierras.	*The government will give them a good indemnification for that land.*

Sustituir por does not mean *to put (be) in the place of* but *to replace with*. Note that the elements involved are inverted in the Spanish sentence.

Sustituya los nombres por pronombres.	*Substitute pronouns for the nouns. (Replace the nouns with pronouns.)*
Sustituiré el azúcar por sacarina.	*I will substitute saccharin for sugar. (I will replace sugar with saccharin.)*

To substitute for in the sense of one person taking the place of another, is **sustituir a**.

Ayer el profesor Padilla sustituyó a nuestro profesor, que estaba enfermo.	*Yesterday Professor Padilla substituted for our professor, who was sick.*

7. Percentage, rate, multiplication. Frequent English equivalents: *per, by the.*

Mi secretaria toma taquigrafía a diez palabras por minuto.	*My secretary takes shorthand at ten words per minute.*
Tres por cuatro son doce.	*Three times four is twelve. (3 × 4 = 12)*
¿Trabajas por hora o trabajas a destajo?	*Do you work by the hour or do you work on a piecework basis?*
El cuarenta por ciento de los habitantes del país son analfabetos.	*Forty percent of the inhabitants of the country are illiterate.*

8. Means, manner, instrument, agent.

Echaron a los huelguistas por la fuerza.	*They threw the strikers out by force.*
Usando mi calculadora resolví la ecuación como por arte de magia.	*Using my calculator I solved the equation as if by magic.*
Me dieron todas las instrucciones por teléfono.	*They gave me all the instructions by telephone.*
Galán veía el camino por las ventanillas del auto.	*Galán saw the road through the car windows.*
Las piedras del río habían sido redondeadas por el agua.	*The rocks in the river had been rounded by the water.*

9. Incompleteness (*yet to be done, yet to be finished*).

El puente está por terminar.	*The bridge is yet to be finished.*
Hay todavía mucho trabajo por hacer.	*There still is a lot of work to be done.*

Aplicación

A *Complete de manera original.*

1. Siento gran simpatía por...
2. En las próximas elecciones votaré por...

3. Siempre hago lo que puedo por...

4. Pagué... por...

5. Treinta y seis es el resultado de multiplicar...

6. Me gusta mucho pasear por...

7. Camino de mi casa, paso por...

8. Siento amor por...

9. Entré en esta habitación por...

10. El salario mínimo en nuestro país es... por...

B *Conteste, fijándose en el uso de* **por.**

1. ¿Has dicho a veces cosas desagradables por celos? ¿Por otra razón? ¿Cuál?

2. ¿Te han tomado alguna vez por otra persona? ¿Por quién?

3. ¿Vives por aquí o vives lejos de aquí?

4. ¿Nacieron todos Uds. por la misma época?

5. ¿Tienes algún trabajo por hacer? ¿Cuál?

6. ¿Te gustaría que otra persona pudiese tomar tus exámenes por ti? ¿Quién?

7. ¿Conoces a alguien que se haya casado por poder?

8. ¿Te han enviado alguna vez un mensaje por telegrama?

9. Más o menos, ¿qué por ciento de hispanos hay en esta región?

10. ¿Sientes mucha admiración por tu profesor(a) de español?

11. Si no puedes devolver un libro de la biblioteca personalmente, ¿por quién lo envías?

12. ¿Cuánto hay que pagar generalmente por una entrada para un concierto?

C *Exprese las siguientes oraciones de manera diferente, usando* **sustituir.**

Modelo: No usaré más mi automóvil. Usaré en cambio una bicicleta.

→ **Sustituiré** *mi automóvil* **por** *una bicicleta.*

1. A nuestra juventud no le gusta la seda. Todos prefieren el algodón.

2. No quiero este café. Prefiero que me traiga un té.

3. Mi gato Quiqui se murió. Ahora tengo otro gato llamado Pomponio.

4. Echaron a la Srta. Robles de su empleo y contrataron al Sr. Martín.

5. Antes comía mantequilla, pero el médico me ordenó que comiera margarina.

6. El ladrón se llevó las monedas de oro. Dejó en su lugar dinero falso.

7. Por favor, tráigame maíz en vez de berenjena.

8. Íbamos a leer *Doña Perfecta* en ese curso, pero el profesor prefirió que leyéramos *Misericordia.*

9. El sofá de la sala era muy viejo y mis padres compraron un sofá nuevo.

10. Antes usaba un reloj despertador para despertarme, pero ahora uso un radio reloj.

IDIOMATIC PHRASES WITH POR

al por mayor	wholesale	por eso	for that reason
al por menor	retail	por gusto	unnecessarily, for the fun of it
por adelantado	in advance	por las nubes	sky-high (price or praise)
por ahora	for the time being	por lo general	as a general rule
por casualidad	by accident	por lo menos	at least
por completo	completely	por lo tanto	consequently, therefore
por consiguiente	therefore	por lo visto	apparently
por decirlo así	so to speak	por ningún motivo	under no circumstances
por desgracia	unfortunately	por otra parte	on the other hand
por Dios	for heaven's sake	por regla general	as a (general) rule
por encima	hastily, cursorily	por suerte	luckily
por entero	entirely	por supuesto	of course
por escrito	in writing	por... vez	for the ... time

Examples:

Por casualidad vi el anuncio de ese apartamento en el periódico. **Por regla general**, no leo los periódicos, pero ayer lo leí **por encima**. **Por lo visto** era mi día de suerte. **Por lo tanto**, decidí ir inmediatamente a ver el lugar. Visitaba ese barrio **por primera vez**. La casera puso el apartamento **por las nubes** y dijo que acababan de pintarlo **por completo**. También dijo que esperaba que yo no la hubiese molestado **por gusto**, y que tenía que pagar dos meses **por adelantado** para que me dieran un contrato **por escrito** ¡**Por Dios!** Yo gano muy poco. **Por consiguiente**, he decidido que no puedo alquilar ningún apartamento **por ahora**. **Por lo menos**, puedo vivir en casa de mis padres, y ellos no me echarán a la calle **por ningún motivo**. ¡Soy un tipo que nació de pie, **por decirlo así**!

COMMON VERBS FOLLOWED BY POR

acabar por	to end up by	morirse por	to be dying to
brindar por	to drink to	optar por	to choose to
esforzarse por	to strive to, for	preguntar por	to inquire about, to ask for
interesarse por	to be interested in; to inquire about	preocuparse por	to worry about
luchar por	to struggle to, for	trepar por	to climb up
		votar por	to vote for

Aunque Peralta se esforzó mucho por vender su invento al principio, acabó por abandonar el proyecto.	*Although Peralta strived a lot to sell his invention at the beginning, he ended up by abandoning the project.*
Brindemos por los que luchan por la libertad.	*Let's drink a toast to those who struggle for freedom.*
Me moría por conocer al nuevo huésped, pero opté por ser discreta.	*I was dying to meet the new guest but I chose to be discreet.*
Si deseas causar una buena impresión, debes preguntar por la salud de su madre.	*If you wish to make a good impression, you should inquire about his mother's health.*
Las ratas treparon por la soga para subir al barco.	*The rats climbed up the rope to get on the ship.*

Aplicación

A *Traduzca al inglés el párrafo que aparece como ejemplo en la página 248.*

B *Haga un comentario original en cada caso, usando la expresión que se da entre paréntesis.*

1. La semana pasada robaron tres coches de los estacionamientos de la universidad. (por eso)
2. Quisiera un empleo mejor que el que tengo, pero es difícil encontrar un buen trabajo en estos tiempos. (por ahora)
3. Mi amiga tiene sesenta gatos y quince perros. ¡Gasta una fortuna en comida de animales! (al por menor / al por mayor)
4. La vocación de Alberto por la música es increíble. (por entero)
5. No sé el significado del verbo «conchabarse». ¿Lo sabes tú? (por primera vez)
6. Si va Ud. de noche por una calle oscura y ve que atacan a alguien, ¿huye del lugar o acude a ayudar a la víctima? (por supuesto)
7. Muchos piensan que los hijos adoptivos tienen derecho a saber quiénes son sus padres naturales. (por otra parte)
8. Tengo que escribir un informe para mi clase del Siglo de Oro, pero el profesor no dijo si debe ser extenso o puede ser corto. (por lo menos)
9. Cuando el carpintero comenzó a hacerme el armario en julio, le pagué el costo total, y tardó tres meses en terminar el trabajo. (por adelantado)
10. He buscado la llave de mi casa por todas partes, pero no la encuentro. (por suerte)
11. Mi compañero de apartamento es muy desordenado, no lava los platos que usa, ni siquiera hace su cama. (por consiguiente)
12. Muchas personas aprovechan la mañana del domingo para dormir, otras hacen ejercicio, otras van a la iglesia. ¿Qué haces tú? (por lo general)

C *Escoja la expresión de la lista que completa correctamente cada espacio en blanco.*

por casualidad
por decirlo así
por desgracia
por encima
por escrito
por gusto
por las nubes
por lo tanto
por lo visto
por ningún motivo

1. Fernando y yo no nos veíamos mucho, pero fuimos al mismo colegio de niños y éramos amigos,

_____. _____, me alegré cuando lo vi parado en la esquina. Hacía mal tiempo; era uno de esos días en que uno no sale _____, sino por obligación. Comenzó a llover. Casi nunca llevo el paraguas cuando salgo, pero esta vez lo traía

_____, y ofrecí compartirlo con Fernando. «No compartas tu paraguas con otra persona _____, me dijo, trae mala suerte». _____, Fernando es muy supersticioso.

2. Los precios de los mecánicos están _____. Mi mecánico me dio un presupuesto

_____ para reparar mi auto; lo miré _____ y me pareció razonable. Pero ahora he leído la letra pequeña y, _____, el arreglo va a costarme un dineral.

D *Complete de manera original.*

1. El ladrón entró en el banco trepando por...
2. Si me quieres como dices, debes interesarte más por...
3. Todos discutían. Juanito y Rosa querían ir a bailar, Pablo y Lucía insistían en ir al cine, y Humberto y Marta preferían ir al bingo. Yo opté por...
4. Si una persona inventa una mentira y la repite un número infinito de veces, acaba por...
5. Durante la recepción, todos levantaron las copas y brindaron por...
6. Hace un calor horrible. Me muero por...
7. Cuando te dije que debías trabajar más y dormir menos, no fue por interferir en tu vida, sino porque me preocupo por...
8. Él se llama Federico, pero todos lo conocen por Freddy. Cuando llegues a la residencia estudiantil, pregunta por... y no por...
9. Las notas son muy importantes en el expediente de un estudiante, debes esforzarte por...
10. El insecto había caído en un vaso de agua y luchaba por...

Special Uses of para and por

Sometimes the difference between **para** and **por** is quite subtle and either one may be used depending on whether the speaker wishes to stress (a) the purpose or goal of an action, or (b) its motivation. Such is the case in the following sentences.

Ernesto se casó con la viuda para apoderarse de su dinero.	*Ernesto married the widow to get her money.*
Ernesto se casaría con la viuda por apoderarse de su dinero.	*Ernesto would marry the widow because he wants to get her money.*

Also compare the following:

1. **Trabajar para** (*to be employed by*) and **trabajar por** (*to work on behalf of*).

El tío de Elena trabaja para la Compañía de Electricidad.	*Elena's uncle works for the Electric Company.*
El tío de Elena ha trabajado mucho por los pobres.	*Elena's uncle has worked a lot for the poor (on their behalf).*

2. **Hacer... para** (*to make . . . for*) and **hacer... por** (*to do . . . for*).

Hice esto para ti.	*I made this for you.* (A material object to give to you.)
Hice esto por ti.	*I did this for you.* (For your sake, on your behalf.)

3. **Luchar para** and **luchar por** both mean *to struggle to*. The use of **para** emphasizes the goal and implies that the subject not only struggled to achieve something, but succeeded in achieving it. **Por**, on the other hand, focuses on the struggle and is not concerned with the results.

Luché mucho para abrirme paso.	*I struggled a lot to get ahead.* (And I succeeded.)
Luché mucho por abrirme paso, pero fracasé.	*I struggled a lot to get ahead but I failed.*

4. **Para** + personal pronoun or noun expresses an opinion.

Para mí, (que) el asesino fue el camarero.	*In my opinion, the murderer was the waiter.*

Por + personal pronoun is used to indicate a person's indifference toward something.

Por mí, puedes hacer lo que te parezca.	*For all I care (as far as I am concerned) you may do whatever you please.*

𝒜 p l i c a c i ó n

A *Complete los espacios en blanco, decidiendo entre* **para** *y* **por.**

1. **Mi examen médico.**

Todos debemos hacernos un examen médico _____ año, pero yo había aplazado el mío _____ mucho tiempo _____ indolencia. _____ fin, el sábado le pedí un turno _____ teléfono al doctor Bisturí _____ hacerme un examen, y ayer fui a su consulta. Bisturí me hizo pasar _____ un túnel extraño mientras él, en la habitación contigua, me veía _____ televisión. También me sacó sangre _____ enviarla al laboratorio. Me dijo que yo estaba en condiciones físicas bastante malas _____ mi edad. (Tengo sólo veinticinco años.) Al final no me recetó nada, sólo me aconsejó que dejara de fumar. «Es muy malo _____ la salud, añadió. Sus pulmones están afectados _____ el cigarro. Estoy seguro de que Ud. tiene cierta dificultad _____ respirar». Pagué cien dólares _____ este consejo tan original, y prometí que haría lo posible _____ seguirlo.

2. **Viaje a Iquitos.**

Salimos _____ Iquitos al amanecer. La navegación _____ el río iba a durar _____ varias horas y llevábamos refrescos y provisiones _____ comer durante el recorrido. Mi esposo hacía este viaje _____ placer, porque siempre le ha fascinado la selva; yo iba _____ acompañarlo y no quedarme sola en casa. _____ mí era el primer viaje a esa región; mi esposo había estado allí antes, porque trabaja _____ una compañía exportadora y va al Perú frecuentemente _____ asuntos de negocios.

Pronto fuimos atacados _____ millares de mosquitos, que volaban _____ todas partes y esperaban a que estuviésemos descuidados _____ acribillarnos con sus picadas. Los indígenas nos dieron ramas _____ espantarlos. _____ la prisa al salir, habíamos olvidado en el hotel el repelente _____ mosquitos. Otro probema era que a veces teníamos que utilizar la mímica _____ comunicarnos con los indígenas, porque no nos entendían bien.

La selva es impresionante. _____ un pintor de paisajes debe ser el paraíso. Daría cualquier cosa _____ saber pintar _____ copiar la luz que se filtra _____ los árboles de hojas gigantescas.

3. **Un turista y un guía.**

El turista caminaba _____ una calle del puerto, asediado _____ los vendedores de «souvenirs», mientras se esforzaba _____ descifrar un mapa que llevaba en la mano. Cuando me vio, se me acercó _____ preguntarme _____ una dirección que llevaba apuntada en un papel. _____ ser extranjero, hablaba bastante bien el español. Me dijo que tenía que estar de regreso en el puerto _____ las cuatro, porque su barco zarpaba esa tarde _____ la Florida, y me preguntó si dos horas eran suficiente tiempo _____ hacer un recorrido breve _____ la ciudad. Añadió que tenía mucho interés _____ conocerla. La dirección que él buscaba queda _____ la parte sur, lejos de los muelles, _____ llegar a ese sitio había que tomar un taxi. Como soy muy servicial, me ofrecí _____ acompañarlo. Siento gran cariño _____ mi ciudad y me gusta mostrarla y hablar de ella. Tomamos un taxi y _____ el camino le fui explicando lo que sabía sobre los lugares _____ los que pasábamos. Cuando llegamos a la dirección que él buscaba, me dio las gracias _____ todo y quiso compensarme _____ mi servicio. _____ supuesto, rehusé enérgicamente el dinero que me daba, diciéndole que yo no hacía estas cosas _____ dinero y que _____ mí era un placer ayudar a un visitante. Me pidió perdón _____ su falta de tacto y me explicó que, _____ saber yo tanto de la historia de mi país, me había tomado _____ un guía profesional. Me dio su dirección _____ escrito y me prometió hacer _____ mí lo mismo que yo había hecho _____ él si algún día visitaba la Florida.

B *Haga un comentario original basado en cada una de las siguientes situaciones y usando las expresiones explicadas en* **Special Uses of Para and Por** *(página 251).*

1. Ud. planea un viaje con dos amigos. Cada uno de ellos tiene un hotel favorito y quiere hacer reservaciones en él, pero Ud. no tiene preferencia por ningún hotel en especial y les dice a sus amigos:...

2. Era muy difícil entrar en el estadio el sábado por la noche, porque iba a cantar Julio Iglesias y había cientos de personas tratando de entrar al mismo tiempo.

   a. Ud. se cansó de los empujones y el tumulto y decidió irse a su casa en vez de seguir tratando de entrar. Al llegar a su casa, le explicó a su madre:...

   b. Ud. persistió y, por fin, consiguió entrar. Una vez dentro del estadio, encontró a un amigo y le explicó que no había sido fácil la entrada diciéndole:...

3. Tomás Minaya tiene un empleo como inspector en el gobierno municipal. Hablando de Minaya y su empleo, Ud. dice:...

4. Su madre es una mujer maravillosa. El Día de las Madres Ud. le envía una tarjeta agradeciéndole todos sus sacrificios. Ud. escribe:...

5. Lisa ha faltado mucho a sus clases este semestre y está estudiando muy poco. Ud. expresa una opinión pesimista sobre las notas que recibirá Lisa:...

6. Es el cumpleaños de su novio/a y Ud. ha hecho un pastel en su honor. Ud. le entrega una caja con el pastel dentro y le explica su contenido, diciéndole:

7. Ud. admira mucho la labor de la Madre Teresa y explica el motivo de su admiración diciendo:...

Compound Prepositions

In Spanish two or more words are often combined to form compound prepositions. Sometimes one or more of the components of a compound preposition serves no other purpose than to intensify the meaning of the verb that accompanies it. The sentence **¡Qué mal educado! Pasó por delante de nosotros sin saludar.** (*What an impolite man! He passed in front of us without saying hello.*) also could be expressed without **por**, but using **por** stresses the idea of movement in the verb **pasó**.

Many compound prepositions establish spatial relationships and can be grouped in pairs of opposite meaning.

al lado de, junto a	*by, next to*	**separado/a de**	*separated from*
alrededor de	*around*	**a través de**	*through*
arriba de, encima de	*on, over, on top of*	**debajo de**	*under, beneath*
cerca de	*near*	**lejos de**	*far from*
delante de*	*before, in front of*	**detrás de**	*behind*
frente a, enfrente de*	*facing, in front of*	**de espaldas a**	*with one's back toward*
fuera de	*outside (of)*	**dentro de**	*inside (of)*

*****Frente a**, **enfrente de**, and **delante de** are often interchangeable, but you cannot use the first two unless the person or thing that is in front of you is facing you.

En esta aula, el profesor está frente a (delante de) los estudiantes, y los estudiantes que están sentados en la primera fila están delante de los que están sentados en la segunda.	In this classroom the professor is in front of the students and the students who are seated in the first row are in front of those who are seated in the second row.
La cola frente al (delante del, enfrente del) teatro era larga; había más de veinte personas delante de mí.	The line in front of the theater was long; there were more than twenty people in front of me.

Other common compound prepositions include:

a causa de	on account of, because of	a pesar de	in spite of
acerca de	about, concerning	con respecto a	in regard to, with respect to
además de	besides	después de	after
a excepción de	with the exception of	en contra de	against
a fuerza de	by dint of	en cuanto a	as for
antes de	before (time or order)	en lugar de, en vez de	instead of

Examples:

En cuanto al viejo, que andaba con dificultad a causa de su artritis, era malicioso además de avaro. A pesar de haber nacido muy pobre, había conseguido amasar una fortuna a fuerza de ser ahorrativo. Vivía en una choza junto al río en vez de vivir en el pueblo, cerca de sus hijos. Nadie lo visitaba, a excepción de su nieto.	As for the old man, who walked with difficulty because of his arthritis, he was cunning besides being a miser. Despite having been born very poor, he had succeeded in amassing a fortune by dint of being thrifty. He lived in a hut by the river instead of living in town, near his children. Nobody visited him with the exception of his grandson.

Note that often one of the components of a compound preposition is an adverb that can be used alone.

Trajeron antes los bocaditos; el champán lo sirvieron después.	They brought the appetizers first; the champagne was served later.
Si dejas tu bicicleta fuera, se oxidará.	If you leave your bicycle outside, it will get rusty.

Aplicación

Dé el equivalente en español de las palabras entre paréntesis.

1. **La reunión del lunes.**

Nos reunimos el lunes (*before*) la clase para hablar (*with respect to*) la nueva cafetería y también (*about*) los problemas de estacionamiento. Sólo (*by dint of*) paciencia o de mucha suerte consigue uno estacionarse aquí. (*In spite of*) la fuerte lluvia, todos estábamos en la reunión, (*with the exception of*) Alejandro y Eduardo. Alejandro avisó que no asistiría (*on account of*) el mal tiempo; (*as for*) Eduardo, (*instead of*) llamar, envió una nota, que llegó dos días (*after*) la reunión. Siempre está (*against*) todo, pero no coopera con nadie.

2. Mi cuarto.

No tengo baño (*inside*) mi cuarto; en mi apartamento hay un solo baño, que está (*near*) la cocina, (*next to*) la habitación de mi compañero. Mi cuarto no es muy grande, y parece más pequeño porque las cosas están frecuentemente (*outside*) el ropero: hay zapatos (*under*) la cama, ropa (*on top of*) las sillas, libros (*behind*) la puerta. A veces, cuando me paro (*in front of*) el espejo, no puedo verme porque tengo montones de discos (*on top of*) la cómoda (*in front of*) mí. Pero, (*in spite of*) tanto desorden, me siento bien en mi cuarto. Miro (*through*) la ventana y veo los arbustos que hay (*around*) el edificio. También veo a varios niños que juegan (*far from*) la calle, en un patio.

Ampliación léxica

SUSTANTIVOS FORMADOS CON EL PARTICIPIO PASIVO

Tanto en inglés como en español, muchos participios pasivos se usan como adjetivos, pero en español, además, los participios, igual que los adjetivos en general, hacen muchas veces el oficio de nombres sustantivos.

Participios como adjetivos:

Galán estaba aburrido cuando salió de su residencia.	*Galán was bored when he left his residence.*
El argentino vive en un país parecido a éste.	*The Argentine lives in a country similar to this one.*

Participios como nombres sustantivos:*

---

*En el habla popular de algunos países y especialmente de México, algunos participios pasivos adquieren significados interesantes al sustantivarse.

Es un *mantenido*. (Un hombre que no trabaja y vive de su mujer.)

Esa chica es una *igualada*. (Es poco respetuosa y se comporta como si fuera igual a sus superiores.)

Aquella mujer era la *entretenida* del general. (Era su amante.)

Sabes que eres mi *consentido*. (Eres mi favorito.)

No soy una *ofrecida*. (Una mujer «fácil».)

El marido de Inés es un *desobligado*. (Una persona irresponsable, que no cumple con sus obligaciones.)

Ese decano me parece un aburrido.		*That dean seems like a bore to me.*
El parecido del chico con su padre es asombroso.		*The similarity of the boy and his father is amazing.*

La siguiente lista contiene algunos participios comunes y sus significados adjetivales y nominales.

	COMO ADJETIVO	COMO NOMBRE SUSTANTIVO
acusado/a	*accused*	*defendant*
alumbrado/a	*lit*	*lighting, illumination (m.)*
arrepentido/a	*repentant, regretful*	*repentant person*
atrevido/a	*daring*	*insolent person*
bordado/a	*embroidered*	*embroidery, needlework (m.)*
caído/a	*fallen*	*fallen person, fall (f.)*
casado/a	*married*	*married person*
condenado/a	*condemned, convicted*	*convict*
desconocido/a	*unknown*	*stranger*
detenido/a	*detained; under arrest*	*detainee*
dicho/a	*said*	*saying (m.)*
divorciado/a	*divorced*	*divorced person; divorcée*
empleado/a	*employed*	*employee*
enamorado/a	*in love*	*lover, suitor*
escrito/a	*written*	*writing, text (m.)*
fracasado/a	*failed*	*failure, person who fails*
graduado/a	*graduated*	*graduate*
hecho/a	*made; done*	*fact; happening (m.)*
herido/a	*wounded*	*wounded person; wound (f.)*
impreso/a	*printed*	*printed matter (m.)*
impuesto/a	*imposed*	*tax (m.)*
invitado/a	*invited*	*guest*
lavado/a	*washed*	*washing (m.)*
parecido/a	*similar*	*likeness, similarity (m.)*
pedido/a	*requested, ordered*	*request, order (m.)*
presumido/a	*vain, conceited*	*conceited person*
prometido/a	*promised; engaged*	*fiancé; fiancée*
querido/a	*dear, beloved*	*lover, mistress*
reservado/a	*reserved*	*private room or compartment (m.)*
tejido/a	*woven, knitted*	*weave; knit; tissue (anat.) (m.)*
vencido/a	*beaten, defeated; expired (medicine, permit, etc.)*	*defeated one, loser*
zurcido/a	*darned, mended*	*mend, darn, patch (m.)*

Aplicación

A *Diga qué nombre se le da a la persona o personas que...*

1. recibió una sentencia de cárcel
2. detuvo la policía
3. tiene esposo/a
4. ha dicho cosas ofensivas
5. acusan de un crimen
6. tiene una idea exagerada de su valer
7. no ha triunfado en la vida
8. ha venido a la fiesta que Ud. da
9. ama a otra
10. trabaja en una compañía
11. rompió legalmente su matrimonio
12. no se conoce
13. ha recibido heridas
14. tienen relaciones extramatrimoniales
15. acaba de terminar sus estudios

B *Diga qué nombre se le da a...*

1. la mercancía que pedí porque la quiero comprar
2. el sistema de luces de la ciudad
3. lo que alguien escribió
4. la labor que estoy bordando
5. los papeles que se imprimieron
6. el trabajo de lavar la ropa
7. el por ciento del sueldo que se le da al gobierno
8. un remiendo que puse en unos pantalones rotos
9. una sección privada en un restaurante
10. una tela que alguien tejió
11. el acto de caer
12. un proverbio o expresión de uso popular

C *Exprese en español.*

1. an embroidered blouse
2. my beloved relatives
3. an expired license
4. her dead children
5. a knitted cap
6. my divorced friend
7. the beaten team
8. the merchandise requested
9. the fallen trees
10. an unknown fact
11. a daring act
12. the badly lit streets
13. similar problems
14. repentant sinners
15. reserved seats
16. married people

Distinciones léxicas

TO GROW Y TO RAISE

A. TO GROW

1. *To grow*, **crecer**, es un verbo intransitivo en español y significa **hacerse más grande**. Puede usarse para personas, animales o cosas.

Galán creció en un rancho de ganado lanar.	*Galán grew up on a sheep ranch.*
Lo malo de los gatitos es que crecen y se convierten en gatos.	*The bad thing about kittens is that they grow and become cats.*

2. *To grow plants* equivale a **cultivar**.

En la Argentina se cultiva mucho trigo.	*In Argentina they grow a lot of wheat.*

3. *To grow a beard, a mustache* es **dejarse crecer la barba (el bigote)**. Esta expresión se usa también para el pelo y las uñas.

El actor se dejó crecer el bigote y la barba para hacer el papel de pirata.	*The actor grew a mustache and a beard to play the role of a pirate.*

B. TO RAISE

1. Cuando *to raise* es sinónimo de *to grow vegetables*, su equivalente en español es **cultivar**; cuando es sinónimo de *to bring up* (tratándose de personas o animales), su equivalente es **criar**.

El granjero cultiva maíz y cría cerdos.	*The farmer raises corn and pigs.*

2. *To raise* como sinónimo de *to lift up* es **levantar**. **Levantar** se usa también en expresiones como **levantar la voz** y **levantar una estatua** (**un edificio, una pared**, etc.).

El albañil levantó el brazo para indicar hasta qué altura pensaba levantar el muro.	*The mason raised his arm to indicate up to what height he was planning to raise the wall.*

3. *To raise* como sinónimo de *to increase in price* es **subir**. *To raise one's salary* es **subir(le) / aumentar(le) (a uno) el sueldo**. *To raise* (*to collect*) *money* es **recoger (recaudar) dinero**.

Cuando el casero supo que me habían aumentado el sueldo, me subió el alquiler.	*When the landlord learned that they had raised my salary, he raised my rent.*

Estos hombres trabajan en un campo de maíz en Valle Central, Chile. Aunque el país es famoso sobre todo por el cultivo de viñedos, el maíz también se cultiva en abundancia.

A plicación

Complete con la palabra apropiada.

1. Me gusta mucho el campo porque (*I grew up*) _____ en el rancho de mis abuelos. Mis dos hermanos y yo quedamos huérfanos de pequeños y mis abuelos nos (*brought up*) _____ . El abuelo (*had raised*) _____ con sus propias manos la casa donde (*I grew up*) _____ .

   Mi abuelo (*raised*) _____ vacas y caballos en la finca. También (*raised*) _____ algunas legumbres, pero en pequeña escala, porque necesitaba el terreno para pasto del ganado.

   Cuando mi abuela murió, el abuelo se encerró en su habitación. No hablaba con nadie y (*he grew*) _____ la barba. Estuvo muy triste por varios meses.

2. Los obreros que están (*raising*) _____ el edificio junto a mi casa utilizan un ascensor especial para (*raise*) _____ los materiales. Mi barrio (*is growing*) _____ de manera asombrosa: además de este edificio, se están construyendo muchos otros. Esto va a (*raise*) _____

el valor de la propiedad, pero también va a (*raise*) _____ los alquileres en esta zona.

3. Niño, voy a enseñarte a respetarme y a no (*raise*) _____ la voz cuando te regaño; quiero que cuando (*you grow up*) _____ todos digan que (*I brought you up*) _____ bien.

4. Si podemos (*raise*) _____ suficiente dinero, le organizaremos un gran homenaje a nuestro profesor y le (*will raise*) _____ una estatua en el recinto universitario.

5. (*They have raised*) _____ tanto el precio de las verduras en los últimos tiempos, que he decidido (*to grow*) _____ mis propias

PARA ESCRIBIR MEJOR

La narración

Es difícil enseñar a narrar por tratarse de un arte muy personal, pero hay pautas generales que ayudarán al estudiante a mejorar su técnica narrativa.

A. RECOMENDACIONES GENERALES

Narrar es, básicamente, contar acciones y hechos ocurridos. La narración necesita movimiento, porque los sucesos y hechos forman parte de una progresión que va hacia un desenlace. El relato no tiene que ser cronológico, puede comenzar en el momento presente e ir hacia atrás, lo cual probablemente aumentará el interés del lector. Pero, cronológica o no, la narración debe ser ordenada.

Es importante comenzar bien. Abra con un párrafo sencillo, que presente datos o personajes importantes para la historia que va a contarse.

Lea otra vez el primer párrafo de «La sandía», y verá la siguiente información acerca del personaje que va a ser el protagonista: su profesión, el grupo étnico al que pertenece y el hecho de que es extranjero en los Estados Unidos.

Es necesario estar familiarizado con el ambiente en que se desenvuelve la acción. Si Ud. inventa un lugar imaginario, básese al hacerlo en un lugar que conozca bien, o combine elementos de varios lugares que conozca. Si va a narrar sobre una época pasada, busque información sobre las costumbres y la vida de la época. Los personajes deben encajar en el ambiente por su personalidad y comportamiento. En *La sandía*, el protagonista tendrá problemas precisamente por ser extranjero en un nuevo ambiente.

Evite lo absurdo. Su narración, aunque sea ficticia, debe ser siempre verosímil, es decir, creíble.

B. MANERAS DE ANIMAR EL RELATO

Su narración será más interesante si Ud. describe el ambiente y los personajes además de enumerar los sucesos. Pero evite el detallismo excesivo. Un narrador que da demasiados detalles es aburrido, tanto si está narrando oralmente para sus amigos en la vida real, como si está escribiendo.

No olvide lo que dijimos en el capítulo 8 al referirnos al diálogo: un diálogo breve intercalado en la narración le da vida a ésta.

El elemento humano es importante. Aunque los sucesos que se cuentan sean comunes o triviales, resultarán interesantes si hay en ellos interés humano. Fíjese en la sencillez del cuento de Anderson Imbert: unos niños toman equivocadamente a un extranjero por enemigo y él acaba asesinado. El interés humano radica aquí en ver que un hombre inocente pierde su vida a consecuencia de un error.

Una buena manera de animar el relato es «dramatizándolo», es decir, separándolo mentalmente en secciones que formen episodios o pequeños actos.

También se anima creando cierto suspenso y evitando que el lector pueda adivinar el desenlace antes del final.

Los personajes son muy importantes en la animación del relato. Preséntelos como seres vivos, con características físicas y espirituales parecidas a las de personas que Ud. ha encontrado en la vida real. Ser buen observador ayuda mucho en esto. Identifíquese con sus criaturas y trate de pensar como ellas pensarían.

No sea prolijo al informar al lector sobre el carácter de los personajes. Es mejor que ellos mismos se vayan revelando, a medida que avanza la narración, a través de sus palabras, sus actos y sus reacciones. Observe que a lo largo del cuento averiguamos más datos acerca de Galán: que tiene 50 años, que tiene hijos, y que en su trato con los niños es simpático, paciente y cariñoso.

C. PLANOS NARRATIVOS

Puede narrarse en primera o en tercera persona. En el caso de esta última, hay varios sub-planos, los más importantes de los cuales son el de autor omnisciente y el de autor-testigo presencial.

El autor omnisciente sabe todo lo que pasó y puede hasta entrar en la conciencia de los personajes y saber cómo se sienten. El autor testigo-presencial cuenta en tercera persona, pero a veces se mete en la narración con un «yo» ficticio o auténtico. En *La sandía*, es interesante para el lector recordar que el autor y Galán tienen en común por lo menos dos características: son argentinos y son profesores en los Estados Unidos.

Aplicación

A. Divida el cuento *La sandía* en episodios o actos breves e invente un título apropiado para cada uno.

B. Escoja el tema 4 que se sugiere al final del capítulo (p. 264) y escriba una narración siguiendo las recomendaciones que se han dado.

Traducción

KIT CARSON

If by any chance you are not familiar with the name Kit Carson, which appears in *La sandía*, and you are dying, so to speak, to learn something about this character, I will give you a brief account in writing.

To begin with, the man's real name was Christopher Carson, but he is generally better known by the name of Kit Carson. In his day, he was famous for being a trapper, a scout, and a warrior. His contemporaries would have been surprised to learn that by 1940 his name would also be famous for being the title of a Western movie. In the movie the role of Kit is performed by Jon Hall who fights with his rival, performed by Dana Andrews, for the love of Lynn Bari.

At the age of fifteen, Kit ran away from his home in Missouri to join a caravan that was leaving for New Mexico. For such a young person, this was quite a daring act.

Around the year 1840 Kit, on account of his knowledge of Indian customs and languages, worked as a guide for expeditions through the whole Indian territory in the West. Luckily, he survived many dangerous situations during those years.

Kit hoped to end up by retiring to a sheep ranch in New Mexico. Thus he would substitute a tranquil life as a rancher for the hectic life of his youth. But settlers were being attacked by the Native Americans and, therefore, Kit had to worry again about surviving. Unfortunately, he saw himself involved in military campaigns against the Apache, the Navajo, and the Comanche of New Mexico and Texas. Finally, he was promoted to army general in 1866.

This is all the information I can give you for the time being. If you are interested in learning more about Kit Carson, you can ask for his autobiography at the library.

Temas para composición

1. Invente una conclusión para *La sandía*. ¿Debe ser enjuiciado el asesino? ¿Ante un tribunal de menores o de adultos? ¿Qué decisión tomaría Ud. respecto al culpable si fuera Ud. juez o miembro de un jurado?

2. Cuente la trama de una película del oeste que haya visto o que sea de su invención.

3. Escriba sobre otros tipos de prejuicios y estereotipos como lo son los de color, religión, edad y minusvalía física o mental.

4. Escriba una narración en tercera persona sobre sucesos—reales o imaginarios—ocurridos durante unas vacaciones en este país o en el extranjero. Busque para su relato un título que cautive el interés del lector. Al redactar, siga las recomendaciones que se dan en la sección «Para escribir mejor».

5. John Wayne, aun después de muerto, sigue siendo enormemente popular como héroe del oeste. Analice el porqué de este fenómeno y cuente algo sobre su vida.

6. Los indígenas de éste y otros países han sufrido mucho a manos de sus gobiernos. ¿Existe alguna solución a estos problemas?

*C*APÍTULO *10*

L E C T U R A

El poeta peruano César Vallejo (1898–1938) es, además de poeta, un narrador interesante. Vallejo vivió varios años en París una vida bohemia y de necesidades económicas, tal vez a esto se deba el tono patético y pesimista de su obra. En poesía, perteneció al movimiento ultraísta, caracterizado, entre otras cosas, por un gran subjetivismo e imágenes muy originales. Como poeta, su libro más conocido es *Trilce* y como prosista, *El tungsteno*.

Para comprender mejor

Vallejo utiliza un vocabulario muy rico y muchas veces crea expresiones o usa las palabras en sentido figurado. Esto hace un poco difícil su lectura. También es característico de su estilo el poner el pronombre al final del verbo: salióme = me salió, cogióla = la cogió), lo cual da a sus escritos un tono antiguo. Es importante que Ud. lea este cuento varias veces. La primera vez, hágalo rápidamente, buscando las palabras y expresiones cuyo significado no conoce y familiarizándose con su explicación o traducción al margen. Vuelva a leer después con más cuidado, dividiendo el cuento en tres secciones: presentación del señor Lorenz y su amor (que termina en la línea 65), la boda de Nérida (que termina en la línea 126) y el niño misterioso. Resuma mentalmente cada sección cuando acabe de leerla. Una lectura final le dará una visión panorámica de la historia.

El unigénito°

       hijo único

Sí, conocí al hombre al que luego aconteció mucho acontecimiento°. La ciudad le tenía por loco, idiota o poco menos. A ser franco, diré que yo nunca le tuve en igual concepto°. Yerro°. Sí, le tuve como
5 anormal, pero sólo en virtud de tener un talento grandeocéano° y una auténtica sensibilidad de poeta.
    Cierta vez hasta almorzamos juntos en el hotel. Otra vez comimos. Y tomamos desayuno otro día. Y así durante cuatro o cinco meses seguidos que vivió
10 solo, por ausencia de los suyos del lugar. Un charlador

    acontenció... le pasaron sucesos muy importantes / le... tuve la misma opinión de él / Me equivoco (viene de errar) / grande como un océano

endemoniado° el señor Marcos Lorenz. A poco° le
lleguё a tener cariño y a extrañarle harto° cuando
faltaba al restorán.

    El señor Lorenz era soltero y no tenía hijo alguno.
15 A la sazón° contaba diez años como enamorado de
una aristocrática dama de la ciudad. Diez años. No
sonriáis. Sí. El señor Lorenz amaba a su amada hacía
una década. El mismo habíamelo declarado, así como
también que ella, a pesar de no haber estado juntos
20 jamás, lo sabía todo y quizás, a su vez, le amaba un
tanto°, pues el señor Lorenz la escribía expresándole
su cariño a menudo. ¡Viejo amor flamante° siempre
aquél, vibrando día tras día hasta haberse ecado° en
todos los oídos del distrito, donde nadie ignoraba
25 semejante° historia neoplatónica.

    —¡Acaso me ama un poco! —repetíase en la
mesa el señor Lorenz, ovalando un mordisco
episcopal° sobre el sabroso choclo° de mayo, que
deshacíase y lactaba°, de puro tierno, entre los cuatro
30 dígitos° del tenedor argénteo. Porque, en verdad, mi
excelente contertulio° no parecía estar muy seguro de
lo que sentiría por él la dama de su corazón.

    Mas, vino prueba en contrario una mañana en
que ingresó° el señor Lorenz al restorán. ¿Qué le
35 pasaba? ¿Qué cara traía, tan a crespas facciones
trabajada°?

    —Nada—respondióme con un mugido°—Sólo que
acaba de pasar ella acompañada de un bribón°, de
quien ya me han noticiado° como novio suyo...
40   —¿Cómo? —aducíle° sarcásticamente— ¿Y
usted? ¿Y sus diez años de amor?

    El señor Lorenz salióme entonces al encuentro°
pidiendo un antipasto de jamón del país° y sardinas.
Servido éste, añadió regocijado°:
45   —Parece estar mejor que el de ayer.

    Y, como si se vendase una ligera picazón de
insecto, voceó°:

    —¡Mozo! ¡Whisky!

    No obstante lo cual, notificado quedaba yo que,
50 verdaderamente, lo que el señor Lorenz sentía por
aquella dama era una pasión a todo cuadrante°. No
cabía duda. ¡Viejo amor flamante siempre el suyo!

    Una tarde leí, poco después, en uno de los diarios
locales:
55   ENLACE CONCERTADO°. Ha quedado
concertado el enlace del señor Walter Wolcot con la
señorita Nérida del Mar.

*tremendo / A... Al poco
tiempo / mucho*

A... En aquel momento

un poco
brand-new
hecho eco

tal

*ovalando... dando un gran
mordisco de forma
ovalada /* (S.A.)
*mazorca de maíz /
goteaba líquido /* tines
*persona que hace
tertulia con otra*

entró

*tan... con una expresión
tan enojada*
*sonido como la voz del
toro y la vaca / pícaro
/ dado la noticia*

le argumenté

*salióme... me impidió que
siguiera hablando /
del... no importado /
con alegría*

gritó

a... total, enorme

*Enlace... Boda acordada o
pactada*

¡Pesia° ¡Pobre señor Lorenz! Qué amargas
calabazas le florecían°.* Calabazas decenarias°.

60 No volvió el señor Lorenz a decir palabra
alguna sobre Nérida. Caviloso°, callado, sólo de vez
en tarde interrumpía la taciturnidad del yantar°
para estornudar° algún versículo del Eclesiastés,
entre cuyas palabras aventaba° su

65 desventura°.

Luego, dos mil ciento sesenta y dos horas°.

Y un domingo al mediodía, la orquesta lanza una
torreada° marcha nupcial entre las pilastras de rancias
molduras° provinciales y bajo los domos iluminados

70 del templo, cuyo altar mayor resplandece
enguirnaldado° de albos azahares°, goteantes de
campo y de rocío°.

Los novios eran Nérida y el caballero de la
cuádruple V°: él, calvete° prematuro, sanguinoso° tipo

75 congestionado de *clubman* empedernido° que duerme
hasta las tres de la tarde; grandes ojos engallados°
verdebotella, crónico gesto placentero°, como si
siempre estuviese celebrando algo, flamante traje de
una cuasi mortuoria° corrección británica. Ella...

80 visiblemente pálida. ¿Y el otro?... ¡Oh espectáculo de
impiedad y de heroísmo! También estaba allí. Le hallé
alarmantemente demudado°.

Él, a su vez, me vio, pero no pareció verme. Le
saludé con una venia° y no me hizo caso. Muy cerca

85 de la pareja, erguíase° aquel hombre, rígido,
petrificado en dantesca lacería°.

Monseñor, revestido de finísima pelliza de gran
tono°, mayaba°, con voz enronquecida, el sagrado latín
del sacramento. En los incensarios de plata antigua y

90 cadenillas de oro, ardían los granos de resinas
místicas. La orquesta por segunda vez llegaba a la
llave de sol de la partitura° y, sudoroso°, el acólito
murmuraba como en sueños, de capítulo en capítulo,
sus sílabas rituales.

95 De súbito, la triste desposanda hizo una extraña
cosa. En el preciso momento en que el tonsurado° la
hacía la pregunta de promesa°, alzó ella sus ardientes
ojos de ámbar oscuro, inundados en febril humedad°,
y derecho fue a clavarlos° en el otro, en el señor

100 Lorenz. Tal°, distraída por entero, no contesta.
Algunos del cortejo° notan el inesperado silencio y,
siguiendo la dirección de la mirada de Nérida, la
encontraron posada° en el pobre Marcos. Y luego,

Damn!

Qué... How he was jilted / *de diez años*

Pensativo

la... *el silencio de la comida / decir rápidamente,* (lit.) sneeze / *lanzaba / desgracia*
tres meses

soaring

pilastras... *columnas con adornos antiguos*

con guirnaldas / flores blancas que llevan las novias / dew

las iniciales del novio eran W.W. / calvo / de tez rojiza / set in his habits / *altaneros, soberbios / de satisfacción*

cuasi... *casi funeraria (muy seria)*

alterado

inclinación de la cabeza

se alzaba

en... *con sufrimientos como del infierno de Dante*

pelliza... *vestidura muy elegante / hacía un sonido con la voz como la voz de un gato*

score / sweaty

sacerdote (lit. *que lleva tonsura*) / **la...** *le preguntaba si aceptaba a Wolcot como esposo* / **inundados...** flooded with feverish tears / *fijarlos / Así* / bridal party / *detenida*

Recibir calabazas significa que el enamorado es rechazado por la otra persona.

todo como en la duración del relámpago, el señor
105 Lorenz recibió aquella mirada, quebró bruscamente su
rigidez tormentosa°, de un solo tranco° lanzóse hacia
Nérida arrollando a cuantos tropezó a su paso y, con
increíble destreza de ave rapaz°, cogióla el rostro
estupefacto° y la dio un beso furioso en toda su boca
110 virgen, que entreabrióse como un surco°... Luego, el
señor Lorenz cayó pesadamente a tierra.

quebró... *rompió de manera brusca su inmovilidad atormentada* / *paso largo* / ave... bird of prey / astonished / furrow

Un revuelo° de voces y una repentina parálisis de
todos. Y quienes, en son° de airada° indignación
acercáronse al yacente° besador, al inicuo° intruso°,
115 oreja en pecho oyeron a la Muerte fatigada y sudorosa
sentarse a descansar en el corazón ya helado de aquel
hombre. ¡Pobre señor Lorenz! Sólo de esta manera, y
en sólo este beso fugaz, frotado y encendido por el
total de la vida, en la muerte, logró unir su carne° a la
120 carne de su amada que ¡ay! acaso no le había amado
nunca en este mundo.

conmoción

en... *con actitud* / *furiosa*

que estaba tendido en el suelo / *malvado* / *que se ha introducido en un lugar sin derecho*

flesh

El desposorio° quedó frustrado... Nérida también
había sufrido en tal instante seria conmoción nerviosa
y, llevada al lecho de dolor°, agravándose fue de
125 segundo en segundo, para morir una hora después de
la instantánea muerte del pobre Marcos...

boda

lecho... *cama de enferma*

Y hoy, corridos° ya algunos años desde que
abandonaran el mundo aquellas dos almas, en esta
dorada mañana de enero, un niño fino y bello acaba
130 de detenerse en la esquina de Belén, un niño
extrañamente hermoso y melancólico.

pasados

Pasa un ómnibus del cual bajan varios pasajeros.
A uno de ellos, señorón de amplio aire mundano, se
le cae el bastón. El niño, tan bello y, sobre todo, tan
135 melancólico, gana° a recoger la caída caña°, enjoyada
de oro rojo casi sangre, y se la entrega al dueño que
no es otro sino el propio señor Walter Wolcot. Éste
advierte el rostro del pequeño y, sin saber por qué,
sufre fuerte sobresalto°. Vacila. Tartamudo° agradece,
140 por fin, la gentileza anónima y, con desesperada
vehemencia que lagrimea° de misteriosa inquietud°,
pregunta al niño:

llega antes que los demás / *bastón*

susto / Stammering

(fig.) *tiene lágrimas* / *preocupación*

—¿Cómo te llamas?
145 El infante° no responde.
—¿Dónde vives?
El infante no responde.
—¿Cuántos años tienes?
El infante no responde nada.
150 —¿Tus padres... ?
El niño se pone a llorar...
Una mosca negra y fatigada viene y trata de

Falso cognado. Infante *no significa bebé sino niño.*

Vista de la Plaza de Armas de Lima, Perú, con la catedral al fondo. Leyendo la descripción que nos hace Vallejo en la lectura, podemos imaginarnos a Nérida junto al altar mayor de esta catedral durante su boda con el señor Wolcot.

posarse en la frente del señor Walter Wolcot, a punto en que éste se aleja del niño. Muy distante ya, se la espanta° varias veces.

se... *hace movimientos con la mano para que la mosca se vaya*

Comprensión

1. ¿Qué opinión tenía el narrador del señor Marcos Lorenz?
2. ¿Cómo se conocieron ellos?
3. ¿Cómo sabía la amada del señor Lorenz que él la amaba?
4. ¿Por qué entró un día el señor Lorenz muy enojado al restorán?
5. ¿Qué leyó el narrador en el periódico?

6. ¿Cómo era el novio de Nérida?

7. ¿Qué hizo Nérida cuando el sacerdote le hizo la pregunta de promesa?

8. ¿Cómo reaccionó Marcos y qué le pasó a él?

9. ¿Por qué se frustró el matrimonio de Nérida y el señor Wolcot?

10. ¿Cómo era el niño?

11. ¿Qué hace el niño cuando el señor se baja del ómnibus?

12. ¿Qué preguntas hace el señor Wolcot y qué reacción tiene el niño ante ellas?

Interpretación

1. Al principio de la narración, Vallejo nos dice que el señor Lorenz no tenía hijos y que nunca se había reunido con su amada. ¿Por qué son importantes estos datos?

2. ¿Cree Ud. que el autor mira al novio de Nérida con simpatía? ¿Por qué (no)?

3. ¿De qué manera contribuye la descripción de la iglesia a hacer más impresionantes los sucesos?

4. El autor nos dice que acaso Nérida no había amado nunca al señor Lorenz. ¿Está usted de acuerdo? ¿Por qué (no)?

5. ¿Qué detalles da el narrador para hacer parecer misterioso al niño?

6. ¿Por qué es tan importante el título en este cuento?

7. ¿Existe una explicación lógica para la existencia de este niño?

Intercambio oral

A. Los amores platónicos. ¿Existen todavía hoy día? ¿Es posible amar por diez años a una persona sin conocerla? ¿Es posible enamorarse de alguien famoso con quien uno no ha hablado nunca, por ejemplo, un(a) cantante o un actor o una actriz de cine?

B. ¿De qué murió Marcos Lorenz? ¿De amor? Y ¿de qué murió Nérida? ¿Le parece a Ud. que este final es absurdo? ¿Podría algo así suceder en nuestra época? ¿Es posible morirse de amor? ¿Y enfermarse?

C. Existen varias clases de amor entre personas del sexo opuesto. ¿Cuál de ellas ofrece más oportunidades de éxito en el matrimonio? ¿Un amor muy apasionado? ¿Un amor tranquilo que es más bien cariño? ¿Un amor que es más bien aprecio y amistad? ¿Por qué?

D. Parece que Nérida, la protagonista de *El unigénito*, no se casa por amor. ¿Es posible ser feliz en un matrimonio si uno se ha casado sin amor? ¿Es mejor que ambos esposos se amen igual o que uno ame más que el otro? ¿Por qué?

Por lo menos, Nérida y Mr. Wolcot no experimentaron el problema de tráfico que tuvieron los novios de este chiste.

Repaso léxico

Escoja palabras de la lista de la columna (b) para reemplazar las palabras en cursiva de la columna (a).

(a)	(b)
1. Estaba *pensativo* y se veía que tenía una gran *preocupación*.	*a trancos*
2. A veces *me equivoco*, porque creo que un individuo es bueno y resulta ser un *pícaro*.	*bribón*
3. Carlos no dice nunca la verdad, es un mentiroso *que no cambia*.	*la caña*
4. No pude dormir anoche porque un gato *lloraba* junto a mi ventana.	*caviloso*
5. El sábado mis amigos celebran *los diez años* de su *boda*.	*el decenario*
6. Se acercó *a grandes pasos*, saludó con una *inclinación del cuerpo* y recogió *el bastón* que se había caído.	*demudada*
7. Cuando la mujer oyó *la voz de la vaca*, se tiró de *la cama* con gran *susto*.	*desventura*
8. *Muy contento*, mi amigo me mostró el auto *nuevo* que acababa de ganar como premio en una rifa.	*empedernido*
9. Vi su cara *alterada* y adiviné su *desgracia*.	*enlace*
10. Cuando descubrieron al *hombre que había entrado sin permiso*, hubo *una conmoción* y algunas personas *gritaron*: «¡Que se vaya!»	*flamante*

inquietud
intruso
el lecho
mayaba
el mugido
regocijado
un revuelo
sobresalto
venia
vocearon
yerro

SECCIÓN GRAMATICAL

Placement of Descriptive Adjectives

Limiting adjectives (those indicating number or quantity) are placed in Spanish before the noun. So are demonstratives, indefinites, and possessives in their unstressed form. The problem of placement concerns only descriptive adjectives since they can either precede or follow the noun.

The rules concerning the position of descriptive adjectives are very flexible. Good writers use adjective position to attain certain effects, taking into consideration such elements as rhythm and sound. There are, however, some general guidelines that can help inexperienced writers to place adjectives correctly.

1. Descriptive adjectives follow the noun when they are differentiating, that is, when they distinguish between one noun and others of its kind.

Adjectives that refer to color, size, shape, condition, nationality, group, or any type of classification are differentiating adjectives. (In English, since all adjectives precede the noun, differentiating adjectives are distinguished by vocal stress: The *blond* child was the one who said that.)

Por favor, pon la mesa redonda frente al sillón azul y la alfombra grande en mi habitación.	*Please put the round table in front of the blue chair and the large rug in my bedroom.*
Cambié el curso de química orgánica por uno de sicología aplicada.	*I changed the course on organic chemistry for one on applied psychology.*

The adjectives **buen(o)** and **mal(o)** may precede or follow the noun.

Después de un día malo, se necesita un buen descanso.	*After a bad day one needs a good rest.*

2. Since past participles used as adjectives normally express a condition, they have a differentiating function and follow the noun in most cases.

En el nido caído había un pajarito con un ala rota y un pajarito muerto.	*In the fallen nest there was a bird with a broken wing and a dead bird.*

3. Adjectival phrases (those formed with **de** + noun) always follow the noun. So do descriptive adjectives when modified by an adverb.

Jacinto hablaba con una chica bastante bonita, que llevaba un traje de noche.	*Jacinto was talking to a rather pretty girl who was wearing an evening gown.*

4. A descriptive adjective following a noun is as important as the noun. When the descriptive adjective precedes the noun, it becomes nondifferentiating; in other words, its importance is minimized and it functions as an ornament or to add color.

   An easy way to decide whether or not an adjective is nondifferentiating is to try to eliminate it. If the adjective can be omitted without a loss in meaning, it is probably nondifferentiating and should be placed before the noun. In the sentence *His father gave him a beautiful clock for his birthday*, the word *beautiful* can be omitted without great loss in meaning. In the sentence *His father gave him an alarm clock for his birthday*, omitting *alarm* would leave the meaning incomplete. So we say **un hermoso reloj** and **un reloj despertador**.

5. There are three main types of nondifferentiating descriptive adjectives.

   a. Adjectives that express qualities inherent in the noun and, therefore, form a concept with it. One says **La fría nieve cubría el campo**, **Un violento huracán destruyó la cosecha**, and **El ágil atleta saltó los obstáculos**. These are expected adjectives. One expects snow to be cold, a hurricane to be violent, and an athlete to be agile. Note that all these purely ornamental adjectives could be omitted without loss of meaning in the sentences. However, if one says **No me gusta la sopa fría**, **Juan es un hombre violento**, and **Necesitan una chica ágil**, it is evident that **fría**, **violento**, and **ágil** cannot be eliminated. **No me gusta la sopa** would have a different meaning while **Juan es un** hombre and **Necesitan una chica** would have little meaning or no meaning at all.

Study the following quotations from a description of the town of Málaga by Rubén Darío.

«**Los hombres pasan con sus trajes *nuevos*, los sombreros *grises cordobeses*, los zapatos *de charol*...** ».

Note that all the adjectives here follow the noun because they have a differentiating function: they are describing what kind of suits, hats, and shoes those men are wearing.

«**Sol *andaluz*, que vieron los *primitivos* celtas, que sedujo a los *antiguos* cartagineses, que deslumbró a los navegantes *fenicios*, que atrajo a los *brumosos* vándalos, que admiró a los romanos...** ».

The adjectives **andaluz** and **fenicios** geographically distinguish the sun and the navigators respectively and, therefore, they follow the noun. **Primitivos**, **antiguos**, and **brumosos** are used to refer to three of the ancient peoples that colonized the Iberian Peninsula. Anybody who knows the history of Spain would expect these adjectives to be used with reference to these peoples. Furthermore, they could be omitted without the meaning of the sentence being affected.

«**Junto a las *doradas* naranjas *dulcísimas*, se ve la *americana* chirimoya**».

Doradas precedes **naranjas** because it is an adjective one expects to be applied to oranges. **Dulcísimas** follows because it has a differentiating quality; it is telling us what kind of oranges these are. The position of **americana** preceding **chirimoya** is an interesting case, since adjectives of nationality rarely precede the noun. But the **chirimoya** (a tropical fruit unknown in the United States) is not a Spanish fruit. **Americana** (here meaning *from the New World*) is "expected" and nondifferentiating in this case since there are no **chirimoyas** except the ones from America.

    b. Subjective adjectives are also nondifferentiating. Complimentary statements, like those found in the social pages of the newspapers, belong to this category.

La *linda* señorita Marieta Camejo, hija de la *elegante* dama Lucía Cortés viuda de Camejo, se casará el sábado próximo con el *distinguido* abogado Pablo Enrique Castillo Vergara.	*Pretty Miss Marieta Camejo, daughter of the elegant lady Lucía Cortés widow of Camejo, will marry the distinguished lawyer Pedro Enrique Castillo Vergara next Saturday.*

    c. Adjectives that normally would be differentiating are often placed before the noun in poems or in written descriptions that have a poetic tone.*

A la *solitaria* mansión de *esbeltas* y *elegantes* columnas, se llegaba por un *retorcido* sendero.	*One reached the lonely mansion with its slim and elegant columns by a winding path.*

---

*In Spanish, an adjective placed before the noun has a more elegant tone than one that follows.

6. Other cases of a descriptive adjective preceding the noun.

   a. In some set phrases.

a corto (largo) plazo	*short (long) term*
Bellas Artes	*Fine Arts*
La Divina Comedia	The Divine Comedy
libre pensador (librepensador)	*freethinker*
mala hierba*	*weed*
mala suerte	*bad luck*
(la) pura verdad	*(the) real truth*
el Santo Padre	*the Holy Father*
(hacer) su santa voluntad	*(to do) as one pleases*
una solemne tontería	*a very foolish thing*

   b. In exclamations.

¡Qué hermoso día!	*What a beautiful day!*
¡Increíble suceso!	*An unbelievable incident!*

Aplicación

A *¿Antes o después? Coloque los adjetivos en el lugar apropiado.*

1. Bailes mexicanos.

El Palacio de (*Bellas*) _____ Artes _____ de la (*hermosa*) _____ ciudad _____ de México es un (*suntuoso*) _____ edificio _____ de (*blanco*) _____ mármol _____, situado en una (*céntrica*) _____ sección _____ de la (*populosa*) _____ capital _____. Allí suele presentarse el (*folklórico*) _____ ballet _____, un (*maravilloso*) _____ espectáculo _____ de (*regionales*) _____ trajes _____ y (*típicos*) _____ bailes _____.

2. La niña vuelve a casa.

Aquél era en verdad un (*miserable*) _____ barrio _____. Los (*decadentes*) _____ edificios _____ se agrupaban como buscando

---

*Mala hierba** is used also in a figurative sense to refer to people:

Esa chica es mala hierba, no quiero que mi hija ande con ella.   *That girl is a bad influence; I don't want my daughter to go around with her.*

(*recíproco*) _____ apoyo _____ . Un (*flaco*) _____ gato _____
hurgaba en los (*atestados*) _____ cubos de basura _____ . Media
docena de (*semidesnudos*) _____ chiquillos _____ saltaban rientes
frente a una (*abierta*) _____ toma de agua _____ para refrescarse con
el (*fresco*) _____ chorro _____ . El agua corría veloz hacia la
alcantarilla, dejando a su paso (*pequeños*) _____ charcos _____ en
el (*irregular*) _____ pavimento _____ . Dos (*raquíticas*) _____
palomas _____ hundían con ansia el pico en uno de los charcos.

    «Aquí es», dijo la niña desde el (*mullido*) _____ asiento _____ del
(*elegante*) _____ coche _____ con una (*tímida*) _____ vocecita
_____ . El señor que conducía y su esposa intercambiaron (*compasivas*)
_____ miradas _____ . Una (*gorda*) _____ mujer _____ de
(*canoso*) _____ pelo _____ estaba sentada a la puerta del (*ruinoso*)
_____ edificio _____ . Llevaba un (*desteñido*) _____ vestido
_____ . La mujer dirigió al coche una (*curiosa*) _____ mirada
_____ . La (*trasera*) _____ puerta _____ se abrió y la (*frágil*)
_____ chiquilla _____ saltó a la acera y corrió hacia la (*sorprendida*)
_____ mujer _____ .

3. Visita a una mina.

Cuando llegaron a la (*angosta*) _____ entrada _____ de la mina, José
Asunción, un (*flaco*) _____ minero _____ , entró delante para guiar a
los (*impresionados*) _____ turistas _____ . Caminaron todos despacio
por el (*oscuro*) _____ túnel _____ , guiándose por la (*débil*) _____
luz _____ de la linterna que llevaba el minero.

4. Una tormenta en el mar.

Era una (*tropical*) _____ tormenta _____ . El (*pesquero*) _____
barco _____ en que íbamos se movía como un juguete de las (*furiosas*)
_____ olas _____ . El (*fuerte*) _____ viento _____ azotaba la
cubierta de la (*desamparada*) _____ embarcación _____ . Debajo se
agrupaban los (*temerosos*) _____ pasajeros _____ . María, que era una
(*religiosa*) _____ mujer _____ , rezaba en (*alta*) _____ voz
_____ .

B *Imagine que Ud. es un(a) cronista social, describiendo un acto para un periódico. Para cada nombre en cursiva, escoja uno de los adjetivos que se dan, adaptando su terminación. No use el mismo adjetivo dos veces. (Observe que en este caso, la mayor parte de los adjetivos son adornos.)*

activo	emocionante	memorable
adornado	estupendo	multicolor
alegre	fino	nuevo
ancho	gentil	obligado
antiguo	grande	principal
aristocrático	hermoso	querido
azul	honorable	recién construido
bello	ilustre	remodelado
bien coordinado	importante	rojo
bonito	inolvidable	romántico
caluroso	inspirado	simpático
de seda	inteligente	solemne
distinguido	interesante	tan conocido
divertido	joven	típico
eficiente	límpido	vivo
elegante	lujoso	valiente

La inauguración del Parque de la Constitución

La *ceremonia* de inauguración del *Parque* de la Constitución, contó con la asistencia de *funcionarios* de la ciudad. El *señor* alcalde asistió, acompañado de su *esposa* y su *hija*. También vimos allí, en un *palco* destinado a las *autoridades*, al *jefe* de policía y a tres de nuestros *concejales*. La *música* estuvo a cargo de la *banda municipal*, que tocó *marchas* y *canciones*. Poco antes de que comenzaran los *discursos*, la *esposa* del alcalde, cortó la *cinta* que sujetaba más de cien globos. Fue un *espectáculo* verlos cubrir el *cielo* de esta *tarde* de agosto.

C *Añada adjetivos originales a las siguientes descripciones, tratando de usar un tono poético. Puede cambiar un poco las oraciones si así lo desea.*

1. Las nubes avanzaban acumulándose hasta formar una especie de maraña. Eran grises, casi negras. Se veía que se acercaba un chubasco. De pronto, se oyó un trueno a lo lejos. Hilos de agua comenzaron a caer oblicuamente, empapando la hierba y los matorrales. La luz de los relámpagos atravesaba el cielo. Todo duró menos de media hora. El sol salió cuando menos se esperaba. El campo olía a limpio, y los pajaritos, saliendo de Dios sabe dónde, cantaban en las ramas de los árboles.

2. Cuando salimos al campo empezaba a amanecer. Todos dormían todavía. La tranquilidad del paisaje invitaba a la meditación. Vi en lontananza

unas lomas, casi cubiertas por la niebla. Parecían gigantes. Después fuimos viendo señales de vida. Por un puente pasaba una recua de mulas. Rebaños de ovejas subían por la falda de una loma, y en el prado, un grupo de palomas volaba sobre el techo de un caserón. Yo iba en un caballo y los demás en mulas. Cuando pasábamos cerca de alguna casa, los perros nos perseguían ladrando.

DIFFERENCES IN THE MEANING OF ADJECTIVES ACCORDING TO POSITION*

	BEFORE THE NOUN	AFTER THE NOUN
antiguo	*former, of long standing, ex-*	*very old, ancient*
cierto	*certain*	*sure, definite*
diferente	*various*	*different*
medio	*half*	*average*
mismo	*same, very*	*-self*
nuevo	*another*	*brand-new*
pobre	*poor (unfortunate, pitiful)*	*penniless, needy*
propio	*own (used as an intensifier)*	*own (of one's ownership)*
puro	*sheer*	*pure*
raro	*rare (few)*	*strange, odd, uncommon*
simple	*just, mere*	*simple-minded*
único	*only, single*	*unique*
viejo	*old (of long standing)*	*old (in years)*

*This list is based on general usage. However, the use of position to express differences in meaning is not a practice followed rigidly by native speakers; sometimes context and not position determines the meaning.

Examples:

La *pobre* Ana Montejo era una persona *rara*. A la muerte de sus padres, se había mudado a un edificio *viejo*, no lejos de su *antigua* casa. Salía en *raras* ocasiones y había acumulado, en el *único* dormitorio de su departamento, un montón de cachivaches *antiguos* que le daban a la habitación un aspecto *único*.

Poor Ana Montejo was an **odd** person. On her parents' death, she moved into an **old** building, not far from her **former** house. She went out on **rare** occasions and she had accumulated, in the **only** bedroom of her apartment, a lot of very **old** stuff which gave the room a **unique** look.

Lo vi todo con mis *propios* ojos.

*I saw everything with **my very own** eyes.*

No vivo con mis padres sino en mi *propio* apartamento, pero algún día quiero tener casa *propia*.

*I don't live with my parents but rather in **my own** apartment but I want to own a house **of my own** some day.*

Aplicación

Coloque los adjetivos en el lugar apropiado.

1. La (*única*) _____ medicina _____ que le recetó el médico fue que respirara (*puro*) _____ aire _____.

2. En mi (*antiguo*) _____ barrio _____ la mayoría de las familias eran de (*media*) _____ clase _____.

3. (*Cierta*) _____ señorita _____ Pardo llamó para interesarse por el (*antiguo*) _____ espejo _____ que quieres vender. Le expliqué que tenía un (*raro*) _____ marco _____ y que era una (*vieja*) _____ pieza _____.

4. Ésta no es la (*misma*) _____ foto _____ de la actriz, sino una (*diferente*) _____ foto _____. La (*misma*) _____ actriz _____ me la envió firmada por su (*propia*) _____ mano _____.

5. Don Jorge era un (*simple*) _____ hombre _____ y (*raras*) _____ veces _____ comprendía mis razonamientos.

6. Por (*pura*) _____ suerte _____ conseguí localizar a Ernesto y fui con él a ver al (*pobre*) _____ Rodrigo _____, que estaba muy enfermo. Rodrigo se emocionó al ver a sus (*viejos*) _____ compañeros _____.

7. Sirvieron (*diferentes*) _____ frutas _____, pero yo sólo comí (*media*) _____ naranja _____.

8. Debes hacer ese negocio, es un (*cierto*) _____ éxito _____ y una (*única*) _____ oportunidad _____.

9. Mi amigo Juan no tiene un (*nuevo*) _____ coche _____, éste es el (*mismo*) _____ coche _____ que tenía, pero (*mismo*) _____ Juan _____ lo pulió y está muy brillante.

10. Era un (*pobre*) _____ joven _____ y comenzó siendo un (*simple*) _____ empleado _____, pero ahora tiene (*propio*) _____ negocio _____ y es rico.

POSITIONING TWO OR MORE DESCRIPTIVE ADJECTIVES

1. Very often a noun is modified by two or more descriptive adjectives. The first thing to do in this case is to decide whether all these adjectives are of the same type. There are three possible combinations.

   a. Nondifferentiating adjective + noun + differentiating adjective.

Su madre siempre nos preparaba deliciosos postres cubanos.	*Her mother always prepared delicious Cuban desserts for us.*

Deliciosos is far more subjective than **cubanos**. Of the two adjectives, **deliciosos** is the one that could be omitted without a loss in meaning.

When one of the adjectives is an adjectival phrase, the other adjective, whether nondifferentiating or not, is often placed before the noun to provide some kind of stylistic balance for the adjectival phrase. This is true especially if the adjective is somewhat subjective. In the following examples, **costoso** and **lejano** may be relative terms depending on who is saying them.

Marta llevaba un costoso traje de noche.	*Marta was wearing an expensive evening gown.*
Siempre pasan las vacaciones en un lejano pueblo de pescadores.	*They always spend their vacation in a distant fishing town.*

But:

Aurelio compró un traje de lana gris.	*Aurelio bought a gray wool suit.* (**Gris**, being an objective, differentiating adjective here, cannot precede **traje**.)

   b. Noun + differentiating adjectives.

Marcos Lorenz era un hombre sensible, tímido y apasionado.	*Marcos Lorenz was a sensitive, shy, and passionate man.*

Sensible, **tímido**, and **apasionado** are adjectives of the same kind; all are part of Marcos' description. Note that in Spanish the first two adjectives are separated by a coma and the second and third by a conjunction.

   c. Nondifferentiating adjectives + noun.

Acabo de leer *Lo que el viento se llevó*, una larga e interesante novela sobre la Guerra Civil.	*I have just read* Gone with the Wind, *a long and interesting novel about the Civil War.*

Larga and **interesante** are two adjectives one expects to be applied to *Gone with the Wind*. They are nondifferentiating. Note also that these adjectives could be omitted.

2. There is a preference in the order of two or more differentiating descriptive adjectives: the adjective considered most important is placed closest to the noun.

Mi prima se especializa en literatura española medieval.	*My cousin specializes in medieval Spanish literature.*

The speaker considers **española** to be the more important word of the classification and **medieval** to be a subdivision. But it is also possible to say **Mi prima se especializa en literatura medieval española.** In this case, the speaker's cousin specializes in medieval literature, and within this specialization, **española** is considered a subdivision.

Aplicación

*Coloque cada par de adjetivos junto al nombre en cursiva, en la posición más apropiada. Los adjetivos se dan en orden alfabético, es posible que sea necesario invertir el orden y también usar **y** en algunos casos.*

1. (azul / tibia) Todo sucedió en una *mañana* del mes de abril.
2. (vasta / verde) Los caballos galopaban por la *llanura*.
3. (tropical / violenta) Una *tormenta* destruyó la cosecha.
4. (enormes / puntiagudos) Cuando el cazador vio los *colmillos* del jabalí, tuvo tanto miedo que no pudo disparar.
5. (aterciopelados / fragantes) Deshojó uno por uno los *pétalos* de la rosa.
6. (blanco / inalámbrico) Le regalé a mi madre un *teléfono*.
7. (desierto / oscuro) Era una noche sin luna, y nadie los vio escaparse por el *camino*.
8. (de noche / pequeño) La chica llevaba un *bolso* en la mano.
9. (modernos / pedagógicos) Mi profesor es un admirador de los *sistemas*.
10. (blancos / escasos) El viejo se peinaba los *cabellos*.
11. (fiel / viejo) Gracias a la amistad de mi *amigo* Miguel, resolví el problema.
12. (huérfana / pobre) Anita me da lástima porque es una *niña*.
13. (inmenso / familiar) El caballero vivía solo en el *caserón*.
14. (cálidas / transparentes) Me encantan las *aguas* de las playas del Caribe.
15. (complicados / matemáticos) ¡Es un genio! Resolvió esos *problemas* en un minuto.

Special Forms of the Absolute Superlative

An absolute superlative is an intensifier that expresses a very high degree of a quality without establishing a comparison. The most common ways to form an absolute superlative are (a) by using **muy**, and (b) by dropping the last vowel of the adjective—if there is one—and adding **-ísimo, -ísima, -ísimos, -ísimas.***

---

*Remember that **-z** changes to **-c: feliz > felicísimo; -c** to **-qu: blanco > blanquísimo; -g** to **-gu: largo > larguísimo;** and **-ble** to **-bil: notable > notabilísimo.**

However, **muy** is not the only adverb that intensifies the adjective. Possible substitutes include **absurdamente, astronómicamente, atrozmente, bien, harto, especialmente, excepcionalmente, extraordinariamente, extremadamente (en extremo), enormemente, excesivamente, incalculablemente, increíblemente, terriblemente, sumamente.**

Soy bien tímido y me pongo sumamente nervioso cuando hablo con una persona a quien considero excepcionalmente inteligente.	*I am very shy and I become extremely nervous when I am talking to a person whom I consider to be exceptionally intelligent.*

It is also possible to use the prefixes **extra-** and **super-**.

Esa máquina es superrápida, pero Ud. debe ser extracuidadoso al usarla.	*That machine is extremely fast, but you should be extra careful when you use it.*

In the case of the **-ísimo** adjectives, especially in the written language, there are (a) some alternate forms, and (b) some special words. Important examples:

(a) alternate forms	(b) special words
buenísimo = **bonísimo, óptimo**	célebre > **celebérrimo**
fuertísimo = **fortísimo**	libre > **libérrimo**
grandísimo = **máximo**	mísero > **misérrimo**
malísimo = **pésimo**	sabio > **sapientísimo**
pequeñísimo = **mínimo**	
pobrísimo = **paupérrimo**	

A plicación

*Reemplace **muy** y los adjetivos terminados en -ísimo/a/os/as y sus variantes con adverbios, prefijos o palabras de las listas anteriores.*

1. Cuando oí las palabras muy alentadoras del señor Cruz, me sentí felicísimo. No solamente me ofrecía un puesto muy importante en una compañía conocidísima, sino además un sueldo muy alto. A mí, que me crié en una familia pobrísima, este éxito me producía un orgullo grandísimo y una satisfacción muy especial.

2. Fue un partido emocionantísimo. Nuestro equipo es muy célebre, pero el equipo rival era muy agresivo y por un tiempo larguísimo pareció que los nuestros sufrirían una derrota humillantísima. Pero nuestro entrenador es muy sabio y usó estrategias habilísimas. Al final, nuestros buenísimos jugadores quedaron a la altura de su merecidísima reputación.

3. El cuarto que nos destinaron en el hotel era malísimo, muy oscuro y de dimensiones pequeñísimas. La cama era muy incómoda y estaba habitada por unas chinches ferocísimas que daban unas picadas muy dolorosas. Por supuesto, nuestra estadía en aquel hotel fue brevísima: a la mañana siguiente, furiosísimos, nos marchamos.

Ampliación léxica

FORMACIÓN DE ADJETIVOS

En la lectura aparecen numerosos adjetivos derivados: **enjoyada**, **tonsurado**, **sudoroso**, **tormentosa**, etc. Como éstos, muchos adjetivos se forman por derivación, al añadir uno o más sufijos a un sustantivo. Algunos de estos sufijos son

1. **-ado**

colcha	**acolchado**	óvalo	**ovalado**
corazón	**acorazonado**	perla	**perlado**
cuadro	**cuadrado**	rosa	**rosado**
naranja	**anaranjado**	sal	**salado**

2. **-(i)ento**

amarillo	**amarillento**	grasa	**grasiento**
avaro	**avariento**	hambre	**hambriento**
calentura	**calenturiento**	polvo	**polvoriento**
ceniza	**ceniciento**	sed	**sediento**

3. **-ino**

alabastro	**alabastrino**	muerte	**mortecino**
cristal	**cristalino**	púrpura	**purpurino**
daño	**dañino**		

Este sufijo se combina frecuentemente con nombres geográficos e históricos.

los Andes	**andino**	el rey Alfonso	**alfonsino**
capital	**capitalino**	la reina Isabel	**isabelino**

4. **-izo**

cobre	**cobrizo**	paja	**pajizo**
enfermo	**enfermizo**	plomo	**plomizo**
huida	**huidizo**	rojo	**rojizo**
olvido	**olvidadizo**		

5. **-oso**

cariño	**cariñoso**	lluvia	**lluvioso**
chiste	**chistoso**	moho	**mohoso**
engaño	**engañoso**	orgullo	**orgulloso**
fango	**fangoso**	pasta	**pastoso**
fatiga	**fatigoso**	tierra	**terroso**
lujo	**lujoso**	trampa	**tramposo**

6. También se forman adjetivos combinando sufijos con otras partes de la oración. Por ejemplo, **-ón** forma adjetivos de mucho uso en la lengua oral, pero se combina con verbos, no con sustantivos. Algunos de los adjetivos formados con **-ón** son despectivos.

adular	**adulón**	jugar	**juguetón**
burlar	**burlón**	llorar	**llorón**
criticar	**criticón**	mandar	**mandón**
comer	**comilón**	preguntar	**preguntón**
dormir	**dormilón**	responder	**respondón**

Las compañías publicitarias tratan de atraer al consumidor con expresiones sugestivas. Las frases "El color del beso" y "17 colores para besar" tendrán, sin duda, un efecto positivo en muchas mujeres y las harán comprar este lápiz labial.

Aplicación

A *Busque el significado de los adjetivos de las listas anteriores que no conozca. Después use los más apropiados para reemplazar partes de las siguientes oraciones.*

1. Yo tenía mucha sed y ese arroyo que parecía un cristal invitaba a beber.

2. A mi perro le gusta mucho dormir, pero también le gusta mucho jugar y comer.

3. Hay caras en forma de corazón y caras semejantes a un cuadro, pero según los estetas, la cara ideal debe tener forma de óvalo.

4. Era un tipo muy repulsivo. Tenía los dientes casi amarillos y el pelo con mucha grasa.

5. Como eran de la capital, no podían adaptarse a la vida de los Andes.

6. El camino antes tenía mucho polvo, pero después de la lluvia se puso peor, porque se llenó de fango.

7. Hay engaño en ese negocio porque a Jiménez le gusta mucho hacer trampa.

8. La lámpara tenía mucho moho y había perdido su hermoso brillo de cobre.

9. Ella se pintó las uñas con un esmalte con tonos de perla muy bonito, pero el contraste entre el color púrpura de sus labios y su tez como el alabastro, le daba aspecto de enferma.

10. Me gustan las personas que dicen chistes y también las que me demuestran cariño. Detesto a las que me adulan y también a las que son avaras.

11. ¡Qué matrimonio! La mujer es la que manda y el marido critica siempre a todo el mundo.

12. Las frutas verdes hacen daño, no las comeré aunque tenga mucha hambre.

B *¿Cómo calificaría Ud. a una persona que... ?*

1. lo olvida todo
2. tiene calenturas
3. tiene mucho orgullo
4. nunca se queda callada cuando alguien dice algo
5. disfruta burlándose de todo
6. pregunta demasiado

C *¿Qué adjetivo aplicaría Ud. a algo (o a alguien) que... ?*

1. es de lujo
2. parece una pasta

3. se parece a la tierra

4. causa fatiga

5. pertenece a la época de la reina Isabel

6. tiene el color de la ceniza

7. parece estarse muriendo

Distinciones léxicas

PALABRAS ESPAÑOLAS QUE EQUIVALEN A TO TAKE

1. **tomar** = *to take* (*in one's hand*; *to take notes, a medicine*; *to drink a beverage*)

Toma el dinero que te debo.	*Take the money I owe you.* (Generally said while handing the money to the person.)
El doctor me dijo que tomase las pastillas tres veces al día.	*The doctor told me to take the pills three times a day.*

2. **coger*** = *to take or grab an object*; *to take a vehicle*

Si cogemos el tren de las cuatro llegaremos a tiempo.	*If we take the four o'clock train we will get there on time.*
El policía logró coger a la suicida por los cabellos.	*The policeman succeeded in grabbing the suicidal woman by the hair.*

3. **llevar** = *to take* (*to carry, transport, accompany someone or something*; *to lead* [said of a road])

Yo llevaba varios libros pesados, pero por suerte él me llevó a casa en su coche.	*I was carrying several heavy books but luckily he took me home in his car.*
El niño no va nunca solo a la escuela; su madre lo lleva.	*The boy never goes to school alone; his mother takes him.*
¿Adónde me lleva este camino?	*Where will this road take me?*

4. **llevarse** = *to take* (*to steal*)

—¡Nos han robado!—¿Qué se llevaron?	*"We've been robbed!" "What did they take?"*

---

*En la Argentina, el Uruguay y el Paraguay, **coger** tiene un sentido obsceno y ha sido sustituido por **agarrar** y **tomar**. En México, por el mismo motivo, se prefiere el verbo **tomar**, aunque **coger** se oye a veces.

OTROS EQUIVALENTES DE TO TAKE

1. **quitar** = *to take* (*to remove from*); *to take away*

   Quita esa caja de la cama; está sucia.

   Take that box off the bed; it's dirty.

   Si quitas tres dólares, nos quedan siete.

   If you take away three dollars we will have seven left.

2. **quitarse** = *to take off* (clothing)

   Él entró en el agua sin quitarse los zapatos.

   He went into the water without removing his shoes.

3. **despegar** = *to take off* (said of a plane)

   El avión despegará en unos minutos.

   The plane will take off in a few minutes.

4. **sacar (tomar) una fotografía** = *to take a picture*

   En el zoológico sacaremos fotos de los monos.

   At the zoo we will take pictures of the monkeys.

5. **hacer un viaje** = *to take a trip*

   ¿Te gustaría hacer un viaje a Italia el próximo verano?

   Would you like to take a trip to Italy next summer?

6. **dar un paseo, una vuelta** = *to take a walk, a stroll; to go for a ride*

   Es muy agradable dar un paseo al atardecer.

   It is very pleasant to take a walk at dusk.

7. **sacar** = *to take out*

   Abrió el armario y sacó dos copas y una botella.

   He opened the cabinet and took out two wineglasses and a bottle.

8. **dormir (echar) una siesta** = *to take a nap*

   En el verano me gusta echar una siesta bajo los árboles.

   In the summertime I like to take a nap under the trees.

9. **tomarse (cogerse) unas vacaciones** = *to take a vacation*
   tomarse (cogerse) un descanso = *to take time off*

   Ud. se ve cansado. Debe tomarse un descanso (unas vacaciones).

   You look tired. You ought to take some time off (a vacation).

Aplicación

A *Complemente cada frase de la columna izquierda con la frase más apropiada de la columna de la derecha.*

1. ¿Puedes prestarme tu libro?
2. Es bueno caminar después de comer.
3. Tu primo no está en estas fotos.
4. Hace mucho calor en esta habitación.
5. ¿Duerme Ud. a veces por la tarde?
6. Necesito ir de compras, pero mi coche está roto.
7. Un ladrón entró en nuestra casa.
8. Estoy extenuada, necesito descansar.
9. No sé adónde va este camino.
10. Marta se queja de que su marido siempre sale solo.
11. El avión todavía está en la pista porque hay una tormenta de nieve.
12. No tengo espacio para escribir, hay muchos libros sobre la mesa.
13. ¿Qué instrucciones te dio el doctor?
14. Siento haber llegado tan tarde.

a. Quítalos y ponlos en el estante.
b. Pues, te llevo en el mío.
c. Yo sí, lleva al pueblo de San José.
d. No pude coger el autobús de las tres.
e. No podrá despegar hasta mañana.
f. Es verdad. Él no la lleva a ninguna parte.
g. Es que tienes el abrigo puesto. Quítatelo.
h. Que tome la medicina una vez al día.
i. Tómate unas vacaciones.
j. Es que no le gusta que le saquen fotografías.
k. Por supuesto, aquí está, tómalo.
l. Se llevó todas las joyas.
m. Vamos a dar un paseo por el parque.
n. Sí, echo una siesta si tengo tiempo.

B *Traduzca.*

1. You must take out a license to get married.
2. The rocket will take off at dawn.
3. They took away the prisoner's shoes.
4. The little girl took me by the hand.
5. Bernardo always takes coffee with his dinner.
6. It is necessary to take notes in this class.
7. I would like to take a trip to Europe now.
8. He took me for a ride in his blue Mercedes.
9. The doctor told me to always carry the pills in my pocket and to take two before taking the train.

10. The armchair was so comfortable that she took a nap.

11. She took money out of her purse and told me, "Take this."

12. When you take out the dog, don't forget to take your key.

PARA ESCRIBIR MEJOR

La descripción

Una descripción es la representación de una escena, persona, animal o cosa por medio de palabras. A veces el escritor es como una cámara fotográfica y trasmite al lector una imagen objetiva de la realidad; otras veces, es más como un pintor y da al lector la imagen de la realidad tal como él la ve.

En una descripción objetiva, es decir, de cámara fotográfica, no suele haber toques personales ni metáforas, sólo los adjetivos necesarios para que el lector pueda «ver» los objetos. Esta clase de descripción se encuentra, principalmente, en escritos de carácter técnico o científico.

En una descripción subjetiva, por el contrario, hay generalmente comparaciones, metáforas y abundancia de adjetivos puramente decorativos, porque el escritor no quiere simplemente que «veamos» los objetos, sino además compartir con nosotros sus sentimientos o reacciones hacia ellos. La mayor parte de las descripciones que encontramos en obras literarias son subjetivas, aunque algunas lo son mucho más que otras.

DESCRIPCIONES DE LUGARES

El siguiente ejemplo está tomado de *Camino de perfección*, del español Pío Baroja, y se distingue por su subjetivismo extremo.

> Aquel anochecer lleno de vaho, de polvo, de gritos, de mal olor; con el cielo bajo, pesado, asfixiante, vagamente rojizo; aquella atmósfera, que se mascaba al respirar; aquella gente endomingada, que subía en grupos hacia el pueblo, daba una sensación abrumadora, aplastante, de molestia desesperada, de malestar, de verdadera repulsión.

Aquí el novelista al describir se concentra en las sensaciones que la escena despierta en el protagonista y no en la escena en sí. Observe el uso de adjetivos como **asfixiante**, **abrumadora**, **aplastante**, que dan idea de la opresión que siente el personaje.

La descripción anterior nos presenta una escena que se mueve ante un personaje inmóvil. En el próximo ejemplo, también de *Camino de perfección*, tanto el personaje como la escena se mueven, y tenemos la impresión de estar viendo una película.

> Volvíamos andando por la Castellana hacia Madrid. El centro del paseo estaba repleto de coches; los veíamos cruzar por entre los troncos negros de los árboles; era una procesión interminable de caballos blancos, negros, rojizos, que piafaban impacientes; de coches charolados con ruedas rojas y amarillas, apretados en cuatro o cinco hileras, que no se interrumpían; los lacayos sentados en los pescantes con una tiesura de muñecos de madera.

La sensación de movimiento se obtiene aquí por medio de la enumeración rápida de los carruajes.

RECOMENDACIONES GENERALES

El primer paso para una buena descripción es la observación de un sujeto (ya sea real o ya sea creado en la mente del escritor, combinando elementos reales). Esta observación no tiene que ser sólo visual, puede contener elementos apreciados con los otros sentidos. Baroja, por ejemplo, en su primera descripción, menciona gritos y mal olor.

El segundo paso es sumamente importante, consiste en ordenar y seleccionar los detalles que van a escribirse. Como se aconsejó en el caso de la narración, debe evitarse el detallismo excesivo, pues una enumeración demasiado completa o minuciosa resulta aburrida.

Al llegar al tercer paso, que es el acto de escribir, deben escogerse con cuidado los adjetivos para que produzcan en el lector el efecto que se desea. Deben también evitarse las palabras demasiado comunes y los verbos de significado general o vago como ser, haber, hacer y tener.

EL RETRATO

Uno de los retratos más famosos de la literatura castellana es el que hace don Miguel de Cervantes de sí mismo:

Éste que veis aquí, de rostro aguileño, de cabello castaño, frente lisa y desembarazada, de alegres ojos y de nariz corva, aunque bien proporcionada, las barbas de plata, que no ha veinte años fueron de oro, los bigotes grandes, la boca pequeña, los dientes ni menudos ni crecidos, porque no tiene sino seis, y ésos mal acondicionados y peor puestos, porque no tienen correspondencia los unos con los otros; el cuerpo entre dos extremos, ni grande ni pequeño, la color viva, antes blanca que morena, algo cargado de espaldas y no muy ligero de pies; éste digo que es el rostro del autor de *La Galatea* y de *Don Quijote de la Mancha*.

Este autorretrato—puramente físico—de Cervantes es tan preciso, que un artista podría dibujar al escritor tal como era guiándose sólo por su descripción.

RETRATOS DE ANIMALES

Casi tan famoso como el autorretrato de Cervantes, es el retrato del burro Platero que hace Juan Ramón Jiménez en «Platero y yo».

Platero es pequeño, peludo, suave; tan blando por fuera, que se diría todo de algodón, que no lleva huesos. Sólo los espejos de azabache de sus ojos son duros cual dos escarabajos de cristal negro...
    Es tierno y mimoso igual que un niño, que una niña...; pero fuerte y seco por dentro, como de piedra. Cuando paso sobre él, los domingos, por las últimas callejuelas del pueblo, los hombres del campo, vestidos de limpio y despaciosos, se quedan mirándolo.
    —Tien' asero...
    Tiene acero. Acero y plata de luna, al mismo tiempo.

Observe que el poeta no hace una descripción minuciosa, sino que ha escogido los aspectos que él aprecia más en su burro: la suavidad de su piel, la cual lo hace parecer hecho de algodón, y la dureza de sus ojos, como escarabajos de cristal negro. Estos ojos duros no son un signo negativo, al contrario, indican entereza de carácter, hecho que se confirma más adelante, cuando la gente comenta que el burrito «tiene acero». El retrato no es solamente físico; el escritor nos habla de su carácter: es tierno, mimoso y al mismo tiempo fuerte y seco por dentro.

Aplicación

A. Escoja una de las descripciones de lugares que se dan como modelo e imítela. Explique las impresiones que Ud. trata de dar al lector.

B. Describa un lugar que Ud. haya visitado o que desee visitar.

C. Basándose tanto como sea posible en el autorretrato de Cervantes, descríbase a sí mismo/a. La descripción puede ser idealizada.

D. ¿Tiene Ud. un animalito? Descríbalo, indicando sus rasgos físicos más característicos, y dé también algún detalle que informe al lector sobre su carácter.

Traducción

THE KISS

The ardent and unexpected kiss that Marcos gives to his beloved Nérida marks a unique and emotional moment in the story. Just as they do in this mysterious tale, kisses have always occupied a prominent place in our Western culture.

But, why this inexplicable fascination with the kiss? Many think that it all comes from the fact that the kiss is identified with breath and with life itself which reside in the mouth. In traditional fairy tales, the innocent Snow White revives when the handsome Prince Charming gives her a sweet and tender kiss on the lips. Also in this way, another handsome and brave prince revives Sleeping Beauty who, the victim of a horrible spell, lay in an enchanted forest. A kiss can also change a repulsive frog into a handsome prince.

Historians believe that the friendly kiss that we give each other on the cheek today originated in the remote Stone Age. Primitive human beings sniffed each other to distinguish true members of their tribe from those of foreign and hostile clans. Each group had its own smell.

The typical movies of Hollywood's golden era always ended with a long and romantic kiss between the young and loving protagonists. In reality, Hollywood contributed a lot to the spread of kissing. In 1896, Mary Irwin and John C. Rice, two popular stars of silent films, kissed on the screen for four long seconds. This sinful and daring public demonstration of love triggered a series of angry protests by several puritanic women's associations. But the public was delighted with this type of scene and, therefore, they continued to appear in later films. In 1926, John Barrymore, the fabled actor, broke all previous records when he gave 91 ardent kisses to various actresses in *Don Juan*, one of the most famous pictures of the period.

Cold and calculating scientists, however, tell us today that each passionate kiss shortens by three precious minutes the life of the enthusiastic

Esta calle tan estrecha de Guanajuato, México, se llama "Callejón del Beso" por la leyenda de dos amantes que se besaban en él de balcón a balcón. En las páginas 404–405 se relata esta leyenda en un ejercicio.

kisser. For materialistic present-day science, the most seductive kiss is a mere exchange of dangerous bacteria. Should we pay attention to the prudent and sensible scientists? If we listen to them, we will live a healthy life, but it will be, no doubt, a very boring life.

Temas para composición

1. ¿Son tan inofensivos como parecen los cuentos de hadas tradicionales? En *Blanca Nieves*, *La Bella Durmiente* y muchos otros cuentos conocidos, hay crímenes, violencia, crueldad. ¿Es esto malo para los niños? ¿Qué clase de cuentos o programas son apropiados para los menores?

2. Las películas y novelas románticas. ¿Le gustan o las encuentra aburridas? ¿Por qué? ¿Son mejores los finales felices que culminan en un beso, o los más fieles a la vida real?

3. Una boda frustrada. ¿Conoce Ud. algún caso en que el novio o la novia se haya arrepentido en el último momento? ¿Cuáles pueden ser algunos de los motivos para que una persona haga esto?

4. El beso como transmisor de bacterias. ¿Cree Ud. que debemos abstenernos de besar por temor a una infección? ¿Qué otras medidas toman algunos para evitar infecciones y contagios? ¿Conoce Ud. a alguna persona excesivamente preocupada por su salud? ¿Cuáles son algunas de las cosas ridículas que hacen los hipocondríacos?

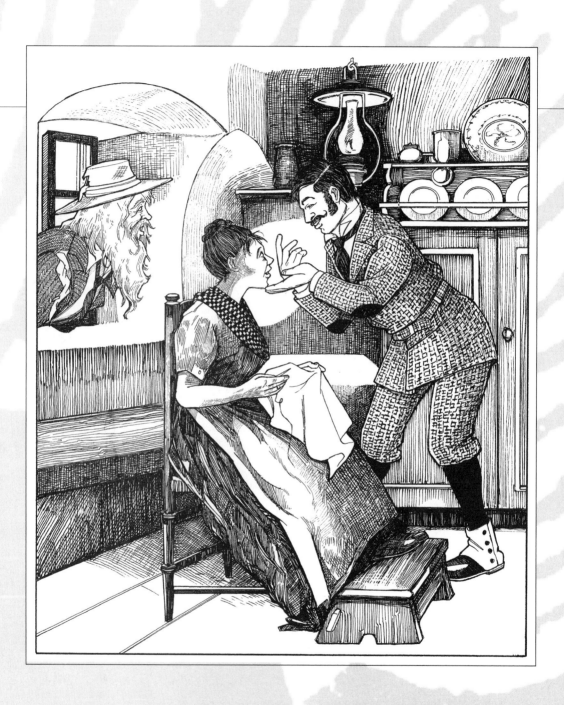

L E C T U R A

Manuel Gutiérrez Nájera (1859–1895), el autor de este cuento, nació en México de una familia de la clase media. Fue un gran poeta, pero también se destacó en la prosa, especialmente como cuentista. Algunos temas básicos de sus obras son la tristeza, el amor imposible, el misterio y el dolor.

Para comprender mejor

Este cuento, basado en un mito muy antiguo, difiere marcadamente de la versión del norteamericano Washington Irving. En *Rip Van Winkle*, el protagonista, un hombre bondadoso pero perezoso, despierta después de veinte años y empieza a vivir contento, porque durante su ausencia murió su esposa, quien lo había dominado.

Es interesante notar que el autor mexicano presenta una conclusión muy diferente, en la cual explica una moraleja original.

El lector necesita tener en cuenta que Rip no sabe lo cambiado que ha quedado después de su sueño.

Rip-Rip el aparecido°   *fantasma*

Este cuento yo no lo vi; pero creo que lo soñé.
¡Qué cosas ven los ojos cuando están cerrados! Parece
imposible que tengamos tanta gente y tantas cosas
dentro...

5   ¿De quién es la leyenda de Rip-Rip? Entiendo
que la recogió Washington Irving°, para darle forma   (1783–1859)
literaria en alguno de sus libros. Sé que hay una ópera
cómica con el propio título y con el mismo argumento.
No he leído el cuento del novelador e historiador
10   norteamericano ni he oído la ópera... pero he visto a
Rip-Rip.

Rip-Rip, el que yo vi, se durmió, no sé por qué,
en alguna caverna en la que entró... quién sabe para
qué. Pero no durmió tanto como el Rip-Rip de la
15   leyenda. Creo que durmió diez años... tal vez cinco...
acaso uno... Pero el caso es que envejeció dormido.

Rip-Rip no pudo darse cuenta de las horas, los días o los meses que habían pasado mientras él dormía, ni enterarse de que era ya un anciano.

20   Rip-Rip, todavía algo soñoliento° y sintiendo vergüenza por haber pasado toda una noche fuera de su casa—él que era esposo creyente y practicante°—se dijo, no sin sobresalto°:—¡Vamos al hogar!

Y allá va Rip-Rip con su barba muy cana° (que él
25   creía muy rubia) cruzando a duras penas° aquellas veredas° casi inaccesibles. Las piernas flaquearon°; pero él decía:—¡Es efecto del sueño! ¡Y no, era efecto de la vejez, que no es suma de años, sino suma de sueños!

30   Caminando, caminando, pensaba Rip-Rip:— ¡Pobre mujercita mía! ¡Qué alarmada estará! Yo no me explico lo que ha pasado. Debo de estar enfermo... muy enfermo. Salí al amanecer... está ahora amaneciendo... de modo que el día y la noche los pasé
35   fuera de casa. Pero ¿qué hice? Yo no voy a la taberna: yo no bebo... Sin duda me sorprendió la enfermedad en el monte° y caí sin sentido° en esa gruta... Ella me habrá buscado por todas partes... ¿Cómo no, si me quiere tanto y es tan buena? No ha de haber
40   dormido... Estará llorando... ¡Y venir sola, en la noche, por estos vericuetos°! Aunque sola... no, no ha de haber venido sola. En el pueblo me quieren bien, tengo muchos amigos... principalmente Juan, el del molino. De seguro° que, viendo la aflicción de ella,
45   todos la habrán ayudado a buscarme. Juan principalmente. Pero ¿y la chiquita? ¿Y mi hija? ¿La traerán? ¿A tales horas? ¿Con este frío? Bien puede ser, porque ella me quiere tanto y quiere tanto a su hija y quiere tanto a los dos, que no la dejaría por
50   nadie sola a ella, ni dejaría por nadie de buscarme.

Llegó por fin, al pueblo, que era casi el mismo... pero que no era el mismo. La torre de la parroquia° le pareció como más blanca; la casa del Alcalde, como más alta; la tienda principal, como con otra puerta; y
55   las gentes que veía, como con otras caras. ¿Estaría aún medio dormido? ¿Seguiría enfermo?

... No hubo necesidad de que llamara. La ventana estaba abierta: Luz cosía tranquilamente, y, en el momento en que Rip-Rip llegó, Juan—el del
60   molino—la besaba en los labios. Rip-Rip sintió que todo era rojo en torno° suyo. ¡Miserable! ¡Miserable!... Temblando como un ebrio° o como un viejo entró en la casa. Quería matar pero estaba tan débil, que al llegar a la sala en que hablaban ellos, cayó al suelo.

con sueño

creyente... un buen esposo
susto
blanca
a... con dificultad
caminos estrechos / le fallaron

bosque / sin... inconsciente

caminos abruptos

De... Seguramente

parish church

en... alrededor
borracho

65 No podía levantarse, no podía hablar; pero sí podía
tener los ojos abiertos, muy abiertos, para ver cómo
palidecían de espanto° la esposa adúltera y el amigo   *miedo*
traidor.

Y los dos palidecieron. Un grito de ella, y luego
70 los brazos de Juan que lo enlazaban°, pero no para   *sujetaban*
ahogarlo, sino piadosos, caritativos, para alzarlo del
suelo.

—No está borracho, Luz, es un enfermo.

Y Luz, aunque con miedo todavía, se aproximó al
75 desconocido vagabundo.

—¡Pobre viejo! ¿Qué tendrá? Tal vez venía a
pedir limosna y se cayó desfallecido° de hambre.   *muy débil*

La niña entró en esos momentos.

—¡Mamá, mamá!

80 —No te asustes, mi vida, si es un hombre°.   **si... *es sólo un hombre***

—¡Qué feo, mamá! ¡Qué miedo! ¡Es como el
coco°!   boogeyman

Y Rip oía. ¿Se había muerto? ¿Estaría loco?
¡Pero él sentía que estaba vivo! Escuchaba... veía...
85 como se oye y se ve en las pesadillas°.   **sueños malos**

Lo llevaron a la botica° en hombros, y allí lo   **farmacia**
dejaron, porque la niña se asustaba de él. Luz se fue
con Juan... y a nadie extrañó que fueran del brazo y
que ella abandonara, casi moribundo, a su marido. No
90 podía moverse, no podía gritar, decir: ¡Soy Rip!

Por fin, lo dijo, después de muchas horas, tal vez
de muchos años, o quizá de muchos siglos. Pero no lo
conocieron, no lo quisieron conocer.

—¡Desgraciado! ¡es un loco!—dijo el boticario.

95 —Hay que llevarlo al señor alcalde, porque puede
ser furioso°—dijo otro.   **violento, peligroso**

—Sí, es verdad, lo amarraremos si resiste.

Y ya iban a liarlo°; pero el dolor y la cólera   **atarlo**
habían devuelto a Rip sus fuerzas. Como rabioso can°   **rabioso... *perro con rabia***
100 acometió a sus verdugos°, consiguió desasirse° de sus   executioners / *soltarse*
brazos y echó a correr. Iba a su casa... ¡iba a matar!
Pero la gente lo seguía, lo acorralaba°. Era aquello   cornered
una cacería y era él la fiera°.   **animal feroz**

El instinto de la propia conservación se sobrepuso
105 a todo. Lo primero era salir del pueblo, ganar el
monte, esconderse y volver más tarde, con la noche, a
vengarse, a hacer justicia.

Logró por fin burlar° a sus perseguidores. ¡Allá va   *evadir*
Rip como lobo hambriento! ¡Allá va por lo más
110 intrincado° de la selva! Tenía sed... la sed que han de   **espeso, cerrado**
sentir los incendios. Y se fue derecho al manantial°... a   spring
beber, a hundirse en el agua y golpearla con los

brazos... acaso, acaso a ahogarse. Acercóse al arroyo°,   *stream*
y allí a la superficie, salió la muerte a recibirlo. ¡Sí;

115 porque era la muerte en figura de hombre, la imagen
de aquel decrépito que se asomaba en el cristal de la
onda°! Sin duda venía por él ese lívido espectro. No   *que... reflejada en el espejo*
era de carne y hueso, ciertamente; no era un hombre,   *del agua*
porque se movía a la vez que Rip, y esos movimientos

120 no agitaban el agua. No era un cadáver, porque sus
manos y brazos se torcían. ¡Y no era Rip, no era él!
Era como uno de sus abuelos que se le aparecía para
llevarlo con el padre muerto.—Pero ¿y mi sombra?—
pensaba Rip. ¿Por qué no se retrata mi cuerpo en ese

125 espejo? ¿Por qué veo y grito, y el eco de esa montaña
no repite mi voz sino otra voz desconocida?

    ¡Y allá fue Rip a buscarse en el seno de las
ondas°! Y el viejo, seguramente, se lo llevó con el   *el... la profundidad del*
padre muerto, ¡porque Rip no ha vuelto!...   *agua*

130   ¿Cuánto tiempo durmió? ¿Cuánto tiempo se
necesita para que los seres que amamos y que nos
aman nos olviden? ¿Olvidar es delito? ¿Los que
olvidan son malos? Ya veis qué buenos fueron Luz y
Juan cuando socorrieron° al pobre Rip que se moría;   *ayudaron*

135 la niña se asustó; pero no podemos culparla: no se
acordaba de su padre; todos eran inocentes, todos
eran buenos... y sin embargo, todo esto da mucha
tristeza.

    Hizo muy bien Jesús el Nazareno en no resucitar

140 más que a un solo hombre°,* y eso a un hombre que
no tenía mujer, que no tenía hijos y que acababa de
morir. Es bueno echar mucha tierra sobre los
cadáveres.

Comprensión

1. Si el autor no ha sido testigo de lo que cuenta, ¿qué es el cuento, pues?

2. Cuando Rip-Rip despierta después de haber pasado el día y la noche anteriores—según cree—fuera de casa, ¿qué piensa con respecto a su mujer y a su hija?

3. ¿Cómo se explica Rip-Rip a sí mismo su ausencia de la casa?

4. Cuando se asomó a la ventana abierta de su casa, ¿qué vio?

---

*Nota: Es probable que el autor se refiera a Lázaro, a quien resucitó Jesús (San Juan 11:1–46). Sin embargo, según el evangelio de San Lucas (7:11–17), Cristo resucitó también al hijo de la viuda de Naím.

5. ¿Qué le pasó a Rip cuando entró en la casa para vengarse?

6. ¿Qué hicieron Luz y Juan y por qué?

7. ¿Cómo reaccionó la niña y por qué?

8. ¿Qué pensaron el boticario y otros vecinos acerca de Rip?

9. Al escaparse de sus perseguidores, ¿adónde fue Rip?

10. ¿Qué vio él en el agua?

11. ¿Cómo murió Rip?

12. ¿Con qué palabras resume el autor la moraleja de esta historia?

𝒯 n t e r p r e t a c i ó n

1. ¿Qué relación encuentra Ud. entre las palabras del autor cuando dice: «¡Qué cosas ve uno con los ojos cerrados!» y la lectura del capítulo 1?

2. ¿Qué quiere decir el autor al observar que «la vejez no es suma de años, sino suma de sueños»?

3. Rip cree que su mujer habrá llevado consigo a su hija para buscarlo. ¿En qué se basa para creer eso?

4. En su opinión, ¿resultaron ser adúltera y traidor respectivamente Luz y Juan? Explique.

5. ¿Cómo entiende Ud. las palabras «no lo conocieron, no lo quisieron conocer»?

6. Explique la imagen: «la sed que han de sentir los incendios».

7. Rip piensa que su cuerpo no se retrata en el agua. ¿Por qué tiene él esta impresión?

8. También dice Rip que el eco de la montaña repite una voz desconocida y no la suya. ¿Por qué?

9. ¿Cree Ud. que se puede culpar a la hija de Rip? Explique.

10. ¿Cómo interpreta Ud. lo que dice el autor acerca de Jesús el Nazareno?

𝒯 n t e r c a m b i o   o r a l

A. El significado de los sueños. ¿Se refieren al pasado, al presente o al futuro? ¿Revelan algo sobre el soñador? ¿Cree Ud. en la teoría freudiana sobre los sueños? Cuente y explique un sueño suyo recurrente, si lo ha tenido. ¿Tiene Ud. pesadillas con frecuencia? Cuente alguna.

B. Si un ser querido resucitara, ¿cuál sería su reacción? ¿Alegría? ¿Tristeza? ¿Miedo? ¿Qué factores podrían influir en su reacción? Describa un ejemplo imaginario.

¿Cómo se imaginaba Ud. a Rip-Rip después de su sueño? ¿Se parecía a esta ilustración tomada de una edición en inglés de Rip Van Winkle?

C. ¿Son malos los que olvidan a los seres queridos que han muerto? ¿O es esto saludable? Explique.

D. ¿Cuánto tiempo debe pasar entre la muerte de un esposo o una esposa y las segundas nupcias de la persona que sobrevive? ¿Qué factores pueden influir en la decisión de volver a casarse?

Repaso léxico

Encuentre en la lista de la columna (b) los sinónimos de las palabras en cursiva de la columna (a).

	(a)	(b)

(a)

1. Cuando el esposo volvió a casa *borracho*, su mujer lo regañó.

2. Los exploradores subieron *con dificultad* a la parte más alta de la montaña.

3. El peatón logró *evadir* al tipo que quería robarle la cartera.

4. Cómpreme las pastillas en la *farmacia* más cercana.

5. Cuando llegaron al *pequeño río* ya tenían mucha sed.

6. ¡Qué *susto* sentí cuando vi el *fantasma*!

7. Después del maratón, mis amigos estaban *desmayados* de cansancio.

8. Es sumamente difícil andar por estos *terrenos abruptos*.

9. El *bosque* era *espeso* y los cazadores *rodearon* allí a la fiera.

10. No dormí bien, porque tuve *sueños malos* la noche anterior, y pasé toda la mañana *con sueño*.

11. El hombre tenía el rostro arrugado y los cabellos *blancos*.

12. Estaba muy débil y sus piernas *no lo sostuvieron* al caminar.

13. Lo iban a *atar* porque creían que era peligroso, pero él logró *soltarse* de los brazos que lo *sujetaban*.

14. Al ver que el hombre estaba *inconsciente*, todos lo *ayudaron*.

(b)

acorralaron
a duras penas
aparecido
arroyo
botica
burlar
canos
desasirse
desfallecidos
ebrio
enlazaban
flaquearon
intrincado
liar
monte
pesadillas
sin sentido
sobresalto
socorrieron
soñoliento
vericuetos

SECCIÓN GRAMATICAL

Ways to Express Conjecture and Probability in Spanish

In English, when a speaker is uncertain about the facts of a situation, he or she can express conjecture or probability in several ways. For example, if uncertain about the whereabouts of a wallet, one can say: "I wonder where my wallet is" or "Where can my wallet be?" One can also speculate: "It must be in my desk" or "It's probably in my desk." In this chapter, we shall study the various ways in which conjecture and probability are expressed in Spanish and the various verb forms that are involved.

As the Spanish future and conditional tenses play an important role in these matters, it will be useful to review briefly their other uses as well.

USES OF THE FUTURE TENSE

1. First of all, Spanish and English share the following characteristics:

    a. Each has a future tense.

Mañana Luz buscará a su marido.	*Tomorrow Luz will look for her husband.*

    b. Each has a common substitute.

Mañana Juan la va a acompañar.	*Tomorrow Juan is going to accompany her.*

    c. Each may use a present tense as a substitute to convey an idea of certainty, this usage being even more frequent in Spanish than in English.

Esta noche el avión parte a las nueve.	*Tonight the plane leaves at nine.*

    d. Each may use the future tense as a command.

Luisito, comerás las espinacas quieras o no.	*Luisito, you will eat your spinach, whether you want to or not.*

2. However, there are two important cases in which the languages do not match.

    a. When *will* is used in English to ask a person to do something, **querer**, and not the future, is used in Spanish.

Necesitamos más sobres, ¿quieres traerlos?	*We need more envelopes. Will you bring them?*
¿Quieres cargarme este paquete, por favor?	*Will you carry this package for me, please?*

    Likewise, unwillingness to do something is indicated in Spanish by **no querer**.

¿Qué hago ahora? Luisito no quiere comerse las espinacas.	*What will I do now? Luisito will not eat his spinach.*
Sergio nos invitó al concierto, pero mi novio no quiere ir.	*Sergio invited us to the concert, but my boyfriend will not go.*

    b. Also, unlike English, the future tense is very frequently used in Spanish to express probability or conjecture with respect to present time.

—Llaman. ¿Quién será?	*"Someone's at the door. I wonder who it is."*
—Será Felipa. La estamos esperando.	*"It's probably Felipa. We're expecting her."*

    (Note that the English concepts *I wonder* and *probably* are contained in the Spanish verb forms.)

—¿Dónde estarán mis lentes? No puedo leer sin ellos.	"Where can my glasses be? I can't read without them."
—Estarán donde los dejaste.	"They must be where you left them."
—¡Muy gracioso!	"Very funny!"

Often the Spanish future progressive (future of **estar** + **-ndo** form of main verb) is preferred to the simple future in order to avoid possible ambiguity.

¿Qué estarán haciendo en esa tienda?	*I wonder what they are doing in that store.*

¿Qué harán en esa tienda? might be ambiguous since it could also mean *What will they do in that store?*

𝒜 plicación

A *Doña Ana tiene dificultades para moverse por su artritis, y les pide a varias personas que la ayuden. Formule peticiones originales en cada caso, usando el verbo* **querer** *y basándose en las claves que se dan. No repita los verbos.*

Modelo: A su sobrino Agustín/ cartas

→ *¿Quieres echarme estas cartas en el buzón?*

1. A su amiga Ernestina / el supermercado
2. A Rosa, la señora que la cuida / un vaso de leche
3. A su médico / una receta
4. A su sobrina Luisita / las zapatillas
5. A su esposo Alejandro / la tapa de la medicina
6. A su nieto Gustavito / el bastón

B *Hágase preguntas originales a Ud. mismo/a basándose en las siguientes situaciones.*

Modelo: Es medianoche y está sonando el teléfono.

→ *¿Quién llamará a estas horas?*

1. No sé la dirección de Isabel y ella no quiso dármela.
2. He perdido mis llaves.
3. Tocan a la puerta.
4. Ella gana muy poco y paga un alquiler altísimo.
5. No sé el nombre del nuevo compañero.
6. Lilita me dijo que tenía que decirme algo muy importante.
7. Estas cortinas son muy elegantes, pero aquí no dice el precio.
8. El problema es serio y no encontramos una solución.

C Mr. Moore y su esposa están en un restaurante de Guadalajara y el camarero no sabe inglés. Dos estudiantes traducirán lo que ellos dicen. Otro / a estudiante les traducirá a los Moore lo que dice el camarero.

MR. MOORE: My wife wants me to drink a diet soda but I won't. I am going to have wine with my dinner. Will you bring me the wine list, please?

CAMARERO/A: ¡Cómo no! En seguidita se la traigo, señor.

MRS. MOORE: Jim, wine has a lot of calories. You'll go on a diet tomorrow, I promise you!

MR. MOORE: I will [do it], dear. (*Al camarero*) We'll order in a few minutes. Will you please come back later?

CAMARERO/A: Muy bien, señor. Me llaman cuando decidan.

MR. MOORE: (*Hablándole a su esposa*) I wonder what *mole de guajolote* is.

MRS. MOORE It is probably a fish dish.

CAMARERO/A: No, señores, el mole de guajolote no lleva pescado, sino pavo con una salsa de chocolate, chile y limón.

MRS. MOORE: It must have a lot of calories too. Waiter, will you bring me another glass, please? This one's dirty.

CAMARERO/A: Lo siento mucho, señora, ahorita le traigo otro.

MRS. MOORE: (*Buscando en su bolsa*) Where can my glasses be?

MR. MOORE: They must be in the car.

MRS. MOORE: Now I won't be able to read the menu.

MR. MOORE: That's no problem. I'll read (*No emplee el futuro*) it for you.

USES OF THE CONDITIONAL / OTHER EQUIVALENTS OF WOULD OR WOULD NOT

1. In both Spanish and English, the conditional expresses an event that would (or would not) take place subsequent to a *past* reference point.

Juan dijo que llevaría a Rip a la botica.	*Juan said that he would take Rip to the drugstore.*

You have learned that the present of **ir** + **a** + infinitive is an alternate for the future tense. Likewise, the imperfect of **ir** + **a** + infinitive can be used in this case as an alternate for the conditional.

Juan dijo que iba a llevar a Rip a la botica.	*Juan said that he was going to take Rip to the drugstore.*

2. In chapter 1, p. 14, you learned that unwillingness to perform an action in the past is expressed with the preterite of **no querer**.

Les pedí a mis amigos que me ayudaran, pero no quisieron.	*I asked my friends to help me but they wouldn't.*

3. In chapter 1, p. 10, you also learned that the Spanish equivalent of *would* when it means *used to* is the imperfect tense, not the conditional.

Cuando yo era niña, mi padre preparaba el desayuno los domingos y después toda la familia iba al parque.	*When I was a child, my father would prepare breakfast on Sundays and, afterward, the whole family would go to the park.*

4. In chapter 6, p. 160, you learned that in order to indicate an unlikely or contrary-to-fact situation in Spanish, the imperfect subjunctive is used in the **si** (*if*) clause and the conditional in the conclusion.

Si fuera rica, bebería champán con todas mis comidas.	*If I were rich I would drink champagne with all my meals.*

5. The conditional is used with verbs such as **deber**, **desear**, **gustar**, **poder**, **preferir**, and **querer** to convey politeness or to soften a suggestion. Note that the English conditional can be used similarly.

¿Podrían Uds. traer a Rip a mi casa? Me gustaría ayudarlo.	*Could you bring Rip to my house? I would like to help him.*
No deberías dejar que la niña viera al hombre. Se asustará.	*You shouldn't allow the girl to see the man. She'll get scared.*

6. Just as the future tense may express probability or conjecture with respect to the present, so the conditional may express probability or conjecture with reference to the past.

¿Cuánto tiempo esperaría Luz antes de casarse con Juan?	*I wonder how long Luz waited before marrying Juan.*
No oirían el teléfono porque estarían bailando la macarena.	*Perhaps they didn't hear the telephone because they were probably dancing the macarena.*

As seen earlier regarding the future tense, the Spanish conditional *progressive* (conditional of **estar** + **-ndo** form of main verb) is often preferred to the simple conditional in order to avoid possible ambiguity.

¿Qué estarían buscando en la biblioteca?	*I wonder what they were looking for in the library.*

¿Qué buscarían en la biblioteca? might be ambiguous since it could also mean *What would they look for in the library?*

Aplicación

A *Ud. y su compañero/a conocen a Miguel, un chico que nunca cumple sus promesas. Su compañero/a dice que Miguel va a hacer algo y Ud. le explica que él prometió hacer algo diferente. La promesa debe ser original.*

Modelo: Miguel va a... llevar a su novia a la playa el sábado.

→ *Pero él prometió que iría conmigo al pueblo.*

Miguel va a...

1. alquilar una película de horror
2. comer en casa de Armando
3. ir al monte con dos amigos
4. ver televisión toda la tarde
5. jugar al tenis con su hermano
6. bailar en la discoteca

B **Con los Moore en el restaurante.** *Un compañero (una compañera) comenta algo que sucedió en el restaurante y Ud. hace una conjetura para explicar la causa.*

Modelo: Alicia / comer muy poco

→ *Alicia comió muy poco.*
No tendría apetito.

1. Al entrar, el señor Moore / caminar muy despacio
2. Darles a los Moore / una mesa muy mala
3. Alicia / no pedir carne
4. La señora Moore / no poder leer el menú
5. La señora / beber una gaseosa de dieta
6. El camarero / cambiar el vaso de la señora
7. Un amigo mío / traducirle al camarero lo que decían los Moore
8. El señor Moore / intentar pagar con un cheque

C *Su compañero/a de apartamento es muy directo/a, pero Ud. es una persona muy diplomática. Cambie las palabras en cursiva al condicional, para expresar de manera más suave lo que él/ella le dice a su casero* (landlord) *en la siguiente nota.*

Señor Valdés: Le escribo para informarle que el horno de nuestro apartamento no funciona. Ud. *puede* reparar este horno, pero nosotros *preferimos* tener un horno nuevo. *Queremos* una cocina más moderna; por eso *deseamos* un horno de microondas. Ud. *debe* comprar uno, porque no *vale* la pena gastar en reparar un horno viejo.

USING THE FUTURE PERFECT AND THE CONDITIONAL PERFECT TO EXPRESS PROBABILITY OR CONJECTURE

The future perfect and the conditional perfect may also express probability or conjecture with relation to present perfect and past perfect time, respectively.

Future perfect:

Nadie contesta. ¿Se habrán ido ya?	*Nobody answers. I wonder if they have already left.*
Luz no habrá reconocido a Rip.	*Luz probably hasn't recognized Rip.*

REO

A. A.
59317
BOGOTA

VENTILE SUS OPINIONES

Haga sus comentarios.
Sugiera, critique,
pregunte. EL BUZON
es para eso. Escriba,
pero recuerde:
"Lo bueno, si breve,
dos veces bueno.

Cromos

Calle 70A 7-81 Bogotá.

¿Ha escrito Ud. alguna vez a una revista o periódico? La revista colombiana *Cromos* lo invita a expresar sus opiniones. ¿Sobre qué tema escribiría Ud. a esta revista?

Conditional perfect:

Nadie contestaba. ¿Se habrían ido ya?	*Nobody answered. I wondered if they had already left.*
Luz no habría reconocido a Rip.	*Luz probably hadn't recognized Rip.*

Aplicación

A *Don Abelardo vive en un pueblo pequeño y es muy curioso. Exprese las conjeturas de Abelardo sobre sus vecinos usando el futuro perfecto.*

Modelo: ¿Quién marcaría sus iniciales en este árbol?

→ *¿Quién habrá marcado sus iniciales en este árbol?*

1. ¿Se mudarían ya los Pérez del rancho «Las azucenas»?
2. ¿Cuánto le costarían a doña Asunción los muebles que compró?
3. ¿Se casaría la hija de Jiménez que fue a estudiar a la ciudad?
4. ¿Se pelearía Jesusita con su novio?
5. ¿Perdería su casa la viuda de Domínguez?
6. Y si la perdió, ¿decidiría mudarse con sus hijos?
7. ¿Quién robaría el dinero del banco?
8. ¿Quién cortaría las flores del parque?

B **Impresiones de viaje.** *Un viajero que recorrió en automóvil varias regiones rurales de Sudamérica, anotó en su diario las cosas que le parecían extrañas. Exprese esas preguntas, usando el condicional perfecto de los infinitivos que se dan.*

1. En aquel pueblecito no había escuela, pero los doce hijos de Tomás sabían escribir. Me pregunté dónde (enseñarles).
2. Cuando la mujer de Tomás estuvo enferma, él la había llevado al hospital de la ciudad. ¡Eran tan pobres! ¿Cómo (pagar) el viaje?
3. La semana anterior, Tomás había vendido varias mantas en el mercado. Me preguntaba cuánto (ganar).
4. Un día, fui con Tomás al mercado y lo oí hablar unas palabras en inglés con los turistas. ¿Cómo (aprender) inglés en aquel lugar remoto?
5. En el mercado vi a dos jóvenes campesinos con camisetas que decían «New York». ¿Dónde (comprarlas)?
6. Todas las familias del pueblecito vivían muy pobremente. Me pregunté por qué el gobierno no (hacer) ya algo por ellos.

DEBER DE *AND* HABER DE *TO EXPRESS* CONJECTURE AND PROBABILITY

Careful readers of *Rip-Rip* have probably noticed that there are two other ways of conveying suppositions and approximations.

1. **Deber de***

Rip está cansado y débil. Debe de estar enfermo.	*Rip is tired and weak. He must be sick.*
Debe de haberse perdido en el monte.	*He must have got lost in the woodland.*

2. **Haber de****

Luz ha de haberse casado con Juan poco después que Rip desapareció.	*Luz must have married Juan shortly after Rip disappeared.*
Rip ha de estar durmiendo, porque se oyen sus ronquidos.	*Rip must be sleeping because you can hear his snoring.*

A plicación

***Traduzca sin usar ni* Probablemente *ni* Me pregunto.**

Juan y María, two gossips, have just attended the second marriage of a famous American actress and a European politician.

JUAN: I wonder if she's already expecting.

MARÍA: She probably is. (*Emplee* **deber de**)

JUAN: I wonder how they met.

MARÍA: It must have been during his recent visit to Hollywood.

JUAN: No, they had probably met before, while he was still married.

MARÍA: Your friend Gertrudis probably told you that. She must be the biggest gossip in town. (*Emplee* **haber de**)

Ampliación léxica

VOCABULARIO COMERCIAL

En vista de que la sección *Para escribir mejor* trata de cartas tanto personales como comerciales, conviene repasar con anticipación el vocabulario relacionado con los negocios. Las listas que se dan a continuación, contienen palabras de uso muy común en los bancos y en el mundo comercial en general. Aprenda las que no sepa, y luego apliquelas en los ejercicios que siguen.

---

*In modern Spanish the **de** is sometimes omitted.
**This usage is common in Spanish America, especially in Mexico.

El banco

el balance	balance
la banca	banking (as an institution)
el billete	bill (bank note)
el capital	principal; capital
la cifra	figure, number
el crédito	credit
la fianza	guarantee
cotizarse	to be quoted
la cuenta corriente (de cheques)	checking account
la cuenta de ahorros	savings account
el cheque	check
la chequera	checkbook
el efectivo; en efectivo	cash; in cash
el endoso	endorsement
el, la cajero/a	teller
el cheque sin fondos (sobregirado)	overdrawn check
la compañía	company
el giro	draft
la hipoteca	mortgage
el interés	interest
la inversión	investment
la letra	draft
la mensualidad	monthly payment
la moneda	currency; coin

la operación	*transaction*
la planilla	*application (form)*
el pagaré	*I.O.U.*
el préstamo	*loan*
la quiebra; declararse en quiebra	*bankruptcy; to declare bankruptcy*
el saldo	*balance*
el sobregiro	*overdraft*
la sucursal	*branch (commercial)*
el tipo de cambio	*exchange rate*

El comercio en general

la acción	*stock*
el, la accionista	*stockholder*
al contado	*cash* (as opposed to *in installments*)
a plazos	*in installments, on time*
el, la apoderado/a	*manager; person with power of attorney*
la bolsa	*stock exchange*
la caja chica (de menores)	*petty cash*
el, la comerciante/a	*tradesman, tradeswoman, merchant*
el, la consumidor(a)	*consumer*
el, la contador(a) público/a	*public accountant*
la contribución, el impuesto	*tax*
el contrato de arrendamiento	*lease*
el, la corredor(a) de bienes raíces	*real estate broker*
la firma	*signature; commercial firm*
la ganancia	*gain, profit*
el inventario	*inventory*
el mercado; comercializar	*market; to market*
la mercancía	*merchandise*
el, la notario/a público/a	*notary public*
el pago adelantado	*advance (payment)*
la pérdida	*loss*
el plazo	*deadline*
el seguro	*insurance*
la sociedad anónima	*corporation (Inc.)*
el, la socio/a	*partner, associate*
el sueldo	*salary*
el, la tenedor(a) de libros	*bookkeeper*
vencer	*to expire; to fall due*
el, la vendedor(a)	*salesperson*

Aplicación

A **Conversaciones que se oyen en un banco.** *Complete con las palabras apropiadas para que los diálogos tengan sentido.*

1. JUANITO: Quiero solicitar un _____ para comprar un automóvil.

   EMPLEADO: ¿Tiene trabajo fijo y crédito establecido? Si no, necesitará darnos una _____ o conseguir una persona que lo garantice.

   JUANITO: Tengo trabajo y crédito. Además, mi padre puede firmar si es necesario. Él ha hecho varias _____ de negocios con este banco, pero no aquí, sino en la _____ de la calle de Atocha.

   EMPLEADO: Muy bien. Puede llenar esta _____.

   JUANITO: Si pido cincuenta mil pesos, ¿de qué cantidad será la _____ que tendré que pagar?

   EMPLEADO: De unos $1,700. Parte de esa cantidad es para los intereses, y la otra parte cubre el _____.

2. SR. SMITH: Para enviar dinero a España necesito hacer un _____ ¿verdad?

   CAJERO: Sí, es la mejor manera.

   SR. SMITH: ¿Podría decirme cuál es la _____ de España, y a cómo se _____ en dólares?

   CAJERO: La peseta. La cotización ahora es de _____ por dólar.

3. SRTA. CORTÉS: Quisiera abrir dos cuentas: una _____ y otra de _____.

   EMPLEADA: En seguida, señorita. Llene Ud. esta _____ con sus datos.

   SRTA. CORTÉS: ¿Qué _____ pagan Uds. por los ahorros?

   EMPLEADA: El seis por ciento si la _____ del _____ es menor de $5,000.

   SRTA. CORTÉS: Voy a depositar este cheque de $200 en la cuenta de ahorros. El depósito de la cuenta corriente será en

_____. Aquí tiene Ud. $500 en cinco _____ de a

cien.

EMPLEADA: El cheque no tiene _____ detrás. Fírmelo, por

favor. Después vaya al _____ de la izquierda. Él se

ocupará de sus depósitos.

SRTA. CORTÉS: Tengo una pregunta. Mis cheques... ¿podrían ser

rosados? Me gustaría una _____ rosada también.

EMPLEADA: Lo siento, señorita, sólo puede Ud. escoger entre el

azul y el gris.

4. JACINTO: ¡Pobre Martínez! Ha perdido mucho dinero, porque ha

hecho varias _____ malas últimamente.

MAURICIO: Sí, oí decir que tiene varios _____ vencidos y no ha

podido pagarlos. Ha dado además varios cheques sin

_____.

JACINTO: Me dijeron también que piensa hacer una segunda

_____ sobre su casa.

MAURICIO: Ésa sería una solución para no tener que declararse en

_____.

B *Identifique la palabra a que se refiere cada una de las siguientes definiciones.*

1. Persona que garantiza que la firma de un documento es auténtica.
2. Antónimo de **pérdida**.
3. Manera de pagar poco a poco una deuda.
4. Documento que firmo cuando alquilo un apartamento.
5. Inversión con la que varios individuos participan en una compañía.
6. Persona que representa a otra legalmente.
7. Dinero que recibe periódicamente un empleado por sus servicios.
8. Compañía formada por accionistas.
9. Lista de la mercancía que hay en un negocio o tienda.
10. Persona que vende casas y edificios.

C *Escoja diez palabras de la lista de* **El comercio en general** *(página 00) y defínalas en español. Puede usar un diccionario como ayuda, pero trate de usar sus propias palabras.*

Distinciones léxicas

ALGUNOS EQUIVALENTES ESPAÑOLES DE TO RUN

1. Cuando *to run* es intransitivo y significa:

    a. *to go faster than walking* = **correr**

    Ningún hombre puede correr tan rápido como un caballo.

    No man can run as fast as a horse.

    b. *to go* (as a train) = **ir**

    Ese tren va desde Madrid a Gijón.

    That train runs from Madrid to Gijón.

    c. *to flow* = **correr**

    Violeta olvidó cerrar el grifo, y cuando regresó, el agua corría por el pasillo.

    Violeta forgot to turn off the faucet, and when she came back, water was running down the hall.

    d. *to work, keep operating* (as a motor or clock) = **andar, funcionar**

    Mi nuevo reloj anda (funciona) muy bien.

    My new watch runs very well.

    No debes dejar el motor andando si no estás dentro del carro.

    You shouldn't leave the motor running if you are not inside the car.

    e. *to spread* = **correrse**

    Lavé el vestido con agua fría para evitar que el color se corriera.

    I washed the dress in cold water to prevent the color from running.

    f. *to be a candidate for election* = **postularse (para), aspirar (a)**

    Cristóbal se postula para (aspira a) alcalde de mi pueblo.

    Cristóbal is running for mayor in my hometown.

    g. *to cost* = **costar**

    ¿Cuánto (me) van a costar esos armarios?

    How much will those cabinets run (me)?

    h. *to have a specified size* (garments) = **venir**

    Mejor pruébese un número más pequeño; estos zapatos vienen muy grandes.

    You'd better try on a smaller size; these shoes run very large.

    i. *to stretch, extend* = **extenderse**
    to run along = **extenderse (por)**
    to run around = **rodear**
    to run up = **trepar (por)**

El sendero se extendía desde el pueblo hasta la costa.	The path ran from the village to the coast.
Una hermosa moldura tallada se extendía por la pared.	A beautiful carved molding ran along the wall.
Las enredaderas trepaban por la cerca que rodeaba el jardín.	Vines ran up the fence that ran around the garden.

2. Cuando *to run* es transitivo y significa:

    a. *to conduct; manage* = **dirigir; administrar**

Hace diez años que Tomás Duarte administra el negocio de su familia.	Tomás Duarte has been running the family business for ten years.

    b. *to publish* (in a periodical, e.g., an ad) = **poner**

Pondremos un anuncio en el periódico de la mañana.	We will run an ad in the morning paper.

3. Otras expresiones en las que se encuentra el verbo *to run*:

to run a fever	**tener fiebre**
to run a risk	**correr el riesgo**
to run across, into	**tropezarse con**
to run away	**escaparse, huir**
to run into (crash, collide)	**chocar con**
to run out of	**quedarse sin, acabársele (a uno)**
to run over (riding or driving)	**pasar por encima de, arrollar, atropellar**
to run over (*overflow*)	**desbordarse**
to run (speaking of the nose)	**gotearle (a uno) la nariz**
in the long run	**a la larga**
on the run (adjective)	**fugitivo**
to be on the run	**estar huyendo, estar fugitivo**

Siento no poder ofrecerte una tostada. Nos hemos quedado sin pan (se nos acabó el pan).	I am sorry I can't offer you a piece of toast. We ran out of bread.
Los rebeldes estuvieron huyendo (fugitivos) varios meses.	The rebels were on the run for several months.
La anciana fue atropellada por un criminal fugitivo.	The old woman was run over by a criminal on the run.
Al niño le goteaba la nariz porque tenía catarro.	The child's nose was running because he had a cold.
A la larga, nos tropezaremos.	In the long run, we'll run into each other.

Aplicación

Traduzca.

1. What a day! While walking to my car, I ran into Mrs. Castillo, whom I detest. On my way to work, my car ran over some nails and I got a flat tire. Back home, I found that the faucet in the sink was dripping and the water had run over onto the floor. I washed my best dress and the colors ran.

2. We had learned about that house from an ad that its owners had run in the paper. It was beautiful! I loved the ivy running up the walls. A small brook ran at the back of the property and a stone wall ran around the garden. "I wonder how much this house will run," said my husband.

3. The man was drunk. He ran over a little girl. Then his car ran into a tree. He was hurt, the blood was running all over his face, but he ran away and now he is on the run. In the long run they'll catch him. I hope so!

4. My best friend, who runs a small flower shop, was running for president of the association of florists, and I wanted to help him in his campaign, but my car wasn't running. Luckily, there is a train that runs between my town and the city.

5. William was running a fever. His nose was running and he had a headache. He didn't want to run the risk of missing his job interview that afternoon. He went to his medicine cabinet to get some aspirin but, unfortunately, he had run out of them.

PARA ESCRIBIR MEJOR

La carta

CARTAS COMERCIALES

1. El formato

Igual que en inglés, las cartas comerciales en español tienen tres posibles formatos, según donde comiencen las líneas y los párrafos: estilo bloque, estilo semibloque y estilo sangrado.

En las cartas en español, es común que el margen de la izquierda sea más ancho que el de la derecha o igual a éste, pero no más estrecho. A diferencia de lo que sucede en inglés, el margen de la derecha se trata de mantener en español lo más parejo posible. Esto es fácil de hacer hoy gracias a la computadora, que «justifica» los espacios si uno lo desea. Si su programa o su impresora no hace esto o si Ud. escribe la carta a máquina, tenga presente que debe dividir muchas veces las palabras y que, si la división en sílabas no es su fuerte, debe repasarla.

2. Partes de una carta.

a. La fecha.

Se escribe de cuatro a ocho líneas más abajo del membrete, según la longitud de la carta. Incluye lugar, día, mes y año, pero si el lugar se indica en el membrete, no es necesario repetirlo aquí. Recuerde que en español el día se pone

Estilo bloque

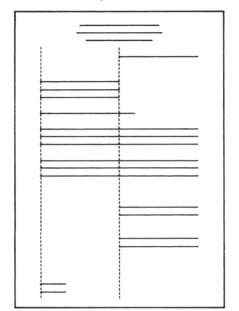

Estilo semibloque

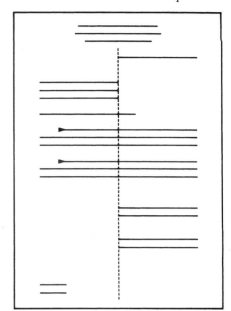

Estilo sangrado

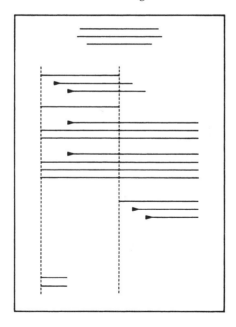

antes del mes **(4 de junio, 1999)** y que los números ordinales no se usan en las fechas, con excepción del primero de mes, abreviado **1°** o **1ero: 1° de abril, 1998.**

b. *El nombre y la dirección.*

Son los mismos del sobre. En España, es común usar D., Da. (don, doña) además de cualquier otro título: Sr. D. José Guzmán Landívar, Sra. Da.

En muchas ciudades hispánicas se ven buzones poco comunes, como el que aparece en esta foto.

Esperanza Barnet Vda. de Rondón. Algunas abreviaturas comunes que se usan en los títulos son:

Admor.	administrador
Arq.	arquitecto
Cía	compañía
D.	don
Da.	doña
Dr., Dra.	doctor, doctora
Ema.	Eminencia
Excmo.	Excelentísimo
Genl.	general
Hno., Hna.	hermano, hermana
Hon. Sr. Pdte.	Honorable Señor Presidente
Ilmo. (Ilo.)	Ilustrísimo
Ing.	ingeniero
Ldo., Lda. (Lcdo., Lcda.)	licenciado, licenciada
Mons.	monseñor
Pbro.	presbítero
Rdo. P. (R. P.)	Reverendo Padre

Rda. M. (R. M.)	Reveranda Madre
S. E.	Su Excelencia
Sr., Sres.	señor, señores
Sra., Sras.	señora, señoras
Srta., Srtas.	señorita, señoritas
S. Sa.	Su Señoría (*for some dignitaries, like judges*)
Supertte.	superintendente
S. A.	Sociedad Anónima (*Inc., in English*)
S. de R. L.	Sociedad de Responsabilidad Limitada (*Limited Liability Co.*)
Vda.	viuda

Algunas abreviaturas usadas en las direcciones son:

Avda., Av.	avenida	**E.P.M.**	en propia mano
Apdo.	apartado (de correos)*	**izqo., izqa.**	izquierdo/a
dcho., dcha.	derecho/a	**No.**	número
Dpto.	departamento	**Prova.**	provincia

c. *La línea de atención.*

Se coloca generalmente debajo de la dirección, y se usa cuando la carta va dirigida a una compañía, pero su contenido interesa a una persona en especial. Su abreviatura es **Atn.**

d. *La línea de referencia.*

Va a la derecha, entre la dirección y el saludo. Se abrevia **Ref.**

e. *El saludo.*

El saludo se escribe dos líneas después de la dirección. En inglés, las cartas informales utilizan una coma en el saludo; en español, se usan dos puntos siempre.

Algunas fórmulas comunes de saludo son:

Estimado/a/os/as + título
Apreciado/a/os/as + título
Distinguido/a/os/as + título
Honorable + título (para un presidente u otro dignatario)

El saludo tradicional **Muy Sr. (Sres.) mío(s) (nuestros)** todavía se usa, pero la tendencia moderna es de reemplazarlo por uno de los de la lista anterior.

f. *El cuerpo de la carta.*

Una carta de respuesta comienza con un acuse de recibo. Algunas fórmulas tradicionales de acuse de recibo son:

Acuso recibo de su atta. del 28 del pasado mes.... (atta. = atenta carta)
Recibí su atta. de fecha 15 del cte.... (cte. = corriente, referring to this month)
Obra en mi (nuestro) poder su muy atta. del mes pdo. (pdo. = pasado)
Acabo (Acabamos) de recibir su grata del 14 de octubre

---

*En algunos países de Sudamérica se usa la palabra **casilla.**

En contestación a su estimada del mes de enero p. pdo. (p. pdo. = próximo pasado).
Me apresuro a contestar su carta de ayer 3 de febrero...

Estas fórmulas pueden resultarle muy útiles si no sabe cómo comenzar, pero hoy en día se da preferencia a un estilo más personal. Es mejor comenzar indicando las razones por las que se escribe e introducir el acuse de recibo de modo casual en las primeras líneas.

Siento mucho no poder enviarle los informes que solicita en su carta del 6 de septiembre...
Los libros que les pedí por correo el pasado mes de julio, han llegado a mi poder en malas condiciones...
Estoy interesado en el empleo que Uds. anuncian en _El Sol_ del pasado domingo...
Tenemos el gusto de informarle que el crédito que solicitó en su carta del 10 de mayo...

g. _La despedida o cierre._
Algunas expresiones tradicionales que se utilizan para terminar:

Muy agradecido/a por su atención, quedo de Ud.(s) atte., (atentamente) S. S. (Su servidor[a])
En espera de sus gratas noticias, quedo de Ud.(s) atentamente,
De Ud. atto./a (atento/a) y S. S.,

Quedamos de Ud.(s) atte.,
En espera de su contestación, me reitero su atto./a S. S.,
Sin más por ahora,
Sin otro particular por el momento, quedo de Ud.(s) S. S.,
Respetuosamente, S.S.S., (Su seguro/a servidor[a])
Con toda consideración, S. S.,
Queda suyo/a afmo./a (afectísimo/a)

h. _Iniciales, anexos o adjuntos y copias._
Las iniciales del que firma la carta y las del que escribe se colocan juntas en la parte inferior izquierda del papel, separadas por una raya diagonal. Dos espacios más abajo van los **anexos**, si los hay. Si se envían copias de la carta a otra(s) persona(s), el/los nombre(s) se escribe(n) al final, precedido(s) de **c.c. (con copia)**.

Las iniciales **P.S. (post-scriptum)** usadas en inglés, pueden usarse también en español. Es más común, sin embargo, usar las iniciales **p.d. (posdata)**.

Recomendaciones generales.
Sea conciso y claro. Trate de ser amable y fino, aun cuando se trate de una carta de queja. Al final de este capítulo encontrará Ud. varios modelos de cartas, pero es imposible incluir un modelo para cada circunstancia que pueda presentarse en la vida real. Así que practique escribiendo el mayor número de cartas posible. La única manera de aprender a escribir buenas cartas, es escribiendo muchas.

CARTAS PERSONALES

El formato de las cartas personales es, obviamente, mucho más flexible que el de las cartas de negocios. Sin embargo, las siguientes listas de saludos y despedidas pueden resultar útiles.

Esta joven mexicana escribe. ¿Será una carta para su novio, para sus padres, para una amiga? No lo sabemos, pero su expresión indica que lo hace con gran interés.

Saludos:

(Muy) Estimado / Querido Fernando:	*Dear Fernando,*
Queridísima (Adorada) mamá:	*Dearest Mother,*
Amor mío:	*My love,*
Mi vida:	
Mi cielo:	

Las expresiones **Mi vida** y **Mi cielo**, muy comunes entre enamorados, no pueden traducirse al inglés. Por otra parte, no hay equivalentes en español para palabras como *Honey, Sweetheart, Darling*, etc.

En algunos países y sobre todo en el Caribe, las palabras **negro/a**, **negrito/a**, **chino/a**, **chinito/a** se usan como formas de tratamiento. Estas palabras expresan cariño y no tienen nada que ver con la raza de la persona.

Despedidas:

Afectuosamente,	*Affectionately,*
Cariñosamente, Con cariño,	*Fondly,*
Recibe el cariño de	*With love,*
Te besa y abraza,	*A kiss and a hug,*
Muchos abrazos de	*Hugs from,*
Siempre tuyo/a,	*Yours forever,*

Se despide de ti,	*Good-bye now,*
Tu novio/a que te adora,	*Your sweetheart who adores you,*
Recibe el eterno amor de	*With the eternal love of,*
Con mucho amor de	*Much love,*

$\mathcal{A}$ plicación

A *Decida qué afirmaciones son ciertas y cuáles son falsas y corrija las falsas.*

1. En español se usa una coma después del saludo en las cartas de tipo más familiar.
2. El margen de la derecha no debe ser más ancho que el margen de la izquierda.
3. Si la ciudad se indica en el membrete, no es necesario repetirla en la línea de la fecha.
4. Lo mismo que en inglés, **atención** se abrevia en español **Att**.
5. El saludo más usado hoy es **Muy Sr. mío**.
6. Una carta debe imitar la manera en que se hablaría a la persona.
7. La abreviatura **p. pdo.** significa **por pedido**.
8. En español nunca se escriben dos títulos seguidos antes del nombre.
9. Cuando se incluye algún otro papel adicional en una carta, se escribe la palabra **Anexo** en la esquina inferior izquierda.
10. No es recomendable explicar inmediatamente el motivo de la carta.

B *Identifique las abreviaturas.*

1. R. P. Mendía
2. Valdés y Cía, S. A.
3. Estimado Sr. Admor.
4. P. D.
5. Hon. Sr. Pdte.
6. Recibí su atta. del 3 del cte.
7. Quedo afmo. S.S.S.
8. Hno.
9. Avda.
10. E.P.M.
11. Me reitero su atto. S. S.
12. Quedamos de Uds. atte.
13. Distinguida Lcda. Castillo
14. Apreciado Ing. Gutiérrez
15. S. E.
16. R. M. Mónica Pérez Gil
17. c.c.
18. No.
19. Prova.
20. Apdo.

C *Practique los saludos y despedidas de las cartas personales, escribiendo una breve carta a un amigo o familiar querido, a su novio/a, etc.*

$\mathcal{M}$odelos de cartas

Lea con cuidado los siguientes modelos de cartas. Los ejercicios de las páginas 328–330. y algunos de los temas para composición, se basan en ellas.

1. *Modelo de carta comercial (de negocio a negocio).*

Artesanías

Centro Comercial Paseo Las Mercedes
Nivel Mercado—Local 144
Teléfono: 91.12.24—Las Mercedes
Caracas

Caracas, 10 de septiembre, 1998

Salazar y Hnos., S.A.,
Av. República de Panamá 356,
San Isidro,
Lima, Perú

Estimados Sres:

Después de saludarlos cordialmente, pasamos a exponerles los problemas de nuestro pedido de febrero, recibido por nosotros el lunes de esta semana: Tres de los espejos cajamarquinos[1] llegaron rotos y uno de los candelabros muy abollado. Hay además un error en las cantidades, ya que les pedimos 80 tallas en madera de cabezas de Cristo[2] y 100 ceniceros medianos y nos sirvieron 100 tallas y solamente 20 ceniceros.

Hemos decidido quedarnos con las 20 tallas de más, pero envíennos por favor los 80 ceniceros que faltan y ajusten la cuenta, añadiendo a la misma el valor de éstos. En cuanto a los tres espejos y al candelabro averiado en tránsito, les agradeceríamos nos incluyeran otros con el pedido que a continuación detallamos:

    200 alfombras variadas, 1.20 m. × 1.50 m.
    25 espejos sol[3] bronceados
    10 pinturas sobre vidrio, 26 cm.
    50 pinturas sobre vidrio, 60 cm.
    25 tallas de madera (Sagrada Familia)[4], 40 cm.
    20 tabaqueras No. 5
    40 llamas[5] de bronce y turquesa No. 2
    70 juegos de cubiertos de madera[6]

Sin más por el momento, quedamos de Uds. muy atte.,

Pablo E. Concepción
Artesanías "El artesano",
Pablo E. Concepción,
Gerente

pec/rc

---

[1] Espejos típicos de la zona de Cajamarca en Perú.
[2,4] Los motivos religiosos son comunes en las artesanías hispánicas.
[3] Espejos típicos peruanos con adornos que imitan rayos de sol.
[5] La llama, animal originario del Perú y Bolivia, es también un motivo común en la artesanía de estos países.
[6] Tenedor y cuchara grandes, propios para servir ensaladas.

2. *Modelo de carta comercial (de negocio a cliente).*

Metrocentro Sur 1240
San Salvador, El Salvador C.A
Tel. 20 45 18

12 de diciembre de 1998

Sr. Luis Monteblanco
Cuscatancingo Calle Central
Casa # 21
San Salvador

Ref.: Factura No. 397

Estimado señor:

Por tercera vez nos han devuelto, por falta de fondos, un cheque suyo
por ₡8,000.00[1], que es el saldo que arroja su cuenta. Dicha devolución,
unida a su silencio, empeora su situación y varía por completo la opinión que teníamos formada de Ud., como un buen cliente que siempre
cumplía con sus obligaciones.

En vista de las circunstancias, nos vemos obligados a poner el caso en
manos de nuestros abogados, para que ellos adopten las medidas perti-
nentes.

Le aclaramos que a su deuda de ₡8,000.00 hemos agregado la cantidad
de ₡400.00, importe del cinco por ciento de interés por demora en el
pago de la misma.

Atentamente,

Mueblería Imperial

Carmen Méndez Vda. de Fonseca
Carmen Méndez Vda. de Fonseca
Propietaria

CMF/ala

---

[1]El símbolo ₡ significa **colones**, la unidad monetaria de San Salvador. Observe que en El Salvador, a
diferencia de lo que sucede en España y en muchos países sudamericanos, se escriben las cantidades
igual que en los Estados Unidos, con una coma indicando los miles y un punto indicando los
decimales.

3. *Modelo de carta solicitando empleo.*

Robert T. Williams
7507 Bender Dr.
Austin Texas, 78749
Fax (512) 999-4504

3 de mayo de 1998

Sr. Emilio García Soto,
Joyería *Miraflor*,
Avenida Morelos 25,
México, D.F.

Distinguido señor:

Por medio de su sobrino Pablito Guzmán, que es viejo amigo mío, he sabido que, a partir del próximo mes de septiembre, va a necesitar Ud. un tenedor de libros que trabaje por las tardes en su establecimiento, y deseo ofrecerle mis servicios.

Seguramente le sorprenderá que le escriba desde Texas. Permítame explicarle que pienso instalarme en México a mediados de junio. Voy a matricularme en dos cursos universitarios para extranjeros, pero como las clases son por la mañana, estaré libre para trabajar a partir del mediodía.

Como puede Ud. ver por esta carta, escribo bien el español. Lo hablo también bastante bien y, como pienso permanecer en México por lo menos un año, lo hablaré todavía mejor en el futuro.

Le incluyo mi hoja de vida. Como verá en ella, voy a graduarme este semestre de Bachiller en Administración de Negocios, con especialidad en Contabilidad. Si Ud. lo desea, puedo hacer además que una compañía local donde he trabajado le envíe una carta de recomendación.

Quedo en espera de su apreciable respuesta.

Afmo. y S.S.

Robert T. Williams
Robert T. Williams

Anexo: Hoja de vida

4. *Modelo de carta personal.*

Boston, 12 de abril de 1998

Sra. Encarnación Camargo de Armas,
(Personal)
Financiera Bolívar, S.A.,
Calle 93A No. 18-20,
Bogotá, Colombia

Queridísima mamá:

Siento mucho no haber escrito en tres semanas, pero he tenido algunos problemas. Sé que le extrañará a Ud.[1] que le escriba a la dirección de la oficina y no a casa, pero no quiero que papá vea esta carta hasta que Ud. hable con él de lo que voy a contarle.

Como sabe, papá se oponía a que yo comprara carro cuando vine a estudiar a los Estados Unidos, por considerar que era peligroso. Pues tenía razón.

He tenido un accidente. No se asuste, no fue grave, aunque el carro quedó en bastante mal estado. Yo, gracias a Dios, no necesité quedarme en el hospital. Fue un milagro. Sólo me rompí dos dientes delanteros con el golpe, pero ya me los están arreglando. Por cierto, necesito $650 para el dentista. ¡Cómo se va a poner papá!

El otro problema que tengo se refiere al chofer del otro carro, que quedó destrozado, aunque el hombre solamente se partió un brazo. Ahora va a ponerme pleito, porque afirma que fue mi culpa, que la luz estaba en verde de su lado y que tengo que pagarle una indemnización grande, más el costo de su automóvil. Estará Ud. pensando que el seguro cubre todo esto. ¡Aquí es donde está verdaderamente el problema, pues se me olvidó pagarlo! Esto me tiene desesperado. No sé qué hacer. Por favor, mami, explíqueselo todo a papá con dulzura, porque se va a poner como un energúmeno.

Por lo demás, todo anda bien, incluyendo mis estudios. Le volveré a escribir pronto, informándole sobre la situación con el otro chofer. O tal vez es mejor que me llame Ud.

La quiere mucho su hijo,

Jairo

P.D. No es verdad lo de la luz, pero no puedo probarlo.

---

[1]En Colombia es común el uso de **Ud.** entre padres e hijos. El **tú** lo usan generalmente los jóvenes sólo con sus amigos de la misma edad.

𝒜 p l i c a c i ó n

A *Escriba una carta similar a la número 3, dirigida a un negocio o compañía en un país hispánico, donde Ud. ofrece sus servicios para trabajar por unos meses.*

B *Conteste una de las cartas modelo como si Ud. fuera el destinatario (la destinataria).*

C *Escriba una carta basándose en la siguiente situación.*

Ud. acostumbra comprar por catálogo. Recibió su pedido equivocado y lo devolvió, pero la segunda vez volvieron a enviarle la mercancía que no era. Ud. escribe una carte de queja a la compañía.

D *Un amigo o una amiga suya va a casarse y Ud. está invitado a la boda, pero no puede asistir. Escriba una carta personal breve, excusándose y acompañando un regalo.*

Traducción

Acme Products, Inc.
Guadalupe 3114
Austin, *Texas* 78749
Fax (512) 337-0666

May 28, 1998

Mr. Emilio García de Soto,
Joyería *Miraflor*,
Morelos 25,
México, D.F.,
México

Re: Mr. Robert T. Williams

Dear Mr. Soto[1]:

This is in answer to your letter of May 18th inquiring about Mr. Robert T. Williams.

Mr. Williams came to our company as a result of an ad we ran in the paper and worked for us as a bookkeeper for two months in 1996. He was employed only part-time since he was still going to school at the time. Although my contact with him was rather brief, I can say that he is a personable young man who is very intelligent and good at figures.

I must, however, inform you about the reasons for his dismissal from our company: After Mr. Williams had been with us for a month, he became quite slow in completing the tasks assigned to him. Since I run the department of accounting, I decided to watch him closely. I was able to ascertain that the reason for his slow pace was that, every time he thought nobody was watching, he put his work aside and read a copy of *Don Quijote* he had in his desk drawer.

I later found out from another employee that Mr. Williams was most interested in learning the Spanish language and he read Spanish books all the time. This interest, although very commendable per se, was damaging when pursued on company time and I so explained to Mr. Williams. He seemed to heed my warning for a couple of weeks, but one day I caught him again. He was reading *Don Juan Tenorio* this time. Of course, I had no choice but to let him go.

If I can be of further assistance, please feel free to contact me.

Sincerely yours,
Acme Products, Inc.,

John D. Manding
John D. Manding,
Supervisor,
Department of Accounting

JDM/mcd

---

[1]Como el remitente de esta carta es norteamericano, no sabe que el apellido de don Emilio no es Soto. Use el apellido correcto en su versión española.

*T*emas para composición

1. La carta del Sr. Manding. ¿Cree Ud. que hizo bien él en escribir esta carta? ¿Hizo bien Robert Williams en pedirle a Manding una recomendación? ¿Deben ser completamente sinceros los que escriben una carta de recomendación? ¿Empleará el propietario de la Joyería Miraflor a Williams? ¿Lo emplearía Ud.?

2. Lo que Ud. considera un buen jefe o una buena jefa. ¿Preferiría Ud. que su jefe fuera hombre o mujer? Explique lo que debe y no debe hacer un buen empleado.

3. El diálogo entre la Sra. de Armas y su esposo. Imagine el momento en que la madre de Jairo le explica al padre el contenido de la carta, y lo que dirá y hará el padre al enterarse.

4. Una mujer creyó que su marido había muerto en la guerra y volvió a casarse. Pero en realidad el marido no estaba muerto, sino prisionero en una cárcel enemiga, y unos años después lo liberan y regresa al hogar. Imagine que Ud. es parte de este triángulo (puede ser la mujer o cualquiera de los esposos) y explique lo que piensa hacer.

5. Lea el cuento de Washington Irving y haga una comparación entre su personaje y Rip-Rip. Compare también la intención de ambos autores al escribir los respectivos cuentos.

LECTURA

Ud. va a leer un cuento de Octavio Paz, un gran escritor mexicano que ha sido representante de su patria en varios países. Paz vivió en la India más de diez años, y en su obra se combinan la modernidad y una perspectiva religiosa oriental. Ha escrito poesía: *Luna silvestre*, *Raíz del hombre*..., pero su obra más conocida es *El laberinto de la soledad*, que pertenece al género del ensayo. Paz ha recibido muchos premios importantes, entre ellos el Miguel de Cervantes en 1981 y el premio Nobel en 1990.

Para comprender mejor

Este cuento pertenece al período temprano de Paz, que tiene muchas influencias surrealistas. El movimiento surrealista es más conocido en la pintura, sobre todo a través de las obras de Salvador Dalí, pero se manifestó también en la literatura. Aunque el surrealismo no se puede considerar «abstracto», porque utiliza elementos reales, va más allá del mundo real y se concentra en lo imaginario, en el subconsciente, en los sueños.

Este cuento sucede en una noche de calor, en medio de una exuberante naturaleza tropical. El autor va a utilizar muchas imágenes y es importante que Ud. tenga esto en cuenta. Por ejemplo, él se ve solo en la noche, en medio de la naturaleza, y siente que es parte de un universo en el cual conversan seres inmensos. Él puede bien ser una sílaba de esa conversación, por eso se refiere en la línea 44 a los labios que *lo pronunciaban*.

El ramo azul

Desperté, cubierto de sudor. Del piso de ladrillos rojos, recién regado°, subía un vapor caliente. Una mariposa de alas grisáceas° revoloteaba° encandilada° alrededor del foco° amarillento. Salté de la hamaca y
5 descalzo atravesé el cuarto, cuidando no pisar algún alacrán° salido de su escondrijo° a tomar el fresco. Me acerqué al ventanillo y aspiré el aire del campo. Se oía la respiración de la noche, enorme, femenina. Regresé al centro de la habitación, vacié el agua de la jarra en

mojado
grayish */ volaba / ciega por la luz / bombilla (Méx.)*

escorpión / escondite

333

10 la palangana° de peltre° y humedecí la toalla. Me froté
el torso y las piernas con el trapo empapado°, me
sequé un poco y, tras de cerciorarme° que ningún
bicho° estaba escondido entre los pliegues de mi ropa,
me vestí y calcé. Bajé saltando la escalera pintada de
15 verde. En la puerta del mesón° tropecé con el dueño,
sujeto tuerto° y reticente. Sentado en una sillita de
tule°, fumaba con el ojo entrecerrado°. Con voz ronca°
me preguntó:
　　—¿Onde° va, señor?
20　　—A dar una vuelta. Hace mucho calor.
　　—Hum, todo está ya cerrado. Y no hay
alumbrado° aquí. Más le valiera quedarse.
　　Alcé los hombros°, musité° «ahora vuelvo» y me
metí en lo obscuro. Al principio no veía nada. Caminé
25 a tientas° por la calle empedrada°. Encendí un
cigarrillo. De pronto salió la luna de una nube negra,
iluminando un muro° blanco, desmoronado a trechos°.
Me detuve, ciego ante tanta blancura. Sopló un poco
de viento. Respiré el aire de los tamarindos°. Vibraba
30 la noche, llena de hojas e insectos. Los grillos°
vivaqueaban° entre las hierbas altas. Alcé la cara:
arriba también habían establecido campamento° las
estrellas. Pensé que el universo era un vasto sistema
de señales, una conversación entre seres inmensos.
35 Mis actos, el serrucho° del grillo, el parpadeo° de la
estrella, no eran sino pausas y sílabas, frases dispersas
de aquel diálogo. ¿Cuál sería esa palabra de la cual yo
era una sílaba? ¿Quién dice esa palabra y a quién se
la dice? Tiré el cigarrillo sobre la banqueta°. Al caer,
40 describió una curva luminosa, arrojando breves
chispas°, como un cometa minúsculo.
　　Caminé largo rato, despacio. Me sentía libre,
seguro entre los labios que en ese momento me
pronunciaban con tanta felicidad. La noche era un
45 jardín de ojos. Al cruzar una calle, sentí que alguien se
desprendía° de una puerta. Me volví, pero no acerté a°
distinguir nada. Apreté el paso°. Unos instantes
después percibí el apagado° rumor° de unos
huaraches° sobre las piedras calientes. No quise
50 volverme, aunque sentía que la sombra se acercaba
cada vez más. Intenté correr. No pude. Me detuve en
seco°, bruscamente. Antes de que pudiese
defenderme, sentí la punta de un cuchillo en mi
espalda y una voz dulce:
55　　—No se mueva, señor, o se lo entierro°.
　　Sin volver la cara, pregunté:
　　—¿Qué quieres?

*recipiente donde se echa
agua para lavar o
lavarse / pewter / muy
mojado / asegurarme /
insecto*

hotel pequeño y rústico

con un solo ojo / junco
(reed) */ medio cerrado /
bronca, profunda*

Adónde

luces en las calles

Alcé... *I shrugged my
shoulders / dije en voz
baja / a... de manera
insegura / pavimentada
con piedras / pared /*
desmoronado...
*destruido en varios
lugares / un árbol
tropical /* crickets */ se
acomodaban para
pasar la noche /*
establecido... *acampado*

*sonido que hace al frotar
sus alas / encenderse y
apagarse*

acera (Méx.)

breves... *muy pequeñas
partículas de fuego*

salía / no... no conseguí /
Apreté... *Caminé más
rápido / suave, bajo /
sonido / sandalias
mexicanas*

en... de repente

clavo

—Sus ojos, señor—contestó la voz suave, casi
apenada°.

— triste

60 —¿Mis ojos? ¿Para qué te servirán mis ojos?
Mira, aquí tengo un poco de dinero. No es mucho,
pero es algo. Te daré todo lo que tengo, si me dejas.
No vayas a matarme.

—No tenga miedo, señor. No lo mataré. Nada
65 más° voy a sacarle los ojos.

— *Nada... Solamente*

—Pero, ¿para qué quieres mis ojos?

—Es un capricho° de mi novia. Quiere un ramito
de ojos azules. Y por aquí hay pocos que los tengan.

— *antojo, deseo especial*

—Mis ojos no te sirven. No son azules, sino
70 amarillos°.

— *color ámbar*

—Ay, señor no quiera engañarme. Bien sé que los
tiene azules.

—No se le sacan a un cristiano° los ojos así. Te
daré otra cosa.

— *persona*

75 —No se haga el remilgoso°—me dijo con
dureza—. Dé la vuelta.

— *difícil*

Me volví. Era pequeño y frágil. El sombrero de
palma le cubría medio rostro. Sostenía con el brazo
derecho un machete de campo que brillaba con la luz
80 de la luna.

—Alúmbrese° la cara.

— *Encienda un fósforo y pón-
galo cerca de su cara*

Encendí y me acerqué la llama al rostro. El
resplandor me hizo entrecerrar los ojos. Él apartó° mis
párpados con mano firme. No podía ver bien. Se alzó
85 sobre las puntas de los pies y me contempló
intensamente. La llama me quemaba los dedos. La
arrojé. Permaneció un instante silencioso.

— *separó*

—¿Ya te convenciste? No los tengo azules.

—Ah, qué mañoso° es usted —respondió—. A
90 ver, encienda otra vez.

— *hábil para engañar*

Froté otro fósforo y lo acerqué a mis ojos.
Tirándome de la manga, me ordenó:

—Arrodíllese.

Me hinqué°. Con una mano me cogió por los
95 cabellos, echándome la cabeza hacia atrás. Se inclinó
sobre mí, curioso y tenso, mientras el machete
descendía lentamente hasta rozar° mis párpados.
Cerré los ojos.

— *arrodillé*

— *tocar suavemente*

—Ábralos bien —ordenó.

100 Abrí los ojos. La llamita me quemaba las
pestañas. Me soltó de improviso°.

—Pues no son azules, señor. Dispense°.

Y desapareció. Me acodé° en el muro, con la
cabeza entre las manos. Luego me incorporé°. A
105 tropezones°, cayendo y levantándome, corrí durante

— *de repente*
— *Perdone*
— *puse los codos*
— *puse derecho*
— *A... con dificultad*

Parábola óptica, 1931, del fotógrafo mexicano Manuel Álvarez Bravo, es una buena muestra de la importancia de los ojos como tema en el período surrealista.

una hora por el pueblo desierto. Cuando llegué a la plaza, vi al dueño del mesón, sentado aún frente a la puerta. Entré sin decir palabra. Al día siguiente huí de aquel pueblo.

Comprensión

1. ¿Cómo sabemos que hace mucho calor en este lugar?
2. ¿Cómo sabemos que el mesón donde se hospeda el narrador está en un pueblo de campo?
3. Describa al dueño del mesón.
4. ¿Por qué le recomienda el dueño al narrador que no salga?
5. ¿Qué cosas oye, huele, ve, percibe el narrador en la noche?
6. ¿Qué detalles nos da el autor sobre el campesino?

7. ¿Qué quería el campesino y por qué?

8. ¿Cómo se alumbró la cara el narrador? ¿Por qué lo hizo?

9. ¿Por qué no consiguió el campesino lo que buscaba?

10. ¿Qué hizo el narrador cuando el campesino se fue?

𝒥nterpretación

1. ¿Por qué dice el narrador que la noche era «enorme, femenina»?

2. El narrador dice que el universo era un vasto sistema de señales. ¿De qué manera se consideraba él como una parte de este complejo universo?

3. ¿Qué sugiere el autor al decirnos que el hombre llevaba huaraches?

4. Cuando el narrador pensaba que la noche era «un jardín de ojos», ¿era un hombre cuerdo o paranoico?

5. ¿Le parece lógica y sensata la conducta del narrador ante la amenaza del intruso? ¿Qué hubiera hecho Ud.?

6. El intruso trata al narrador de usted, y el narrador lo trata de tú. ¿Por qué?

7. ¿Qué le parece el estilo de este cuento? ¿Qué características sobresalen en él?

8. ¿Hay algún motivo especial para que el cuento esté narrado en primera persona? ¿Cómo variaría si todo se viera desde el punto de vista de un narrador diferente?

𝒥ntercambio oral

A. El narrador comienza la historia diciendo que despertó. ¿Es esto verdad o nos cuenta una pesadilla? ¿Se trata quizás del encuentro con un loco? Explique su opinión.

B. No sabemos nada de la supuesta novia del campesino. ¿Existirá realmente? Si existe, ¿será posible que haya querido deshacerse de él pidiéndole como regalo algo absurdo?

C. ¿Qué diferencias hay entre el hombre del campo y el de la ciudad? ¿Son las mismas en este país y en México? ¿Es cierto el estereotipo de que los campesinos son más inocentes y la gente de la ciudad está más corrompida? ¿Prefiere Ud. el campo o la ciudad? ¿Por qué?

D. El delito en las calles. ¿Dónde abunda más? ¿Cuáles son las causas? ¿Es la locura una causa importante? ¿Qué pueden hacer las autoridades para combatirlo? ¿Qué medidas o precauciones puede tomar un individuo para protegerse?

E. Ud. seguramente ha visto cuadros de Dalí. ¿Qué tienen en común este cuento, muchos cuadros de Salvador Dalí y muchas imágenes de MTV? ¿Qué opina Ud. de tales imágenes de MTV? ¿Qué propósito tienen?

Repaso léxico

Encuentre a la izquierda la definición o sinónimo de cada palabra de la lista que está a la derecha.

1. Otra manera de decir *persona* o *individuo*.
2. De repente.
3. Adjetivo para algo muy mojado.
4. Dobleces.
5. Pared.
6. Sistema de luces en las calles.
7. Otra forma de decir *Perdone*.
8. Adjetivo para una persona con un solo ojo.
9. Lugar para ocultarse.
10. Decir algo en voz muy baja.
11. Ciego a causa de una luz intensa.
12. Escorpión.
13. Palabra que se usa en México para decir *acera*.
14. Partículas muy pequeñas de fuego.
15. Caminar más rápido.
16. Triste.
17. Sonido suave.
18. Iluminar.
19. Adjetivo para alguien que es hábil para engañar.
20. Arrodillarse.
21. Ponerse derecho o levantarse un poco.
22. Frase adverbial que indica que algo se hace con dificultad.

a. alacrán
b. alumbrado
c. alumbrar
d. apenado
e. apurar el paso
f. a tropezones
g. banqueta
h. chispas
i. cristiano
j. dispense
k. empapado
l. encandilado
m. en seco
n. escondrijo
ñ. hincarse
o. incorporarse
p. mañoso
q. muro
r. musitar
s. pliegues
t. rumor apagado
u. tuerto

SECCIÓN GRAMATICAL

Verbs Used Reflexively

Before discussing the passive voice later in this chapter, it will be helpful to examine the concept of *reflexive* verbs and verbs used *reflexively*.* Remember that a very common way to express the passive voice in Spanish is with a *reflexive* construction.

---

*We retain the traditional terms *reflexive* and *reflexively* although in some cases they are less precise than *pronominal* and *pronominally*, translations of the Spanish **pronominal** and **pronominalmente**.

A verb is said to be reflexive when its action is directed back on the grammatical subject. (A simpler definition states that a Spanish verb is reflexive when it is used with an object pronoun—**me**, **te**, **se**, **nos**, **os**, **se**—of the same person as the subject of the verb.)

The principal reflexive uses of verbs are described below. Bear in mind that some of the subtleties of the reflexive can only be learned through years of experience with the language.

1. Some verbs are always used reflexively in Spanish.

arrepentirse (de)	*to repent, be sorry about (regret)*
atreverse (a)	*to dare*
jactarse (de)	*to boast*
quejarse (de)	*to complain*
Miguel se jacta de que no hay nada que él no se atreva a hacer.	*Miguel boasts that there is nothing that he doesn't dare to do.*

2. Transitive verbs are often used reflexively.

   a. Many of these verbs show the following pattern: If the subject performs the act on someone else, the reflexive pronoun is not used (column **a**); if the subject is the person affected, the reflexive pronoun is used in Spanish, even though it may not be used in English (column **b**). Observe that the English translation differs in columns **(a)** and **(b)**.

(a)		(b)	
acostar	*to put to bed*	**acostarse**	*to go to bed*
divertir	*to amuse*	**divertirse**	*to have a good time, enjoy oneself*
llamar	*to call*	**llamarse**	*to be named*
sentar	*to seat*	**sentarse**	*to sit down*
Gloria sentó al nene en la mecedora y luego se sentó en el sillón cercano.		*Gloria sat the child in the rocker and then she sat down in the nearby armchair.*	
A veces los cómicos divierten al público pero ellos mismos no se divierten.		*Sometimes comedians amuse the public but they themselves do not have a good time.*	

   b. Often a Spanish transitive verb requires the reflexive pronoun when no other direct object is expressed.* Observe that in the following cases, the English translation is the same.

derretir(se)	*to melt*	**extender(se)**	*to extend*
detener(se)	*to stop*	**secar(se)**	*to dry*
Para hacer esa salsa, debe Ud. derretir la mantequilla primero.		*To make that sauce you should melt the butter first.*	
Hacía mucho calor y el helado se derritió.		*It was very hot and the ice cream melted.*	

---

*Recall what was said in chapter 3 about the use of the *dative of interest* with verbs used reflexively.

El ranchero extendió el brazo para señalar el límite de sus tierras, que se extendían hacia el oeste.	*The rancher extended his arm to indicate the limit of his land, which extended toward the west.*
Si la ropa no se seca pronto, tendré que secarla en la secadora.	*If the clothes don't dry soon, I'll have to dry them in the dryer.*
Cuando detuve el coche en el paso a nivel, vi que un tren se detenía para no atropellar una vaca.	*When I stopped the car at the crossing, I saw that a train was stopping in order not to run over a cow.*

3. Numerous verbs—transitive and intransitive—acquire different meanings when used reflexively.

comer	*to eat*	**comerse**	*to eat up*
dormir	*to sleep*	**dormirse**	*to fall asleep*
ir	*to go*	**irse**	*to go away, go off*
llevar	*to carry*	**llevarse**	*to carry off*

Antonio se comió todas las galletas.	*Antonio ate up all the crackers.*
A Cristina le gusta dormir pero con frecuencia le cuesta trabajo dormirse.	*Cristina likes to sleep but frequently she has a hard time falling asleep.*

In other cases, the shift of meaning may not be translatable and/or may vary from one Spanish-speaking area to another. Many verbs that are not reflexive in Spain are used reflexively in Spanish America.

desayunar(se)	*to have breakfast*	**enfermar(se)**	*to get sick*
despertar(se)	*to wake up*	**morir(se)**	*to die*

(Me) desperté a las ocho y a las ocho y media desperté a mi hermanito.	*I woke up at eight o'clock and at eight-thirty I woke up my little brother.*

If we examine some of the differences between **morir** and **morirse**, the complexity of this problem becomes evident. **Morir** refers to a death that occurs in an accident or under violent circumstances.

Muchos soldados murieron en la batalla.	*Many soldiers died in the battle.*
El niño murió en el incendio.	*The child died in the fire.*

Morirse expresses the idea *to die* (of natural causes), *to be dying, to be moribund.*

Hace días que el enfermo se muere.	*The sick man has been dying for days.*

Both **morir** and **morirse** can be used figuratively; the latter is found most often with human subjects.

A medida que mueren las costumbres viejas, nacen las nuevas.	*As old customs die, new ones are born.*

Nos morimos por ir a ese concierto.	*We are dying to go to that concert.*
Durante el espectáculo, Mariano se moría de (la) risa.	*During the show Mariano was dying of laughter.*

4. Many verbs are used reflexively when referring to actions that involve a part of the body or an article of clothing of the grammatical subject.

Al quitarse las botas, Enrique se lastimó el tobillo izquierdo.	*On removing his books, Enrique hurt his left ankle.*

Note that the reflexive pronoun is not used when the action is purely voluntary and no external instrumentality (including another body part) is involved.

El anciano cerró los ojos pero tardó mucho en conciliar el sueño.	*The elderly man closed his eyes but he didn't fall asleep for a long time.*

5. A number of verbs when used reflexively may acquire a causative meaning.

cortarse el pelo	*to have one's hair cut*
empastarse una muela (un diente)	*to have a tooth filled*
retratarse	*to have one's picture taken*
sacarse una muela (un diente)	*to have a tooth extracted*
Ayer Manuel se cortó el pelo porque iba a retratarse.	*Yesterday Manuel got a haircut because he was going to have his picture taken.*

Aplicación

A *Añada un pronombre reflexivo, si es necesario.*

1. Con este calor, la nieve que cayó anoche _____ derretirá rápidamente.

2. Cuando los heridos _____ abrieron los ojos, vieron que estaban en el hospital.

3. Mi mamá me dijo que _____ acostara a mi hermanito.

4. Ellos siempre _____ arrepienten de sus malas acciones después de hacerlas.

5. Cuando el aire acondicionado no funciona bien, _____ quejamos.

6. Fui al dentista para empastar _____ un diente.

7. Después de comer _____, ella _____ puso el sombrero y _____ fue de la casa.

8. Si _____ comes todos esos bombones, vas a enfermar _____.

9. Cuando llegó el médico, el paciente ya _____ moría.

10. Ella es siempre la primera en levantar _____ la mano para contestar.

11. Si el profesor es aburrido, los alumnos _____ dormirán.

12. Antes de volar, el águila _____ extendió las alas.

B Traduzca.

Last night I was dying to go to bed early because I had had a tooth extracted in the afternoon. However, when I was about to put on my pajamas, some friends arrived, explaining that they wanted to amuse me with several new jokes, so I didn't dare say anything. How could I complain in a case like this? I didn't get to sleep until after midnight, and my friends drank up all the beer and soda that I had in the house. They also took a gallon of ice cream, saying that they didn't want it to go to waste during my "illness."

IMPERSONAL USE OF SE

Se is found with the third-person singular of the verb (used intransitively) to mean *one, they, people, you* (indefinite).* This construction is similar to the reflexive substitute for the passive discussed on pages 346–347, but is much less common.

Hoy día se habla mucho de los problemas sicológicos.	*Nowadays people talk a lot about psychological problems.*
En el campo se vive mucho más tranquilamente que en la ciudad.	*In the country one lives much more peacefully than in the city.*

In order to use a reflexive verb impersonally, one must add **uno/a** or **una persona**.

Si uno (una persona) se alaba constantemente, se aburren sus oyentes.	*If a person praises himself constantly, his listeners get bored.*

Aplicación

Actividades del fin de semana. *Haga un comentario en cada caso usando oraciones impersonales con* se. *Añada* uno/a *si es necesario.*

Modelo: **Nos divertimos** mucho en la boda de Pepe, pero **bebimos** demasiado.

→ *En las bodas* **uno se divierte**, *pero a veces* **se bebe** *más de lo debido.*

---

*It should be noted that the indefinite or impersonal English *you* is sometimes expressed in Spanish by **tú**, especially in the spoken language. Occasionally **usted** is also used in this way.

A veces en la vida (tú) trabajas mucho y no tienes éxito.	*Sometimes in life you work hard and you're not successful.*

1. Los sábados por la mañana, mi hermano y yo «*nos entretenemos*» cortando la hierba del jardín.

2. Otras veces, *vamos* de compras al supermercado.

3. Los sábados por la noche *me reúno* con mis amigas y *bailo* en la discoteca.

4. Como los sábados *me acuesto* después de medianoche, los domingos *me levanto* mucho más tarde que en los días de semana.

5. Todos en casa *comemos* mucho en el desayuno los domingos.

6. Mi familia es tradicional, por eso después del desayuno todos *asistimos* a los servicios religiosos.

7. Cuando *salimos* de la iglesia *conversamos* un rato con los vecinos.

8. Los domingos *almorzamos* en un restaurante.

9. Por la tarde, mis hermanos y sus amigos *juegan* al fútbol en el parque.

10. Yo, si *estoy* cansada, *me quedo* en casa; *duermo* la siesta o *me siento* a leer.

The Passive Voice

Speakers of Spanish and English have at their disposal two voices, or ways, to indicate the relation of the subject of the verb to the action expressed by the verb. In the active voice, the subject *performs* the action.

Cervantes escribió esa novela.	*Cervantes wrote that novel.*

On the other hand, in the passive voice the subject is the *recipient* of the action.

Esa novela fue escrita por Cervantes.	*That novel was written by Cervantes.*

The passive voice may be expressed in Spanish by means of various constructions.

THE TRUE PASSIVE (SER + PAST PARTICIPLE)

When an agent (performer) is expressed or strongly implied, **ser** is used with the past participle in Spanish, much as the verb *to be* is used in English with the past participle.

Esa profesora es admirada por casi todos sus estudiantes.	*That professor is admired by almost all her students.*
Me consta que ese batería será muy aplaudido por el público en su primer concierto.	*I'm sure that percussionist will be much applauded by the public in his first concert.*
En aquella época fueron construidas todas las casas de la cuadra.	*At that time all the houses on the block were built.*
Aquellos árboles han sido plantados en la última semana.	*Those trees have been planted during the last week.*

Observations:

1. The foregoing construction, which so closely parallels English usage, is much less frequently used in Spanish. Much preferred are the active and/or reflexive structures discussed below. The overuse of the true passive is regarded as a stylistic defect. Especially frowned upon is the use of the present progressive of **ser** + present participle, e.g., **El edificio está siendo construido por una empresa extranjera**. It is much better Spanish to say **Una empresa extranjera construye (está construyendo) el edificio**.

2. You must not use the true passive in Spanish when the English subject is an indirect object. In the sentence *We were given the bad news yesterday*, it is clear that *we* is an indirect object if the sentence is converted to the active voice: *They gave the bad news to us yesterday*. One should say either **Nos dieron la mala noticia ayer** or **Se nos dio la mala noticia ayer**.

THE INDEFINITE THIRD-PERSON PLURAL OF THE ACTIVE VERB

When the agent is not expressed or strongly implied, a very common equivalent of the English passive voice is the indefinite third-person plural of the active verb.*

In this construction, the subject in Spanish is not **ellos** or **ellas** but an unexpressed indefinite *they*. The English subject becomes the direct object in Spanish.

Admiran mucho a esa profesora.	*That professor is much admired. (They admire that professor a lot.)*
Me consta que aplaudirán mucho a ese batería en su primer concierto.	*I'm sure that percussionist will be much applauded in his first concert. (I'm sure that they will applaud that percussionist a lot in his first concert.)*
En aquella época construyeron todas las casas de la cuadra.	*At that time all the houses on the block were built. (At that time they built all the houses on the block.)*
Han plantado aquellos árboles en la última semana.	*Those trees have been planted during the last week. (They have planted those trees during the last week.)*

---

*The active structure exists in English, but is not used nearly so often as in Spanish. In the following examples, observe how the active voice is preferred in Spanish, whereas the passive is used in English.

A Maruja no le gusta que la critiquen.	*Maruja doesn't like to be criticized.*
Seguramente esta tarde echarán al correo los dos paquetes.	*The two packages will definitely be mailed this afternoon.*
Y ¿piensas tú que cuando nos morimos no nos piden cuenta de nuestras acciones? (Galdós, *Miau*, cap. 27)	*And do you think that when we die we are not asked for an account of our actions?*

THE APPARENT PASSIVE
(ESTAR + PAST PARTICIPLE)

In English, the isolated sentence *Mario was wounded* can be interpreted two ways: (a) it could refer to an action in which someone wounded Mario or (b) it could refer to the state or condition that Mario was in as a result of the fact that someone wounded him.*

In Spanish, the first meaning is expressed by **ser** + past participle: **Mario fue herido**. The second meaning is not really a passive because no action is expressed and therefore **estar** + past participle is used: **Mario estaba herido**.

Cuando yo me mudé a esa cuadra, ya todas las casas estaban construidas.	*When I moved to that block all the houses were already built.*
Ya están plantados los árboles, ¿verdad?	*The trees are already planted, aren't they?*
El delincuente estuvo encarcelado del 85 al 95.	*The criminal was locked up from '85 to '95.*

Observe carefully also the resultant states expressed in the following sentences.

El agua está compuesta de oxígeno e hidrógeno.	*Water is composed of oxygen and hydrogen.*
México está limitado al norte por los Estados Unidos y al sur por Guatemala.	*Mexico is bordered on the north by the United States and on the south by Guatemala.*
Las montañas estaban cubiertas de nieve.	*The mountains were covered with snow.*

In none of the above cases does the verb **estar** express an action taking place at the time indicated by the tense, which is a function of **ser** + past participle. In short, these examples only *look like* the passive voice.

Aplicación

A *Vuelva a escribir los siguientes pasajes, formando oraciones de voz pasiva con los verbos que se indican.*

1. Los candidatos políticos *iniciaron* sus campañas electorales hace varios meses. Ya *han visitado* muchas ciudades y *visitarán* muchas más. Todos los días sus partidarios los *alaban*, mientras que sus adversarios los *condenan*. En algunos lugares, los ciudadanos los *han aplaudido* y, en otros, los *ha abucheado* el público. Muchos periódicos *recomiendan* a sus candidatos preferidos, pero frecuentemente el público no *sigue* tales recomendaciones. Al final, los ganadores *celebrarán* su triunfo con grandes fiestas.

---

*Some grammarians of English use the term *statal passive*, which corresponds to **estar** + past participle, and *actional passive*, which corresponds to **ser** + past participle.

2. La telenovela que estoy viendo la *transmiten* por el canal 47. Se llama «Kassandra» y la *produjeron* y *filmaron* en Venezuela, aunque el guión lo *escribió* una escritora cubana. A esta señora, Delia Fiallo, la *conocen* mucho los hispanohablantes de los Estados Unidos porque es autora de la mayoría de las telenovelas que se *importan* de Venezuela. Kassandra era una bebé de familia rica, pero la *robaron* de su cuna y la *cambiaron* por una niña gitana que había muerto. A Kassandra la *criaron* los gitanos. Ahora Kassandra es una joven muy hermosa y todos *admiran* su belleza. Un gitano de su tribu la *ama*, pero ella no *corresponde* al amor del hombre. Cuando el circo regresa a la ciudad natal de Kassandra, una criada de la familia *reconoce* a la joven a causa de su gran parecido con su madre. La novela no ha llegado a su final, pero estoy segura de que su familia le *devolverá* a Kassandra su fortuna y su nombre y de que la justicia *castigará* a la mujer culpable de que los gitanos la *hayan robado*.

B *Reemplace los verbos reflexivos con formas que indiquen estados resultantes.*

Modelo: Me convencí

→ *Estoy convencido*

Me *convencí* de que el doctor Pedrosa es un médico maravilloso. En enero mi padre *se internó* en el hospital porque *se hirió*. Tuvo un accidente en el trabajo y su pierna derecha *se fracturó* en varios lugares. Pero, gracias al doctor, ya mi padre *se curó*. Todo el mundo *se asombró* de su rápida recuperación.

THE REFLEXIVE SUBSTITUTE

In this construction, there are two different structures: one for things, animals, and groups of persons; another for individualized persons. Usually the agent is not expressed nor strongly implied.

1. **Things, animals, and groups of persons**

In this case, the English subject becomes the subject of the Spanish active verb used with **se**. If the subject is singular, the verb is singular; if the subject is plural, the verb is also plural.*

En aquella época se construyeron todas las casas de la cuadra.	*At that time all the houses on the block were built.*
Ese árbol se plantó el verano pasado.	*That tree was planted last summer.*
Se llevaron al laboratorio las ratas que se habían comprado el lunes.	*The rats that had been bought on Monday were taken to the laboratory.*
Se seleccionarán varias jóvenes para una prueba de cine.	*Several young women will be selected for a screen test.*

---

*When a group of persons is the subject, some grammarians apply the term **cosificación** to this structure.

| Los maestros recién graduados se enviaron a la nueva escuela. | *The recently graduated teachers were sent to the new school.* |
| No se permiten niños pequeños en el hospital. | *Small children are not allowed in the hospital.* |

Observations:

In this construction, the verb most often precedes the subject. However, the subject may precede if it is modified by a definite article, a demonstrative, or a possessive. Thus it is correct to say **Las casas se construían con madera** (but not **Casas se construían con madera**); **Aquellos árboles se han plantado recientemente** (but not **Árboles se han plantado recientemente**).

Occasionally the agent may be expressed with the reflexive passive as it is with the true passive.

| Estos libros se venden por todos los libreros. | *These books are sold by all booksellers.* |

2. Individualized person(s)

When the English subject is an individualized person or persons, the reflexive passive permits the use of **se** + third-person singular of the verb only and the English subject becomes the Spanish direct object.

| Se admira mucho a esas dos profesoras. | *Those two professors are much admired.* |
| Se aplaudirá a ese batería. | *That percussionist will be applauded.* |

Note the use of the personal **a** in the foregoing examples.

a. If object pronouns are required, the preferred forms of the third person are **le**, **les**, **la**, **las**. However, many native speakers, especially in Spanish America, avoid the construction involving reflexive and feminine direct object pronouns.

| Se la admira mucho. | *She is much admired.* |
| Se le aplaudirá mucho. | *He will be much applauded.* |

b. If the direct object precedes **se**, a redundant pronoun is added between **se** and the verb. Again the third-person pronouns used are **le**, **les**, **la**, **las**. (Compare with chapter 3, page 73.)

| A Andrés se le castigará por haber tomado el auto sin permiso. | *Andrés will be punished for having taken the car without permission.* |
| A Sarita se la premió por haber salvado al niño que se ahogaba. | *Sarita was rewarded for having saved the drowning boy.* |

Recapitulation

1. If the subject is thing(s), animal(s), or group(s) of persons, use **ser** + past participle if the agent is expressed or strongly implied

Esas canciones fueron compuestas por el cantautor José Feliciano.

If the agent is not expressed or strongly implied, use

    a.   the reflexive substitute with agreement of subject and verb

Se compusieron esas canciones el año pasado.

    b.   or, the impersonal third-person plural of the active verb.

Compusieron esas canciones el año pasado.

  2. If the subject is an individualized person or persons, use **ser** + past participle if the agent is expressed or strongly implied:

Esos dos senadores no serán invitados a la Casa Blanca por el Presidente.

If the agent is not expressed or strongly implied, use

    a.   the impersonal third-person plural of the active verb,

No invitarán a esos dos senadores a la Casa Blanca.

    b.   or, less frequently, the reflexive substitute with **se** + third-person singular of the active verb.

No se invitará a esos dos senadores a la Casa Blanca.

$\mathcal{A}$ plicación

A *Transforme las oraciones de la voz pasiva a la activa, como se hace en el modelo.*

Modelo: La carta fue echada al correo por Gustavito.

    → *Gustavito* **echó** *la carta al correo.*

  1. La moción había sido adoptada por los congresistas en la sesión anterior.

  2. El viajero fue amenazado por el campesino.

  3. La operación fue hecha con mucha destreza por el cirujano.

  4. El premio es concedido por un jurado muy distinguido.

  5. El problema fue resuelto en 1996 por un profesor árabe.

  6. Es probable que ese loco sea enviado a un manicomio por las autoridades.

  7. Salvador Dalí es muy admirado por los amantes de la pintura.

  8. El mesón era atendido personalmente por el dueño.

  9. Este cuento ha sido estudiado por muchos críticos.

 10. El alumbrado de las calles será pagado por el municipio.

 11. El conferencista fue interrumpido por los gritos del público.

 12. Me dijeron que la joven sería empleada por una casa de modas.

B *Transforme las oraciones de la voz pasiva con* **ser** *a la pasiva refleja, como se hace en el modelo.*

Modelo: Los paquetes serán enviados mañana.

→ ***Se enviarán*** *los paquetes mañana.*

El libro fue vendido ayer.

→ *Se vendió el libro ayer.*

1. Esa calle fue empedrada recientemente.
2. Docenas de soldados eran reclutados todos los días.
3. Todos los chicos del pueblo ya fueron vacunados.
4. El café es cultivado en esa región.
5. Las medicinas fueron distribuidas entre los pobres.
6. Los grillos serán exterminados con un insecticida especial.
7. Estas técnicas han sido estudiadas en muchos laboratorios.
8. La cubierta del disco será impresa en rojo y negro.
9. Los niños no son admitidos en el mesón.
10. La sala debe ser empapelada con un papel de calidad.

C *Cambie las siguientes oraciones de voz pasiva a una construcción con* **se***. Observe que todos los sujetos son personas definidas, y que por lo tanto, el verbo será siempre singular y se necesita la preposición* **a***.*

Modelo: Su hija fue contratada hace dos semanas.

→ *Se contrató a su hija hace dos semanas.*

1. Los prisioneros serán juzgados por el delito de robo.
2. De repente, el forastero es sorprendido en lo oscuro.
3. Dudo que el inspector haya sido enviado a la urbanización.
4. El gobernador fue elegido en las elecciones de 1998.
5. Todos los estudiantes van a ser llamados por orden alfabético.
6. Varios policías fueron golpeados durante los disturbios.
7. El director dijo que esa estudiante sería premiada.
8. El hombre había sido herido con un machete.
9. El médico mandó que los heridos fueran conducidos inmediatamente al hospital.
10. La cantante no es aplaudida con entusiasmo.

D *Reemplace ahora con pronombres las personas de las transformaciones que hizo en el ejercicio anterior.*

Modelo: Se contrató a su hija hace dos semanas

→ *Se* ***la*** *contrató hace dos semanas.*

Castigarán a los niños desobedientes.

→ *Se* ***les*** *castigará.*

E　**Anuncios en el periódico.** *Cambie las oraciones que tienen* **yo** *o* **Ud.** *como sujeto, a oraciones de pasiva refleja.*

Modelo:　Alquilo una habitación moderna y bonita.

→ *Se alquila...*

1.　Vendo auto Ford Taurus de 1996 y garantizo que está en buenas condiciones. Puede Ud. verlo en Santa Rosa 315. Pido una cantidad moderada y doy facilidades de pago.

Nuevo Movicom. En color azul. El primer y único equipo con variedad de color. Hecho para que todos puedan elegir. Para que todos hablen con él y de él.

2. Necesito operarias para taller de costura. Pago buen salario y ofrezco además vacaciones y seguro de salud. Favor de no llamar si Ud. no tiene experiencia. Exijo también buenas referencias. Ud. debe ser residente legal de este país.

F **Terrorismo en el aeropuerto.** *Cambie las construcciones de pasiva refleja a construcciones de tercera persona del plural impersonal en el siguiente pasaje.*

En la noche del viernes se colocó una bomba en una de las salas de espera del aeropuerto internacional. Se sospecha que los culpables pertenecen a un grupo terrorista al que se persigue en varios países. No hubo muertos, pero sí heridos, que se transportaron inmediatamente al hospital. Se dice que se vio a una mujer sospechosa, vestida de negro, pero los testigos que se entrevistaron no pudieron dar muchos informes.

Ampliación léxica

PARES DE PALABRAS CON SIGNIFICADO DIFERENTE

En la lectura hay muchos ejemplos de sustantivos que tienen «gemelos» del género opuesto con un significado diferente: **cuchillo**, **jarra**, **palma**, **punta**, **ramo**, **ventanillo**. En español abundan los pares de palabras de esta clase.

En el reino vegetal, la forma masculina de la palabra se refiere frecuentemente al árbol y la femenina al fruto.

el almendro	*almond tree*	**la almendra**	*almond*
el avellano	*hazel tree*	**la avellana**	*hazelnut*
el castaño	*chestnut tree*	**la castaña**	*chestnut*
el cerezo	*cherry tree*	**la cereza**	*cherry*
el ciruelo	*plum tree*	**la ciruela**	*plum*
el manzano	*apple tree*	**la manzana**	*apple*
el naranjo	*orange tree*	**la naranja**	*orange*

Muchas veces, el tamaño o forma del objeto es lo que marca la diferencia de género.

el anillo	*ring* (jewel)	**la anilla**	*hoop, large ring; curtain ring*
el canasto	*large basket*	**la canasta**	*small basket (usually with two handles)*
el cesto	*large basket; hamper*	**la cesta**	*small basket*
el cuchillo	*knife*	**la cuchilla**	*pocket knife; razor blade*
el gorro	*bonnet; cap* (without visor)	**la gorra**	*cap* (with visor)
el jarro	*mug, jug*	**la jarra**	*pitcher, jar*

Otros ejemplos comunes de estos pares de palabras son:

el bando	*faction; party; side*	**la banda**	*musical band; gang*
el derecho	*law; just claim*	**la derecha**	*right* (opposite of left)
el giro	*draft, money order; turn*	**la gira**	*tour*
el grado	*degree; grade; stage*	**la grada**	*step* (in a stair)
el fruto	*fruit* (on tree or in figurative sense)	**la fruta**	*fruit* (after it is gathered)
el herido	*wounded male*	**la herida**	*wounded female; wound*
el leño	*piece of timber, log*	**la leña**	*firewood, kindling*
el lomo	*back of animal; spine of book*	**la loma**	*hill*
el madero	*board*	**la madera**	*wood*
el mango	*mango; straight handle*	**la manga**	*sleeve; cloth strainer*
el modo	*way, manner*	**la moda**	*fashion*
el palmo	*a few inches; span*	**la palma**	*palm* (of hand); *palm, palm tree*
el peso	*weight*	**la pesa**	*weight* (dumbbell); *scale*
el partido	*match; political party*	**la partida**	*departure; party* (group of people)
el punto	*point* (in time or space); *period*	**la punta**	*sharp point; tip*
el ramo	*bunch of flowers; small branch* (once it is cut)	**la rama**	*bough, branch* (of tree)
el resto	*remainder; the others*	**la resta**	*subtraction*
el suelo	*ground, soil*	**la suela**	*sole* (of shoe)
el ventanillo	*small window; peephole*	**la ventanilla**	*window* (in car, at bank, post office, etc.)

A plicación

A *Escoja la palabra que completa correctamente cada oración.*

1. Fueron al bosque a buscar (leño / leña) para calentar la casa.
2. Cuando (el bando / la banda) estaba de (giro / gira), el empresario les envió (un giro / una gira) de varios miles de dólares.

3. La cajera que está en (el ventanillo / la ventanilla) del banco, recoge mi depósito.

4. El niño llevaba (un gorro / una gorra) de pelotero y era muy pequeñito, apenas levantaba (unos palmos / unas palmas) del suelo.

5. La mujer oyó un ruido y tomó (un madero / una madera) para defenderse.

6. La ciudad de Washington es famosa en la primavera por sus (cerezos / cerezas).

7. ¿La ropa sucia? Ponla en (el cesto / la cesta).

8. El hombre abrió (el cuchillo / la cuchilla), y la hoja brilló con brillo siniestro.

9. En invierno, los vendedores tuestan (castaños / castañas) en la calle.

10. Cuando Caperucita Roja encontró al lobo, llevaba (un canasto / una canasta) con comida para su abuelita.

11. Ella tenía unos hermosos ojos de color (avellano / avellana).

12. Tengo (el derecho / la derecha) de pasar, porque voy por (el derecho / la derecha).

13. Theodore Roosevelt hablaba continuamente de (el lomo / la loma) de San Juan.

14. Si trabajas mucho de joven, recibirás (los frutos / las frutas) de tu trabajo en la vejez.

15. El médico estaba preocupado por la profundidad de (el herido / la herida).

16. Cuando el tigre atacó al cazador, (el resto / la resta) de (el partido / la partida) huyó.

17. (Los ciruelos / Las ciruelas) son de color morado.

18. ¿Mi (peso / pesa)? Es un secreto que sólo sabemos (el peso / la pesa) y yo.

19. Las cortinas de estilo «café» se cuelgan con (anillos / anillas).

20. Si (el suelo / la suela) es fértil, podemos plantar (manzanos / manzanas).

21. En la guerra civil, mi primo Plácido luchó en (el bando / la banda) liberal.

22. Después de aprender a sumar, los niños aprenden (el resto / la resta).

23. El Domingo de Ramos, el sacerdote bendice (los palmos / las palmas).

24. El profesor explicó la diferencia entre asa y (mango / manga).

25. El amareto es un licor que se hace con (almendros / almendras).

B Dé la palabra que corresponde a cada definición.

1. Parte inferior de un zapato

2. Joya que se lleva en el dedo

3. Lo que queda o sobra

4. El extremo de un lápiz

5. Parte de una escalera

6. La clase de sombrero que usan los payasos

7. Lo que ponemos en la mesa para servir el agua

8. Lo que levanta una persona para desarrollar sus músculos

9. Unidad para medir la temperatura

10. La parte de un libro que vemos cuando está en el estante

11. La manera de hacer algo

12. Encuentro de dos equipos en un deporte

13. Lo que utiliza el cocinero para poner letras y adornos en un pastel

14. Signo de puntuación que separa dos párrafos

15. Ventana muy pequeña

16. Donde bebo mi café

Distinciones léxicas

TO GET

Pocos verbos ingleses cuentan con tan extensa variedad de significados como el verbo *to get* (pretérito: *got*; participio pasivo: *got, gotten*). A continuación se presenta una muestra de los muchos usos de este verbo junto con sus equivalentes en español.

1. Los equivalentes españoles de *to get* en el sentido de *to become* se han tratado en el capítulo 6.

2. En el inglés informal especialmente, el verbo *to get* reemplaza frecuentemente a *to be* en la voz pasiva para recalcar el resultado más que la acción. El equivalente más común en español es la pasiva refleja.

No sabemos cómo se rompió la ventana.	*We don't know how the window got broken.*
A veces el portero no puede abrir las puertas porque se pierden las llaves.	*Sometimes the janitor can't open the doors because the keys get lost.*

3. Algunos significados básicos de *to get.* Cuando *to get* quiere decir:

a. *to obtain* = **obtener, conseguir, lograr**

Si Alfonso se gradúa, conseguirá un empleo mejor.	*If Alfonso graduates, he will get a better job.*
Luis siempre logra lo que quiere.	*Luis always gets what he wants.*

b. *to catch* (*an illness*) = **coger, pescar, agarrar**

Dolores ha cogido (agarrado) un resfriado.	*Dolores has got a cold.*

c. *to understand* = **comprender, entender**

Verónica contó un chiste pero yo no lo entendí.	*Verónica told a joke but I didn't get it.*

d. *to fetch, go and bring, bring* = **buscar, ir a buscar, traer; llamar, ir por**

Traigan (busquen, vayan a buscar) sus libros y podremos estudiar juntos.	*Get (go and get) your books and we'll be able to study together.*
Hay que ir por el médico inmediatamente.	*It's necessary to get the doctor at once.*

e. *to buy* = **comprar**

Los Sánchez compraron un coche nuevo la semana pasada.	*The Sánchez family got a new car last week.*

f. *to arrive (at), reach* = **llegar**

Acabamos de llegar.	*We just got here.*
¿A qué hora llegarán a Toledo?	*What time will they get to Toledo?*

g. *to receive* = **recibir**

Ayer los señores Alvarado recibieron dos cartas de su hija.	*Yesterday Mr. and Mrs. Alvarado got two letters from their daughter.*

4. *To get* se usa también en numerosas expresiones idiomáticas cuyos equivalentes españoles tienen que aprenderse uno por uno. A continuación se enumeran algunas de las expresiones más comunes.

a. *to get along with* = *to be compatible* = **congeniar con, llevarse (bien)**

Algunos jóvenes no se llevan bien con sus padres.	*Some young people don't get along with their parents.*

b. *to get back at (even with) . . . for* = **desquitarse con... de (por)**

Emilio se desquitará con sus enemigos de esa mala jugada.	*Emilio will get back at his enemies for that dirty trick.*

c. *to get off (vehicle), to descend from* = **apearse (de), bajar(se) (de)**
   to get off (clothes) = *to take off* = **quitar(se)**

(Nos) bajaremos del tren en la próxima parada.	*We'll get off the train at the next stop.*
Me cuesta trabajo quitarme estas botas.	*It's hard for me to get these boots off.*

d. *to get on (vehicle)* = **subir a, montar (en) (a)**
   to get on (clothes) = *to put on* = **poner(se)**

Subamos a este tren.	*Let's get on this train.*
No puedo ponerle este vestido a Mercedes; le queda chico.	*I can't get this dress on Mercedes; it's too small for her.*

e. *to get out* = *to go out, to go away* = **salir**

La mujer les dijo a los chicos que saliesen de su jardín.	*The woman told the kids to get out of her garden.*

f. *to get rid of* = **deshacerse de, salir de**

Tenemos que salir (deshacernos) de este auto; no sirve para nada.	*We have to get rid of this car; it's no good at all.*

Aplicación

A *Traduzca.*

1. He doesn't know what time it is because his watch got lost.
2. I hope they don't get rid of their new dog just because he barks a lot.
3. I always get nervous before getting on a plane.
4. They don't want to play another game of tennis because they don't want us to get even with them.
5. I think he was making an innuendo about his wife but I didn't get it.
6. They tell me she got pneumonia in the hospital; I hope she gets better soon.
7. His cousin told me that Federico doesn't get along with his neighbors.
8. We got a letter from Sofía a week ago.
9. Where did you get your new coat?
10. I can't get these shoes on; they're too tight.
11. If I don't get paid next week, I'm going to get angry.
12. Her mother always gets worried when Anita gets in late.

PARA ESCRIBIR MEJOR

El informe

Un escritor escribe por muchos motivos, y los principales son: (a) para crear una obra literaria, (b) para expresar lo que siente y piensa, (c) para proporcionar información al que lee (escritos expositivos) y (d) para exponer tesis o teorías y convencer al lector de que acepte y apoye su punto de vista (escritos persuasivos). Los informes que escriben los estudiantes pertenecen a las clases (c) (*expositivos*) y (d) (*persuasivos*). Aquí nos concentraremos en el informe clase (c), que presenta datos obtenidos de una investigación previa y que es el más común.

El estudiante va a proporcionar con su trabajo información a un lector que, en este caso, es su profesor o profesora. Este lector será el juez del estudiante, y tiene suficientes conocimientos y práctica para distinguir un trabajo serio y bien investigado de uno escrito con precipitación y un mínimo de esfuerzo. Es, por lo tanto, importante que Ud. planee con tiempo su informe y dedique varias semanas al proyecto.

Algunas personas suponen que un buen escritor puede sentarse frente a un papel en blanco o una computadora y crear, por arte de magia, un trabajo perfecto. Nada más lejos de la verdad. Escribir es un *proceso* con diferentes pasos: el plan general, la búsqueda y organización del material, el borrador, la revisión y la versión terminada.

Una buena manera de planear un trabajo es ir de lo general a lo específico. Supongamos que una estudiante, Carmen, debe escribir un informe para su clase de Civilización Hispanoamericana y ha decidido explorar el tema de las culturas precolombinas. Éstas son demasiado numerosas para agruparlas en un simple informe, así que Carmen limita el tema a una de las más importantes: la azteca. El tema, en este punto, es todavía demasiado amplio. Una visita de Carmen a la biblioteca le demuestra que hay una extensa bibliografía sobre los aztecas, tanto en español como en inglés. La lectura del índice de algunos de estos libros la hace interesarse en un enfoque: *costumbres y vida diaria.* Carmen recuerda entonces que en el libro de texto del curso de civilización se habla de Hernán Cortés y de Bernal Díaz del Castillo y de la impresión que ambos recibieron al ver a Tenochtitlán, la capital mexicana. Carmen tiene una idea: ¿por qué no buscar datos sobre Tenochtitlán? De aquí surge la idea central del trabajo: *Tenochtitlán, como centro de la cultura azteca.*

Una vez enfocado el tema, Carmen comienza a leer y a tomar apuntes. Al compilar la información, la organiza en torno a varias preguntas: ¿Quiénes eran los aztecas? ¿En qué época se desarrolló su civilización? ¿Qué costumbres, tipo de gobierno, religión, tradiciones, tenía este pueblo? ¿Cómo era su capital? ¿En qué sentido era similar o diferente a las ciudades europeas de la época? ¿Cómo era la vida diaria de los habitantes de Tenochtitlán?

Es muy importante comenzar un escrito con un pasaje corto que capte la atención del lector e indique la intención y el enfoque del trabajo. Carmen tiene aquí muchas opciones, como se verá en los siguientes comienzos que ella prepara:

Principio 1. El tema de este trabajo son las costumbres, religión y tradiciones de los aztecas y la vida en Tenochtitlán, su capital.

Principio 2. Los aztecas eran un conjunto de siete tribus o pueblos diferentes, que compartían la creencia de haber surgido de cuevas en la isla mítica de Aztlán, en medio de un lago. Los mexicas, fundadores de Tenochtitlán, eran una de esas tribus.

Principio 3. El escudo de armas de la moderna República de México tiene un águila posada sobre un cactus o nopal, con una serpiente en la boca. Esta figura ilustra el mito de la fundación de Tenochtitlán, la capital azteca.

Principio 4. Tenochtitlán, la capital azteca, tenía menos de doscientos años de fundada cuando fue conquistada en 1521 por Hernán Cortés y sus hombres.

El principio 1 es sensato, pero demasiado común. Los pasajes 2 y 3 son mejores, pero contienen demasiados datos y no van a hacer impacto en la persona que comienza a leer. Carmen decide que estos pasajes son más apropiados para colocarlos más adelante, y utiliza el pasaje número 4 como principio, continuando con el pasaje 2. Su próximo paso será hablar de la peregrinación de los mexicas hasta encontrar el águila y el lago que señalaban el sitio donde debían fundar su ciudad.

Como Carmen ha organizado sus datos desde el principio en torno a ciertas preguntas, le resulta fácil ahora hacer subdivisiones en el tema y desarrollar sus ideas en el borrador de su trabajo. A lo largo de éste, debe evitar el plagio, presentando con sus propias palabras la información obtenida en los libros. Si considera que algo resultará más interesante citándolo textualmente, lo hará así, pero no olvidará las comillas y un número, correspondiente con el que va a indicar la fuente en la nota al pie de la página. Para evitar el plagio involuntario, es conveniente usar comillas desde el principio, al obtener los datos, en aquellos pasajes que se han copiado textualmente.

Es importante utilizar fuentes variadas para obtener información, y seleccionar entre las fuentes las que parezcan más objetivas. Además, Carmen misma debe tratar de ser objetiva en su presentación, y darse cuenta de la connotación de cada palabra que utiliza. Por ejemplo, antes de calificar de horribles, crueles y barbáricos los sacrificios humanos de los aztecas, tiene que considerar que estos sacrificios eran parte de un rito, y se justificaban dentro de la religión de este pueblo, porque el sol debía alimentarse diariamente con sangre para no perecer. Del mismo modo, Carmen debe abstenerse de usar adjetivos demasiado duros y negativos para calificar la conducta de los españoles. Los hechos deben evaluarse dentro de su marco histórico. Todas las conquistas de la historia han sido crueles, y en este caso se trataba de un puñado de soldados enfrentándose a un enemigo muchísimo más numeroso, compuesto por temibles y expertos guerreros. Esta regla del objetivismo no significa, por supuesto, que no se puedan incluir opiniones personales en el informe que se escribe, sino que toda opinión debe explicarse y justificarse, basándola en datos concretos.

Una vez terminado el borrador, Carmen lo revisa, leyéndolo varias veces y haciendo los cambios, adiciones y supresiones que se requieran. Consulta un diccionario para asegurarse de que usó las palabras correctamente y de que las escribió bien, con los acentos requeridos. Carmen ha sabido utilizar bien las palabras de enlace presentadas en el capítulo 4, y por eso sus párrafos tienen la coherencia necesaria.

Al pasar su trabajo en limpio, Carmen debe seguir las normas de la Modern Language Association (MLA), ya que el hacerlo le dará a su informe el requerido toque profesional. Estas normas indican cómo y dónde poner las notas, cómo preparar la bibliografía, qué subrayar, etc.

Una vez que el escritor posee el dominio de la materia, resulta fácil encontrar un título. Éste puede ser descriptivo y repetir la idea central: «Tenochtitlán, centro y reflejo de la civilización azteca», o puede ser creativo: «Tenochtitlán, la Venecia del Nuevo Mundo», «El lago del águila y la serpiente», etc.

Ya tiene Ud., a través del informe de Carmen, un proceso práctico para escribir un informe. Por supuesto, existen otros procedimientos, y la práctica le enseñará a personalizar estos consejos y crear su sistema propio.

$\mathcal{A}$ plicación

A *Busque en periódicos y revistas, preferiblemente en español, un ejemplo de un artículo persuasivo y un ejemplo de un artículo expositivo, y explique por qué los clasifica Ud. de esta manera.*

B *Imite el procedimiento que siguió Carmen en el caso de Tenochtitlán. Escoja un tema general, redúzcalo hasta llegar a un punto específico y*

Vista del pueblo de San Juan Chamula en Chiapas, México. Aunque Octavio Paz no indica un pueblo específico como escenario de su cuento, nos imaginamos un pueblito mexicano como éste, desierto y oscuro de noche, en medio de la exuberante naturaleza tropical.

prepare después preguntas para organizar la información que se necesitaría para escribir un informe sobre ese tema. Puede usar, si lo prefiere, uno de los temas que se dan en la siguiente lista.

1. El amor
2. La guerra de Vietnam
3. Las computadoras
4. La vida en un pueblo pequeño
5. Los gordos
6. La comercialización de las fiestas

Traducción

A GRAMMATICAL CHALLENGE

I have been asked by a friend to find out if most of a composition can be written in the passive voice. It is thought by some persons that such a task cannot be performed. On the other hand, I think it can be done, at least, in English. Let's try it. (In fact, you have already been obliged to translate five examples.)

In my opinion, it will be shown in this experiment that such a composition can be written in English without too much difficulty since the construction is very extensively used in that language, and it is regarded as normal, although not stylistically "forceful." It will be seen, however, that in the Spanish version the results will be quite different. If the passive voice has been carefully studied by the readers of this chapter, they will realize two very important truths. First, if the so-called true passive were to be used constantly, the sentences would sound very artificial and would be considered deficient by the reader. Secondly, in a composition of this type in Spanish many reflexive constructions would have to be used and the active voice would often be substituted for the passive.*

Should a student be asked to translate such a complicated passage as this? The decision will be left to those by whom the present essay has been read.

Well, there it is! The task has been performed: the composition is now finished. I hope it has been proved that style must be taken into account if one desires to write a good composition.

𝒯emas para composición

Use por lo menos cinco verbos reflexivos y cinco construcciones pasivas en su composición.

1. La traducción anterior se inspiró en un célebre soneto de Lope de Vega. Para el texto, véase la página siguiente. Escriba una composición sobre este gran autor del Siglo de Oro.

2. El cuento *El ramo azul* se puede interpretar como una pesadilla del narrador. Fíjese que al comienzo se dice que el narrador dormía, despertó tarde por la noche y salió a dar un paseo. Explique en su composición por qué está o no está Ud. de acuerdo con esta teoría. Si está de acuerdo, escriba un final en el cual el protagonista despierta y se da cuenta de que todo ha sido un mal sueño.

3. **El mundo de los sueños.** ¿Hay sueños proféticos? ¿Es posible interpretar con exactitud el significado de los sueños? ¿Sueña Ud. mucho? ¿Tiene pesadillas frecuentemente? ¿Qué explicaciones sicológicas se dan a las pesadillas? ¿Qué explicaciones físicas?

4. Dejando a un lado la teoría de la pesadilla en *El ramo azul* y suponiendo que nos enfrentamos a hechos «reales» dentro de la ficción, ¿qué podemos pensar del campesino misterioso? ¿Es un loco? ¿Puede existir otra razón para su comportamiento? ¿Podría tratarse de una broma? Imagine que Ud. es el campesino y cuente lo sucedido desde su punto de vista.

---

*See page 246 on the use of **sustituir**.

5. **Los locos.** Aunque se hacen muchos chistes sobre locos, la locura es una cosa seria y triste a la vez. En su opinión, ¿pueden explicarse algunos crímenes horribles que han sucedido últimamente pensando que los culpables estaban locos? ¿Hasta qué punto es un criminal loco responsable ante la ley? ¿Ha hablado Ud. alguna vez con un loco? ¿Se ven locos en las calles de su pueblo o ciudad? ¿Cree Ud. que el gobierno hace bastante por ayudar a estas personas?

Soneto a Violante

Un soneto me manda hacer Violante,
y en mi vida me he visto en tanto aprieto;
catorce versos dicen que es soneto,
burla burlando van los tres delante.

Yo pensé que no hallara consonante
y estoy a la mitad de otro cuarteto,
mas si me veo en el primer terceto,
no hay cosa en los cuartetos que me espante.

Por el primer terceto voy entrando,
y parece que entré con pie derecho,
pues fin con este verso le voy dando.

Ya estoy en el segundo y aun sospecho
que voy los trece versos acabando;
contad si son catorce y ya está hecho.

DE LA COMEDIA LA NIÑA DE PLATA,
DE LOPE DE VEGA (1562–1635)

---

v.2 **en mi vida**, *never*
v.4 **burla burlando**, *with tongue in cheek; without noticing*
v.5 **(el) consonante**, *rhyme word*

LECTURA

La lectura que sigue es un cuento del uruguayo Horacio Quiroga (1878–1937), uno de los mejores cuentistas hispanoamericanos de todas las épocas. Quiroga vivió varios años en la provincia argentina de Misiones, que es una región de selva tropical. Por eso muchos de sus cuentos se desarrollan en medio de la naturaleza salvaje, que él conocía tan bien. En estas historias, el hombre trata de luchar contra la naturaleza, pero es destruido por ella.

A causa de su atracción por la muerte, lo morboso y lo fantástico, Quiroga se ha comparado frecuentemente con Edgar Allan Poe, a quien admiraba mucho.

La obra de Quiroga refleja además su vida llena de tragedias, una vida que terminó en el suicidio por envenenamiento.

Para comprender mejor

Este cuento nos presenta, como tantos otros del autor, al individuo luchando contra una naturaleza hostil y vencido por ella. También vemos aquí la soledad y la obsesión de Quiroga por la muerte, vista en este caso a través de los ojos de la persona que muere.

La acción es lenta y escasa y podría resumirse en pocas palabras: Un hombre que ha sido mordido por una serpiente toma su canoa para ir por el río Paraná a buscar ayuda médica. Pronto no tiene fuerzas para remar y su embarcación va a la deriva, arrastrada por la corriente. El protagonista muere solo en su canoa en medio del río.

El cuento comienza en el momento en que el hombre es mordido por la serpiente y va detallando el proceso de su muerte lenta. El pie se hincha, luego la pierna, después la inflamación se va extendiendo por el cuerpo a medida que el veneno circula por la sangre. La muerte del hombre tiene como fondo las últimas horas del día, y es paralela a ellas. Cuando por fin cae la noche, el hombre muere. Al final, desde la línea 100, Quiroga va a describirnos lo que pasa por la mente del protagonista en sus últimos momentos.

A la deriva°

Adrift

El hombre pisó algo blanduzco°, y en seguida sintió la mordedura en el pie. Saltó adelante, y al

blando

363

volverse, con un juramento, vio a una yararacusú° que,
arrollada sobre sí misma, esperaba otro ataque.

5   El hombre echó una veloz ojeada a su pie, donde
dos gotitas de sangre estaban engrosando
dificultosamente, y sacó el machete de la cintura. La
víbora vio la amenaza y hundió más la cabeza en el
centro mismo de su espiral; pero el machete cayó de
10 plano° dislocándole las vértebras.

El hombre se bajó hasta la mordedura, quitó las
gotitas de sangre y durante un instante la contempló.
Un dolor agudo nacía de los dos puntitos violeta y
comenzaba a invadir todo el pie. Apresuradamente se
15 ligó° el tobillo con su pañuelo y siguió por la picada°
hacia su rancho.

El dolor en el pie iba aumentando con sensación
de tirante° abultamiento° y de pronto el hombre sintió
dos o tres fulgurantes° puntadas° que, como
20 relámpagos, habían irradiado° desde la herida hasta la
mitad de la pantorrilla°. Movía la pierna con dificultad:
una metálica sequedad de garganta, seguida de sed
quemante, le arrancó° un nuevo juramento.

Llegó por fin al rancho. Los dos puntitos violeta
25 desaparecían ahora en una monstruosa hinchazón del
pie entero. La piel parecía adelgazada° y a punto de
ceder° de tensa°. Quiso llamar a su mujer, y la voz se
quebró en un ronco arrastre° de garganta reseca. La
sed lo devoraba.

30   —¡Dorotea! —alcanzó a lanzar en un estertor—
¡Dame caña!° Su mujer corrió con un vaso lleno, que
el hombre sorbió en tres tragos. Pero no había sentido
gusto alguno.

—¡Te pedí caña, no agua! —rugió de nuevo—.
35 ¡Dame caña!

—¡Pero es caña, Paulino! —protestó la mujer,
espantada.

—¡No, me diste agua! ¡Quiero caña, te digo!

La mujer corrió otra vez, volviendo con la
40 damajuana. El hombre tragó uno tras otro dos vasos,
pero no sintió nada en la garganta. —Bueno; esto se
pone feo... —murmuró entonces, mirando su pie,
lívido y ya con lustre gangrenoso. Sobre la honda
ligadura del pañuelo la carne desbordaba° como una
45 monstruosa morcilla°.

Los dolores fulgurantes se sucedían en continuos
relampagueos° y llegaban ahora hasta la ingle°. La
atroz sequedad de garganta, que el aliento parecía
caldear° más, aumentaba a la par°.

50   Pero el hombre no quería morir, y descendiendo
hasta la costa subió a su canoa. Sentóse en la popa y

serpiente venenosa

*cayó... golpeó con la parte
plana*

ató / camino

taut, tense / swelling
burning / *dolores agudos*
se habían extendido
calf (of the leg)

hizo decir

estirada
romperse / de... por estar
tan estirada
rasping

*bebida alcohólica hecha
de caña de azúcar*

se salía de los bordes
blood sausage

flashes / groin

*intensificar / a... al mismo
tiempo*

Las impresionantes cataratas del Iguazú se encuentran en la provincia argentina de Misiones, en medio de la selva que nos describe Quiroga. El río Paraná es uno de los tributarios de este enorme torrente de agua.

comenzó a palear hasta el centro del Paraná°. Allí la corriente del río, que en las inmediaciones del Iguazú° corre seis millas°, lo llevaría antes de cinco horas a
55 Tacurú-Pucú°.

    El hombre, con sombría energía, pudo efectivamente llegar hasta el medio del río; pero allí sus manos dormidas dejaron caer la pala en la canoa, y tras un vómito de sangre dirigió una mirada al sol,
60 que ya trasponía° el monte.

    La pierna entera, hasta medio muslo, era ya un bloque deforme y durísimo que reventaba la ropa. El hombre cortó la ligadura y abrió el pantalón con su cuchillo: el bajo vientre° desbordó hinchado con
65 grandes manchas lívidas y terriblemente doloroso. El hombre pensó que no podría llegar jamás él solo a Tacurú-Pucú y se decidió a pedir ayuda a su compadre Alves, aunque hacía mucho tiempo que estaban disgustados°.
70   La corriente del río se precipitaba hacia la costa brasileña, y el hombre pudo fácilmente atracar°. Se

río de Sudamérica
tributario del Paraná
corre... *va a seis millas por hora / ciudad paraguaya junto al río Paraná*

pasaba

abdomen

peleados

llegar a la orilla

arrastró por la picada en cuesta arriba°; pero a los
veinte metros, exhausto, quedó, tendido de pecho°.

—¡Alves! —gritó con cuanta fuerza pudo; y
75 prestó oído° en vano. —¡Compadre Alves!— ¡No me
niegues este favor! —clamó de nuevo, alzando la
cabeza del suelo. En el silencio de la selva no se oyó
un solo rumor. El hombre tuvo aún valor para llegar
hasta su canoa, y la corriente, cogiéndola de nuevo, la
80 llevó velozmente a la deriva.

El Paraná corre allí en el fondo de una inmensa
hoya°, cuyas paredes, altas de cien metros, encajonan°
fúnebremente el río. Adelante, a los costados, detrás,
la eterna muralla lúgubre, en cuyo fondo el río
85 arremolinado° se precipita en incesantes borbollones°
de agua fangosa. El paisaje es agresivo y reina en él
un silencio de muerte. Al atardecer, sin embargo, su
belleza sombría y calmada cobra° una majestad única.

El sol había caído ya cuando el hombre,
90 semitendido° en el fondo de la canoa, tuvo un violento
escalofrío°. Y de pronto, con asombro, enderezó
pesadamente la cabeza: se sentía mejor. La pierna le
dolía apenas, la sed disminuía, y su pecho, libre ya, se
abría en lenta inspiración°.

95 El veneno comenzaba a irse, no había duda. Se
hallaba casi bien, y aunque no tenía fuerzas para
mover la mano, contaba con la caída del rocío para
reponerse° del todo. Calculó que antes de tres horas
estaría en Tacurú-Pucú.

100 El bienestar avanzaba, y con él una somnolencia
llena de recuerdos. No sentía ya nada ni en la pierna
ni en el vientre. ¿Viviría aún su compadre Gaona en
Tacurú-Pucú? Acaso viera también a su ex patrón
míster Dougald.

105 ¿Llegaría pronto? El cielo, al poniente°, se abría
ahora en pantalla de oro, y el río se había coloreado
también... Una pareja de guacamayos° cruzó muy alto
y en silencio hacia el Paraguay.

Allá abajo, sobre el río de oro, la canoa derivaba
110 velozmente, girando a ratos sobre sí misma ante el
borbollón de un remolino. El hombre que iba en ella
se sentía cada vez mejor y pensaba entretanto en el
tiempo justo que había pasado sin ver a su ex patrón
Dougald. ¿Tres años? Tal vez no, no tanto. ¿Dos años
115 y nueve meses? Acaso. ¿Ocho meses y medio? Eso sí,
seguramente.

De pronto sintió que estaba helado hasta el
pecho. ¿Qué sería? Y la respiración también...

Al recibidor de maderas de míster Dougald,
120 Lorenzo Cubilla, lo había conocido en Puerto

---

cuesta... *subiendo*
tendido... *acostado boca abajo*

prestó... *escuchó*

cañón / cierran

turbulento / bubbling

adquiere, toma

medio acostado
chill

respiración

ponerse bien

oeste

clase de loro

Hay muchas regiones selváticas en los países de Sudamérica. Esta selva tropical, de vegetación verde y espesa a causa de las constantes lluvias, está en el Ecuador.

Esperanza° un Viernes Santo... ¿Viernes? Sí, o jueves... El hombre estiró lentamente los dedos de la mano.

puerto argentino en el río Paraná

—Un jueves...

125   Y cesó de respirar.

$\mathcal{C}$ omprensión

1. ¿Por qué mordió la serpiente a Paulino? ¿Qué hizo él con ella?
2. ¿Qué hizo él cuando vio la mordedura?
3. ¿Qué síntomas del envenenamiento tenía el hombre en la pierna?
4. ¿Qué le pidió el hombre a su mujer? ¿Por qué?
5. ¿Por qué se enojó el hombre con la mujer?
6. ¿Adónde iba el hombre en su canoa? ¿Por qué?
7. ¿Por qué quería Paulino pedirle ayuda a su compadre Alves?
8. ¿Por qué pensó el hombre que el veneno comenzaba a irse?
9. ¿Qué sentía el hombre al final?
10. ¿Cuáles fueron los últimos pensamientos del hombre antes de morir?

El mapa muestra los ríos Paraná e Iguazú y los pueblos Tacurú-Pucú en el Paraguay y Puerto Esperanza en la Argentina. El cuento menciona éstos. Quiroga conocía bien esta área porque vivió por muchos años en la provincia argentina de Misiones.

ℐnterpretación

1. ¿Qué significa el título de este cuento? ¿Es apropiado? ¿Es simbólico? Explique.

2. En esa región se habla un idioma indígena llamado guaraní. ¿Qué evidencia de la influencia de este idioma hay en el relato?

3. Al embarcarse en su canoa, el hombre comienza una carrera contra el tiempo que al final perderá. ¿De qué manera utiliza el autor el sol para indicar esto?

4. ¿Cuántos personajes aparecen en el relato? ¿Qué efecto produce esto en el lector?

5. Al referirse al protagonista, Quiroga siempre dice «el hombre». Sólo una vez, cuando la esposa habla, se usa el nombre de Paulino. ¿Hay en el autor intención de «despersonalizar» al personaje? ¿Por qué (no)?

6. ¿Qué clase de relación tiene el protagonista con su esposa? ¿En qué se basa Ud. para pensar así?

7. En este cuento, ¿qué impresión de la naturaleza recibe el lector?

8. Cuando el autor dice que reina un silencio de muerte en el paisaje, ¿cómo debe uno entender esas palabras? ¿Se trata de un silencio absoluto?

9. ¿Qué sugiere el apellido del compadre Alves? ¿Y el del ex patrón de Paulino?

10. ¿Tiene alguna intención el autor al describir el río encajonado entre paredes altas? ¿Qué relación puede existir entre estas paredes opresoras y la situación del protagonista?

ℐntercambio oral

A. Paulino mató la serpiente. ¿Hubiera hecho Ud. lo mismo en esas circunstancias? Explique. Han existido y existen diferentes actitudes con respecto a las serpientes. ¿Cómo se explican estas actitudes? ¿Cuál es la suya?

B. Los animales son uno de los temas predilectos del autor de este cuento. ¿Por qué los animales fascinan tanto a los humanos? ¿Qué fobias relacionadas con los animales son comunes? ¿Existen explicaciones para estas fobias? ¿Cuáles tienen los estudiantes?

C. ¿Es la naturaleza más benéfica que maligna o viceversa? Los estudiantes defenderán su opinión con argumentos específicos.

D. Hoy día se discute mucho el ambientalismo. ¿Hasta qué punto debemos proteger y conservar las selvas tropicales? ¿Vale la pena proteger y conservar la flora y la fauna de una región como la que describe Quiroga? ¿Por qué (no)?

E. ¿Sería interesante visitar la región descrita en este cuento? ¿Por qué (no)? ¿Y vivir en ella?

Repaso léxico

A *Encuentre las palabras de la lectura que están relacionadas con las siguientes y explique esa relación.*

1. tinieblas
2. ponerse (el sol) (*2 palabras*)
3. remolino
4. borde
5. delgado
6. radio
7. punto
8. tirar
9. bulto
10. blando

B *Encuentre en la lista de la izquierda la definición o sinónimo de cada palabra o expresión de la derecha.*

1. Rodear		a.	a la par
2. Escuchar		b.	cobrar
3. Parte de la pierna		c.	cuesta arriba
4. Oeste		d.	encajonar
5. Adjetivo para algo que está muy estirado		e.	guacamayo
6. Al mismo tiempo		f.	ingle
7. Adquirir o tomar		g.	ligar
8. Abdomen		h.	pantorrilla
9. Expresión que indica que uno va subiendo		i.	poniente
10. Pasar		j.	prestar oído
11. Clase de loro		k.	reponerse
12. Mejorar		l.	tenso
13. Parte donde el muslo se une con el tronco		m.	trasponer
14. Atar		n.	vientre

SECCIÓN GRAMATICAL

Spanish Equivalents of the English -ing Form

The *-ing* suffix is one of the most frequently used endings in the English language. To understand the Spanish equivalents it is necessary to know how the terminologies and usages of English and Spanish differ in the matter of infinitives, participles, and gerunds.

Spanish terminology, with examples from the intransitive verb **arder**, is as follows:

1. infinitivo   **arder**
2. infinitivo compuesto   **haber ardido**

3. participio activo (*or* de presente)	**ardiente**
4. participio pasivo (*or* de pretérito)	**ardido**
5. gerundio (simple)	**ardiendo**
6. gerundio compuesto	**habiendo ardido**

The following sentences illustrate the uses of these forms:

1. a. Vimos *arder* el bosque a lo lejos.
We saw the forest burn in the distance.
b. Al *arder*, el bosque producía llamas altísimas.
On burning, the forest produced very high flames.

2. ¿Cómo pudo el bosque *haber ardido* tan rápido?
How could the forest have burned so fast?

3. Era difícil andar por el bosque destruido a causa de las *ardientes* cenizas.
It was difficult to walk through the ruined forest on account of the burning ashes.

4. Todo el bosque ha *ardido* en unas horas.
The whole forest has burned in a few hours.

5. a. *Ardiendo* rápidamente, los árboles comenzaron a caer.
Burning rapidly, the trees began to fall.
b. ¿Está *ardiendo* todavía el bosque?
Is the forest still burning?
c. Los animales huían del bosque *ardiendo*.
The animals were fleeing from the burning forest.

6. *Habiendo ardido* el bosque, no quedaban ciervos en la región.
The forest having burned, no deer were left in the area.

Observe the basic differences in usage and terminology. In English, the verbal *-ing* may function

1. as a noun (called a gerund), or
2. as an adjective (called a present participle), or
3. as an adverb (called a present participle).

The Spanish equivalents of the above functions are as follows:

1. The infinitive acts as a verbal noun (example **1b**, above).
2. The adjective role is played by the **participio de presente**, (example **3**), or by the **gerundio** (rarely) (example **5c**), or by some other mechanism, as will be explained.
3. The adverbial function is expressed by the **gerundio** (examples **5a** and **5b**).

It should be noted that the **participio de presente*** is formed as follows:

1. First conjugation: stem + **-ante**.
2. Second and third conjugations: stem + **-ente** or **-iente**.

It must also be noted that not all Spanish verbs possess this form.

---

*This **participio**, despite its name, has lost its verbal character, becoming either (1) purely adjectival (**obediente**, **permanente**), or (2) purely nominal, i.e., a noun (**estudiante**, **presidente**).

ADJECTIVAL FUNCTION OF THE -ING FORM

The English *-ing** form is frequently used as a predominantly adjectival form: an *embarrassing* situation, a *flourishing* culture.

Only the following three **-ndo** forms may be so used: **ardiendo**, **hirviendo**, and **colgando**. To express the equivalent of most adjectival *-ing* forms in Spanish, a number of devices are used.

1. Present participle (**-nte**)

Este libro es muy deprimente.	*This book is very depressing.*
Esa novela es muy emocionante.	*That novel is very touching.*

2. Past participle (**-ado**, **-ido**)

Joaquín está sentado en la cama.	*Joaquín is sitting on the bed.*
Encontraron a Paulino tendido de pecho en la canoa.	*They found Paulino lying facedown in the canoe.*

3. Prepositions (e.g., **de** or **para**) + infinitive or noun

una máquina de coser	*a sewing machine*
un aparato para oír, un aparato para sordos	*a hearing aid*
un líquido para fregar platos	*a dishwashing liquid*
lecciones de canto	*singing lessons*

4. **Que** clause

La policía está buscando una caja que contiene una bomba.	*The police are looking for a box containing a bomb.*
El profesor puso una tarea que requería mucho tiempo.	*The professor gave a time-consuming assignment.*

5. Certain suffixes: **-dor(a)**, **-oso/a**, **-able**, **-ivo/a**, etc.

Su prima es muy encantadora y su tío es muy emprendedor.	*His cousin is very charming and his uncle is very enterprising.*
¡Qué situación más embarazosa!	*What an embarrassing situation!*
En la sala había dos sillas reclinables.	*In the living room there are two reclining chairs.*
Esos profesores son muy comprensivos.	*Those professors are very understanding.*

$\mathcal{A}$ plicación

A Last night's movie. *Traduzca al español.*

My friend thinks that the movie we saw last night was boring but I found it amusing although rather ridiculous. The main character is a pill-popping girl who listens to deafening music day and night. Her parents aren't very understanding and her mother nags at her constantly in an irritating manner.

---

*For simplicity's sake, the terms "English *-ing* form" and "Spanish **-ndo** form" will be used throughout the following discussion.

The girl's boyfriend is a beer-drinking guy and he has stolen some jewels belonging to her mother. One day, the gun-toting boyfriend goes to her house and talks to her parents with threatening words. I didn't see the end because at this point I decided to wake up my sleeping friend and go home.

B **Mis problemas en la oficina.** *Traduzca ahora el siguiente párrafo al inglés, usando tantos adjetivos terminados en* **-ing** *como sea posible.*

En mi oficina ha habido problemas crecientes en los últimos días. Tres de las máquinas sumadoras y la copiadora se rompieron al mismo tiempo, y nuestro jefe adquirió una enfermedad contagiosa y tuvo que renunciar de repente. Siempre he tenido dificultades para adaptarme a una situación cambiante. Mi nuevo jefe es una persona exigente y ahora no puedo fumar porque a él no le gustan los empleados que fuman en pipa.

USES OF THE -ING FORM AS A PURE NOUN OR AS A VERBAL NOUN

1. Frequently, in English, an *-ing* form is used as a pure noun, (i.e., it loses its verbal character). In these cases, the Spanish equivalent will be a specific noun.

el edificio alto	*the tall building*
Me gusta la cocina mexicana.	*I like Mexican cooking (cuisine).*
una advertencia obvia	*an obvious warning*

2. More frequently, in English, the *-ing* form functions as a verbal noun (gerund) and may be used as subject, object, or predicate noun. It may also be used after a preposition. The Spanish equivalent of this usage is the infinitive. Remember the fundamental rule that the **-ndo** form is not used after **al** nor after a preposition.*

Yo ya sabía cómo era Madrid aun antes de haber estado ahí.	*I already knew what Madrid was like even before having been there.*
(El) fumar es un hábito que detesto.	*Smoking is a habit that I hate.*
Mi pasatiempo predilecto es dormir.	*My favorite pastime is sleeping.*
Después de graduarme, tendré que pasar mucho tiempo buscando empleo.	*After graduating, I'll have to spend a long time looking for a job.*

Note that the infinitive, especially when used as a subject of the sentence, may take the article **el**.

Me molesta el constante gotear de ese grifo.	*The constant dripping of that faucet is bothering me.*

---

*There is one exception: In certain areas, **en** is sometimes followed by the **-ndo** form to describe an action (or state) that immediately precedes the action (or state) of the principal verb.

En acabando de estudiar, iremos al cine.	*As soon as we finish studying, we'll go to the movies.*

The English combination of the preposition *by* + *-ing* form is usually expressed in Spanish by the **-ndo** form alone; see page 376 for examples.

3. In Spanish, a number of infinitives have become permanently nominalized, i.e., they may always be used as masculine nouns.* Some of the most common are:

el amanecer	*dawn*	**el parecer**	*opinion*
el anochecer	*dusk*	**el pesar**	*sorrow*
el atardecer	*dusk*	**el poder**	*power*
el deber	*duty*	**el saber**	*knowledge*
el haber	*assets; income*	**el ser**	*being*

¿Cuál es tu parecer con respecto a los poderes síquicos de los seres humanos?

What is your opinion regarding the psychic powers of human beings?

Al atardecer, la belleza del paisaje adquiere una majestad única.

At dusk, the beauty of the landscape takes on a unique majesty.

𝒜 *p l i c a c i ó n*

A *Traduzca las palabras entre paréntesis.*

1. Algunos estudiantes están cansados (*of answering*) tantas preguntas.
2. (*Doing exercises*) no es mi pasatiempo favorito.
3. Si ellos aborrecen (*drinking*), ¿por qué van a ese club nocturno?
4. (*Banking*) es una actividad de mucha importancia en esta ciudad.
5. La razón por la cual todos lo evitan es su constante (*complaining*) de todo.
6. (*Smuggling*) ha aumentado mucho entre los Estados Unidos y Sudamérica.
7. El jefe de los rebeldes declaró que (*surrendering, to surrender*) ahora sería un acto de cobardía.
8. Yo vacilaba entre (*leaving*) o (*staying*).
9. (*The crying*) del niño no me dejó dormir.
10. No vengan de visita (*without letting me know*).

B *Complete de manera lógica, usando uno de los infinitivos sustantivados que se dan en esta página. Haga contracciones si es necesario.*

1. Aunque ella había ido muy pocos años a la escuela, su _____ era sorprendente.
2. _____ es muy hermoso en el campo, el sol es un disco rojo que se refleja en la copa de los árboles.
3. En los libros de contabilidad en español hay una sección que se llama el debe y otra que se llama _____.

*For other uses of the infinitive, see pages 381–382 in this chapter.

4. Anoche soñé que entraba en mi casa un _____ de otro planeta con _____ sobrenaturales.

5. Algunos jefes no saben apreciar a los empleados que cumplen con su _____.

6. A mí me gusta dormir hasta tarde pero mi hermano, por el contrario, se levanta a _____.

7. Las luces de la calle se encienden automáticamente a _____.

8. Paulino se disgustó con Alves porque éste tomó una decisión que lo afectaba sin pedirle su _____.

9. Cuando le dijeron que Paulino había muerto, su compadre sintió un gran _____.

10. _____ corrompe a la gente.

ADVERBIAL FUNCTIONS OF THE GERUNDIO*

1. Absolute construction**

   a. The -ndo form has its own subject and appears in a clause that is grammatically independent of the main clause. You will observe that in all these cases there exists an equivalent adverbial clause construction, which is more frequently used in the spoken language.

   Permitiéndolo Dios, mañana terminaremos ese trabajo.   *God willing, tomorrow we'll finish that job.*

   = conditional clause: **Si Dios lo permite...**

   Habiéndose enterado ella de lo que pasaba, no le dijimos nada más.   *Since/As she had found out what was going on, we didn't say any more to her.*

   = causal clause: **Puesto que/Como ella se había enterado de lo que pasaba...**

   Llegando sus padres, los niños se callaron.   *When their parents arrived, the children became quiet.*

   = time clause: **Cuando llegaron sus padres...**

   Aun afirmándolo el jefe, no lo creo.   *Even though the boss says so, I don't believe it.*

   = concessive clause: **Aunque lo afirme el jefe...**

---

*Spanish grammarians emphasize the adverbial nature of the **-ndo** form whereas English grammarians insist on the adjectival functions of the *-ing* form. In both cases, however, there are those who recognize that the distinction between adverbial and adjectival is not always clear.
**An absolute construction is defined as a clause that is "relatively independent syntactically."

b. Certain set phrases are also used in independent absolute constructions.

Resumiendo el asunto, ellos no tienen suficiente dinero.	*Summarizing the matter, they don't have enough money.*
Pensándolo bien, deme la corbata roja y no la verde.	*Thinking it over, give me the red tie, not the green one.*
Volviendo al cuento, ¿qué piensas de mi plan?	*Returning to the subject, what do you think of my plan?*
Hablando del ruin (rey) de Roma, ahí viene el tipo de quien comentábamos.	*Speaking of the devil, there comes the guy that we were talking about.*

2. Reference to the subject of a sentence

When referring to the subject, the **-ndo** form is explanatory, nonrestrictive, parenthetical.

No queriendo ofender a ninguna de las dos, Alina no intervino en la discusión entre Fortunata y Jacinta.	*Not wishing to offend either of them, Alina didn't intervene in the argument between Fortunata and Jacinta.*
¿Haría Ud. eso, sabiendo lo peligroso que es?	*Would you do that, knowing how dangerous it is?*

In English, the *-ing* form is often preceded by a word such as *while*, *by*, or *when*.

Caminando ayer por la calle, me encontré con Julio.	*While walking along the street yesterday, I ran into Julio.*
Practicando todos los días, aprenderemos a hablar mejor.	*By practicing every day, we will learn to speak better.*
Dirigiéndose a sus profesores, deben ustedes tratarlos de usted.	*When addressing your professors, you should use the **usted** form with them.*
Hablando se entiende la gente.	*By talking, people understand one another.*
Será comiendo menos como rebajarás de peso.	*It will be by eating less that you will lose weight.*

3. Reference to the object of a sentence

The **-ndo** form is used after (a) verbs of perception (**ver, mirar, oír, sentir, notar, observar, contemplar, distinguir, recordar, hallar**, etc.), or (b) after verbs of representation (**dibujar, pintar, grabar, describir**, etc.).

a. La vi saliendo del museo.	*I saw her leaving the museum.*
b. El artista pintó a su hermana recogiendo rosas en el jardín.	*The artist painted his sister picking roses in the garden.*

Note that the **-ndo** form refers to an action represented as being in progress and as having a certain duration. Such an emphasis is lacking in the alternate construction: **la vi salir del museo**. *I saw her leave the museum.*

Aplicación

A *Primero complete traduciendo las palabras entre paréntesis. Después reemplácelas con otras expresiones apropiadas, usando también la forma -ndo.*

Modelo: Parece que Ana está contenta hoy; ¿la oíste (*singing in the shower*)?

→ *cantando* en la ducha. ¿La oíste *riéndose*?

1. Me sorprendió ver a una persona tan seria (*dancing at a disco*).
2. (*Running quickly*), Arturo llegó a tiempo.
3. Nos gusta observar los barcos (*entering the harbor*).
4. (*Speaking of something else*), ¿qué día llegarán tus amigos?
5. Margarita salió de la casa (*slamming the door*).
6. El cuento es muy gráfico; por ejemplo, describe a un cirujano (*amputating a leg*).
7. (*Hitting his opponent repeatedly*), el boxeador consiguió noquearlo.
8. Encontré a Pepito (*changing the oil*) de su auto.

B *Usando en español un gerundio equivalente a* **by + -ing,** *explique cómo se puede conseguir lo siguiente.*

1. tener suficiente dinero para comprar un auto nuevo
2. hablar mejor el español
3. perder unas cuantas libras
4. gozar de buena salud
5. ser feliz
6. tener muchos amigos
7. sacar una «A» en este curso
8. no sentir frío en el invierno
9. no sentir mucho calor en el verano
10. pasar un buen rato

C **Mi viaje a México.** *Sustituya cada frase en cursiva por una construcción en -ndo, como en el modelo.*

Modelo: *Si el tiempo lo permite*, llegaremos mañana.

→ *Permitiéndolo el tiempo, llegaremos mañana.*

1. Mi amigo Germán y yo discutíamos con frecuencia *mientras planeábamos* el viaje. Los dos trabajábamos horas adicionales, *ya que no teníamos* suficiente dinero. Pero, *como se acercaban* las vacaciones, sabíamos que, *si no nos daban* algún dinero nuestras familias, no conseguiríamos reunir a tiempo la cantidad suficiente. Por fin, *cuando sólo faltaban* dos semanas, mi padre y la madre de Germán decidieron ayudarnos.

2. *Cuando íbamos* en el avión nos mareamos, porque el tiempo estaba muy malo. *Al llegar* a la ciudad de México, descubrimos que hacía frío allí por las noches. Pero *como habíamos llevado* alguna ropa de abrigo, el frío no nos importó.

3. *Como éste era* nuestro primer viaje a México, todo nos pareció asombroso. Germán, *puesto que tiene* una cámara excelente, era el fotógrafo oficial. *Mientras estuvimos* en México no usamos el inglés. *Si hiciéramos* esto siempre, hablaríamos con más soltura el español.

ADDITIONAL OBSERVATIONS ON THE USE OF THE -NDO FORM

1. The "pictorial" use of the **-ndo** form

   Like the *-ing* form in English, the Spanish **-ndo** form is used in captions.

«Washington atravesando el Delaware», de Emanuel Luetze (1851)	*"Washington Crossing the Delaware", by Emanuel Leutze (1851)*
El Rey inaugurando la exposición en el Palacio	*The king opening the exhibit at the Palace*

2. como + **-ndo** = *as if* + *-ing*

Me respondió con pocas palabras como criticando mi verbosidad.	*He replied with few words as if criticizing my verbosity.*
Sonreía como queriendo ocultar su dolor.	*He was smiling as if trying to hide his sorrow.*

3. Incorrect uses of the **-ndo** form

   The **gerundio** is sometimes used in cases that are considered incorrect by grammarians.

Ayer recibí un periódico que describía (*not* describiendo) la boda.	*Yesterday I received a newspaper describing the wedding.*

   Describing does not refer to the subject of the sentence but only to the word *newspaper*. Its use is purely adjectival here; therefore, the **-ndo** form is not acceptable. Compare:

Escribió una novela criticando las condiciones sociales.	*He wrote a novel criticizing the social conditions.*

   In this case, the **gerundio** refers to an activity of the subject of the sentence. The writer criticizes social conditions by writing a novel. If one wishes to emphasize the novel, however, only **que critica** is correct.

   English-speaking persons must distinguish carefully between restrictive and nonrestrictive clauses (restrictive = necessary to the meaning of a sentence; nonrestrictive = not essential to the meaning of a sentence*). Only in the latter can the **-ndo** form be used. Note the difference between:

---

*See chapter 14, p. 401.

La muchacha, moviendo la cabeza, dijo que no.	*The girl, shaking her head, said no.* (The clause is nonrestrictive, parenthetical, explanatory.)
La muchacha que movía la cabeza, y no la otra, dijo que no.	*The girl shaking her head, and not the other one, said no.* (The clause is restrictive.)
Los estudiantes que se gradúan en junio no pueden votar ahora.	*Students graduating in June can't vote now.*

In the last example one cannot say **graduándose en junio** because *graduating in June* is restrictive (in Spanish: **especificativo**), not merely explanatory or parenthetical.

Aplicación

A *Conteste basándose en los ejemplos que ilustran las reglas anteriores.*

1. ¿Cuál es el título de la pintura más famosa de Emanuel Leutze?
2. ¿Por qué te respondió él con pocas palabras?
3. ¿Cómo sonreía él?
4. ¿Qué periódico recibiste ayer?
5. ¿Qué novela escribió él?
6. ¿Quiénes no pueden votar?
7. ¿De qué manera dijo la muchacha que no?
8. ¿Cuál de las muchachas dijo que no?

B *Traduzca al español.*

People not having a passport cannot cross the border, unless they are immigrants working on the plantations. Several undocumented workers looking for a job tried to cross, but the troops guarding the gate didn't let them. They explained that men wishing to work should show papers bearing an official stamp.

PROGRESSIVE TENSES IN SPANISH AND ENGLISH

1. In English, the present progressive and the imperfect progressive can express future time or intention to act, but such is not the case in Spanish. Compare the following examples:

Salen/Saldrán mañana por la mañana.	*They're leaving tomorrow morning.*
Iban a salir mañana por la mañana, pero cambiaron de idea.	*They were leaving tomorrow morning, but they changed their mind.*

2. In English-language letters, the present progressive occurs in many set phrases that require the simple present in Spanish.

Le escribo...	*I am writing to you . . .*
Le adjunto...	*I am enclosing for you . . .*
Les enviamos...	*We are sending you . . .*

3. Progressives are rarely used in formal Spanish with such verbs of motion as **ir**, **venir**, **entrar**, **volver**, **regresar**, etc.

—Jorgito, ven acá. —Voy*.	*"Jorgito, come here." "I'm coming."*

4. The preterite progressive in Spanish emphasizes that a past and *completed* event was *ongoing* for a certain period of time.

Antonio estuvo estudiando toda la noche.	*Antonio spent the whole night studying.*

5. The present perfect and past perfect progressives may be used to emphasize continuity. However, as explained in chapter 3 (page 75), in Spanish, alternate constructions exist under the circumstances described there.

Hemos estado leyendo toda la mañana.	*We've been reading all morning.*
Habían estado trabajando todo el día.	*They had been working all day.*

6. Progressive tenses can also be formed by combining the **-ndo** form with **seguir**, **continuar**, **andar**, **ir**, and **venir**. In these cases, the progressive can have special meanings.

a. **seguir, continuar** + **-ndo** = *to continue* + *-ing* (or + infinitive)

Jacinto no quiere seguir (continuar) trabajando.	*Jacinto doesn't wish to continue working (to work).*

b. **andar** + **-ndo** = *to go around* + *-ing*

Isabel anda diciendo que ella sabe más que su profesor.	*Isabel goes around saying that she knows more than her professor.*

c. **ir** + **-ndo** = gradual occurrence; beginning of action or state

El dolor en el pie iba aumentando.	*The pain in his food was getting worse and worse.*
Poco a poco me voy acostumbrando a la vida del campo.	*I am gradually getting accustomed to country living.*
Ve calentando el horno mientras yo mezclo la masa.	*Start heating the oven while I mix the dough.*

d. **venir** + **-ndo** = continuity over a period of time

Inés viene gastando mucho dinero en ropa últimamente.	*Inés has been spending a lot of money on clothes lately.*
Hace varios meses que vengo sintiéndome mal.	*I have been feeling ill for some months now.*

---

*Remember that **ir** implies motion away from the speaker, whereas **venir** implies motion toward the speaker.

Aplicación

*Conteste usando una forma en **-ndo** si es posible.*

1. ¿Adónde ibas anoche cuando te vi?
2. ¿Cuánto tiempo hablaste con Pedro ayer?
3. ¿Vuestro abuelo llega mañana o pasado mañana?
4. Si vieras a mucha gente correr por la calle en la misma dirección, ¿qué te preguntarías?
5. ¿Qué decía el profesor cuando llegaste a clase?
6. ¿Qué hacen generalmente los chismosos?
7. ¿Se divorciaron sólo por ese problema, o habían tenido otros problemas antes? (*Use* **venir**.)
8. ¿Comienzas ahora a comprender el gerundio? (*Use* **ir**.)
9. Cuando ves a una persona sospechosa en una joyería, ¿qué te preguntas?
10. ¿Qué has hecho toda la tarde?
11. Cuando viste a tu amigo poco diligente en la biblioteca, ¿qué te preguntaste?
12. Si te gusta hablar español, ¿qué harás después de esta clase? (*Use* **seguir**.)

Other Uses of the Infinitive

Earlier in this chapter (page 373), two uses of the infinitive in Spanish were discussed: as a verbal noun and after prepositions. In addition, the infinitive is often found in constructions that are the equivalent of adverbial clauses.

Al volverse, Paulino vio una serpiente venenosa.	*When he turned around, Paulino saw a poisonous snake.*

= time clause: **Cuando se volvió...**

De (A) no ser por ti, yo no hubiera ido a la fiesta.*	*If it hadn't been for you, I wouldn't have gone to the party.*

= conditional clause: **Si no hubiera sido por ti...**

Por estudiar poco, sacarás malas notas.	*Since you study little, you'll get bad grades.*

= causal clause: **Puesto que estudias poco...**

𝒜 p l i c a c i ó n

Hablando de Paulino. *Exprese con una cláusula de infinitivo lo mismo que dicen las siguientes oraciones.*

1. *Apenas sintió* la mordedura, Paulino dio un salto.
2. *Cuando su esposo la llamó*, la mujer vino corriendo.
3. *Como tenía* tanta sed, Paulino bebió demasiado.
4. *Si tuviera medicinas*, Dorotea habría curado a su esposo.
5. *Puesto que vivían* en un lugar tan remoto, no era fácil encontrar un médico.
6. *Si hubiera vivido* cerca de un hospital, el hombre se hubiera salvado.
7. *Como la serpiente era venenosa*, el estado del hombre era serio.

---

*This construction was treated in chapter 6, page 161.

8. *Como no podía* perder tiempo, Paulino se embarcó inmediatamente en su canoa.

9. *Si su compadre hubiese estado* en su casa, lo habría ayudado.

10. Paulino creía que estaba mejor, *ya que no sentía* dolor.

The Past Participle in Absolute Constructions

You already know that the past participle is a basic element of compound tenses (**he visto**, **habías hablado**, etc.) and you learned in chapter 9 that many past participles can function as nouns as well as adjectives. In addition, the past participle is used in so-called absolute constructions that are found mainly in the written language.

1. The past participle may combine with a noun to form the equivalent of an adverbial clause.

Quitadas las rosas, el jardín sería mucho menos hermoso.	*If the roses were removed, the garden would be much less beautiful.*

= conditional clause: **Si se quitaran las rosas...**

Aun desparecido el perro, el gato no se atrevía a maullar.	*Even though the dog had disappeared, the cat didn't dare to meow.*

= concessive clause: **Aunque el perro había desaparecido...**

Terminada la lección, todos salieron del aula.	*After the lesson ended, they all left the classroom.*

= time clause: **Después que terminó la lección...**

Note that in the case of the time constructions, the past participle may be preceded by **después de**, **luego de**, **una vez**, etc.: **Después de (Luego de, Una vez) terminada la lección, todos salieron del aula.**

2. The past participle may combine with a noun to express manner.

Señalaba, la mano extendida (extendida la mano), hacia la puerta.	*She was pointing with her hand extended toward the door.*

= expression of manner: **Señalaba con la mano extendida...**

Aplicación

Exprese con una cláusula de participio pasivo lo mismo que dicen las siguientes oraciones.

1. Cuando termine mis deberes domésticos, iré a verte.

2. Si se lava el carro, se verá mucho mejor.

3. Aunque había llegado la hora de partir, nadie se levantaba de su silla.

4. Después que leyó el periódico, Jaime encendió el televisor.

5. Al morir mi abuela, mi abuelo se mudó con nosotros.

6. Si se cortan los árboles, desaparecerá la selva.

7. Aunque la canción no había terminado, todos comenzaron a aplaudir.

8. Cuando se ligó el tobillo con el pañuelo, pudo caminar mejor.

9. Los soldados esperaban al enemigo [y] habían empuñado los fusiles.

10. Luego que se pusiera el sol, sería más difícil el viaje.

Ampliación léxica

ADJETIVOS ESPAÑOLES QUE EQUIVALEN A -ING

Ud. ya conoce la mayoría de los adjetivos que siguen, aunque tal vez sin darse cuenta de que son equivalentes de adjetivos que terminan en *-ing* en inglés. ¿Cuántos puede traducir Ud. sin consultar el glosario?

1. Terminaciones frecuentes

-ante; -ente, -iente
asfixiante, brillante, chocante, determinante, estimulante, flotante, gobernante, hispanohablante, humillante, insultante, restante, sofocante; corriente, durmiente, existente, hiriente, naciente, pendiente, resplandeciente, siguiente, sobresaliente, sonriente

-dor(a)
abrumador, acusador, adulador, agotador, alentador, cegador, conmovedor, desalentador, enloquecedor, enredador, ganador, innovador, inspirador, murmurador, revelador, tranquilizador, volador

-ivo/a; -oso/a
auditivo, decisivo, depresivo, efusivo, persuasivo, provocativo, rotativo; achacoso, amoroso, chismoso, enojoso, espumoso, furioso, indecoroso, jocoso, mentiroso, sudoroso, tembloroso

2. Otras terminaciones

-able, -ero/a, -ado/a, -ido/a, -tor(a)
agradable, incansable, incomparable, interminable, potable; duradero; cansado, confiado; afligido, dolorido, perdido; productor, protector, reductor, reproductor, seductor

3. Una categoría muy corriente y expresiva de adjetivos terminados en *-ing* es la que combina un sustantivo con el participio. A continuación se dan algunos ejemplos. Como se verá, la traducción al español varía según el caso, y frecuentemente exige el uso de una cláusula adjetival con **que**.

breathtaking	**que lo deja a uno sin respiración**
earsplitting	**ensordecedor**
eye-catching	**llamativo, que llama la atención, vistoso**
hair-raising	**que eriza, que pone los pelos de punta, que pone la carne de gallina, espeluznante**
heartbreaking	**que parte el alma, desgarrador**
heartwarming	**conmovedor**
mind-blowing	**sicodélico; alucinante**
mouth-watering	**que hace la boca agua**
nerve-shattering	**que destroza los nervios**
toe-tapping	**que invita a bailar**

Aplicación

A *Complete con adjetivos de las listas anteriores.*

1. Alejandro no es de un país _____, pero habla muy bien el castellano.

2. Algunas personas creen haber visto platillos _____.

3. Los faros del coche producían un brillo _____.

4. Tendremos un nuevo presidente, porque el partido _____ ha perdido las elecciones.

5. Nuestra casa de campo cuenta con agua _____, pero no podemos beberla porque no es _____.

6. Hace años que no leo la historia de la Bella _____.

7. Me gustan los vinos _____ de España.

8. Esa novela es tan larga que parece _____.

9. Sin ideas _____, no habrá progreso en el campo de la tecnología.

10. Estoy muy cansado después de varios días de trabajo _____.

B *Busque en las listas los equivalentes en español de los siguientes adjetivos, y úselos después en oraciones originales.*

1. outstanding
2. humiliating
3. overwhelming
4. pending
5. smiling
6. loving
7. flattering
8. ailing
9. encouraging
10. winning

C *Forme participios de presente con los siguientes infinitivos, y úselos como adjetivos en oraciones.*

Modelo: entrar   **entrante**
→ *No volverán hasta el mes entrante.*

1. fascinar
2. sorprender
3. alarmar
4. salir
5. balbucir
6. intrigar
7. sobrar
8. corresponder

D *Haga un comentario subjetivo usando uno de los adjetivos de la lista que se da en el número 3 (página 385) refiriéndose a las siguientes cosas o circunstancias.*

1. una música muy alegre
2. un perrito atropellado por un coche
3. una comida deliciosa
4. una película de fantasmas
5. un concierto de rock
6. los rascacielos de Chicago por la noche
7. un auto deportivo rojo
8. el último videocasete de Madonna
9. el encuentro de un niño desaparecido con sus padres
10. el interrogatorio de la policía a una persona culpable

Distinciones léxicas

EQUIVALENTES DEL VERBO TO MISS

El verbo *to miss* se emplea con significados muy diversos y por lo tanto tiene diferentes equivalentes en español. Aquí daremos algunos de los más importantes.

Usos transitivos

1. *to miss = to fail to hit* = **no acertar(le), no darle (a uno)**

El ladrón le disparó al hombre pero no (le) acertó.	*The thief fired at the man but he missed him.*
El chico le tiró una piedra a la gata pero no le dio.	*The boy threw a rock at the cat but missed her.*

2. *to miss = to long for, to feel the lack of, to mourn the absence of =* **echar de menos**, **extrañar** (en Hispanoamérica)

La pobre viuda echaba de menos (extrañaba) a su marido.	*The poor widow missed her husband.*

3. *to miss = to fail to enjoy =* **perderse**

No quisiera perderme ese programa.	*I wouldn't want to miss that program.*
—No vi esa película. —No te perdiste gran cosa.	*"I didn't see that movie." "You didn't miss much."*

4. *to miss = to fail to attend, to be absent from =* **faltar a: faltar al trabajo, faltar a clase, faltar a una reunión o cita**, etc.

Los estudiantes que faltan mucho a clase no salen bien.	*Students who miss class a lot do not do well.*

5. *to miss = to fail to catch some form of transportation =* **perder**, **irse(le) (a uno)**

Date prisa o perderemos (se nos irá) el avión.	*Hurry up or we'll miss the plane.*

6. *to miss = to notice the absence of*; *to lack =* **faltarle a uno** (Esta construcción se explica en el capítulo 3 también.)

Creo que me han robado; me falta una sortija.	*I think I've been robbed; I'm missing a ring.*
Después de la pelea, al pugilista le faltaban dos dientes.	*After the fight, the fighter was missing two teeth.*

7. *to miss = to make a mistake =* **errar (en)**, **equivocarse en**

Inés había errado en las respuestas a las preguntas 6 y 8 del examen.	*Inés had missed the answers to questions 6 and 8 in the exam.*

Otras expresiones con to miss

1. *to be missing, to be lacking =* **faltar**

En esta fiesta no falta nada. Tampoco falta nadie de importancia.	*At this party nothing is missing. No one of importance is missing either.*

2. *to just miss + -ing = to escape* or *avoid =* **faltar poco para que** + subjunctive; **por poco** + present indicative

Poco faltó para que me atropellara ese coche. Por poco me atropella ese coche.*	*The car just missed running over me.*

---

*Para el uso de **por poco** + tiempo presente, véase la página 20.

3. *to miss the boat* (figurative) = *to fail to take advantage of an opportunity* = **desaprovechar una oportunidad**, **perder el tren**

Alfonso perdió el tren (desaprovechó una oportunidad) al no solicitar ese empleo.	*Alfonso missed the boat when he didn't apply for that job.*

4. *to miss a chance* (*the opportunity*) *to* = **perder (una) ocasión (la oportunidad) de (para)**

Él nunca pierde ocasión de humillarme.	*He never misses a chance to humiliate me.*
Si no nos acompañas al concierto, perderás la oportunidad de oír a ese gran artista.	*If you don't accompany us to the concert, you will miss the opportunity to hear that great artist.*

$\mathcal{A}$ plicación

A *Complete con la expresión apropiada de las listas anteriores.*

1. Después de haber pasado un año en Europa, Pedro se dio cuenta de cuánto _____ a los Estados Unidos.

2. Tendremos que tomar un taxi si no queremos _____ el tren de las siete.

3. Agustín insistía en que sus hijos no _____ a la escuela.

4. Cuando volvió a casa después de sus vacaciones, Andrea vio que _____ su televisor y su estéreo.

5. Virginia sacó una nota muy buena en el examen; sólo _____ en la última respuesta.

6. Muchas damas no quieren _____ el programa musical de José Luis Rodríguez.

7. La secretaria tiró el papel al cesto pero no _____.

8. Si sigues _____ tanto al trabajo, te despedirán.

9. Cuando le iba a pagar a la cajera, noté que _____ la billetera.

10. Me sorprendió que el profesor no viniera hoy porque nunca _____ a sus clases.

B *Complete las oraciones de la columna (a) con expresiones de la columna (b).*

<table>
<tr><td>**(a)**</td><td>**(b)**</td></tr>
<tr><td>**1.** El chico le tiró una piedra al pájaro.</td><td>**a.** *Echaba de menos a su país.*</td></tr>
<tr><td>**2.** Date prisa, son ya las siete y media.</td><td>**b.** *Erraste al juzgarlo.*</td></tr>
<tr><td>**3.** Alguien ha andado en mi cartera.</td><td>**c.** *No desaprovecha una ocasión para hablar de su dinero.*</td></tr>
<tr><td>**4.** El profesor Carbó es muy estricto.</td><td>**d.** *Faltó poco para que chocaran.*</td></tr>
<tr><td>**5.** Tito es un joven serio y trabajador.</td><td>**e.** *Fue la única que faltó a la reunión.*</td></tr>
<tr><td>**6.** Le pedí que preparara la mesa para seis personas, no para cinco.</td><td>**f.** *Vas a perder el autobús de las ocho.*</td></tr>
<tr><td>**7.** La película es estupenda.</td><td>**g.** *Me equivoqué en tres de las preguntas.*</td></tr>
<tr><td>**8.** Creo que voy a tener una mala nota en el examen.</td><td>**h.** *Pero por suerte no acertó.*</td></tr>
<tr><td>**9.** Alina no estaba allí, ¿estaría enferma?</td><td>**i.** *Falta un cubierto.*</td></tr>
<tr><td>**10.** Los aviones pasaron uno muy cerca del otro.</td><td>**j.** *Me faltan veinte dólares.*</td></tr>
<tr><td>**11.** El nuevo estudiante colombiano estaba triste.</td><td>**k.** *No te la pierdas.*</td></tr>
<tr><td>**12.** Se ve al instante que es una nueva rica.</td><td>**l.** *No permite que los estudiantes falten a clase.*</td></tr>
</table>

PARA ESCRIBIR MEJOR

Recursos estilísticos

En la lengua hablada, pero sobre todo en la escrita, se usan muchos recursos para darle variedad y mayor expresividad al estilo. Aquí examinaremos tres de los más importantes: el símil, la metáfora y el sinónimo.

1. El símil se define como figura retórica que consiste en comparar explícitamente una cosa con otra. La comparación es explícita porque le antecede una de las siguientes expresiones: **como** (= *like, as*), **tan... como**, **más... que**, **al igual que**, etc.

   En *El miedo*, capítulo 4, vimos varios ejemplos de este recurso:

   a. ... labrado *como joyel de reyes.*

   b. ... albos *como el lino de los paños litúrgicos.*

   c. ... la luna, pálida y sobrenatural *como una diosa...*

   d. ... las estrellas se encendían y se apagaban *como nuestras vidas.*

   e. La voz... se elevaba lentamente *como un canto gregoriano.*

   f. ... he sabido sonreír a la muerte *como a una mujer!*

En *A la deriva* leemos:

a. ... sintió dos o tres fulgurantes puntadas que, *como relámpagos*, habían irradiado de la herida...

b. ... la carne desbordaba *como una monstruosa morcilla*.

Tanto en español como en inglés existen símiles estereotipados que deben rehuirse. Se repiten tanto que han perdido su valor artístico. Algunos ejemplos son: **blanco como la nieve, manso como un cordero, huir como alma que lleva el diablo.**

2. La metáfora es una figura retórica que consiste en trasladar el sentido normal de las palabras en otro figurado por medio de una comparación tácita, por ejemplo, **Esa persona es una víbora**. Si se dijera **Las palabras de esa persona son como el veneno de una víbora**, sería una comparación no tácita sino explícita, y por lo tanto, se trataría de un símil.

El cuento de Octavio Paz, *El ramo azul* (capítulo 12), nos ofrece varios ejemplos del lenguaje metafórico.

a. ... el universo... era una conversación entre seres inmensos.

b. ... los labios que en ese momento me pronunciaban con tanta felicidad.

c. La noche era un jardín de ojos.

Para el narrador, las vistas y los sonidos de la noche son como seres vivos, y, hablando metafóricamente lo son.

En *A la deriva*, Quiroga emplea el verbo **reinar** en sentido metafórico cuando escribe: **El paisaje es agresivo y reina en él un silencio de muerte.**

3. La palabra sinónimo se aplica a los vocablos o expresiones que tienen un mismo o muy parecido significado, o alguna acepción equivalente, por ejemplo, **voz**, **vocablo**, **palabra y término**. Los sinónimos sirven para reforzar o aclarar la expresión de un concepto, por ejemplo, **Cupido lanzó una saeta o flecha a la enamorada joven**. También sirven para evitar la repetición de la misma palabra.

Hasta ahora hemos visto en las lecturas, entre muchos otros, los siguientes pares de sinónimos, el uno cerca del otro: a. **envoltorio/bulto** (*Una historia común*), b. **emanciparse/liberarse** (*Liberación masculina*), c. **arrodillarse/hincarse** (*El ramo azul*), d. **en seco/bruscamente** (*El ramo azul*), e. **tal vez/acaso** (*A la deriva*). Es importante recordar que la mayoría de los sinónimos son intercambiables únicamente en ciertos contextos, no en todos. La sinonimia, pues, es cuestión de grado, ya que depende del número de contextos en que los dos términos posean en común el mismo significado. Por ejemplo, **gazapo** es sinónimo de **conejo** y de **error**. Uno puede decir que **crían gazapos o conejos en esa granja** y que **han cometido varios gazapos o errores garrafales en ese libro**, pero uno no puede decir **crían errores en esa granja** ni **han cometido varios conejos garrafales en ese libro**.

A plicación

A *Escriba cuatro oraciones originales usando un símil en cada una.*

B *Invente cuatro oraciones usando una metáfora en cada una.*

C *Escriba un parrafito ilustrando cómo se usan los sinónimos (a) para aclarar una expresión y (b) para evitar la repetición de la misma voz.*

D *Las frases que siguen están tomadas del cuento **A la deriva**. Encuentre sinónimos para las palabras en cursiva. Consulte un diccionario y trate de encontrar más de un sinónimo en cada caso.*

1. Sintió *la mordedura* en el pie.
2. El hombre echó una *veloz ojeada* a su pie.
3. Su mujer corrió con un vaso lleno, que el hombre *sorbió* en tres tragos.
4. El hombre miró su pie, *lívido* y ya con *lustre* gangrenoso.
5. ... que en *las inmediaciones* del Iguazú corre a seis millas.
6. A los veinte metros, *exhausto*, quedó tendido.
7. *Clamó* de nuevo, *alzando* la cabeza del suelo.
8. En el silencio de la selva no se oyó un solo *rumor*.
9. Su *belleza* sombría y *calma*...
10. La pierna le dolía *apenas*.

T raducción *

ACADEMICALLY ADRIFT?

Do you find yourself adrift and alone in a sea of ever-increasing academic problems? Does the thought of upcoming tests poison your existence and draw curses from you? If so, the following observations, culminating in some advice on taking (how to take) exams, will be fitting.

Taking final exams means different things to different persons. It can be an experience that is depressing and frightening for the student who has spent the semester having a good time and studying only now and again. On the other hand, it may be pleasing and satisfying for the student who, having studied regularly, has the joy of showing how much he/she has been (*use* **venir**) learning. It surely is a stimulating experience and a learning opportunity for all, although it may not be amusing to them.

In addition to acquiring specific skills and knowledge, the student must discover ways of studying under varying conditions and in differing

---

*Observe que el punto de partida de esta traducción es el uso metafórico de la expresión **a la deriva**.

surroundings. Students living at home have certain irritating distractions while those living in student residences have the problem of dealing with other disturbing elements. In both cases, establishing priorities and organizing one's time are the two outstanding requirements.

Existe una gran preocupación ecológica en el mundo hispánico. Este anuncio de Costa Rica advierte del peligro y trata de convencer a los costarricenses de que detengan la destrucción de sus bosques.

LÍBANO:

Desde la antigüedad, cubierto de Cedros. Hoy sólo queda como emblema patrio en la bandera de ese país.

BRASIL:

Cuenca amazónica de 5 millones de Kilómetros cuadrados. Estimación anual por cortes e incendios: 300 millones de árboles, 250.000 especies de plantas conocidas. 65.000 directamente amenazadas. 11 millones de hectáreas de bosque tropical destruido cada año. Desde 1940 la mitad de los bosques tropicales han desaparecido del planeta.

COSTA RICA:

Areas protegidas. Parques Nacionales, Areas Silvestres, Reservas Biológicas, Refugios de Vida Silvestre.

¡POR COSTA RICA! DEMOS UN EJEMPLO AL MUNDO

Protejamos nuestros bosques. Digamos no a la corta irracional de los árboles.
Cuidemos nuestras cuencas hidrográficas.

"CUIDAR EL ARBOL ES CUIDAR EL AGUA"

𝒯emas para composición

Use por lo menos diez formas en -ndo.

1. La soledad en que muere el protagonista de *A la deriva* hace más impresionante su muerte. Imite esta historia y escriba un cuento breve en el cual el protagonista vea acercarse la muerte con angustia en medio de la soledad.

2. Escriba un descripción que demuestre los contrastes de la naturaleza. Por ejemplo, una tormenta en la cual sentimos miedo pero a la vez admiramos la belleza imponente de la naturaleza, o un desierto que parece muy apacible a la luz de la luna y puede parecer terrible cuando se está perdido en él sin agua.

3. **Su actitud con respecto a los exámenes.** ¿Se pone Ud. nervioso/a o es Ud. de esas personas a quienes la presión las estimula favorablemente? ¿Le importaría examinarse oralmente? ¿Prefiere exámenes frecuentes y breves o un examen largo al final del curso? ¿Cree Ud. que los exámenes en los que hay que desarrollar temas son preferibles a los exámenes de tipo objetivo (con respuestas a escoger, identificaciones, etc.)?

4. **El valor pedagógico de los exámenes: los pros y los contras.** ¿Reflejan los exámenes con bastante exactitud los conocimientos del alumno? ¿Qué causas pueden influir en los resultados de un examen (causas de origen físico: el ambiente, el ruido, el fumar, la temperatura, etc.; causas personales: problemas del individuo, etc.)? ¿Cree Ud. que sería práctico el abolir los exámenes? ¿Sería justo?

L E C T U R A

El cuento que sigue es de Emilia Pardo Bazán, una gran novelista y cuentista española del siglo XIX. En el cuento aparece una mujer que tiene una misteriosa cajita de oro. El narrador es un hombre tan curioso, que enamora a la mujer sólo por saber lo que contiene la caja. El final prueba el gran poder de la mente humana.

$\mathcal{P}$ara comprender mejor

La estrategia que se ha aconsejado en otros capítulos le ayudará mucho en el caso de esta lectura. Léala dos veces. La primera vez, concéntrese en las siguientes ideas generales: la caja (desde el principio a la línea 7), lo que hace el hombre para averiguar el contenido de la caja (de la línea 8 a la línea 45), el contenido de la caja (desde la línea 46 a la línea 64) y el desenlace (desde la línea 65 al final). Vuelva a leer, concentrándose esta vez en los detalles.

La caja de oro

Siempre la había visto sobre su mesa, al alcance° de su mano bonita, que a veces se entretenía en acariciar la tapa suavemente; pero no me era posible averiguar lo que encerraba aquella caja de filigrana de
5 oro con esmaltes° finísimos, cuya dueña la escondía precipitada y nerviosamente en los bolsillos de la bata apenas intentaba apoderarme de ella°.

Y cuanto más la ocultaba su dueña, mayor era mi afán por° enterarme de lo que la caja contenía.
10 ¡Misterio irritante y tentador! ¿Qué guardaba el artístico objeto? ¿Bombones? ¿Polvos de arroz°? ¿Esencias? Si encerraba alguna de estas cosas tan inofensivas, ¿a qué venía la ocultación?

Califiquen° como gusten mi conducta los que son
15 incapaces de seguir la pista° a una historia, tal vez a una novela. Llámenme enhorabuena° indiscreto, antojadizo°, y además, entrometido° y fisgón° impertinente. Lo cierto es que la cajita me volvía

al... within reach

enamel

apoderarme... *cogerla*

afán... *deseo de*

polvos... *un cosmético*

Llamen
clue
si quieren
caprichoso / meddling / *curioso*

395

tarumba°, y agotados° los medios legales, puse en   *loco / consumidos*
20 juego los ilícitos y heroicos... Mostréme perdidamente
enamorado de la dueña cuando sólo lo estaba de la
cajita de oro; cortejé° en apariencia a una mujer   *enamoré*
cuando sólo cortejaba un secreto; hice como si
persiguiese la dicha° cuando sólo perseguía la   *felicidad*
25 satisfacción de la curiosidad. Y la suerte, que acaso
me negaría la victoria si la victoria realmente me
importase, me la concedió°, por lo mismo° que al   granted / *por... por la misma razón*
concedérmela me echaba encima un remordimiento.

No obstante, después de mi triunfo, la que me
30 entregaba cuanto entrega la voluntad rendida°,   *vencida*
defendía aún el misterio de la cajita de oro.
Desplegando° zalameras° coqueterías o repentinas y   *Utilizando / halagadoras*
melancólicas reservas°; discutiendo o bromeando,   *reticencias*
usando los ardides° de la ternura o las amenazas del   *trucos*
35 desamor, suplicante o enojado, nada obtuve; la dueña
de la caja persistió en negarse a que me enterase de su
contenido, como si dentro del lindo objeto existiese la
prueba de algún crimen.

Un día en que algunas fingidas lágrimas
40 acreditaron° mis celos, mi persuasión de que la cajita   *probaron*
encerraba la imagen de un rival, la vi demudarse°,   *cambiar de expresión*
temblar, palidecer, echarme al cuello los brazos y
exclamar, por fin, con sinceridad que me avergonzó:

¡Qué no haría yo por ti! Lo has querido... pues
45 sea. Ahora mismo verás lo que hay en la caja.

Apretó un resorte°; la tapa de la caja se alzó y   spring
divisé° en el fondo unas cuantas bolitas tamañas   *vi*
como° guisantes, blanquecinas, secas. Miré sin   **tamañas...** *del tamaño de*
comprender y ella, reprimiendo° un gemido°, dijo   *conteniendo* / moan
50 solemnemente:

—Esas píldoras me las vendió un curandero° que   quack doctor; folk healer
realizaba curas milagrosas en la gente de mi aldea. Se
las pagué muy caras y me aseguró que tomando una al
sentirme enferma, tengo asegurada la vida. Sólo me
55 advirtió que si las apartaba de mí o las enseñaba a
alguien, perdían su virtud. Será superstición o lo que
quieras: lo cierto es que he seguido la prescripción del
curandero, y no sólo se me quitaron achaques° que   *dolencias*
padecía (pues soy muy débil), sino que he gozado
60 salud envidiable. Te empeñaste° en averiguar... Lo   **Te...** *Insististe*
conseguiste... Para mí vales tú más que la salud y la
vida. Ya no tengo panacea, ya mi remedio ha perdido
su eficacia: sírveme de remedio tú; quiéreme mucho, y
viviré.

65 Quedéme frío. Logrado mi empeño°, no   *propósito*
encontraba dentro de la cajita sino el desencanto de
una superchería° y el cargo de conciencia° del daño   *engaño / cargo... remordimiento*
causado a quien me amaba. Mi curiosidad, como

todas las curiosidades, desde la fatal del Paraíso hasta
70 la no menos funesta° de la ciencia contemporánea,   *fatal*
llevaba en sí misma su castigo y su maldición.

Desde entonces la dueña de la cajita—que ya no
la ocultaba ni la miraba siquiera, dejándola cubrirse
de polvo en un rincón de la estantería forrada° de   *cubierta* / plush
75 felpa° azul—empezó a decaer, a consumirse,
presentando todos los síntomas de una enfermedad de
languidez°, refractaria° a los remedios. Cualquiera que   *debilidad / resistente*
no me tenga por un monstruo supondrá que me
instalé a su cabecera° y la cuidé con caridad y   **a...** *junto a su cama*
80 abnegación. Caridad y abnegación digo, porque otra
cosa no había en mí para aquella criatura de la cual
había sido verdugo° involuntario. Ella se moría, quizás   executioner
de pasión de ánimo°, quizás de aprensión°, pero por   **pasión...** *melancolía,*
mi culpa, y yo no podía ofrecerla, en desquite° de la   *depresión / miedo /*
85 vida que le había robado, lo que todo lo compensa: el   *compensación*
don° de mí mismo, incondicional, absoluto. Intenté   *regalo*
engañarla santamente para hacerla dichosa, y ella, con
tardía° lucidez, adivinó mi indiferencia y mi   late
disimulada tedio, y cada vez se inclinó más hacia el
90 sepulcro.

Y al fin cayó en él, sin que los recursos de la
ciencia ni mis cuidados consiguiesen salvarla. De
cuantas memorias quiso legarme° su afecto, sólo   *dejarme como herencia*
recogí la caja de oro. Aún contenía las famosas
95 píldoras, y cierto día se me ocurrió que las analizase
un químico a quien conocía, pues todavía no se daba
por satisfecha mi maldita curiosidad. Al preguntar el
resultado del análisis, el químico se echó a reír.

—Ya podía usted figurarse—dijo—que las
100 píldoras eran de miga° de pan. El curandero (¡si sería   crumbs
listo°!) mandó que no las viese nadie... para que a   **si...** he must have been
nadie se le ocurriese analizarlas. ¡El maldito análisis lo   very clever
seca° todo!   **lo...** *le quita misterio y*
                                                            poesía a

𝒞 o m p r e n s i ó n

1. ¿Cómo era la caja y por qué le interesaba tanto al narrador?
2. ¿Cuál fue su plan para ver el contenido?
3. ¿Qué nuevas tácticas empleó el narrador para enterarse del contenido de la cajita?
4. Describa el contenido de la caja cuando se alzó la tapa.
5. ¿Dónde consiguió la mujer las píldoras?
6. ¿Cuál era el supuesto poder de ellas?
7. ¿Qué advertencia le hizo el curandero con respecto a las píldoras?
8. ¿Qué emociones sentía el narrador después de lograr su empeño?

Esta mujer de La Paz, Bolivia, vende una gran variedad de hierbas y raíces medicinales. En el campo, donde no abundan los médicos, muchos enfermos cuentan sólo con medicinas naturales y con el consejo de curanderos.

9. ¿Qué empezó a sucederle a la dueña después de descubierto el secreto?

10. ¿Cómo intentó el narrador ayudar a la dueña?

11. Después de la muerte de la dueña, ¿qué se le ocurrió hacer al narrador?

12. ¿Qué reveló el análisis de las píldoras?

Interpretación

1. ¿Qué acciones de la mujer incitaban la curiosidad del hombre? ¿Es lógica o es exagerada esta curiosidad? Explique.

2. El narraor se describe a sí mismo en el tercer párrafo. ¿Cómo lo describiría Ud.?

3. ¿Cómo describiría Ud. a la dueña de la caja?

4. ¿Llegó el narrador a amar a la mujer? ¿Por qué piensa Ud. así?

5. ¿A qué se refiere la frase «la [curiosidad] fatal del Paraíso»? ¿Qué relación hay entre ella y la situación del cuento?

6. ¿Se murió la dueña de miedo, de autosugestión o de mal de amores? Explique su opinión.

7. El último comentario del narrador es: «El maldito análisis lo seca todo». ¿Cómo interpreta Ud. esta oración?

8. ¿Cuál sería la intención de la escritora de este cuento?

Muchas personas creen ciegamente en curanderos y espiritistas. Las *limpias* que se anuncian aquí son ceremonias para sacar los malos espíritus o influencias de la gente y las casas.

𝒥ntercambio oral

A. Hay curanderos en este país hoy día. ¿Dónde? ¿Pueden realizar curas? ¿Cómo? Existen muchas formas de la llamada medicina alternativa. ¿Cuáles son?

B. ¿Qué es el llamado «efecto placebo»? ¿Ocurre este fenómeno en el cuento? Explique. ¿Hasta qué punto influye el estado sicológico en la salud física?

C. «La curiosidad mató al gato» es un concepto proverbial en inglés. ¿Qué quiere decir? ¿Hasta qué punto es verdad? ¿Hay una curiosidad «buena» y una curiosidad «mala»?

D. Los sicólogos piensan que el origen de las supersticiones está en la inseguridad del ser humano ante los misterios de la vida. ¿Son ignorantes las personas supersticiosas o se puede ser culto y supersticioso a la vez? ¿Cuáles son algunas supersticiones comunes?

ℛepaso léxico

Identifique cada palabra con su sinónimo. Haga después cinco oraciones con palabras de la columna izquierda.

1. achaque	**a.** caprichoso
2. antojadizo	**b.** imaginarse
3. aprensión	**c.** esconder
4. divisar	**d.** mal
5. empeñarse	**e.** conseguir
6. figurarse	**f.** ver
7. gozar	**g.** cura
8. intentar	**h.** sufrir
9. lograr	**i.** insistir
10. ocultar	**j.** tratar de
11. padecer	**k.** miedo
12. remedio	**l.** disfrutar

Cancún, México. Los carteles indican el uso de los remedios vegetales que aquí se venden. Los hay para la artritis, para el dolor de estómago, para el hígado, para los riñones. . . Todas las enfermedades están representadas aquí.

SECCIÓN GRAMATICAL

Relative Pronouns

Relative pronouns refer to a preceding word, called an antecedent. Spanish relative pronouns are **que**, **quien**, **el que**, **el cual**, **lo que**, and **lo cual**. Relative pronouns are sometimes omitted in English, but they are never omitted in Spanish.

Me encanta el disco que me prestaste.	*I love the record (that) you lent me.*
Ésta es la señora que conocí en la exposición.	*This is the lady (whom) I met at the exhibit.*

USES OF QUE

Que is the most frequently used relative pronoun, since it may mean *that, who, whom,* or *which* and it may refer to persons or things. **Que** is invariable in gender and number.

Las píldoras que había en la caja eran de miga de pan.	*The pills that were in the box were made with bread crumbs.*
La persona que me dio las píldoras era un curandero.	*The person who gave me the pills was a quack doctor.*
El hombre que saludé vive cerca de mi casa.	*The man (whom) I greeted lives near my home.*
El tocadiscos, que era muy viejo, no tenía muy buen sonido.	*The record player, which was very old, didn't have very good sound.*

As a relative pronoun, **que** is not used after prepositions except in the case of **con**, **de**, and **en**. This rule applies when **que** refers to either people or things.*

Me sorprendió la facilidad con que resolviste el asunto de que hablamos ayer.	*I was surprised at the ease with which you resolved the matter about which we talked yesterday.*
La reunión fue en el mismo edificio en que vivo.	*The meeting was in the same building where I live.*
No conozco a las personas con que soñé anoche.	*I don't know the people of whom I dreamed last night.*

USES OF QUIEN

Quien and its plural **quienes** refer to persons and are used in the following cases:

1. To express *who* in nonrestrictive clauses.**

Ofelia y Bebita, quienes (que) estaban muy cansadas, no fueron.	*Ofelia and Bebita, who were very tired, didn't go.*
Gabriel García Márquez, quien (que) ganó un Premio Nobel, es colombiano.	*Gabriel García Márquez, who won a Nobel Prize, is a Colombian.*

Note that, although **quien(es)** can be used in the preceding cases, **que** is also possible. **Que** is in fact more common, especially in the spoken language.

2. After a preposition.

El hombre hacia quien corría el niño era mi hermano Manuel.	*The man toward whom the boy was running was my brother Manuel.*
Sus hijos, por quienes hizo tantos sacrificios, no lo quieren.	*His children, for whom he made so many sacrifices, don't love him.*
Los soldados contra quienes luchábamos eran japoneses.	*The soldiers against whom we were fighting were Japanese.*
No dijo el nombre de la persona para quien compró las flores.	*He didn't say the name of the person for whom he bought the flowers.*

---

*In the case of things **que** may also be used after **a**, except when **a** is part of an indirect object. One can say: **La universidad a que fui** (*The university I went to*) but not **La universidad a que hice una donación** (*The university to which I made a donation*). In the second sentence one must use **a la que** or **a la cual**.

Nonrestrictive clauses are those that provide additional information about a preceding word without restricting its meaning. These clauses can be omitted without altering the essential meaning of the sentence. Nonrestrictive clauses are either set off by commas or preceded by a comma: **El Cónsul de México, quien llegó ayer, asistirá a la recepción. A la recepción asistirá el Cónsul de México, quien llegó ayer. Note that in both cases we could remove the clause **quien llegó ayer** and still have a meaningful sentence: *The Mexican Consul will attend the reception.*

On the other hand, a restrictive clause is essential to identify or make specific the word to which it refers and its omission would produce a loss of meaning in the sentence. In the statement: **El hombre que llegó ayer es el Cónsul de México**, the omission of the restrictive clause **que llegó ayer** would leave the sentence incomplete since *The man is the Mexican Consul* would not identify or specify which man.

USES OF EL CUAL

El cual and its inflected forms (**la cual**, **los cuales**, **las cuales**)* can refer to either persons or things. These forms are used in the following cases:

1. As alternates for **que** when referring to things in nonrestrictive clauses.

Las bolsas, que (las cuales) eran de papel, se rompieron con el peso.	*The bags, which were made of paper, broke because of the weight.*
El armario, que (el cual) es una antigüedad, nos costará un dineral.	*The cabinet, which is an antique, will cost us a bundle.*

2. As alternates for **que** or **quien(es)** when referring to people in nonrestrictive clauses.

Fernando, que (quien, el cual) estaba borracho, insultó a todo el mundo.	*Fernando, who was drunk, insulted everybody.*
Las gemelas, que (quienes, las cuales) siempre se vestían igual, se parecían muchísimo.	*The twins, who always dressed alike, resembled each other very much.*
Los García, que (quienes, los cuales) compraron la casa de la esquina, son extranjeros.	*The Garcías, who bought the house on the corner, are foreigners.*

El cual is more formal than **que** and, therefore, in everyday conversation **que** is preferred in the first and second cases.

3. To refer to things after a preposition, especially in the case of longer or compound prepositions.

¡Qué problema! Olvidé mis gafas, sin las cuales no veo nada.	*What a problem! I forgot my glasses, without which I can't see anything.*
La cueva dentro de la cual se ocultan los rebeldes, es muy pequeña.	*The cave inside which the rebels are hiding is very small.*
La cuestión acerca de la cual discutimos me preocupa.	*The matter about which we argued worries me.*
Las hojas secas sobre las cuales se acostaron los niños, estaban húmedas.	*The dead leaves on top of which the children lay were wet.*

4. To refer to persons after a preposition, as alternates for **quien(es)**. (See No. 2 on page 401.)

El hombre hacia el cual corría el niño era mi hermano Manuel.

Sus hijos, por los cuales hizo tantos sacrificios, no lo quieren.

Los soldados contra los cuales luchábamos eran japoneses.

No dijo el nombre de la persona para la cual compró las flores.

---

*For brevity's sake only **el cual** will be cited henceforth.

USE OF EL CUAL TO AVOID AMBIGUITY

El cual is used to avoid ambiguity when there are two possible antecedents of different genders.

La hija de Tomás, la cual es artista, acaba de ganar un premio.	*Tomas's daughter, who is an artist, has just won a prize.*
Se lo explicamos todo al criado de la duquesa, el cual había ido con nosotros.	*We explained everything to the duchess's servant, who had gone with us.*
Clara no pudo enseñarme la carta de Enrique, la cual se había perdido en Guadalajara.	*Clara wasn't able to show me Enrique's letter, which had gotten lost in Guadalajara.*

EL QUE AFTER PREPOSITIONS

El que and its inflected forms (**la que, los que, las que**)* are used after prepositions as alternates for **el cual** and its forms in cases 3 and 4 above.

¡Qué problema! Olividé mis gafas, sin las que no veo nada.

La cueva dentro de la que se ocultan los rebeldes, es muy pequeña.

La cuestión acerca de la que discutimos me preocupa.

La hojas secas sobre las que se acostaron los niños, estaban húmedas.

El hombre hacia el que corría el niño era mi hermano Manuel.

Sus hijos, por los que hizo tantos sacrificios, no lo quieren.

Los soldados contra los que luchábamos eran japoneses.

No dijo el nombre de la persona para la que compró las flores.

USE OF LO QUE, LO CUAL

Lo que, lo cual are neuter relative pronouns. They mean *which* (*fact*) and do not refer to a specific person or thing, but rather to a preceding idea.

Mi televisor no funciona, lo que (lo cual) significa que necesito comprar uno nuevo.	*My TV set doesn't work, which means that I need to buy a new one.*
Mario llegó muy tarde a casa, lo que (lo cual) no le gustó a su padre.	*Mario got home very late, which his father didn't like.*
No sabíamos qué hacer, por lo que (lo cual) decidimos pedirle consejo.	*We didn't know what to do, for which reason we decided to ask him for advice.*
Soy una persona nocturna, por lo que (lo cual) tengo problemas con mi compañero de cuarto.	*I am a night person, on account of which I have problems with my roommate.*

---

*For brevity's sake only **el que** will be cited henceforth.

Aplicación

A *Combine las frases de esta conversación con la información que se da en cada caso, usando* **el / la / los / las cual(es)**.

Modelo: Mi jefa tomaba decisiones (yo no estaba conforme con ellas).

→ *Mi jefa tomaba decisiones con las cuales yo no estaba conforme.*

1. Amorcito, quiero darte unas noticias (te pondrás muy contenta con ellas).
2. El problema (te hablé de él) se resolverá pronto.
3. Las condiciones (trabajo bajo ellas) cambiarán mucho.
4. El banco (soy cajero en él) va a abrir una nueva sucursal.
5. La jefa (te comenté con respecto a ella) va a ser transferida.
6. Sí, la misma jefa (presentaron quejas contra ella) varios empleados.
7. Esto significa que el ascenso (soñaba con él) es casi seguro.
8. ¡Ahora podremos llevar a cabo los planes (hemos hablado tanto sobre ellos)!
9. Pronto tendrás el anillo (suspirabas por él).
10. Tengo que cortar la conversación, porque el teléfono (te hablo desde él) es un teléfono público.
11. Te espero a las cinco en el café (nos conocimos frente a él).
12. Allí hablaremos de nuestro amor (no podría vivir sin él).

B *Reemplace* **que** *con* **quien(es)** *en los casos en que sea posible.*

Cuando Orlando, **que** es mi mejor amigo, me vio entrar en la cafetería, me llamó para presentarme a dos jóvenes **que** estaban con él. Uno de ellos, **que** parecía extranjero, llevaba ropa **que** era, sin lugar a dudas, de otro país. Los saludé a los dos amablemente, pero el joven **que** llevaba la ropa extraña no pareció comprenderme. El otro muchacho, **que** era norteamericano, me explicó **que** su amigo era un griego **que** acababa de llegar de Atenas.

C **Leyendas de Guanajuato.** *Complete usando el relativo apropiado. Si es posible usar otro relativo además de* **que,** *no use* **que.** *Haga contracciones con* **a** *y el artículo si es necesario.*

1. Todos los viajeros _____ llegan a Guanajuato, México, visitan el Callejón del Beso, una calle sumamente estrecha a _____ se le atribuye una leyenda trágica de siglos pasados. La bella Carmen, _____ era hija única, tenía un novio a _____ su padre no quería. El joven, _____ se llamaba Luis, no estaba dispuesto a renunciar a su amor. Una ventana de la casa en _____ vivían Carmen y su padre daba a un callejón muy estrecho y era posible tocar desde esta ventana la casa

_____ había enfrente. Don Luis compró esta casa, _____ estaba a la venta, para poder entrevistarse con su novia de ventana a ventana. Pero el padre de Carmen, _____ era un hombre orgulloso y muy violento, sorprendió a los jóvenes una tarde en el momento en _____ Luis besaba la mano _____ Carmen había extendido a través de la calle. El padre clavó un cuchillo en el pecho de su hija, _____ murió en el acto. Es por esto _____ al lugar se le llama el Callejón del Beso. Los enamorados _____ visitan hoy esta calle se besan en honor de Carmen y Luis.

2. Otra historia curiosa de Guanajuato se relaciona con las momias _____ se exhiben al público en vitrinas en una doble fila _____ tiene unos quince metros de fondo. Estas momias son cadáveres _____ se encontraron naturalmente momificados en sus tumbas, probablemente a causa del terreno de la región, _____ es rico en minerales. Es un espectáculo _____ a muchos les parece demasiado morboso. Hay allí momias _____ tienen posiciones extrañas y gestos horribles en la cara, _____ parece indicar que estos individuos fueron enterrados vivos. La explicación está en la epidemia de cólera _____ hubo en la ciudad en 1833, durante _____ murieron miles de personas. Con los métodos primitivos _____ tenía la medicina en aquella época, era difícil distinguir, de entre los cientos de víctimas diarias, a las personas _____ estaban realmente muertas y a las personas _____ no habían muerto todavía.

D *Introduzca una cláusula original en las oraciones, usando* **el cual** **(la cual,** *etc.) para evitar ambigüedad.*

Modelo: El amigo de Rosaura se sacó la lotería.
→ *El amigo de Rosaura, el cual tiene mucha suerte, se sacó la lotería.*

1. La madre del director padece del corazón.
2. El abogado de la empresa nos aconsejará en esto.
3. La mujer de Pepe sufre de insomnio.
4. Los hijos de las presas jugaban en el patio de la cárcel.
5. El padrino de la niña es francés.
6. El ídolo de Pepita es un cantante famoso.

7. Las novias de los cadetes no podrán verlos mañana.

8. El abuelo de la condesa murió en esta habitación.

9. El emisario de la reina llevará la carta.

10. El peluquero de la actriz no habla muy bien el inglés.

E *Complete de manera original, usando* **lo que (lo cual)** *para referirse a la idea anterior.*

Modelo: Carmita tiene la mala costumbre de pedirme dinero.

→ *Carmita tiene la mala costumbre de pedirme dinero, lo que (lo cual) me molesta mucho.*

1. Estoy sin trabajo.

2. El hombre decidió no beber más.

3. Me invitaron a una fiesta en la Casa Blanca.

4. Tenemos examen mañana.

5. Mi grupo favorito dará un concierto el mes que viene.

6. Siempre estás criticando a todo el mundo.

7. Mi amigo es fanático del fútbol.

8. El nuevo empleado era muy poco puntual.

9. Se me perdió la licencia para conducir.

10. Vivís en una casa demasiado pequeña.

RELATIVE PRONOUNS THAT CONTAIN THEIR OWN ANTECEDENT

The relative pronouns we have seen so far all refer to antecedents in the main clause. There are other relative pronouns, however, that contain their own antecedent. They are **quien** (*he who*), **quienes** (*those who*), **el que** and its inflected forms (*the one(s) who, the one(s) which*). These pronouns are found very often in proverbs and popular sayings. While **quien(es)** refers only to people, **el que** can refer to either people or things.

Quien ríe último, ríe mejor.	*He who laughs last laughs best.*
El que a hierro mata, a hierro muere.	*He who lives by the sword dies by the sword.*
Los que (Quienes) quieran ir, que levanten la mano.	*Those who want to go, raise your hands.*
No me gusta esa grabadora, la que tengo es mejor.	*I don't like that tape recorder, the one I have is better.*

These pronouns can also be used as objects.

Contratarán a quien (al que) llegue primero.	*They will hire the one who gets there first.*
Ella escribió al principio de la carta: «A quien pueda interesar».	*She wrote at the beginning of the letter: "To Whom It May Concern."*
Enviaron varias herramientas, pero no enviaron las que pedí.	*They sent several tools but they didn't send the ones (that) I requested.*

After the verb **haber**, **quien(es)** is used. **El que** is not correct in this case.

Hay quienes dicen que el alcalde no será reelecto.	*There are those who say that the mayor won't be reelected.*
Yo preparo esa sopa con agua, pero hay quien le pone leche.	*I prepare that soup with water but there are some people who use milk.*
No había quien pudiera con ella.	*There was no one who could control her.*

A SPECIAL CASE OF AGREEMENT

When **quien(es)** or **el que** are the subjects of one clause and the other clause contains the verb **ser**, the verb in the relative clause tends to agree with the subject of **ser**.

Son ellas quienes (las que) tienen que pedir perdón.	*They are the ones who have to apologize.*
Seremos nosotros quienes (los que) decidiremos el caso.	*We will be the ones who will decide the case.*
Soy yo quien (el que) pago la cuenta.*	*I am the one who pays the bill.*
Eres tú quien (la que) me debes dinero, y no al revés.*	*You are the one who owes me money and not vice versa.*

THE NEUTER FORM LO QUE

1. The neuter form **lo que** is the equivalent of the English *what* (*that which*). **Lo cual** is not interchangeable with **lo que** in this case.

El final de la novela fue lo que no me gustó.	*The end of the novel was what I didn't like.*
Lo que sucedió después fue increíble.	*What happened afterward was unbelievable.*

2. After verbs of information (**contar**, **decir**, **explicar**, **preguntar**, **saber**, etc.) **qué** (with an accent to indicate an indirect question) is interchangeable with **lo que**.

Explíqueme lo que (qué) hizo toda la tarde.	*Explain to me what you did the whole afternoon.*
El consejero nos preguntó lo que (qué) pensábamos hacer.	*The advisor asked us what we were planning to do.*

3. **Todo lo que** means *all* (*that*), *everything*.

Todo lo que necesitamos es dinero.	*All we need is money.*
Ud. puede comer todo lo que quiera por cinco dólares.	*You can eat all you want for five dollars.*
Le contaré a la policía todo lo que sé.	*I'll tell the police everything I know.*

---

*In the case of **yo** and **tú** a third-person verb can also be used. So, it is possible to say: **Soy yo quien (el que)** *paga* **la cuenta** and **Eres tú quien (la que) me** *debe* **dinero**. However, the agreement of both verbs with the subject of **ser** is preferred by many people since it gives a more personal tone to what is being said.

Recapitulation

Relative pronouns are very often interchangeable in Spanish. The following summary refers to those cases where they are not.

1. **Que** cannot be used after a preposition other than **con**, **de**, **en** and, in some special cases, **a**.

La mesa en que escribo. El bolígrafo con que escribo.	*The table on which I write. The pen with which I write.*

But:

La mesa sobre la que (la cual) escribo.	*The table on top of which I write.*
El bolígrafo sin el que (el cual) no podría escribir.	*The pen without which I couldn't write.*

2. **Quien(es)** cannot be used in a restrictive clause.

El abogado que me representa.	*The lawyer who represents me.*
Los esquiadores que subieron a la cima.	*The skiers who went up to the top.*

3. Only **quien(es)** can be used after **haber** to express *one who, those who*, etc.

No hay quien pueda hacer eso.	*There is no one who can do that.*
Hubo quienes dijeron que el accidente fue planeado.	*There were those who said that the accident was planned.*

4. Only **lo que** can be used to express *what* in the sense of *that which*.

El vendedor no explicó lo que vendía.	*The salesman didn't explain what he was selling.*
Lo que Ud. necesita es descansar.	*What you need is to rest.*

Aplicación

A *Sustituya* lo que *por* lo cual *en el siguiente pasaje cuando sea posible.*

Soy una persona muy distraída, **lo que** me ha ocasionado algunos problemas serios. Les contaré **lo que** me sucedió la semana pasada. Necesitaba enviar un paquete por correo, **lo que** no es una actividad agradable, porque siempre hay colas muy largas. ¡**Lo que** daría yo para que los paquetes pudieran ponerse directamente en el buzón! Cuando llegó mi turno, el empleado me preguntó **lo que** contenía el paquete y me dijo que tenía que ir a la mesa y llenar un papel, **lo que**, por supuesto, yo ya sabía pero había olvidado. No sé mucho inglés, **lo que** me dificultó el comprender **lo que** el empleado decía. Tuvo que repetirme tres veces las instrucciones de **lo que** necesitaba hacer.

Al llegar a la mesa, no encontraba mi bolígrafo y tuve que vaciar mi cartera. ¡No pueden Uds. imaginar todo **lo que** yo meto en una pequeña cartera! Por fin terminé **lo que** había ido a hacer al correo y volví a casa. Mi edificio tiene cerrada con llave la puerta principal, **lo que** es una buena medida de seguridad. Pero, cuando busqué la llave para abrir, descubrí que mi cartera estaba vacía. ¡Todo **lo que** había en la cartera se había quedado sobre la mesa del correo! Menos mal que alguien encontró mis cosas y se las entregó a un empleado. Todavía hay gente honrada, **lo que** es una suerte para las personas que, como yo, olvidan siempre **lo que** deben recordar.

B *Reemplace* lo que *con* qué, *si es posible.*

1. Le pregunté a mi amigo **lo que** iba a hacer y me contestó que haría **lo que** yo quisiera.
2. La tienda cometió un error y no nos envió **lo que** pedimos.
3. ¿No sabes **lo que** le sucedió a Brenda?
4. Los ricos deberían dar a los pobres **lo que** les sobra.
5. No quiso contarme **lo que** pensaba comprar con tanto dinero.
6. Siempre le pido a mi padre **lo que** necesito.
7. No comprendo **lo que** haces solo en el parque a esta hora.
8. Puso sobre la mesa **lo que** tenía en los bolsillos.
9. El profesor dictó varias palabras, pero no nos explicó **lo que** significaban.
10. Tocar la guitarra es **lo que** más me gusta.

C *Complete de manera original.*

1. Los García se divorciaron y hay quienes piensan...
2. Para mí, el dinero no es esencial para la felicidad, pero hay quien considera...
3. El decano renunció a su puesto y hay quienes dicen...
4. No iré, pero hay quien piensa...
5. La reunión fue un fracaso; había quienes querían...
6. Muchos protestaron y hubo quien decidió...
7. Yo siempre voy al cine los sábados, pero hay quienes prefieren...
8. Tenemos un buen alcalde, pero no dudo que haya quien diga...
9. Nuestro país es rico, y es triste que haya en él quienes vivan...
10. La misión es peligrosa, pero siempre habrá quienes quieran...

D *Complete de manera original.*

1. Llamamos a María, pero fue José quien...
2. La idea original fue mía, pero fueron Uds. quienes...
3. Aunque todos bailan bien, son Pedro y Teresa los que...
4. No tiene Ud. que irse, soy yo quien...
5. No creo que la culpa fuera de tu novia. Serías tú el que...
6. Ellos prometieron lavar el carro, pero fuimos nosotros quienes...
7. Yo cocinaré, pero seréis vosotros los que...
8. El equipo jugó bastante mal, fui yo el que...

The Relative Adjective cuyo

Cuyo means *whose, which,* and *the . . . of which.* It also has the forms **cuya/os/as**, since it agrees in gender and number with the noun it precedes.

Los jóvenes cuyos padres beben, tienen muchos problemas.	*Youngsters whose parents drink have many problems.*
No hace tanto frío en las habitaciones cuyas ventanas están herméticamente cerradas.	*It is not so cold in the rooms whose windows are tightly closed.*

The equivalent of *in which case* is **en cuyo caso.** *For which reason* is **por cuya razón.**

Es probable que llueva esta noche, en cuyo caso no iremos.	*It is likely that it will rain tonight, in which case we won't go.*
Ella nunca abre un libro, por cuya razón casi nunca sale bien en los exámenes.	*She never opens a book, for which reason she seldom does well in exams.*

Cuyo is repeated before two nouns of different genders and shows agreement with each one.

La actriz, cuya belleza y cuyo talento eran extraordinarios, merecía el premio.	*The actress, whose beauty and talent were exceptional, deserved the prize.*

If the nouns are of the same gender, **cuyo** or **cuya,** not a plural form, precedes the first noun only.

La actriz, cuya belleza e inteligencia eran extraordinarias, merecía el premio.	*The actress, whose beauty and intelligence were exceptional, deserved the prize.*
González, cuyo padre y hermano trabajan en la misma empresa, es el vicepresidente.	*González, whose father and brother work in the same company, is the vice president.*

The preceding rules apply to the plural also.

Do not confuse **cuyo** and its other forms with **¿De quién (de quiénes) + ser + noun?** which means *Whose + noun + to be?*

¿De quién es esa corbata?	*Whose tie is that?*
No sé de quiénes serán estos libros.	*I don't know whose books these can be.*

In English *Whose?* is often combined with a verb other than *to be* but **¿De quién (de quiénes)?** requires the use of **ser.**

No dijeron de quién era el reloj que se llevó el ladrón.	*They didn't say whose watch the thief took (whose watch it was that the thief took).*
¿De quiénes eran hijos los niños que tuvieron el accidente?	*Whose children had the accident? (Whose children were the children who had the accident?)*

Aplicación

Ud. está en una fiesta con un amigo. Ud. conoce a todo el mundo, pero su amigo no conoce a nadie. Dele información sobre los asistentes, combinando **cuyo/a/os/as** *con los datos que se dan en cada caso.*

Modelo: Ése es el hombre (su esposa murió el año pasado).

→ *Ése es el hombre cuya esposa murió el año pasado.*

1. La joven vestida de rojo es mi amiga (sus padres acaban de divorciarse).
2. Ahí veo a una señora (su esposo y su hija son cirujanos plásticos).
3. ¿Te interesaría conversar con Juan Rulfo (sus novelas te gustan tanto)?
4. Junto al bar están los señores (su hija entró en la policía).
5. Te presentaré a una pareja (su casa está junto a la mía).
6. Quiero que conozcas también a doña Beatriz (su hijo fue compañero mío).
7. Ése es el joven (su coche deportivo te llamó la atención cuando llegamos).
8. El hombre que va hacia la puerta es el tipo (sus hermanos estuvieron en la cárcel).

Ampliación léxica

LOS REFRANES

La lengua española es muy rica en refranes; los hay para todas las circunstancias de la vida diaria. «Hay más refranes que panes», dice uno de ellos. La mayoría de los refranes se originaron en la Península Ibérica hace varios siglos, y algunos datan de la Edad Media, pero también hay refranes regionales que son originarios de Hispanoamérica. Como los refranes se han transmitido oralmente, a veces un refrán tiene diferentes versiones. La lista siguiente contiene algunos refranes que usan relativos y que tienen equivalentes en inglés.

1. Antes que te cases, mira lo que haces.

    Look before you leap.

2. A quien le venga el guante, que se lo plante.
   A quien le sirva el sayo, que se lo ponga.

    If the shoe fits, wear it.

3. A quien madruga, Dios lo ayuda.

    The early bird catches the worm.

4. Bien predica quien bien vive.

    He preaches well who lives well.
    Practice what you preach.

5. Dime con quién andas y te diré quién eres.

    A man is known by the company he keeps.
    Birds of a feather flock together.

6. El que mucho abarca poco aprieta. — *Grasp all, lose all.*

7. El que la hace, la paga. — *You get what you deserve.*

8. El que tiene padrinos, se bautiza. — *It is not what you know, it is whom you know.*

9. El que tiene tejado de vidrio, no tire piedras al del vecino. — *People in glass houses shouldn't throw stones.*

10. En el país donde fueres, haz lo que vieres. — *When in Rome, do as the Romans do.*

11. No es oro todo lo que reluce. — *All that glitters is not gold.*

12. No hay mal que por bien no venga. — *It's an ill wind that blows no good.*

13. No hay peor sordo que el que no quiere oír. — *No one is so deaf as he who will not hear.*

14. Ojos que no ven, corazón que no siente. — *Out of sight, out of mind.*

15. Perro que ladra no muerde. — *A barking dog never bites.*

16. Quien busca, halla. — *He who seeks, finds.*

17. Quien calla, otorga. — *Silence gives consent.*

18. Quien más tiene, más quiere. — *The more one has, the more one wants.*

19. Quien mucho habla, mucho yerra. — *He who talks much, errs much. Silence is golden.*

20. Quien no se aventura, no cruza la mar. — *Nothing ventured, nothing gained.*

21. Quien se junta con lobos, a aullar aprende. — *He who lies with dogs wakes up with fleas.*

22. Quien siembra vientos, recoge tempestades. — As you sow, so shall you reap.

Aplicación

A *Complete los siguientes refranes sin consultar la lista anterior.*

1. Bien predica...
2. A quien le venga el guante...
3. El que la hace...
4. Ojos que no ven...
5. Quien se junta con lobos...
6. Quien busca...
7. Quien calla...
8. Quien siembra vientos...
9. El que mucho abarca...
10. Quien más tiene...

B *Explique el sentido de cinco de los refranes.*

C *¿Está Ud. de acuerdo con el refrán que dice:* **No hay mal que por bien no venga?** *Describa sus razones.*

D *¿Qué refrán usaría Ud. en cada una de las siguientes circunstancias?*

1. Hace más de un año que Arturo se porta mal. Su padre lo regaña constantemente y lo amenaza con echarlo de casa, pero siempre lo perdona. Arturo no tiene miedo a las amenazas de su padre y dice:...

2. Ud. piensa hacer un viaje a España, pero el día de la partida se enferma. El avión se cae. Ud. dice:...

3. Los González son, aparentemente, una familia modelo. Pero Ud., que los conoce íntimamente, sabe que no es así. Cuando un amigo le habla de lo buenos que son los González, Ud. comenta:...

4. En los países hispánicos se considera de mal gusto que una persona lleve pantalones cortos, excepto en la playa. Ud. está en Buenos Aires con un amigo y él quiere salir en pantalones cortos a la calle. Ud. le aconseja:...

5. Su amiga Juanita es muy habladora y a veces dice lo que no debe. Su comentario sobre las indiscreciones de Juanita es:...

6. Varias personas muy capacitadas querían el mismo empleo, pero fue José Ruiz quien consiguió el puesto, porque el presidente de la compañía conocía a su padre. Los otros candidatos comentan:...

7. Ud. tiene un amigo que bebe en exceso. Ud. le da buenos consejos continuamente, pero pierde su tiempo, porque él no lo escucha. Ud. le dice:...

8. Ud. es una persona muy dormilona, y su madre siempre insiste en que se levante temprano. Ella le dice:...

9. Cuquita no es muy honrada en su trabajo académico y se sabe que en el pasado presentó como suyos reportes escritos por sus amigos. Ahora Cuquita critica a un compañero que ha hecho esto. Ud. dice, refiriéndose a la actuación de Cuquita:...

10. Ud. no conoce bien a Fernando, pero sí conoce a varios amigos de él que tienen muy mala fama. Basándose en esto, Ud. tiene una mala opinión de Fernando, y la justifica diciendo:...

11. Su amigo Alberto está tan enamorado de una chica a quien conoció hace sólo un mes, que quiere casarse inmediatamente con ella. El consejo que Ud. le da es:...

12. Guillermo piensa tomar un examen del estado, por el cual la universidad le dará seis créditos. Pero el examen es difícil y Guillermo tiene mucho miedo. Ud. lo anima a que se examine diciéndole:...

Distinciones léxicas

ALGUNOS EQUIVALENTES ESPAÑOLES DE BACK

1. Cuando **back** es un nombre

back of animal	**el lomo**
back of book or house	**la parte de atrás**
back of book (spine)	**el lomo**

back of chair	**el respaldo**
back of check or document	**el dorso**
back of hand	**el dorso**
back of person	**la(s) espalda(s)**
background of picture	**el fondo**

2. Cuando **back** es un adjetivo

back	**trasero, de atrás, posterior**
back door	**la puerta trasera (de atrás)**
back issue	**el número atrasado**
back pay	**los atrasos, el sueldo atrasado**
back row	**la última fila**
backseat	**el asiento trasero (de atrás)**
backyard	**el patio**

3. Cuando **back** es un adverbio o es parte de una frase adverbial

from (on) on the back	**por detrás**
in back of the house	**detrás de la casa**
in the back of the car	**en la parte trasera del coche**
in the back of the room	**al fondo de la habitación**
on one's back	**de espaldas**
some months (years, etc.) back	**hace unos meses (años, etc.)** **unos meses (años, etc.) atrás**
to be back	**estar de vuelta, de regreso**
to call back	**devolver la llamada**
to come (go) back	**volver, regresar**
to give back	**devolver**
to hold back	**contener**

4. **back** como verbo y en expresiones

to back away	**retroceder**
to back out (of an agreement)	**volverse atrás**
to backpack	**viajar con mochila**
to back up (a vehicle)	**dar marcha atrás**
to back up (to support)	**respaldar**
to have one's back to the wall	**estar entre la espada y la pared**
to have one's back turned toward	**estar de espaldas (a)**
to shoot (somebody) in the back	**matar (a alguien) por la espalda**

El caballo tiene el lomo lastimado.	*The horse's back is hurt.*
La parte de atrás del libro está en inglés.	*The back of the book is in English.*

Esa silla de respaldo duro no es buena para tu espalda.	That chair with a hard back is not good for your back.
Firme el dorso del cheque.	Sign the back of the check.
La última fila está el fondo de la habitación.	The back row is in the back of the room.
Cuando cobre mis atrasos, pediré los números atrasados de la revista.	When I collect my back pay I'll order the back issues of the magazine.
A su suegra le gusta manejar desde el asiento trasero del coche.	His mother-in-law likes to drive from the backseat of the car.
Cementamos nuestro patio hace unos meses.	We cemented our backyard some months back.
El bandido lo atacó por detrás.	The bandit attacked him from the back.
Cuando yo regresé, ella estaba de espaldas a la puerta.	When I came back she had her back toward the door.
El auto dio marcha atrás y le dio a la parte de atrás de la casa.	The car backed up and hit the back of the house.
Si Pablito me devuelve la llamada, dile por favor, que me devuelva mi dinero antes que regrese a España.	If Pablito calls me back, please tell him to give me back my money before he goes back to Spain.
Mataron al policía por la espalda mientras trataba de contener a la multitud.	They shot the policeman in the back while he was trying to hold back the crowd.
Estoy entre la espada y la pared, porque prometí respaldarlos y no puedo.	I have my back to the wall because I promised to back them up and I can't.

Aplicación

Traduzca.

1. She backed up so suddenly that the child in the backseat got hurt.

2. I'll be back at six and I will call you back then.

3. I made an effort to hold back my anger; he had promised to back us up and now he was trying to back out.

4. In back of the house there was a large backyard. The assailants backed away, exited through the back door, and waited there.

5. After backpacking for several hours in the Rocky Mountains, my back ached; I put the back of my hand on my forehead and noticed that I had a fever.

6. When a man is shot in the back he usually falls on his face, not on his back.

7. Six months back I began collecting the back issues of that magazine.

8. Since I always sit in the back row, the other students have their backs turned toward me.

9. You have to give me back my book, the one that has gold letters on the back.

10. Don Alejandro was in the back of the room, sitting in a high-backed chair, with his back to the door when someone attacked him from the back.

11. They have their backs to the wall because the company refuses to give them their back pay unless they sign the back of that document.

12. The cat rubbed his back against the woman's legs.

PARA ESCRIBIR MEJOR

Repaso: Práctica de la puntuación y de los acentos gráficos

A *Repase el uso de la coma y del punto y coma y añádalos donde sea necesario en los siguientes pasajes.*

1. En julio se suda demasiado la badana de la gorra comprime la cabeza las sienes se hacen membranosas pica el cogote y el pelo se pone como gelatina. Hay que dejar a un lado por higiene y comodidad el reglamento desabotonando el uniforme liando al cuello un pañuelo para no manchar la camisa echando hacia atrás campechanamente la gorra.

    Ignacio Aldecoa, *El aprendiz de cobrador*

2. Recuerdo que poco antes del 18 de julio una tarde en Madrid nos dirigíamos al colegio mis hermanos y yo con la niñera. Era aún primavera con un fuerte olor de madreselvas y jacintos tras las tapias de los jardines. Un sordo rumor primero lejano como el anuncio de una tempestad luego violento desgarrado bajaba calle abajo. Como un río que se desborda como un lejano río que avanza inexorable y arrollador en el deshielo bajaba el vocerío estremecedor: eran unas voces nuevas y terribles que clamaban que reclamaban que agredían.

    Ana María Matute, *El autor enjuicia su obra*

B *Repase las reglas para el uso del acento gráfico y añada acentos donde sea necesario en los siguientes pasajes.*

1. Los muros acolchados del estudio grande guardan aun los aplausos de la noche anterior. Las sillas revueltas perpetuan la confusion de ultima hora, y en tanto el salon vacio parece descansar del estentoreo dialogo de las voces, el piano enfundado, los microfonos cubiertos, esperan que la mujer de la limpieza los reintegre puntualmente brillantes al publico de las cinco, de las seis, de las diez de la noche.

    Jesús Fernández Santos, *La vocación*

2. A partir de la construccion de la presa de Malpaso se pudo integrar la red eléctrica nacional de costa a costa. Yo habia estado tres veces en este lugar y nunca lo conoci completo, ya que sus cientos de islas y peninsulas, amen de la forma muy irregular del larguisimo y serpenteante lago, forman una innumerable cantidad de rincones, caletas y bahias. Acabo de regresar de una expedicion por la presa de Malpaso (con una pequeña lancha rapida de 75 H.P.), y en unas 40 horas de navegacion en total conocimos bastante bien este fantastico lugar.

México Desconocido

[C] *En el trozo que sigue se han suprimido las comas y los acentos gráficos. Añádalos donde sea necesario.*

El hijo de don Agustin Abraham se ofrecio a acompañarnos durante un tramo del camino hacia Joya de Salas porque decia habia un corte que era un poco perdedizo. Ademas aprovecharia para buscar un «jabalin». En realidad lo que hacia era acompañarnos por gusto. Pocas veces llegan hasta alli visitantes con los que se pueda hablar de lo que uno mismo es asi que habia que aprovechar la oportunidad. A nosotros nos agrado esto porque pudimos convivir mas tiempo con el una persona sincera y con grandes deseos de aprender cualquier cosa. Pero ¿que podemos enseñarle? pensaba yo mientras caminabamos. Al fin me di cuenta que aprendia como eramos nosotros.

Conforme ibamos subiendo la vegetacion seguia cambiando. Pero no solo subiamos sino que tambien cambiabamos de vertiente en la sierra de la oriental a la occidental y eso nos habria de ofrecer paisajes sorprendentes. El camino estaba ahora desierto salvo por las aves los mosquitos las ardillas y otros animales que adivinabamos mas que ver por sus olores sus ruidos y sus huellas. Hacia lo mas alto el bosque se volvio blanco casi del mismo color de la roca. Los troncos tenian un color de ceniza apagada y estaban desnudos de hojas pero no carecian del perenne heno que colgaba como melena.

México Desconocido

ᑦ r a d u c c i ó n

MY DAUGHTER ZORAYA

This is the story of my daughter Zoraya, whose sad life should be an example for those who read it.

When Zoraya was only eighteen, she fell in love with Andrés, a man whose parents lived in a very poor neighborhood. Besides being poor and uneducated, Andrés was fifteen years older than my daughter and he was divorced, all of which I didn't like at all. I was afraid he had courted her for her money, in which case the marriage would end badly, and I reminded her of the saying, "Look before you leap." However, no one is so deaf as he who will not hear, and my daughter, in any case, married this man who was completely inappropriate for her but whom she loved.

They had two children, whom I adored. But Zoraya changed a lot. I didn't know exactly what was happening to her, but I noticed that something was wrong. She was always sad and she avoided those who had been her friends before she married. She never spoke of her husband, who frequently left her alone for several days. There were those who said that Andrés was a gambler who lost great sums of money, but my daughter, who loved him very much, always denied it. Zoraya never bought new clothes; she had only those that I gave her. I helped her by buying my grandchildren everything they needed. My husband—who is a very strict person—said that she was getting what she deserved for not having followed the advice that we gave her, and after all, he was right.

Little by little, Zoraya became more pale, more weak, and more depressed. One night she died. My husband thought that Andrés might have been poisoning her to inherit her fortune. I never shared my husband's suspicions because I was convinced she had died of a broken heart. Anyway, an autopsy was performed, and nothing was found to confirm what my husband feared.

The very day of Zoraya's funeral Andrés was shot in the back on account of a gambling debt. There is truth in the old saying: "You reap what you sow."

𝒯emas para composición

Use el mayor número posible de relativos.

1. El narrador de *La caja de oro* dice que la curiosidad de la ciencia contemporánea ha sido funesta. Escriba sobre los pros y los contras de esta opinión e indique su propio punto de vista.

2. ¿Puede funcionar bien un matrimonio si las dos personas tienen diferentes niveles económicos y educacionales? Escriba sobre su opinión, citando casos de la vida real si lo desea.

3. La madre de Zoraya piensa que Andrés no es apropiado para ella porque le lleva quince años. ¿Es importante este factor en la felicidad de un matrimonio? ¿Debe una mujer casarse con un hombre que le lleva muchos años? ¿Y con uno mucho más joven? ¿Cree Ud. que una mujer de dieciocho años es demasiado joven para casarse? ¿Existe una «edad ideal» para casarse y ser feliz? ¿Hay en su familia o entre sus amigos casos de matrimonios con grandes diferencias de edad?

4. Otra característica de Andrés que le molesta a su suegra es que haya estado casado antes. ¿Tienen más probabilidades de fracasar en un nuevo matrimonio las personas divorciadas? ¿Y las que se han divorciado más de una vez? Zoraya era, evidentemente, una chica inexperta. ¿Tiene más probabilidades de ser feliz una mujer que se casa con cierta experiencia? ¿Es importante que el hombre y la mujer sean igualmente expertos en cuestiones de amor?

APPENDIX

RECOMMENDED DICTIONARIES

Collins Spanish Dictionary. Spanish-English. English-Spanish. (1996).

Larousse Spanish-English, English-Spanish Dictionary. Unabridged edition. (1993).

Moliner, María. *Diccionario de uso del español.* Edición en CD-ROM. Windows. (1996).

The Oxford-Duden Pictorial Spanish and English Dictionary. (1995).

The Oxford Spanish Dictionary. Spanish-English. English-Spanish. (1994). Especially valuable are the numerous examples of usage.

Pequeño Larousse ilustrado. (1996).

Real Academia Española. *Diccionario de la lengua española.* 21st ed. (1992).

Seco, Manuel. *Diccionario de dudas y dificultades de la lengua española.* 9th ed. (1986).

THE SPANISH ALPHABET (EL ALFABETO ESPAÑOL)

Since Spanish words rarely need to be spelled out, many advanced students have forgotten the names of Spanish letters. Yet, it is important for students to know these names so that spelling problems can be discussed in Spanish.

All the letters are feminine in gender. To form the plural, add **-es** to the names of the vowels and **-s** to the names of the consonants. The numbers refer to the observations that follow the list.

a	**a**	j	**jota**
b	**be** (1)	k	**ka**
c	**ce**	l	**ele**
ch	**che** (2)	ll	**elle**
d	**de**	m	**eme**
e	**e**	n	**ene**
f	**efe**	ñ	**eñe**
g	**ge**	o	**o**
h	**hache**	p	**pe**
i	**i** (3)	q	**cu**

r	ere, erre (4)	w	ve doble (6)
s	ese	x	equis
t	te	y	i griega (7)
u	u	z	zeta (8)
v	v (5)		

Some observations on certain letters:

1. The letter **be** (*b*) represents two sounds, according to position: at the beginning of a breath group or after a nasal consonant the sound is occlusive (the lips are momentarily closed to produce the sound: **Benito, combinar**); in all other positions the sound is fricative (it is produced by friction and the lips touch very lightly or not at all: **cabe, robo**). The letter **ve** (*v*) represents exactly the same two sounds in most Spanish-speaking areas. Since **be** and **ve** are pronounced exactly the same, Spanish-speaking people have invented various ways to distinguish orally the two letters: **Be** is called: **be alta, be grande, be larga, be de Barcelona, be de burro**; see note 5 below.

2. This letter is called **ce hache** in some areas.

3. Also called **i latina**.

4. The latest edition (1992) of the Academy Dictionary remarks on this letter: *"Su nombre generalmente es* **erre***; pero se llama* **ere** *cuando se quiere hacer notar que representa un sonido simple."* Some Spanish speakers refer to **erre** as **ere doble**.

5. The **ve** is also sometimes called **uve** (Spain) or **u consonante**. For the reason explained in note 1, Spanish speakers distinguish this letter from **be** by means of special names: **ve baja, ve chica, ve corta, ve de Valencia**, and **ve de vaca**.

6. Also called: **doble ve, uve doble, doble u**.

7. Also called: **ye**.

8. Variants are: **zeda, ceda**.

SYLLABICATION

Following are the basic rules for dividing words into syllables. This information is needed in order to: (1) pronounce words with the proper stress and to use written accents correctly, and (2) hyphenate words when necessary at the end of one line and the beginning of the next. Hyphenation of the latter type is especially important in Spanish because Spanish speakers try to keep the right margin as even as possible when writing or typing. (With the appropriate software, computers offer the advantage of automatically justifying the line so that the right margin is even.)

1. A word has as many syllables as it has vowels. The term *vowel* is used in this context to refer to a single vowel, a diphthong, or a triphthong.

    ha-ra-pien-tos   ter-mi-nan-te-men-te

2. A single consonant is joined to the vowel that follows it. Bear in mind that **che, elle**, and **erre** are treated as single letters and are inseparable.

    la-ti-ga-zos   va-ca-cio-nes   chi-cha-rro-nes   be-lle-za

3. In the case of two consonants appearing between vowels:

   a. consonantal groups formed by **b, c, f, g,** or **p** plus **r** or **l** as well as **d** or **t** plus **r** combine with the following vowel.

   ne-gro   a-plas-ta-da

   b. in other groups of two consonants, the first consonant joins the preceding vowel and the second joins the following vowel.

   sal-pi-ca-du-ras   lar-go

4. When three or four consonants occur between vowels, the last two join the following vowel if they belong to one of the groups listed in 3a.

   en-tre-cor-ta-do   nues-tros   en-gran-de-cer

5. Unlike English, in Spanish the **ese** is separated from the following consonant.

   des-co-no-ci-do   es-tu-dia-ba

6. Any combination of two or more vowels that includes **u** or **i** forms an inseparable group (diphthong or triphthong). The most frequent diphthongs are:

ai, ay	**ai-re, hay**	**iu**	**viu-dez**
au	**cau-sa**	**oi, oy**	**sois, soy**
eu	**eu-fo-ria**	**ua**	**cuan-do**
ei, ey	**vein-te, ma-mey**	**ue**	**fuen-te**
ia	**far-ma-cia**	**ui**	**fuis-te**
ie	**vie-ne**	**uo**	**cuo-ta**
io	**vi-cio**		

The most frequent triphthongs are:

iai	**en-viáis**	**uai**	**a-mor-ti-guáis**
iei	**a-pre-ciéis**	**uei**	**con-ti-nuéis**

   a. A written accent on the **i** or the **u** breaks the diphthong or triphthong, producing two separate syllables.

   te-ní-a   con-ti-nú-a   co-me-rí-ais

   b. Any other vowel combination is separated into distinct syllables.

   a-pe-dre-a-ban   ca-pi-ta-ne-ó

   c. However, according to so-called esthetic syllabication, as opposed to phonetic syllabication, there are two important exceptions to *a* and *b* above:

      (1) At the end of a line, two vowels should not be separated, even when they form different syllables.

   perío-do, not **perí-odo   pro-veer**, not **prove-er**

      (2) At the end of a line, the syllables should not be separated in such a way that a single vowel remains alone; for example, the following divisions are *not* acceptable:

   a-traer   ate-o

7. Prefixes form separate syllables.

des-ha-cí-an   im-po-ní-an

Nevertheless, when the prefix precedes **s** + consonant, the **s** is joined to the prefix.

cons-tan-te   ins-pi-rar

SPANISH GRAMMATICAL TERMINOLOGY: VERB FORMS

Listed below are the names of the principal parts of the verb in Spanish, followed in each case by an example with English translation, and the usual English name of the verb form. The nomenclature is that recommended by the Royal Spanish Academy in its *Esbozo de una nueva gramática de la lengua española.*

1. infinitivo (**estudiar,** *to study*) infinitive
2. gerundio (**estudiando,** *studying*) present participle (see Ch. 13)
3. participio pasivo (**estudiado,** *studied*) past participle

INDICATIVO *INDICATIVE*

4. presente (**Mario estudia español.** *Mario studies, does study, is studying Spanish.*) present
5. presente progresivo (**Mario está estudiando español.** *Mario is studying Spanish.*) present progressive
6. pretérito imperfecto* (**Mario estudiaba español.** *Mario used to study, was studying Spanish.*) imperfect
7. pretérito imperfecto progresivo (**Mario estaba estudiando español.** *Mario was studying Spanish.*) imperfect progressive
8. pretérito perfecto simple** (**Mario estudió español.** *Mario studied, did study Spanish.*) preterite
9. pretérito perfecto simple progresivo (**Mario estuvo estudiando español.** *Mario was studying Spanish.*) preterite progressive
10. pretérito perfecto compuesto (**Mario ha estudiado español.** *Mario has studied Spanish.*) present perfect
11. pretérito perfecto compuesto progresivo (**Mario ha estado estudiando español.** *Mario has been studying Spanish.*) present perfect progressive
12. pretérito pluscuamperfecto (**Mario había estudiado español.** *Mario had studied Spanish.*) pluperfect (past perfect)
13. pretérito pluscuamperfecto progresivo (**Mario había estado estudiando español.** *Mario had been studying Spanish.*) pluperfect progressive

---

*In order to simplify, this tense is called **el imperfecto** in this and other textbooks.
In order to simplify, this tense is called **el pretérito in this and other textbooks.

14. futuro (**Mario estudiará español.** *Mario will study Spanish.*) future

15. futuro perfecto (**Mario habrá estudiado español.** *Mario will have studied Spanish.*) future perfect

16. condicional (**Mario estudiaría español.** *Mario would study Spanish.*) conditional

17. condicional perfecto (**Mario habría estudiado español.** *Mario would have studied Spanish.*) conditional perfect

SUBJUNTIVO *SUBJUNCTIVE*

18. presente (**[Ojalá que] Mario estudie español.** *[I hope] Mario studies Spanish.*) present

19. imperfecto (**[Ojalá que] Mario estudiara español.** *[I wish] Mario would study Spanish.*) imperfect

20. pretérito perfecto (**[Ojalá que] Mario haya estudiado español.** *[I hope] Mario has studied Spanish.*) present perfect

21. pretérito pluscuamperfecto (**[Ojalá que] Mario hubiera estudiado español.** *[I wish] Mario had studied Spanish.*) pluperfect

IMPERATIVO *IMPERATIVE*

22. afirmativo (**Estudia (tú) español, Mario.** *Study Spanish, Mario.*) affirmative

23. negativo (**No estudies (tú) español, Mario.** *Don't study Spanish, Mario.*) negative

From the point of view of grammatical terminology, the sentence **Mario está estudiando español en la universidad** is composed of the following elements:

1. **Mario** = *el sujeto* = *subject*
2. **está estudiando español** = *el predicado* = *predicate*
3. **está estudiando** = *el verbo o el predicado verbal* = *verb or simple predicate*
4. **está** = *verbo auxiliar* = *auxiliary verb*
5. **est** = *el radical, la raíz* = *stem*
6. **-á** = *la terminación, la desinencia* = *ending*
7. **español** = *el complemento (directo)* = *(direct) object*
8. **en la universidad** = *el complemento circunstancial* = *adverbial complement*

SPANISH GRAMMATICAL TERMINOLOGY: OTHER FORMS

Here the English term is followed by the Spanish equivalent and a Spanish example.

adjective: **el adjetivo**

demonstrative adjective: **adjetivo demostrativo:** <u>este</u> libro

descriptive adjective: **adjetivo calificativo:** la casa <u>blanca</u>

numerical adjective: **adjetivo numeral:** <u>tres</u> pesos

possessive adjective: **adjetivo posesivo:** <u>mi</u> lápiz

stressed possessive adjective: **adjetivo posesivo enfático:** el pleito <u>mío</u>

word used as an adjective: **palabra adjetivada:** una pierna <u>rota</u>

adverb: **el adverbio:** <u>lentamente</u>

(to) agree: **concordar (ue):** El adjetivo concuerda con el sustantivo.

agreement: **la concordancia:** "La casa amarilla" es un ejemplo de concordancia.

antecedent: **el antecedente:** En la oración "El gato que veo es de María", <u>el gato</u> es el antecedente de <u>que</u>.

clause: **la cláusula**

adjective clause: **cláusula adjetival:** Busco una casa <u>que tenga tres dormitorios.</u>

adverbial clause: **cláusula adverbial:** Comeremos <u>cuando lleguen nuestros invitados.</u>

contrary-to-fact clause: **cláusula de negación implícita:** <u>Si fuera rico,</u> lo compraría.

noun clause: **cláusula sustantiva:** Queremos <u>que se diviertan en la fiesta.</u>

conjunction: **la conjunción:** Llegué <u>tan pronto como</u> pude.

dative (of interest): **el dativo (de interés):** Se <u>me</u> murió el perrito.

(to) function as: **actuar como, funcionar como, hacer de:** En esta oración "el árbol" funciona como sujeto.

idiom: **el modismo:** <u>Tener hambre</u> es un modismo para el angloparlante.

intransitive: **intransitivo:** En la oración "Los árboles crecían rápidamente," <u>crecían</u> es intransitivo porque se usa sin complemento directo.

(to) modify: **modificar, calificar:** En la frase "un examen fácil" la palabra <u>fácil</u> modifica <u>examen</u>.

noun: **el nombre, el sustantivo:** <u>Vaso</u> es un nombre o sustantivo.

direct object noun: **nombre complemento directo** (o **de objeto directo**): ¿Compraste <u>pan</u>?

indirect object noun: **nombre complemento indirecto** (o **de objeto indirecto**): Le presté el dinero <u>a Teresa</u>.

word used as a noun: **palabra sustantivada:** El <u>viejo</u> contiene un adjetivo sustantivado.

part of speech: **la parte de la oración:** Los adverbios son partes de la oración.

pronoun: **el pronombre**

demonstrative pronoun: **pronombre demostrativo:** <u>ése</u>

direct object pronoun: **pronombre (de) complemento directo** (o **de objeto directo**): <u>Lo</u> vi ayer.

indefinite pronoun: **pronombre indefinido:** <u>algunos</u>

indirect object pronoun: **pronombre (de) complemento indirecto** (o **de objeto indirecto**): <u>Le</u> vendí el carro.

interrogative pronoun: **pronombre interrogativo:** <u>¿Quién?</u>

personal pronoun: **pronombre personal:** <u>yo</u>

possessive pronoun: **pronombre posesivo:** <u>el mío</u>

reciprocal pronoun: **pronombre recíproco:** <u>Nos</u> vemos todos los días.

reflexive pronoun: **pronombre reflexivo:** Ellos <u>se</u> acostaron muy tarde.

relative pronoun: **pronombre relativo:** La película <u>que</u> vimos ayer era muy buena.

subject pronoun: **pronombre (de) sujeto:** <u>Ellos</u> no lo hicieron.

required: **obligatorio:** La <u>a</u> es obligatoria en la oración "Vimos a Miguel."

(to) take (e.g., the subjunctive): **requerir (ie), tomar, llevar:** La conjunción <u>antes que</u> siempre requiere el subjuntivo.

tense: **el tiempo:** <u>Estudian</u> está en el tiempo presente.

transitive: **transitivo:** En la oración "<u>Están cortando</u> el césped" el verbo es transitivo porque se usa con complemento directo.

voice: **la voz**

active voice: **voz activa:** Abel <u>tiró</u> la pelota.

passive voice: **voz pasiva:** La pelota <u>fue tirada</u> por Abel.

DEMONSTRATIVES

	MASCULINE	FEMININE
this	**este**	**esta**
these	**estos**	**estas**
that	**ese**	**esa**
those	**esos**	**esas**
that	**aquel**	**aquella**
those	**aquellos**	**aquellas**

The demonstrative pronouns have the same form as the above adjectives but bear an accent on the stressed syllable, although the written accent is no longer obligatory. In addition, there are neuter pronoun forms **(esto, eso, aquello)** that do not take a written accent.

It is helpful to remember that the demonstratives generally correspond to the adverbs listed below.

este, etc. ⟶ **aquí**

ese, etc. ⟶ **ahí**

aquel, etc. ⟶ **allí, allá**

Note that the demonstrative adjectives, when placed after the noun, convey a pejorative meaning. Also, the pronouns, when referring to persons, may be pejorative.

¿Qué le pasa al tipo ese?	*What's wrong with that guy?*
Ése no se calla nunca.	*That one never shuts up.*

POSSESSIVES (WITH CORRESPONDING SUBJECT PRONOUNS)

SUBJECT PRONOUNS	UNSTRESSED FORMS OF ADJECTIVE	STRESSED FORMS OF ADJECTIVE	PRONOUNS
yo	mi, mis	mío (-os, -a, -as)	el (los, la, las) mío (-os, -a, -as)
tú	tu, tus	tuyo (-os, -a, -as)	el (los, la, las) tuyo (-os, -a, -as)
él, ella, Ud.	su, sus	suyo (-os, -a, -as)	el (los, la, las) suyo (-os, -a, -as)
nosotros, -as	nuestro (-os, -a, -as)	nuestro (-os, -a, -as)	el (los, la, las) nuestro (-os, -a, -as)
vosotros, -as	vuestro (-os, -a, -as)	vuestro (-os, -a, -as)	el (los, la, las) vuestro (-os, -a, -as)
ellos, ellas, Uds.	su, sus	suyo (-os, -a, -as)	el (los, la, las) suyo (-os, -a, -as)

There are also invariable neuter pronouns: **lo mío (tuyo, suyo, nuestro, vuestro, suyo)**.

Después de la boda, lo mío será tuyo y lo tuyo será mío.	*After the wedding, what is mine will be yours and what is yours will be mine.*

PERSONAL AND OBJECT PRONOUNS

PERSON		DIRECT OBJECT OF VERB		INDIRECT OBJECT OF VERB	
SINGULAR					
1 yo	*I*	me	*me*	me	*to me*
2 tú	*you*	te	*you*	te	*to you*
3 él	*he*	le, lo*; lo	*him; it*		
ella	*she*	la	*her, it*	le (se)	*to him, to her, to you, to it*
usted (Ud.)	*you*	le, lo*; la	*you (m); you (f)*		
PLURAL					
1 nosotros, -as	*we*	nos	*us*	nos	*to us*
2 vosotros, -as	*you*	os	*you*	os	*to you*
3 ellos	*they*	los	*them*		
ellas	*they*	las	*them*	les (se)	*to them, to you*
ustedes (Uds.)	*you*	los; las	*you (m.) you (f.)*		

*The majority of modern writers in Spain prefer **le** in this case **(leísmo)**. The Spanish Academy and the majority of Spanish-American writers prefer **lo** in this case **(loísmo)**.

MORE OBJECT PRONOUNS

OBJECT OF PREPOSITION		REFLEXIVE (DIRECT/INDIRECT OBJECT OF VERB)		REFLEXIVE OBJECT OF PREPOSITION	
(para) mí**	(for) me	me	(to) myself	(para) mí**	(for) myself
(para) ti**	(for) you	te	(to) yourself	(para) ti**	(for) yourself
(para) él	(for) him				
(para) ella	(for) her	se	(to) himself, herself, yourself, itself	(para) sí**	(for) himself, herself, yourself, itself
(para) usted	(for) you				
(para) nosotros, -as	(for) us	nos	(to) ourselves	(para) nosotros, -as	(for) ourselves
(para) vosotros, -as	(for) you	os	(to) yourselves	(para) vosotros -as	(for) yourselves
(para) ellos	(for) them				
(para) ellas	(for) them	se	(to) themselves, yourselves	(para) sí	(for) themselves yourselves
(para) ustedes	(for) you				

After the preposition **con, the pronouns **mí, ti**, and **sí** become **-migo, -tigo**, and **-sigo**.

Position of object pronouns (direct, indirect, reflexive):

1. They precede conjugated verb forms.
2. They follow and are attached to (a) the affirmative command, (b) the infinitive, and (c) the **-ndo** form.
3. If a conjugated verb is combined with an infinitive or **-ndo** form, the pronoun may either precede the conjugated verb form or be attached to the infinitive or **-ndo** form.

I. Regular Verbs

Principal Parts:	INFINITIVE	PRESENT PARTICIPLE*	PAST PARTICIPLE
1st conjugation:	**llamar**	**llamando**	**llamado**
2nd conjugation:	**correr**	**corriendo**	**corrido**
3rd conjugation:	**subir**	**subiendo**	**subido**

PRESENT INDICATIVE
(Infinitive stem + endings)

llamo -as, -a, -amos, -áis, -an
corro -es, -e, -emos, -éis, -en
subo -es, -e, -imos, -ís, -en

PRESENT SUBJUNCTIVE
(Infinitive stem + endings)

llame -es, -e, -emos, -éis, -en
corra -as, -a, -amos, -áis, -an
suba -as, -a, -amos, -áis, -an

*In the following tables the conventional term *present participle* is used to refer to the Spanish **gerundio**.

IMPERFECT INDICATIVE
(Infinitive stem + endings)

llamaba, -abas, -aba, -ábamos, -abais
-aban
corr ⎫
sub ⎭ -ía, -ías, -ía, -íamos, -íais
       -ían

IMPERFECT SUBJUNCTIVE
(Preterite 3 plural. *Drop* **-ron**, *add endings*.)

llama ⎧ -ra, -ras, -ra, ´ramos,
corrie ⎨ -rais, -ran
subie ⎪ -se, -ses, -se, ´semos,
       ⎩ -seis, -sen

PRETERITE
(Infinitive stem + endings)

llamé, -aste, -ó, -amos, -asteis, -aron
corr ⎫
sub ⎭ -í, -iste, -ió, -imos,
       -isteis, -ieron

FUTURE
(Infinitive + endings)

llamar ⎫
correr ⎬ -é, -ás, -á, -emos, -éis, -án
subir ⎭

IMPERATIVE
(Applies also to radical-changing verbs.)
Singular: llama, corre, sube (*This is usually the same as 3rd singular indicative.*)
Plural: llamad, corred, subid (*Change r of infinitive to d.*)

CONDITIONAL
(Infinitive + endings)

llamar ⎫
correr ⎬ -ía, -ías, -ía, -íamos,
subir ⎭ -íais, -ían

PRESENT PERFECT
(*I have called*) he, has, ha, hemos, habéis, han
PAST PERFECT
(*I had called*) había, habías, había, habíamos, habíais, habían
PRETERITE PERFECT
(*I had called*) hube, hubiste, hubo, hubimos, hubisteis, hubieron
FUTURE PERFECT
(*I will have called*) habré, habrás, habrá, habremos, habréis, habrán
CONDITIONAL PERFECT
(*I would have called*) habría, habrías, habría, habríamos, habríais, habrían
PRESENT PERF. SUBJ. haya, hayas, haya, hayamos, hayáis, hayan
PAST PERFECT SUBJ. ⎧ hubiera, hubieras, hubiera,
                    ⎪ hubiéramos, hubierais, hubieran
                    ⎨ hubiese, hubieses, hubiese,
                    ⎩ hubiésemos, hubieseis, hubiesen

Past participle:
+ **llamado, corrido, subido**

II. Radical-Changing Verbs

(Verbs that change the last vowel of stem)

A. FIRST CLASS. All belong to 1st and 2nd conjugations.

RULE: Stem vowel changes **e > ie, o > ue** in 1, 2, 3, singular and 3 plural in:

Present indicative

1st conj.
- **cerrar:** cierro, cierras, cierra, cerramos, cerráis, cierran
- **encontrar:** encuentro, encuentras, encuentra, encontramos, encontráis, encuentran

2nd conj.
- **querer:** quiero, quieres, quiere, queremos, queréis, quieren
- **resolver:** resuelvo, resuelves, resuelve, resolvemos, resolvéis, resuelven

Present subjunctive

1st conj.
- **cerrar:** cierre, cierres, cierre, cerremos, cerréis, cierren
- **encontrar:** encuentre, encuentres, encuentre, encontremos, encontréis, encuentren

2nd conj.
- **querer:** quiera, quieras, quiera, queramos, queráis, quieran
- **resolver:** resuelva, resuelvas, resuelva, resolvamos, resolváis, resuelvan

B. SECOND CLASS. All belong to 3rd conjugation.

RULE: Same changes as 1st class, plus **e** > **i**, **o** > **u** in:

1, 2, plural present subjunctive

mentir: mienta, mientas, mienta, mintamos, mintáis, mientan
morir: muera, mueras, muera, muramos, muráis, mueran

3 singular and plural preterite

mentir: mentí, mentiste, mintió, mentimos, mentisteis, mintieron
morir: morí, moriste, murió, morimos, moristeis, murieron

All persons imperfect subjunctive

mentir:
- mintiera, mintieras, mintiera, mintiéramos, mintierais, mintieran
- mintiese, mintieses, mintiese, mintiésemos, mintieseis, mintiesen

morir:
- muriera, murieras, muriera, muriéramos, murierais, murieran
- muriese, murieses, muriese, muriésemos, murieseis, muriesen

Present Participle

mentir: mintiendo   morir: muriendo

C. THIRD CLASS. All belong to 3rd conjugation.

RULE: Change **e** > **i** in each place where ANY change occurs in 2nd class:

Example: servir

Present indicative: sirvo, sirves, sirve, servimos, servís, sirven
Present subjunctive: sirva, sirvas, sirva, sirvamos, sirváis, sirvan
Preterite: serví, serviste, sirvió, servimos, servisteis, sirvieron

Imperf. subjunctive:
- sirviera, sirvieras, sirviera, sirviéramos, sirvierais, sirvieran/sirviese, sirvieses, sirviese, sirviésemos, sirvieseis, sirviesen

Present participle: sirviendo

Other Irregular Verbs*

Andar (*to walk, go, stroll*)

Preterite	anduve, anduviste, anduvo, anduvimos, anduvisteis, anduvieron
Imp. subj.	anduviera, anduvieras, anduviera, anduviéramos, anduvierais, anduvieran
	anduviese, anduvieses, anduviese, anduviésemos, anduvieseis, anduviesen

Caber (*to fit, to be contained in*)

Pres. ind.	quepo, cabes, cabe, cabemos, cabéis, caben
Pres. subj.	quepa, quepas, quepa, quepamos, quepáis, quepan
Future	cabré, cabrás, cabrá, cabremos, cabréis, cabrán
Conditional	cabría, cabrías, cabría, cabríamos, cabríais, cabrían
Preterite	cupe, cupiste, cupo, cupimos, cupisteis, cupieron
Imp. subj.	cupiera, cupieras, cupiera, cupiéramos, cupierais, cupieran
	cupiese, cupieses, cupiese, cupiésemos, cupieseis, cupiesen

Caer (*to fall*)

Pres. ind.	caigo, caes, cae, caemos, caéis, caen
Pres. subj.	caiga, caigas, caiga, caigamos, caigáis, caigan
Preterite	caí, caíste, cayó, caímos, caísteis, cayeron
Imp. sub.	cayera, cayeras, cayera, cayéramos, cayerais, cayeran
	cayese, cayeses, cayese, cayésemos, cayeseis, cayesen
Pres. part.	cayendo
Past part.	caído

Dar (*to give*)

Pres. ind.	doy, das, da, damos, dais, dan
Pres. subj.	dé, des, dé, demos, deis, den
Preterite	di, diste, dio, dimos, disteis, dieron
Imp. subj.	diera, dieras, diera, diéramos, dierais, dieran
	diese, dieses, diese, diésemos, dieseis, diesen

Decir (*to say, tell*)

Pres. ind.	digo, dices, dice, decimos, decís, dicen
Pres. subj.	diga, digas, diga, digamos, digáis, digan
Future	diré, dirás, dirá, diremos, diréis, dirán
Conditional	diría, dirías, diría, diríamos, diríais, dirían
Preterite	dije, dijiste, dijo, dijimos, dijisteis, dijeron
Imp. subj.	dijera, dijeras, dijera, dijéramos, dijerais, dijeran
	dijese, dijeses, dijese, dijésemos, dijeseis, dijesen
Imperative	di
Pres. part.	diciendo
Past part.	dicho

---

*Only tenses that have irregular forms are given here.

Estar (*to be*)

Pres. ind.	estoy, estás, está, estamos, estáis, están
Pres. subj.	esté, estés, esté, estemos, estéis, estén
Preterite	estuve, estuviste, estuvo, estuvimos, estuvisteis, estuvieron
Imp. subj.	estuviera, estuvieras, estuviera, estuviéramos, estuvierais, estuvieran
	estuviese, estuvieses, estuviese, estuviésemos, estuvieseis, estuviesen

Haber (*to have*)

Pres. ind.	he, has, ha, hemos, habéis, han
Pres. subj.	haya, hayas, haya, hayamos, hayáis, hayan
Future	habré, habrás, habrá, habremos, habréis, habrán
Conditional	habría, habrías, habría, habríamos, habríais, habrían
Preterite	hube, hubiste, hubo, hubimos, hubisteis, hubieron
Imp. subj.	hubiera, hubieras, hubiera, hubiéramos, hubierais, hubieran
	hubiese, hubieses, hubiese, hubiésemos, hubieseis, hubiesen

Hacer (*to make, do*)

Pres. ind.	hago, haces, hace, hacemos, hacéis, hacen
Pres. subj.	haga, hagas, haga, hagamos, hagáis, hagan
Future	haré, harás, hará, haremos, haréis, harán
Conditional	haría, harías, haría, haríamos, haríais, harían
Preterite	hice, hiciste, hizo, hicimos, hicisteis, hicieron
Imp. subj.	hiciera, hicieras, hiciera, hiciéramos, hicierais, hicieran
	hiciese, hicieses, hiciese, hiciésemos, hicieseis, hiciesen
Imperative	haz
Past part.	hecho

Ir (*to go*)

Pres. ind.	voy, vas, va, vamos, vais, van
Pres. subj.	vaya, vayas, vaya, vayamos, vayáis, vayan
Preterite	fui, fuiste, fue, fuimos, fuisteis, fueron
Imp. subj.	fuera, fueras, fuera, fuéramos, fuerais, fueran
	fuese, fueses, fuese, fuésemos, fueseis, fuesen
Imp. indic.	iba, ibas, iba, íbamos, ibais, iban
Imperative	ve
Pres. part.	yendo

Oír (*to hear*)

Pres. ind.	oigo, oyes, oye, oímos, oís, oyen
Pres. subj.	oiga, oigas, oiga, oigamos, oigáis, oigan
Preterite	oí, oíste, oyó, oímos, oísteis, oyeron
Imp. subj.	oyera, oyeras, oyera, oyéramos, oyerais, oyeran
	oyese, oyeses, oyese, oyésemos, oyeseis, oyesen
Pres. part.	oyendo
Past part.	oído

Poder (*to be able, can*)

Pres. ind.	puedo, puedes, puede, podemos, podéis, pueden
Pres. subj.	pueda, puedas, pueda, podamos, podáis, puedan
Future	podré, podrás, podrá, podremos, podréis, podrán
Conditional	podría, podrías, podría, podríamos, podríais, podrían
Preterite	pude, pudiste, pudo, pudimos, pudisteis, pudieron
Imp. subj.	pudiera, pudieras, pudiera, pudiéramos, pudierais, pudieran
	pudiese, pudieses, pudiese, pudiésemos, pudieseis, pudiesen
Pres. part	pudiendo

Poner (*to put*)

Pres. ind.	pongo, pones, pone, ponemos, ponéis, ponen
Pres. subj.	ponga, pongas, ponga, pongamos, pongáis, pongan
Future	pondré, pondrás, pondrá, pondremos, pondréis, pondrán
Conditional	pondría, pondrías, pondría, pondríamos, pondríais, pondrían
Preterite	puse, pusiste, puso, pusimos, pusisteis, pusieron
Imp. subj.	pusiera, pusieras, pusiera, pusiéramos, pusierais, pusieran
	pusiese, pusieses, pusiese, pusiésemos, pusieseis, pusiesen
Imperative	pon
Past part.	puesto

Querer (*to want, love*)

Pres. ind.	quiero, quieres, quiere, queremos, queréis, quieren
Pres. subj.	quiera, quieras, quiera, queramos, queráis, quieran
Future	querré, querrás, querrá, querremos, querréis, querrán
Conditional	querría, querrías, querría, querríamos, querríais, querrían
Preterite	quise, quisiste, quiso, quisimos, quisisteis, quisieron
Imp. subj.	quisiera, quisieras, quisiera, quisiéramos, quisierais, quisieran
	quisiese, quisieses, quiesiese, quisésemos, quisieseis, quisiesen
Imperative	quiere

Saber (*to know*)

Pres. ind.	sé, sabes, sabe, sabemos, sabéis, saben
Pres. subj.	sepa, sepas, sepa, sepamos, sepáis, sepan
Future	sabré, sabrás, sabrá, sabremos, sabréis, sabrán
Conditional	sabría, sabrías, sabría, sabríamos, sabríais, sabrían
Preterite	supe, supiste, supo, supimos, supisteis, supieron
Imp. subj.	supiera, supieras, supiera, supiéramos, supierais, supieran
	supiese, supieses, supiese, supiésemos, supieseis, supiesen

Salir (*to leave, to go out*)

Pres. ind.	salgo, sales, sale, salimos, salís, salen
Pres. subj.	salga, salgas, salga, salgamos, salgáis, salgan
Future	saldré, saldrás, saldrá, saldremos, saldréis, saldrán
Conditional	saldría, saldrías, saldría, saldríamos, saldríais, saldrían
Imperative	sal

Ser (*to be*)

Pres. ind.	soy, eres, es, somos, sois, son
Imp. ind.	era, eras, era, éramos, erais, eran

Pres. subj.	sea, seas, sea, seamos, seáis, sean
Preterite	fui, fuiste, fue, fuimos, fuisteis, fueron
Imp. subj.	fuera, fueras, fuera, fuéramos, fuerais, fueran
	fuese, fueses, fuese, fuésemos, fueseis, fuesen
Imperative	sé

Tener (*to have, possess*)

Pres. ind.	tengo, tienes, tiene, tenemos, tenéis, tienen
Pres. subj.	tenga, tengas, tenga, tengamos, tengáis, tengan
Future	tendré, tendrás, tendrá, tendremos, tendréis, tendrán
Conditional	tendría, tendrías, tendría, tendríamos, tendríais, tendrían
Preterite	tuve, tuviste, tuvo, tuvimos, tuvisteis, tuvieron
Imp. subj.	tuviera, tuvieras, tuviera, tuviéramos, tuvierais, tuvieran
	tuviese, tuvieses, tuviese, tuviésemos, tuvieseis, tuviesen
Imperative	ten

Traer (*to bring*)

Pres. ind.	traigo, traes, trae, traemos, traéis, traen
Pres. subj.	traiga, traigas, traiga, traigamos, traigáis, traigan
Preterite	traje, trajiste, trajo, trajimos, trajisteis, trajeron
Imp. subj.	trajera, trajeras, trajera, trajéramos, trajerais, trajeran
	trajese, trajeses, trajese, trajésemos, trajeseis, trajesen
Pres. part.	trayendo
Past part.	traído

Valer (*to be worth*)

Pres. ind.	valgo, vales, vale, valemos, valéis, valen
Pres. subj.	valga, valgas, valga, valgamos, valgáis, valgan
Future	valdré, valdrás, valdrá, valdremos, valdréis, valdrán
Conditional	valdría, valdrías, valdría, valdríamos, valdríais, valdrían

Venir (*to come*)

Pres. ind.	vengo, vienes, viene, venimos, venís, vienen
Pres. subj.	venga, vengas, venga, vengamos, vengáis, vengan
Future	vendré, vendrás, vendrá, vendremos, vendréis, vendrán
Conditional	vendría, vendrías, vendría, vendríamos, vendríais, vendrían
Preterite	vine, viniste, vino, vinimos, vinisteis, vinieron
Imp. subj.	viniera, vinieras, viniera, viniéramos, vinerais, vinieran
	viniese, vinieses, viniese, viniésemos, vinieseis, viniesen
Imperative	ven
Pres. part.	viniendo

Ver (*to see*)

Pres. ind.	veo, ves, ve, vemos, veis, ven
Pres. subj.	vea, veas, vea, veamos, veáis, vean
Preterite	vi, viste, vio, vimos, visteis, vieron
Imp. ind.	veía, veías, veía, veíamos, veíais, veían
Past part.	visto

GLOSSARY

As an aid to students, the definitions herein are geared to specific contexts found in this book. The following classes of words have been omitted from this glossary:

a. recognizable cognates of familiar English words when the meaning is the same in the two languages.

b. articles; personal pronouns; demonstrative and possessive pronouns and adjectives.

c. numbers; names of the months and days of the week and other basic vocabulary.

d. adverbs ending in **-mente** when the corresponding adjective is included.

e. verb forms other than the infinitive, except past participles with special meanings when used as adjectives.

f. words found only in certain exercises involving the use of written accents.

Noun gender is not indicated for masculine nouns ending in **-o** and feminine nouns ending in **-a**.

Adjectives are given in the masculine form only.

Likewise, masculine nouns that have regular feminine forms (**o/a, ón/ona, or/ora**) are given in the masculine form only.

The following abbreviations are used:

adj	adjective		*myth*	mythology
adv	adverb		*n*	noun
anat	anatomy		*past part*	past participle
Arg	Argentina		*pl*	plural
conj	conjunction		*poss*	possessive
def art	definite article		*prep*	preposition
f	feminine		*pres*	present
fig	figuratively		*pret*	preterite
imp	imperfect		*pron*	pronoun
ind	indicative		*s*	singular
inf	infinitive		*S.A.*	Spanish America
irr	irregular		*subj*	subject
m	masculine		*subjunc*	subjunctive
Mex	Mexico		*v*	verb
mf	masculine and feminine			
	< derived from			

STRATEGY: If you are seeking the meaning of a word group, look under the key word, which in most cases will be a verb if one is present; otherwise, a noun will usually be the key word.

A

a + *def art* + *period of time* after + *period of time*

abandono abandonment

abdicar to give up

abollado dented

abrasado hot

abrasador burning

abrigo shelter; **al abrigo de** in the shelter of; **ropa de abrigo** heavy (warm) clothing

abrumador crushing, exhausting, overwhelming

abuchear to boo

abultamiento swelling

aburguesado middle-class

aburridero boredom

acallar to silence

acariciar to caress

acaso perhaps

accionista *mf* stockholder, shareholder

acelerar to hasten, speed up

acepción *f* meaning

acera sidewalk

acercar to bring close; **acercarse a** to approach

acero steel

acertado a good idea

acertar a to succeed in

achacoso ailing

achaque *m* ailment

acierto good idea

acodarse to lean one's elbows

acojinado padded

acolchado quilted, padded

acólito altar boy

acometer to attack

acondicionado: mal acondicionado in bad condition

acontecido: lo acontecido what happened

acontecimiento (important) event

acorazonado heart-shaped

acorralar to corner

acortarse to become shorter

acosar to hound, harass

acostado lying

acotación *f* stage direction

acreditar to prove, give evidence of

acribillar de to cover with

activo *n* budget

acto: en el acto at once

actuación *f* action; performance; behavior

actual present, current

acudir to come

acuerdo: de acuerdo in agreement

acurrucarse to huddle

acusador accusing

acuse *m* **de recibo** acknowledgment

adelantado: por adelantado in advance

adelante: más adelante farther, further

adelgazado stretched thin

adelgazar to grow thin

ademán *m* gesture

además in addition, besides

adepto follower, fan

adivinar to guess

adivino fortune-teller

adjunto *adj* enclosed

adormecerse to nod off

adorno trimming

adosado a leaning against

aduana customs

aducir to argue

adulador flattering

adulón fawning, cringing

advertencia warning

advertir (ie) to warn; point out; to observe

afán *m* desire; eagerness

afeitarse to shave

aficionado: ser aficionado a to be fond of

afirmar to place firmly

afligido aching

agachado crouching; stooped, bent over

agacharse to bend over

agarrar to grab; **agarrarse de** to seize

agobiar a burlas to overwhelm with mockery

agotado exhausted

agotador exhausting

agradable pleasing

agradecimiento gratitude

agravarse to grow worse

agredir to assault, attack

agregar to add

aguamanil *m* washstand

aguantador patient, capable of enduring

aguantarse to restrain oneself

aguardar to wait for

agudo sharp

águila eagle

aguileño sharp-featured

ahogar to choke; to drown

ahuyentar to drive away, chase off

airado angry

aislado isolated

ajeno of another, of others

ajuste *m* adjustment

alabastrino alabastrine, alabaster

alacrán *m* scorpion

alargar to extend

albañil *mf* bricklayer, mason

albo white

alboroto excitement; commotion; noise

alcalde *m* mayor

alcance: de largo alcance long-range

alcanzar to reach, overtake; to get; to attain; to manage

aldea village

alejamiento aloofness

alentador encouraging

alfarero potter

alfombra rug

alfonsino Alphonsine

algo *adv* somewhat

algodón *m* cotton

aliento breath

alimentarse to eat, consume

aliviado relieved

aliviar to relieve

allá + *subj pro* that's + *poss* + *pro* + business

allí: de allí en adelante from then on

almacén *m* department store; warehouse

almacenista *mf* warehouse owner, wholesale grocer

almendra almond

almohada pillow

alojamiento lodging

alquilar to rent

alquiler *m* rent

alrededor de around; **a su alrededor** around one; **alrededores** *m pl* vicinity

altavoz *m* loudspeaker

alterado agitated

altitud *f* height; altitude

altivez *f* arrogance

altura height; altitude; **quedar a la altura de** to be equal to

alumbrado lighting

alumbrar to light

alzar to raise

amanecer to dawn; *n m* dawn

amargo bitter

amarillento yellowish; pale, sallow

amarillo yellow

ambientación sonora sound effects

ambiente *m* environment

amenazar threat

amenazante threatening

amenazar to threaten

amenguar to diminish

amigacho buddy

amo master, owner

amoroso loving

amoscadillo a little embarrassed

anaranjado orange (-colored)

andanzas adventures; activities

andar to rummage, poke around; **andar en su onda** to do one's own thing

andino Andean

anegarse en to be flooded with

anexo enclosure

angosto narrow

anilla ring

anillo ring

animar to enliven, give life to; to encourage, urge

ánimo intention; will

ante *prep* faced with

anteojos glasses

antepasado forefather, ancestor

anteponer to place before

anticuario antiquarian; antique dealer

antojadizo impulsive, unpredictable

antojársele a uno to seem like to one

apagado muffled; burnt-out

apagarse to turn off

apagón *m* blackout

aparecido *n* ghost; apparition

aparejado along with it

aparentar to look, appear

aparición *f* apparition

apartado section; post office box

apartar to withdraw; **apartarse de** to separate from

aparte de aside from, besides; **aparte de que** aside from the fact that

apedrear to stone, throw rocks at

apenado sad

apenas scarcely, hardly

apiñarse to crowd together

aplacar to satisfy

aplastado flattened, squashed

aplastante overwhelming, crushing

aplastar to crush, squash

aplazar to delay, put off

aplicación *f* use; implementation; diligence

apodar to nickname

apoderarse to seize, take hold of

apología defense; eulogy

aporte *m* contribution

apoyar(se) to lean

apoyo *m* support

apreciarse to be visible

aprecio esteem

apresuradamente hurriedly

apresurarse to hasten

apretar to squeeze, clasp

aprobado passing grade

aprovechar to take advantage of

apuntador *m* prompter

apuntar to jot down; to aim; to appear

apunte *m* note

apuñalar to stab

apurarse to worry

apuro problem, difficulty

aquelarre *m* witches' sabbath (gathering)

arañazo scratch

árbitro umpire, referee

arbusto shrub, plant, bush

archivo file cabinet

arco iris rainbow

arder to burn

ardid *m* trick, wile

ardilla squirrel

arete *m* earring

argénteo silver

argumento topic; plot

armar to set up, prepare; **armar escándalo** to make a lot of noise

armario closet

arqueado bowed, curved

arrancar to draw from; to tear out; to start

arrasar to level, raze, demolish

arrastrar(se) to drag; to lead, pull; to bring with it; to possess

arrastre *m* rasping

arrebatar to snatch, grab

arremolinado turbulent, swirling

arrepentirse (ie) to regret, be sorry

arriba: de arriba abajo up and down

arriesgado risky, daring

arriesgar to risk

arrimarse a to join; to cultivate; to get close to

arrinconado cornered

arrodillado kneeling

arrodillarse to kneel

arrogante imposing

arrojar to throw

arrollador overwhelming, devastating

arrollar to roll up, coil; to roll over; to run over

arroyo stream

arruga wrinkle

arrugado wrinkled

artesanalmente skillfully

artesanía craftsmanship; handicraft

asaltante *mf* robber

asaltar to break into, raid, hold up

ascender (ie) to promote

ascenso rise, increase; promotion

asediar to besiege

asegurar to insure; to secure

asemejarse a to be similar to

asentir (ie) to agree

asesino murderer

asfixiante asphyxiating, suffocating

así como just as

asiento seat

asilo orphanage

asimilar to understand

asistencia attendance

asistentes *m pl* those present

asomar(se) to appear

asombrar to astonish, impress; **asombrarse** to be amazed

asombro astonishment

asombroso amazing

aspecto look(s); appearance

áspero rough

aspirante *mf* contender

asumir to take on (e.g., a responsibility)

asustar to frighten (off)

atajar to interrupt

atardecer *m* nightfall

ataúd *m* coffin

atender (ie) to pay attention to

atentado attack, assault

atestado packed, cram-full

atinado wise, sensible

atracador *m* hold-up man

atracar to hold up; to dock

atractivo *n* appeal, charm, attractiveness

atravesar (ie) to cross (over)

atril *m* lectern

atropellar to run over

audaz bold

audífono earphone

auditivo hearing

aula classroom

aullido howl(ing)

aumentar to increase

aún still; **aun** even

auxilio help, aid

avariento greedy

ave rapaz bird of prey

avecinarse to come, approach

avergonzar to make one ashamed

averiado damaged

averiguar to find out

avisar to inform; to warn

aviso (*S.A.*) newspaper ad

avispa wasp

ayuntamiento municipal government

azabache *m* jet

azahar *m* orange blossom

B

badana dressed sheepskin

bajar to take down, take out; **bajarse** to bend over

balazo (<**bala**) shot; bullet wound

balbucear to stammer

balde: de balde (for) free

banda de sonido sound track

bandeja tray

banqueta (*Mex*) sidewalk

baratija trinket

barba beard

barbaridad *f* nonsense; awful thing

barquinazo bump; jolt

barrera barrier

barrio neighborhood, district

barro mud

bastar to be sufficient

bastón *m* cane

bata dressing gown; robe; housecoat

batazo (<**bate**) blow with a bat

beca scholarship

belleza beauty

berenjena eggplant

bicho bug; creature

bien entrada la noche well after nightfall

bienestar *m* well-being

bienhechor *m* benefactor

bigote *m* mustache

billar *m* billiards

billetera wallet

bisabuela great-grandmother

bisabuelo great-grandfather

blancura whiteness

blando soft

blandura softness

blanduzco softish

boca de riego hydrant, fireplug

bofetada slap in the face

bofetón *m* slap

bolígrafo ballpoint pen

bolita small ball

bolsa bag, purse

bolsillo con cierre zippered pocket

bombero fireman, firefighter

bombones *m pl* candy

borbollones: en borbollones bubbling, boiling

bordar to embroider

borde *m* edge

borracho drunk

borrador *m* rough draft

borrar to erase

borrica: trabajar como borricas to work "like crazy"

bosque *m* forest, woods

bota boot

bote *m* small boat; **bote de paseo** rowboat

botica pharmacy

boticario pharmacist

botín *m* booty

bóveda vault

bozo down (on upper lip)

bracero farm worker

bribón *m* rogue, rascal

brillante shining

brillo brightness; sparkle

brindar to toast

broche snap closure

bronceado tan

bruces: de bruces facedown

bruja witch

bruto *m* beast

bufanda scarf

bufar to groan

bufete *m* lawyer's office

bullicio noise; bustle

burla taunt; joke; mockery

burlar to evade
burlarse to joke
butaca armchair; seat, chair
buzón *m* mailbox

C

caballo: a caballo con on top of
cabecera bedside
cabestrillo: en cabestrillo in a sling
cabezazo (<**cabeza**) butt, blow with the head
cabo: al cabo de at the end of
cacería hunt
cachetada (<**cachete**) slap
caduco decrepit
caer de bruces to fall on one's face
caer de plano to strike with the back of the blade
caer en la cuenta to realize
café *adj* brown
caída fall, falling
cajamarquino from Cajamarca, Peru
cajero cashier; (bank) teller
calabazas: florecerle las calabazas to be jilted
calavera *f* skull; *m* rake, rogue
calco semántico false cognate
caldear to increase
calenturiento feverish
calificar to describe
callado quiet, taciturn
callejero of or in the street
callejón *m* alleyway, passage
calmante *m* painkiller; tranquilizer
calva *f* baldness, bald head
calvete bald
calvicie *f* baldness
calvo bald
camarero waiter
cambiante changing
cambio de miradas exchange of glances; **a cambio de** in return for; **en cambio** on the other hand
caminante *mf* walker
camino de on the way to
camionero truck driver
camiseta T-shirt
campear to be seen

campechanamente in a cheerful way
cargado de laden with, filled with; **cargado de espaldas** round-shouldered, having a stoop
cargar to pester; to load up with; **cargar con** to bear the blame for
cargo position, job; **a cargo de** in the hands of; **persona a cargo** person in one's care
cariño affection
cariñoso affectionate
carne *f* flesh
carnicero butcher
carrera: hacer carrera to get ahead
carretera highway
carta letter
cartel *m* poster; sign
cartera purse; wallet
cascabel *m* bell; rattle
casco helmet
casera *n* landlady, owner
casero *adj* in the home, domestic
castaño chestnut-colored, brown
Castellana: la Castellana important avenue in Madrid
castigo punishment
catarro cold
catedrático professor
caudaloso large-flowing
cavar to dig
caviloso thoughtful
cazador *m* hunter
ceder to break, give away
cegador blinding
cegar (ie) to blind
celos *m pl* jealousy
cenicero ashtray
ceniciento ashen, ash-colored
ceniza apagada burnt-out ash
centenar *m* hundred
cercano nearby; close
cerciorarse to assure oneself
cerco: poner cerco a to lay siege to
cerdoso bristly, stubbly
cerrajero locksmith
cesto basket
charco puddle

charla conversation
charlador *n* talker
charolado polished, shiny
chicharra cicada
chifladura craziness
chillar to yell, scream, squeal
chinche *f* bedbug
chirimbolo thingamajig
chirriar to screech
chisme *m* gossip
chismoso *n* gossip(er); *adj* gossiping
chispa spark
chispear to throw off sparks
chiste *m* joke; cartoon
chistoso amusing, funny
chocante shocking
chocar to hit, collide, bump
choclo (*S.A.*) corn cob
choque *m* shock; collision
chorizo sausage; petty thief
chorro stream
chubasco shower
chupar to suck
Cía (compañía) company
científico *n* scientist
cigüeñal *m* crankshaft
cima top, peak
cínico *adj* brazen, shameless
cinturón *m* belt
circundante surrounding
cirujano surgeon
cita appointment; engagement
citar to cite, quote; **citar (a alguien)** to make an appointment with
ciudadano citizen
clamar to cry out; to protest
claro *n m* opening, uncovered area; *adj* bright, well-lit; light-colored; *adv* of course
claudicar to give in
clavar to bury; to nail
clave *f* key
clavel *m* carnation
clubman wealthy man who enjoys club life
cobrador *m* conductor
cobrar to gain; to take on; to charge, get paid
cobrizo coppery
cocina cuisine; kitchen
coco boogeyman

codazo (<**codo**) poke, jab, nudge (with one's elbow)

codo elbow

cogote *m* nape of the neck

cojear to limp

cola line

colegiala schoolgirl

colegio primary or secondary school; association

colérico angry

colmillo eyetooth; fang

columbrar to be able to see

comandar to lead

comercio business establishment, store

comestibles *m pl* food, groceries

comilla quotation mark

comilón food-loving, fond of eating

comisaría de policía police station

comisionista *mf* one who works on a commission basis

comitiva retinue, party

cómo no yes, of course

cómoda bureau; chest of drawers

comodín all-purpose, useful but vague

compadre *m* friend, pal

compartir to share

complacido pleased, satisfied

componerse de to consist of

comportamiento conduct, behavior

comportarse to behave

compra purchase

compraventa sale

comprensivo understanding

comprimir to press down on

comprobar to verify

comprometerse con to become engaged to

comprometido engaged (to be married); compromised, involved in an awkward situation

compromiso promise; obligation; engagement

computista *mf* computer operator

conceder to grant

concejal councilman

concepto concept; opinion

concertar (ie) to agree upon

conciencia awareness

conciliar el sueño to get to sleep

condecorar to honor with a medal

condena sentence

conferenciante *mf* lecturer

conferencista *mf* lecturer

confiado trusting

confiar en to confide in, trust

confidencia secret

confitería cake shop

confitero confectioner, candymaker

conformarse con to agree with; to accept; to resign oneself to

conforme *adj* in agreement; *conj* as

congeniar to get along (with)

congestionado flushed

conjunto whole; ensemble

conmovedor moving

conocido well-known

conque so

conseguir (i) to get, obtain; to succeed in

consejo piece of advice

consiguiente: por consiguiente consequently

constar de to be composed of

consulta physician's office

consumirse to waste away

consumista *mf* consumer, consumerist

contabilidad *f* accounting

contactarse con to learn about

contado: al contado for cash

contador accountant

contar (ue) **con** to count on; to have; to include

contemplar to look at; to include

contera: por contera finally

contertulio fellow member (of gathering)

contiguo next

continente *m* countenance

continuación: a continuación below, following

contrario: de lo contrario otherwise

contrarrestar to counteract

contratar to hire

conveniente appropriate

convenir to be good for; to suit

convivencia living together

convivir to coexist; to spend time with

cónyuge *mf* spouse

copa top (of tree); goblet; glass; **Copa** winner's cup, trophy

copiador copying

cordón *m* ribbon; military insignia

cordura wisdom

cornada (<**cuerno**) butt; goring; thrust (with horns)

coro: hacerle coro to echo

correa strap

correazo (<**correa**) blow with a strap; strapping

corredor de bolsa stockbroker

corrido passed

corriente running

cortador *m* cutter; producer

corte *m* section; cut

cortejar to court

cortejo bridal party

cosa: no ser cosa de + *inf* not to be a good idea to

coscorrón *m* bump; lump

cosecha harvest

costado side

costumbre *f* custom; **de costumbre** usually

cotidiano everyday, daily

creciente growing

credulidad *f* belief, acceptance

crepuscular twilight

creyón de labios *m* lipstick

criar to raise

criatura child

cristal *m* crystal

cristalino crystalline; clear

cristiano person, human being

criticón faultfinding, overcritical

crucigrama *m* crossword puzzle

cuadra block

cuadrado square

cuadrante: a todo cuadrante total

cual like, as

cuando: de cuando en cuando from time to time

cuanto *adj* all the; *pron* all that, everything that; **en cuanto** as soon as; **en cuanto a** with regard to

cuasi almost

cubierto *n* place setting, cutlery

cuchillada (<cuchillo) slash; knife wound

cuenca basin

cuenta: caer en la cuenta to realize

cuentista *mf* short-story writer

cuentística short-story writing

cuerdo sane

cuesta slope, hill; **cuesta arriba** uphill

cuestión *f* issue; problem

culata butt (of gun)

culatazo (<culata) blow with butt of gun; kick, recoil

culebra snake

culpa: tener la culpa to be at fault

culpar de to blame for, accuse of

culto *n* religion; cult; *adj* educated; **rendir culto** to worship

cumplimiento fulfillment

cumplir + *no. of years* to reach + *no. of years* (of age); **cumplir con** to do, perform, carry out

cuna cradle

cuneta curb; ditch

cuñada sister-in-law

cuñado brother-in-law

cura *m* priest

cursi in bad taste, unstylish

cursiva: en cursiva in italics

cúspide *f* peak

D

daga dagger

damajuana jug, demijohn

dantesco Dantesque

dañino harmful

dar: dar a to open onto; **dar fruto** to bear fruit; **dar media vuelta** to turn around; **dar voces** to scream; **dar la talla** to fit the bill, to be fitting; **darle a**

uno rabia to infuriate; **darle la vuelta** to go around, to change; **no darse por aludido** to pretend not to hear; **dale con** always

deber *n m* duty

debilidad *f* weakness

debilitar to weaken

decaer to decline

decano dean

decenario ten-year-old

decepcionarse to be discouraged, disappointed

decidido firm, strong-willed

decisivo overriding (e.g., consideration)

declaración de impuestos *f* tax form

decorado décor, (theater) set

dedicarse to devote oneself

dejar de to stop, cease

delantero *adj* front

delgadez *f* thinness

delicioso delightful

delito crime

demás other; **por lo demás** otherwise

demora delay

demudado changed

demudarse to change expression

dentellada (>diente) bite; tooth mark

denuncia complaint

departamento apartment

dependiente *mf* salesperson, salesclerk

deporte *m* sport

depresivo depressing

deprimido depressed

derechas: de derechas right-wing

derecho straight, erect

deriva: a la deriva adrift

derivar to drift

derramar to spill

derrocar to overthrow

derrota defeat

desabotonar to unbutton

desabrido tasteless, flat

desacostumbrado unusual

desafiar to challenge

desafío challenge

desagradable unpleasant

desagraviar to apologize; to indemnify

desairar to offend

desalentador discouraging

desalentar (ie) to discourage

desanillarse to uncoil

desanimar to discourage; to depress

desapacible unpleasant

desapercibido unnoticed

desarmar to take apart, dismantle

desarrollar to develop; to perform

desasirse to free oneself

desatar to unite

desbordarse to overflow

descabellado wild, crazy

descalzar to remove someone's shoes

descargar to inflict; to discharge; to unload, throw, smash

descarrilar to derail

descolgar to take down

descollar (ue) to be outstanding, stand out

descolorido pale

descompuesto distorted, twisted

desconfianza distrust

descongelar to defrost

desconsiderado inconsiderate

descoser to unstitch; to rip

descubierto uncovered

descuidar to neglect

descuido negligence

desdicha misfortune

desembarazado clear

desempaquetar to unpack, unwrap

desempeñarse to hold (a job), work

desencantar to disenchant

desenchufar to unplug

desenganchar to unhook

desengañar to disillusion

desenlace *m* ending; outcome

desenterrar to disinter, dig up

desenvolver to develop

desfilar to file by

desgarrado brazen

desgarrador piercing

desgracia misfortune

desgraciadamente unfortunately

desgraciado *n* wretch; *adj* unhappy

desgreñado dishevelled

deshacer to take apart, destroy; **deshacerse de** to get rid of; to break up; to come apart

deshielo thaw

deshojar to remove, pull off

deshonrar to dishonor, disgrace

deslizarse to slip; to slip along

deslumbrante dazzling

desmoronado collapsed, fallen down

desorbitado bulging

despacho office

despectivo pejorative, disparaging

despedir (i) to fire; **despedirse de** to say goodbye to

despegar to open; to separate

despenalizar to decriminalize

despertador alarm clock

desplegar to use

despojar to rob

desposanda bride

desposorio wedding

desprecio disdain; snub

desprendible detachable

desprovisto de lacking in; without

desquite *m* compensation

destacado outstanding

destacarse to stand out

destapar to open, uncork

desteñir (i) to fade

destinatario addressee; recipient

destituido removed (from office)

destornillar to unscrew

destreza skill; cleverness

desventura misfortune

detal: al detal retail

detallismo attention to detail

detenimiento care, thoroughness

determinado given; certain

determinante determining

devocionario prayer book

devolución *f* return

día: al otro día on the following day; **día de mañana** in the near future

dialéctico rational, logical

diario *adj* daily; *n* newspaper; diary

dibujante *mf* draftsman; designer

dicha happiness

dichoso happy

diferenciarse to differ

dificultosamente slowly

difunto dead

dígito *fig* tine, prong

dignamente with dignity

digno worthy

dineral *m* a lot of money

dirección *f* address; position of manager

dirigente *mf* leader

dirigirse a to address

disculpar to forgive, pardon; **disculpe** I'm sorry

discusión *f* argument; discussion

discutir to discuss; to argue

disfrazado disguised; dressed

disfrazar to disguise, change

disfrutar de to enjoy

disfrute *m* enjoyment

disgustado at odds

disgustar to dislike

disimulado disguised

disimular to hide

dislocar to dislocate

disminuir to decrease

dispense I'm sorry, Pardon me

disponer de to possess; **disponga de mí** I'm at your service; **disponerse a** to prepare to

dispuesto a willing to

divisar to make out, see

doblaje *m* dubbing

doblar to dub

dolorido aching

domador *n* trainer; tamer

dominio mastery; **dominio de sí** self-control

domo dome, cupula

don *m* gift

dorado gilt, golden

dormilón *n* sleepyhead; *adj* fond of sleeping

dormitar to doze, nap

dormitorio bedroom

dudar to doubt; to hesitate

dulce *n m* pastry

dulcería cake shop

duradero lasting

dureza harshness; **con dureza** harshly

durmiente sleeping

E

ebanista *mf* cabinetmaker

ebrio drunk

echar(se) a to begin to; to set out; **echarse** to lie down; **echarse a un lado** to pull over to the side; **echar de menos** to miss; **echar una carta** to mail a letter

edificar to build

editorial *m* editorial (article); *f* publisher

efectivo *adj* real; **en efectivo** in cash

efecto: a tal efecto to this end; **en efecto** in fact, in reality

efusivo gushing

ejecutoria patent of nobility

ejemplificar to exemplify, illustrate

elaborar to prepare, make; to elaborate, develop

elegir (i, i) to select

eludir to avoid

embalsamar to embalm

embarcación *f* vessel

embarrar to muddy

emitir to broadcast, present

emocionado deeply moved

emocionar to touch, move; to stir

empapado soaked

empapar to soak, drench

empapelar to paper

empaque *m* look, appearance

empedernido confirmed, hard-core

empedrado cobblestoned

empeñado en determined to

empeñarse en to insist on

empeño undertaking; insistence; effort; aim, goal

empeorar to make worse

empero nevertheless

empezar (ie) por cero to begin over again

emporio trading center

empotrado set

emprender to undertake

empresa company, concern, firm; undertaking

empresario manager

empujar to push

empuñar to grasp

enamorar to woo, court

encajar to fit

encaje *m* lace

encajonar to box in

encandilado dazzled

encanecer to get (turn) white

encargarse de to undertake to

encarnar to play (perform as)

encender (ie) to turn on

encendido fiery

encerrar (ie) to enclose; to involve; to shut oneself in

encogimiento shrug

encontrado opposing

encuadernado bound

encuentro encounter; maneuver

enderezar to raise

endomingado all dressed up

enemistad *f* enmity

energúmeno madman; wild man

enfadado angry

enfermizo sickly

enfocar to focus on

enfoque *m* focus

enfrentarse to confront each other

enfrente: de enfrente across the street

engallado haughty

engañar to deceive

engañoso deceitful; deceptive

engrosar to grow larger

enguirnaldado garlanded

engullir to swallow

enhorabuena if you like

enjoyar to bejewel

enlace *m* engagement

enlazar to hold

enloquecedor maddening

enojoso annoying

enredador trouble-making

enriquecer to enrich

ensamblar to assemble

ensayar to try

enseñar to show

ensordecedor deafening

entablar to enter into

entender de to know all about

enterarse to find out

entereza integrity; honesty

enterrar (ie) to bury

entidad *f* entity; company

entierro burial

entonar to sing

entrante next

entre + *adj* y *adj* half + *adj* and half + *adj*

entreabierto half-open

entreabrir to open

entrecerrado half-closed

entrechocarse to collide, clash

entregar to deliver; **entregarse a** to indulge in

entrenado trained

entre sí each other

entretanto meanwhile

entrometido meddling

enumerar to list

envejecer to grow old

envenenamiento poisoning

envenenar to poison

envidioso envious

envoltorio package

envuelto involved; wrapped

epistolar epistolary (in letter form)

equipaje *m* baggage, bags

equipo team

equitación *f* (horseback) riding

equivocarse to be mistaken, err

erguido of erect bearing

erguirse to rise

erizarse to stand on end

errante wandering

errar to err

escabullirse to escape

escalada: en escalada on the increase, escalating

escalofrío chill

escalón *m* step

escándalo racket

escaso scant

escenificar to stage

escombros *m pl* rubbish; debris

esconder to hide

escopeta shotgun

escritura writing; deed, document

escudo coat-of-arms, escutcheon

escudriñar to scan

escuincle *m* (*Mex*) child, kid

esforzarse (ue) por to strive to

esgrima fencing

esmalte *m* polish; enamel

esmero care

espantar to chase away; to frighten

espanto fear

esparadrapo surgical tape

especie *f* kind

específicativo restrictive

espejo mirror

espeluznado with hair standing on end

espeso thick, dense

espesura thickness

espiral *m* coil

esposo creyente y practicante good, solid spouse

espumoso sparkling (e.g., wine)

esquina corner (outside)

esquivar to avoid

estacionamiento parking (area)

estadía stay

estado anímico mood

estante *m* shelf

estantería shelves; bookcase

éste (ésta, éstos, éstas) the latter

estéril useless, futile

estertor *m* death rattle, mortal cry

esteta *mf* aesthete

estimar to think

estimulante stimulating

estirar to stretch, extend

esto: en esto at this point

estornudar to sneeze; to spit out

estrado platform; podium

estrecho narrow

estremecedor alarming; shattering

estremecimiento shudder

estruendo noise, din

estupefacto astonished

estupidez *f* stupidity; stupid thing

etapa stage

etarra *mf* member of the ETA, acronym of Euskadi Ta Askatasuna (Basque Country and Liberty), a group fighting for the independence of the Basque Country

evadir to escape; to evade

evitar to avoid

examinarse to take a test

exceptuado exempt

exclusividad *f* sole agency

exhalación: como una exhalación very rapidly

exigente demanding

exigir (j) to demand

existente existing

éxito success

expedir (i, i) to issue

explicarse to understand

explorador scout

exponer to expose, show

expositivo expository

expresividad *f* expressiveness

extrañar to surprise; to miss

F

fabricante *mf* manufacturer

facciones *f pl* features

facha appearance

fachada facade, front

facultad *f* school/college of a university

falda slope; skirt

fallecer to die

faltar to lack, be without

familiar *mf* relative

fango mud

fangoso muddy

farmacéutico pharmacist

faro light (of car)

fatigoso tiring; tiresome

faz *f* face

febril feverish

felicitar to congratulate

felpa plush

ferretero hardware dealer

festivo joyous

ficha personal record, questionnaire

fidelísimo very faithful

fiera (wild) beast

figurado figurative

figurar to appear; **figurarse** to imagine

fijarse en to notice

fijeza firmness

fijo fixed

fila row; line

filigrana filigree

fin: al fin y al cabo after all; **en fin** finally

finca farm; ranch; country house

fingido fake

fingir to pretend

fino refined

finura politeness; refinement

firmeza firmness

fiscal *mf* district attorney

fisgón nosy

flaco skinny

flamante brand-new

flaquear to fail

florero vase

flotante floating

foco light bulb

folletín *m* serial

folleto brochure

fondear to drop anchor

fondo bottom; depth; **al fondo de una aldea** at the far end of a village

forastero stranger, outsider

formal serious; reliable

formulario form; application

forrado lined; covered

forro lining

fortalecer to strengthen

fortaleza fortress; strength

fracasar to fail

fracaso failure

franquismo the era of General Francisco Franco (1936–1975)

frasco jar

fregadero sink

fregar (ie) to wash, clean

frenar to stop

freno brake

frente *f* forehead; **con erguida frente** with head held high; **frente a frente** face to face; **al frente** at the head, in charge; **de frente** face to face, in the eye; **frente a** with regard to, in view of; in front of

fresco fresh, young

frescura freshness

frotado rubbed

frotar to rub

fuera de outside, outside of

fuerte *n m* strong point

fuerza strength

fugaz fleeting, brief

fulgurante burning

fulgurar to blaze

funcionario official

fundador *n* founder

fundirse to merge, blend

fúnebremente gloomily

funesto disastrous; terrible

furioso raging

furtivo sly

fútbol *m* soccer

G

gafas eyeglasses

galán *m* hero, protagonist

galería gallery

galleta cracker; **galletita** cookie, cracker

gana: de buena gana willingly; **de mala gana** reluctantly

ganado (vacuno) cattle

ganador winner

ganar to arrive first

garganta throat

gas *m* carbonation

gastos *m pl* expenses

gatera pet door

gazapo (young) rabbit; error

gemelo twin

gemido moan

genio genie; genius; **de mal genio** in a bad temper, mood

genitivo genitive (possessive case)

gentil graceful; courteous

gentileza charm; courtesy

gentuza trash, riffraff

gerente *mf* manager

gestión *f* effort, action

gesto gesture

girar to spin

giro *n* turn of phrase, expression

gitano gypsy

globo balloon

gobernante *n* leader, ruler; *adj* ruling, governing

goce *m* enjoyment, pleasure, joy

golpeado battered

gordo big, fat

gordura fatness

gorra cap

goteante de evocative of

gotita droplet

gozo joy

grabadora tape recorder, tape deck

grabar to tape

grada step

granadero grenadier

grandeoceánico ocean-sized

granadeza greatness

grasa grease

grasiento greasy; oily

grillo cricket

gripe *f* flu

grisáceo grayish

gritar to shout

gritón screaming

grosería rudeness

grueso thick, heavy

guacamayo a variety of parrot

guardia encubierto plainclothes security guard

guerrero warrior

guión *m* script; hyphen

guisante *m* pea

guisar to cook

gusano worm

H

hábil clever

habitación *f* room

hábito robe

hablador talkative

ha (hace) ago; **hace** + *period of time* for + *period of time*; **hace** + *period of time*

period of time + ago; **no recordar los años que hace** not to remember how long ago it was; **hacía** + *period of time* for + *period of time*; (see Ch. 3)

hacendado landowner; rancher

hacer: sin hacer not yet packed; **hacer caso a** to pay attention to; **hacer la maleta** to pack the suitcase; **hacer la pregunta de promesa** to ask if one person will take the other as spouse; **hacer las veces de** to serve as; **hacer manitas** to caress each other's hands; **hacer una hipoteca sobre** to place a mortgage on; **hacerse el dormido** to pretend to be sleeping

hachazo (<**hacha**) axe blow; hack

hacia *prep* toward

hada fairy

hallazgo *n* find

hambriento hungry

harapiento ragged

harto a lot

hasta until; even; up to; **hasta llegada la noche** until nightfall

hecho *n* fact

hediondez *f* stench

helado frozen; paralyzed

helar (ie) to freeze

heno Spanish moss

hereje *mf* heretic

herida wound

hermosura beauty

herramienta tool

hilera string

hincapié: hacer hincapié to emphasize

hincarse to kneel

hinchado swollen

hincharse to swell

hinchazón *f* swelling

hipotecario *adj* mortgage

hiriente biting, stinging

hirviendo boiling

hispanohablante Spanish-speaking

hogar *m* home

hoja leaf; blade (of sword); **hoja de vida** curriculum vitae

hojarasca fallen leaves

holgura rest, comfort

hombro shoulder

hondo deep; tight

honradamente honestly

hormiga ant

hornear to bake

horno oven

hoya canyon

huaraches *m pl* sandals

hueco *n* cavity, space; *adj* hollow

huella trace; track; footprint

huérfano orphan

huerto garden; orchard

huidizo shy; elusive; fleeting

huir to flee

humedad *f* tears

humedecerse to weaken

humildad *f* humility

humillante humiliating; humbling

hundir(se) to sink, bury

hurgar to poke around

hurtar to steal

I

ignorar not to know

igual: al igual que just as, (just) like

ileso unharmed, uninjured

ilusionado hopeful; excited; eager

ilusionarle a uno to look forward to

imparable unstoppable

impermeable *m* raincoat

impertinente *n* impertinent person

impiedad *f* lack of piety

imponente imposing

imponer to impose

impreso (past part of **imprimir**, to print) printed

impresor printer

improviso: de improviso suddenly

impuesto tax

impulsar to drive, impel

impulso drive, stimulus

impunemente with impunity

inadvertido unnoticed

inagotable inexhaustible

inalámbrico cordless

inaudito unheard-of

incansable untiring

incapacitado incapacitated; unfit

incendio fire

incensario censer

inciso clause; parenthetical comment; sentence

incluso even

incoloro colorless

incomparable unsurpassable

inconforme nonconformist

inconstante fickle, changeable

incorporarse to stand up; to straighten up; to join

incrédulo skeptical

indebido improper, wrong

indeciso indecisive

indecoroso unbecoming

indígena native; Indian

indigesto indigestible

indolencia laziness

inequívoco unmistakable

infante *m* child

infeliz *n* poor devil

infiel unfaithful

infinidad *f* infinity; great quantity

informar un expediente to prepare information for a file

informe *m* report

infusión *f* herbal tea

ingeniero engineer

ingle *f* groin

ingresar to enter, join

ingreso entrance; beginning; **ingresos** income

inicuo evil

inmediaciones *f pl* vicinity

inmueble immovable

innovador innovating

inquieto nervous, uneasy

inquietud *f* anxiety, concern

inquilino tenant

insatisfecho unsatisfied; dissatisfied

inscribirse to register; to enter

inseguro insecure

insensato senseless

insolación *f* sunstroke

insostenible unbearable

inspiración *f* breathing

inspirador inspiring

insultante insulting

intachable irreproachable

integrar to blend, unite

intensidad *f* intensity

intentar to undertake; to attempt, try

intercalar to insert

intercambio exchange

intercomunicador *m* earphone

interesado *n* interested party, person concerned

interesarse por to ask about

interminable unending

interrogante *f* question mark

intrincado thick, dense

intruso intruder

inundado flooded; filled

inundar to flood

inversión *f* investment

invertido reversed

invertir (ie) to invest

invitado *n* guest

ir: ir a la imprenta to go to press; **ir a parar** to end up; **ira** rage

irradiar to spread

isabelino Isabelline; Elizabethan

J

jabalín *m* boar

jacinto hyacinth

jactarse to boast

jamón *m* ham

jarra pitcher

jaula cage

jirón *m* shred; tatter

jocoso joking

jornada day's work

joya de fantasía costume jewelry

joyel small jewel

joyero jeweler

júbilo joy

juego gambling; game; set; **hacer juego con** to match

juez *m* judge

juguete *m* toy

juguetón playful

junta de trabajo meeting

junto a next to

jurado jury

juramento oath; swearword, curse

jurar to swear

justiciero righteous

justo exact

juventud *f* youth

juzgar to judge

L

labial *f* labial sound (made with the lips: b,m,p)

labrador *m* farmer

labrar to carve

lacayo lackey

laceria suffering

lacio straight

lactar *fig* to drip

ladrar to bark

ladrido barking

ladrillazo (<ladrillo) blow with a brick

ladrillo brick

ladrón *m* thief; **ladrona de tiendas** shoplifter

lagarto lizard

lagrimear to sob

laico lay

lamer to lick

lámpara flashlight; **lámpara de quinqué** oil lamp

lampiño clean-shaven

langosta lobster

lanzada (<lanza) spear thrust; spear wound

lanzador *m* pitcher

lanzar to send; to utter

lápida (de mármol) (marble) tombstone

largo: a lo largo de throughout

lástima pity

lata can

lateral izquierdo stage left

latir to beat

lebrel *m* greyhound

lecho bed

lectura reading

legar to bequeath

lejano distant, faraway

lentitud *f* slowness

leve light

léxico *adj* lexical, of vocabulary

liar to tie (up)

libreto script

ligadura binding, ligature
ligar to tie
ligereza agility; speed
limosna alms
límpido clear
lino linen
linterna (eléctrica) flashlight
liquidación *f* sale; clearance sale
liso smooth; plain
listo *adj* all set
lívido black and blue; (deathly) pale
llama *n* flame
llamado *adj* so-called
llamarada flame
llave *f* **de sol** key of G
llavero key ring
llevado: mal llevado unbearable
llevar: llevarle 5 años a uno to be 5 years older than someone; **llevar a cabo** to carry out, accomplish; **llevarse bien/mal** to get along well/badly
llorón crying; tearful; whining
lluvioso rainy
lobo wolf
local *m* place
locura madness
lograr to succeed (in); **lograr que** to get; to bring about that
loma hill, low ridge
lona canvas
lontananza: en lontananza in the distance
loro parrot
losa tombstone
lucha struggle
lucir to sport, show off
luego de *prep* after; **luego que** *conj* after
lugar *m* village; **dar lugar a** to give rise to
lúgubre mournful
lujo wealth, abundance
lujoso luxurious
luna de miel honeymoon
lustre *m* sheen, luster

M

macarra *m* pimp
macarrones *m pl* macaroni

machetazo (<machete) blow (slash) with a machete
maderita small piece of wood
madreselva honeysuckle
madrugada early morning
madrugador *adj* early-rising
madrugar to get up early
magistralmente in a masterful way
magnate *m* tycoon
maldecir to curse; **maldita sea (mi suerte)** damn it
malestar *m* discomfort; uneasiness
maletero (car) trunk
malos tratos abuse, ill-treatment
malvado evil
manada pack
manantial *m* spring
mancha blotch
mandón bossy
maneras: de todas maneras in any case
manga sleeve
manicomio asylum
manotazo (<mano) slap, smack
manta blanket; poncho
mañoso tricky
mapache *m* raccoon
maquillaje *m* make-up
maquillista *mf* cosmetician
máquina *(Cuba)* car
maraña jungle; tangle
marca brand, make; **de marca** designer's
marcado strong; distinct
marcar to score; to establish
marcar el paso to keep time
marcha departure
marchar to go; **marcharse** to go off
marco frame
marear to make dizzy; **marearse** to get dizzy
margen: al margen aside
marica homosexual
maricón homosexual
mariposa butterfly
marrón reddish brown
martillazo (<martillo) blow with a hammer
masaje *m* massage

masajista *mf* masseur; masseuse
mascar to chew
mascota pet
mata plant
mate *m* tea-like beverage
matiz *m* shade; subtle variation
matrícula tuition
mayar to meow
mayor *adj* adult; **al por mayor** wholesale
mayoría de edad adulthood
mecanógrafo typist
mecer to make sway
media *n* average
medida measure; **a medida que** as
medio *(Cuba)* 5 cents
medroso frightening
mejor: o mejor or rather
membranoso soft, pliable
membrete *m* letterhead
mendicidad *f* begging
menear to move; to shake
menos mal (que) thank heaven, it's a good thing (that)
mensaje *m* message
mentiroso lying
menudo: a menudo often
mercancía wares, merchandise
merendar (ie) to have lunch
merienda mid-morning and mid-afternoon snack
mesa de mezclas mixing desk
mesar to pull
mesero waiter
mesón *m* inn
meta goal
métrica meter; length of breath groups
mezcla mix, mixture
mezquino low, base
miedo fear
miedoso frightening; fearful
mientras tanto meanwhile
miga (bread) crumb
milanesa breaded cutlet
milimétrico *adj* pinpoint
mimoso pampered
minusvalía handicap
mira aim
mirada look, glance

miseria dire poverty

misericordia mercy

mismo: por lo mismo que for the very reason that

mitigar to alleviate, relieve

moda: de moda fashionable, popular

modales: con malos modales rudely, brusquely

modernista *mf* modernist (member of the literary school called *modernism*)

modismo idiom; expression

modos: de todos modos in any case

moho rust

mojado wet

mojarse to get wet, soaked

moldura molding; adornment

molestarse to bother oneself; to take the trouble

molestia bother

molino mill

momia mummy

monedero coin purse

monja nun

montaje *m* assembly; mounting

monte *m* forest, woods

montículo mound

montonero an Argentine revolutionary group

morado purple

moraleja moral (of story)

morboso gruesome

morcilla blood sausage

mordedura bite

morder (ue) to bite

mordisco bite

morisco Moorish

mortecino weak, failing; dim; faded

mortuorio funeral

mosca fly

mostrador *m* counter; check-in desk

moza: buena moza good-looking girl

muebles *m pl* furniture

muelle *m* dock

muerte: a muerte deadly

muestra evidence; sign

muestrario collection of samples

mugido moo, moan (bovine sound)

mugir to moo

mullido soft

multa fine

muñeca doll; wrist

muñeco doll; toy

muralla wall

murmurador complaining; backbiting

muro wall

musitar to mumble

muslo thigh

N

naciente beginning

nada más only

naturaleza nature

navajazo (<navaja) slash, gash

necesitado in need of

negarse (ie) a to refuse, not to accept

negrura blackness

nido nest

niñera nursemaid

niñez *f* childhood

nivel *m* level

nobleza nobility

nogal *m* walnut

noticia piece of news

noticiar to apprise, inform

nube *f* cloud

nublado cloudy

núcleo group

nuevamente again

nuevo: de nuevo again

O

obsequiar to give (as a gift)

obstante: no obstante notwithstanding

ocasión *f* opportunity

occidental western

ocultar to hide

ocupar to employ; **ocuparse de** to take care of; to deal with

oficial *mf* officer

oficina agency; bureau

oficinista *mf* office worker

oficio trade

ojeada glance, look

ojo morado black eye

oler a gloria to smell great

olla pot

olvidadizo forgetful

opacar to darken, spoil

opaco gloomy

operario operative; worker

opinar to think, be of the opinion

optar por to choose

orante praying, in prayer

ordeñar to milk

ordinariez *f* coarseness, vulgarity

ordinario coarse; rude; crude

oreja (external) ear

orgullo pride

orgulloso proud

oriental eastern

Oriente province of eastern Cuba

originarse to originate, be caused

orilla bank (of river)

ortografía spelling

osario ossuary (depository for bones of the dead)

oscilar to vary, fluctuate, range; to flicker

oscuras: a oscuras in darkness

otoñal autumnal

ovalado oval

P

padecer de to suffer from

padrino godfather

paella paella (a saffron-flavored stew)

país: del país local, domestic

paisaje *m* landscape

paisano fellow countryman

pajizo (made of) straw; straw-like

pala paddle; shovel; spade

palangana basin

palazo (<palo) blow with a stick

palear to paddle

palidecer (zc) to grow pale

palillo toothpick

palmada (<palma) slap, pat

palmera palm tree

paloma dove, pigeon

pandillero gang member

pantalla screen, curtain

pantorrilla calf (of leg)

pantuflas slippers

paño cloth; vestment

pañuelo kerchief, head covering; handkerchief

papel *m* role; paper

par: a la par at the same time

para peor what's worse

parado standing

pardo brownish gray

parecer: a mi parecer in my opinion; **al parecer** apparently

parecido *n* likeness; *adj* similar

parejo even

parentesco relationship

parisino Parisian

parlamento speech

parpadeo blink(ing); twinkling (of stars)

párpado eyelid

parroquia parish church

parte: por otra parte moreover

particular *n* matter, point; *adj* private, particular

partida departure; game

partidario follower

partir to leave; to strike; **partirse** to break; **partir de** to start from; **a partir de** starting

partitura (music) score

pasa raisin

pasado (mañana) the day after tomorrow

pasaje *m* passage

pasar en limpio to make a clean copy of

pasársela + *gerundio* to spend one's time + *-ing form*

paseo walk; stroll; ride

pasillo corridor; passageway

pasión *f* **de ánimo** depression

pastel *m* cake; pie; pastry

pastilla pill

pasto grazing; pasture

pastoso doughy

pata paw

patada (<pata) kick

patrón *m* boss

patrulla patrol

pauta style; model; guidelines

payaso clown

pazo (solariego) ancestral home in Galicia

peatón pedestrian

pecaminoso sinful

peculiar typical, characteristic

pedido *n* order

pedir limosna to beg

pedrada rock throwing

pegado *adj* glued; **pegado a** against, next to

pegar to hit

peinado hairdo

peleado at odds

pelliza fur-lined vestment

pelotero ballplayer

peltre *m* pewter

peluca wig

peludo hairy

pena sorrow

pendiente pending; **pendiente de** in expectation of

penoso painful; difficult

pensativo thoughtful

penúltimo next-to-last

penuria extreme poverty

peña rock

peón *m* workman, farmhand, laborer

percatarse de to realize

perdedizo dangerous (where one can get lost)

perderse (ie) to miss

pérdida loss

perdido missing

perecer (zc) to perish, die

peregrinación *f* wandering

pereza laziness

perfil *m* profile

perjudicar to harm

perlado pearly

perrero dogcatcher

persecución *f* pursuit

perseguir (i, i) to pursue

persuasivo convincing; persuasive

pesadamente heavily; with great effort

pesadez *f* heaviness; slowness

pesadilla nightmare

pesado heavy

pesar *m* grief, sorrow; **a pesar de** in spite of

pescante *m* driver's seat; coachman's seat

pese a despite

peseta (*Cuba*) 20-cent coin

pesia damn

pestaña eyelid

piadoso pious, devout

piafar to paw the ground, stamp

picada bite; path

picar alto to aim high, be ambitious

pícaro *n* rogue, rascal; *adj* mischievous

picazón *f* bite; sting

pie: al pie de la letra literally, to the letter; **de pie** standing; **nacer de pie** to be born lucky, to be born with a silver spoon in one's mouth

piedad *f* pity

piel: piel de cabritilla kidskin; **piel de víbora** snakeskin

pieza part; room

pila: nombre de pila first name

pilastra column

píldora pill

pinchazo (<pincho) jab, puncture (with an object); injection

pintoresco picturesque

pisar to step on

piso apartment (*Spain*); floor

pisotear to trample on

pista clue; runway; track

placentero satisfied

placer *m* pleasure

plagio plagiarism

planilla printed form

planteamiento presentation, exposition

plantear to present

plantilla insole

plata money; silver

plazo period of time; time limit; (payment) date

plenitud *f* fullness; abundance

pliegue *m* crease, furrow, wrinkle

plomizo leaden; lead-colored

poblador inhabitant

pobre *mf* poor devil

poca cosa *adj* insignificant

poco: a poco   shortly after

podar   to trim

poderoso   powerful

polémico   controversial

policía   police; policewoman

polvo   dust; **polvo de arroz** rice powder (a cosmetic)

polvoriento   dusty

poner   to name; to set up; **poner en marcha**   to start (up); **poner la mesa**   to set the table; **poner pleito**   to sue; **ponerse**   to set (e.g., the sun); **ponerse a**   to begin; **ponerse de acuerdo** to come to an agreement

poniente *m*   west

popa   stern (of boat)

populacho   mob

porqué *n m*   reason

portarse   to behave

portazo (<**puerta**)   slam; bang (the door)

posar   to stop, fix, rest

postura   position

potable   drinking, drinkable

potrero   pasture

practicante *mf*   paramedic

precavido   cautious

precipitarse   to rush

predilecto   favorite

preguntón   inquisitive

premio gordo   top prize

preocupación *f*   worry, concern

preocuparse de   to concern oneself with

presbiterio   sanctuary

prescindir de   to do without

presentador   host (e.g., of TV show)

presentir (ie)   to foresee

preso   inmate, prisoner; in jail

préstamo   loan

prestar   to lend; **prestar oído** to listen

presteza   speed

presumido   vain

presupuesto   budget; estimate

presuroso   in a hurry

pretender   to seek; to attempt

prieto   dark

principio: desde un (el) principio from the beginning

prior   superior (of religious order)

prisa   haste

probarse (ie)   to try on

procurar   to seek, try; to get

productor   producing

prole *f*   offspring

prolijo   long-winded

pronosticar   to prophesy

prontitud *f*   speed

pronto *n* (*Puerto Rico*)   down payment

pronto: al pronto   early on; **de pronto**   suddenly

propietario   owner

propio   same

proponerse   to intend

propósito   purpose

propuesta   proposal

protector   protecting; patronizing

provocativo   provoking; daring

próximo pasado   last

prueba   proof; show

puente *m*   bridge

puerto   port

pues   since; so

pulcro   neat

pulgada   inch

pulmón *m*   lung

puntada   sharp pain

puntal *m*   pillar; support(er)

puntiagudo   pointed

punto: a punto de   on the point of; **un punto**   (for) a moment

punzada   shooting pain

puñado   handful

puñalada (<**puñal**)   stab; stab wound

puñetazo (<**puño**)   blow with fist

puño   fist

puré (de papas) *m*   mashed (potatoes)

pureza   purity

puro *n*   cigar; **de puro tierno** *adj*   it was so tender, from sheer tenderness; **de su puro gusto**   for the pure (sheer) pleasure of it

purpurino   purple

Q

quebrar (ie)   to go bankrupt; to break

quedar en   to agree to; **quedarle a uno bien, mal, etc.**   to look good, bad, etc., on one; **quedarle chico a uno** to be too small for; **quedarse con**   to keep; **quedarse dormido**   to fall asleep; to oversleep

quehacer *m*   labor; activity

queja   complaint

quejarse de   to complain about

quemante   burning

quieto   still; motionless

quirúrgico   surgical

R

rabia   rage

rabino   rabbi

rabioso   mad; rabid

ráfaga   burst; streak

raíz: a raíz de   shortly after

rajarse   to crack

ralea   (low-class) people

ramo   section; department

rancho   hut; quarters

rancio   ancient

rapidez *f*   speed

rareza   rareness; oddity

rasgo   feature

rastro   trace

ratero   petty thief

rato: hace rato   for some time; **a ratos**   at times; **de rato en rato**   from time to time

raya   line; streak; part

Real Madrid *m*   soccer team of Madrid

realizar   to carry out; to attain, achieve

rebaño   flock

rebozo   shawl; muffler

recalcar   to stress

recámara   bedroom

recelo   suspicion

recepción *f*   reception desk, front desk, check-in counter

receta   recipe

recetar   to prescribe

rechazar   to reject

recibidor *m* **de maderas**   man in charge of receiving lumber

recinto universitario   campus

recipiente *mf*   recipient; *m* container

reclamar   to demand; to complain, protest

recobrar   to recover

recoger   to pick up; to gather together

reconocimiento   recognition

recorrido   journey

rectitud *f*   straightness; honesty

recua   team

recuerdo   memory

recurso   device

redactar   to write (up)

redonda: a la redonda   around

redondear   to make round

reductor   reducing

reembolso: contra reembolso   COD

reemplazar   to replace, take the place of

referir (ie)   to relate; to state; **referirse a**   to refer to

reforzar (ue)   to strengthen

refractorio a   resistant to

refrán *m*   proverb

regañar   to scold

regar (ie)   to water; to wash, hose down

regazo   lap

regenta   judge's wife

registrar   to search; **registrarse**   to occur; to be recorded

regocijado   joyous

regocijo   merriment

regreso   return

rehén *m*   hostage

rehuir   to avoid

reinar   to reign

reiterar   to repeat

relación *f*   story

relámpago   lightning

relampagueo   flash

relato   story

reliquia   relic

remediar   to correct, remedy

remedio   solution

remiendo   mend; patch

remilgoso   difficult

remitente *mf*   sender

remolino   whirlpool

remordimiento   regret

rendido   overcome

rendir (i, i)   to render; **rendir la protesta**   to take the oath; **rendirse**   to surrender

renunciar a   to resign

reojo: de reojo   out of the corner of one's eye

repartir   to distribute

repente: de repente   suddenly

repentino   sudden

reponerse   to recover

repostero   confectioner; pastry cook

represa   dam

reprimir   to suppress

reproductor   reproducing

republicano   supporter of the Spanish Republic, opponent of General Franco

requisito   requirement

res *f*   animal; *adj* beef

resaltar   to stand out

resbaladizo   slippery

resbalar   to slip

rescatar   to rescue

reseñar   to write, describe, review

reservas *f pl*   reservations; caginess

residencial   residential area

resignar   to hand over (e.g., authority) to someone else

resina   resin

resistir   to stand, put up with

resonancia   reverberation, reverb

resorte *m*   spring

respaldar   to protect, support

respaldo   back (of chair)

respingo: dar un respingo   to start, jump

resplandecer   to shine

resplandeciente   shining, glowing

resplandor *m*   gleam

respondón   impudent, sassy

respuesta   reply, answer

restante   remaining

resucitar   to come back to life; to bring back to life

resuelto *adj* bold, determined; *past part* resolved

resultar   to be, turn out to be, turn out

resumir   to summarize

retablo   altarpiece

retorcer (ue)   to twist

retorcido   twisting

retozón   playful

retransmitir   to rebroadcast, relay

retratarse   to appear

retrato   portait

retrete *m*   toilet

retroceder   to go back; to back out

retumbar   to shake

reunir   to collect, gather together; **reunirse**   to get together

revancha   revenge

revelador   revealing

reventado de trabajo   killing oneself with work

reventar (ie)   to burst, rip

revés: al revés   in reverse, from the wrong end

revolotear   to flutter

revuelo   commotion

Reyes Magos   The Magi, The Three Wise Men. (Hispanic children receive gifts on Jan. 6, Día de los Reyes Magos.)

rezar   to pray

ribetes *n m*   elements; hint

riesgo   risk

rincón *m*   corner (inner)

risa   laughter

rocío   dew

rodaje *m*   filming

rodar (ue)   to film; to roll

rodillas: de rodillas   on one's knees

rodillazo (rodilla)   push with the knee

roedor *m*   rodent

rojizo   reddish

rollo de mezclas   master tape

ronco   hoarse

ropero   closet

rosado   pink; rosy

roséola   roseola (a rose-colored skin eruption)

rotativo   rotating

rozar   to graze

rubicundo   reddish

rúbrica   signature with a flourish

rudeza   plainness; coarseness; ignorance

ruego   request

rugir   to roar

rumor *m*   sound

rústico *n*   peasant

S

saber *n*   knowledge

sacar   to solve; **sacar provecho** to take advantage

sacudir   to dust; to shake (off)

sajón *adj*   English (Saxon)

salado   salty; amusing; charming

saldo   balance

salida   exit

saliente   protruding

salir: salir a   to take after, look like; **salir adelante**   to get ahead; **salir al encuentro**   to halt; **salirse con la suya**   to have one's own way

salpicar   to sprinkle, splash

saltar   to jump

salvar   to rescue; to save (e.g., a life)

sandía   watermelon

sangrado   indented

sangriento   bloody

sanguinoso   reddish

sanitario   hygienic

sarcófago   sarcophagus, coffin

sastre *m*   tailor

sazón: a la sazón   at the time

secar   to dry (up); to spoil

seco   dull; lean, thin; **en seco** sharply, suddenly

seda   silk

sede *f*   seat; location

sediento   thirsty

seducir   to seduce

seductor   alluring; tempting; attractive

seguida: en seguida immediately

seguido   continuous

seguir en sus trece   to stand one's ground, not to budge an inch

seguro *n*   insurance; **de seguro que**   surely

selva   forest, jungle

semáforo   traffic signal

semántico *adj*   semantic (of meaning)

semejante   such (a)

semejanza   similarity

sendero   path

senectud *f*   old age

seno de las aguas   bottom of the water

sensatez *f*   good sense

sensato   sensible

sensibilidad *f*   sensitivity, sensibility

sentarle (ie) a uno   to be to the liking of someone; to look good on someone

sentencioso   terse

sentido: sin sentido unconscious

sentir *n*   feeling; **sentir ganas** to feel like

señalar   to point out

señorearse   to adopt a lordly manner

sepulcro   tomb

sequedad *f*   dryness

ser *n*   being; **es más**   what's more

seriedad *f*   seriousness; **con toda seriedad**   seriously

serrucho   sawing; chirping

servicial   obliging

servidor: un servidor   yours truly

servidumbre *f*   servants; help

servir (i, i)   to fill (an order)

seso(s)   brain(s)

seto   hedge

si (*in exclamations*)   but, why

siempre que   provided (that)

sien *f*   temple (*anat*)

sierra   mountain range

siglo   century

silbar   to whistle; to hiss

simpatía   liking

simpleza   simpleness; nonsense

simular   to simulate; to feign, pretend

sincrónicamente simultaneously

sindicato   (labor) union

sinonimia   synonymy (the quality or state of being synonymous)

sinsabor *m*   unpleasantness

sinvergüenza *mf*   rascal, scoundrel

siquiera   even, at least; **ni siquiera**   not even

sobrar   to be more than enough

sobre *m*   envelope

sobrecogido   overcome

sobreponerse   to overcome

sobresaliente   outstanding

sobresaltado   frightened, startled

sobresaltar   to frighten

sobresalto   fear

sobrevenir   to take place

sobriedad *f*   sobriety

socavar   to undermine

socio   member

socorrer   to aid

sofocante   stifling, suffocating

soledad *f*   solitude; loneliness

solera   prop, support

solicitante *mf*   applicant

solicitar   to request

solito y su alma   all alone, by oneself

soliviantar   to stir up; to anger

sollozo   sob

soltar (ue)   to let loose; to tell, come out with

soltero   single

soltura   ease, facility

solvencia   financial stability; reliability

sombra   shadow

sombrío   somber

somnolencia   drowsiness

son *m*   sound; **en son de**   in an attitude of

sonriente   smiling

soñador   dreamy, fond of dreaming

soñoliento   sleepy

soplar   to blow

soportar   to endure, put up with; to hold up

sorber   to swallow

sordo   deaf; quiet, muffled

sótano   basement

subarrendar (ie)   to sublease

subir   to raise

súbitamente   suddenly

súbito: de súbito   suddenly

subrayar to underline; to emphasize

sucederse to come one after the other

sucedido: lo sucedido what happened

suceso event

sudar to sweat

sudor *m* sweat

sudoroso sweating, sweaty

suegra mother-in-law

suela sole

sueldo salary

suerte *f* luck; trick; **de esta suerte** in this way

sujetar to hold

sujeto individual; subject (of sentence)

sumadora adding machine

sumar to add

sumiso submissive

sumo highest

suntuoso magnificent

superar to surpass; **superarse** to excel

superchería trick, fraud

superior *n* leader

supervivencia survival

suponerse to suppose, imagine

suprimir to suppress, get rid of; to omit

surcar to furrow

surco furrow

surgir to rise; to issue

suspenso *adj* bewildered, baffled

suspiro sigh

susto fright

𝑻

tabacalero *adj* tobacco

tabaquera snuffbox; cigar case

tabla plank, board; chart, table

tablón *m* **de anuncios** bulletin board

tacaño stingy

tachonado de estrellas star-studded

taciturnidad *f* silence

tacón shoe heel

tal thus

talar full-length

talla carving, sculpture

taller *m* workshop

talón *m* heel

tamaño size

tamarindo tamarind (a tropical tree)

tan a crespas facciones trabajada with such an angry expression

tanto: en tanto que while, whereas; **por (lo) tanto** therefore; **un tanto** a little; **tanto...como** both...and

tapa lid

tapete *m* rug; table cover

tapia wall

tapicería upholstery

tardanza delay; slowness

tardar en to take (a long) time in

tarde: de tarde en tarde from time to time

tardío late

tarima platform

tartamudo with a stammer, stammering

tarumba *adj mf* crazy

teclado keyboard

tedio boredom

tejedor weaver

tejer to weave, spin; to create

tejido web; fabric; textile

tela cloth; web

telaraña web; cobweb

telenovela soap opera

televisivo *adj* television

telón *m* (theater) curtain

temblar (ie) to tremble; to flicker

temblón shaky

tembloroso trembling

temible fearsome

temor *m* fear

tempestad *f* storm

temporalmente temporarily

tendido lying on the ground; **tendido de pecho** lying facedown

tenebroso dark, shadowy

tenedor de libros *m* bookkeeper

tener: no tener el ánimo not to be in the mood; **no tener más remedio que** + *inf* not to be able to help but; **no tener nada de** + *adj* not to be + *adj* + at all; **tener en cuenta** to consider, keep in mind; **tener puesto** to wear, have on; **tenerle loco a uno** to drive one crazy

tenue dim

teñir (i, i) to dye, color

terciopelo velvet

terminantemente strictly

ternero calf

ternura tenderness

terroso earthy

testigo *mf* witness

tetera teapot

tez *f* complexion

tía abuela great-aunt

tibio warm

tientas: a tientas feeling one's way

tiesura stiffness

tijeras scissors

tilde *f* written accent; diacritic mark as in **ñ**

tina bathtub

tino aim

tinto red wine

tintorero dry cleaner

tío uncle; guy

típico picturesque; folkloric; characteristic

tipo guy; type

tirado lying

tirante taut, tense

tirar to knock down, pull down; to throw; **tirar a** to go toward; **tirar de** to pull (on)

tobillo ankle

tocadiscos *m s* record player

tocado (*slang*) high

todo: del todo completely; **todo esto** all (of) this

toma de agua source of water supply, hydrant

tomar la copa to have some drinks

tonada tune; **tonadilla** tune

tono: de gran tono elegant

tonsurado priest

tontas y a locas: a tontas y a locas without thinking

toparse con to encounter, run into

torcido twisted

tormenta storm

tormentoso tormented

torno: en torno a around

torpe dim-witted

torreado soaring

torta cake; tart; pastry

tortuoso twisting, winding

toser to cough

tostar (ue) to roast

traficante *mf* dealer; trafficker

trago drinking; swallow

traicionar to betray

trama plot

tramo stretch

tramposo crooked; tricky

tranco long step

tranquera gate

tranquilizador soothing; reassuring

transeúnte *mf* passerby

trapecio trapeze

trapecista *mf* trapeze artist

tras (de) after, behind, following

trasero back

trasgo ghost, goblin

trasladar to move, transport; to shift

trasponer to go behind

tratar to contract, hire, employ; **tratarse de** to be; to be a question of

través: a través de through

trazado depiction, description

trechos: a trechos in stretches

trepar (por) to climb

tribuna gallery

trigo wheat

tripulante *mf* crew member

tristeza sadness

trocar (ue) to change

trofeo trophy

trompicones: a trompicones little by little, with difficulty

tropezar (ie) to trip; **tropezarse con** to run into, come upon

tropezones: a tropezones stumbling

trueque: a trueque de in exchange for

tuerto one-eyed

tule bulrush (a plant)

tumba grave

tupido dense, thick

turnarse to take turns

turno appointment; turn

tutear to address with the familiar form (**tú, vosotros**)

TVE Televisión Española a TV channel in Spain

U

ujier *m* doorman, usher

ultraísta related to Ultraism, Spanish poetry movement of the early 1920s

umbral *m* threshold

unigénito only son (often applied to Christ)

unir to join, combine

unos cuantos a few

urbanización *f* residential development

usarse to be customary

Usumacinta important river of southern Mexico

utensilio tool, implement

V

vacilar to vacillate, hesitate

vagabundo wandering

vagancia idleness

vagar to wander

vagón *m* car (of train)

vaho steam, vapor, mist

vaivén *m* coming and going

valerse de to make use of

vampiro vampire; actor whose voice is used in a dubbed film

vaquero cowboy

vara stick

Vaya por Dios Well, for God's sake

vejez *f* old age

veloz rapid

vencido due, payable

vendar to bandage

veneno poison

venganza revenge

vengarse to avenge (oneself)

venia bow

ventaja advantage

ventajoso advantageous

ventanal *m* large window

veranear to spend the summer

veraneo: de veraneo on summer vacation

veras: de veras truly

verdebotella bottle green

verdugo executioner

verdura (green) vegetable

vereda path

veredicto verdict

vergonzoso ashamed

vericuetos *m pl* rough terrain

verosímil likely, probably

verse obligado a to be forced to

vertiente *f* side; slope

vertiginosamente dizzily

vestíbulo lobby

vestimenta clothing

vestuario locker room

vez: a su vez in turn; **de una vez** finally; once and for all; this instant

vía route

víbora snake

vídeo-club *m* video (rental) store

vidriera store window

vientre: bajo vientre lower abdomen

Viernes Santo Good Friday

vigilar to guard; to watch

virtud *f* power; **en virtud de** by virtue of

visera visor

visto: por lo visto apparently

vistoso showy

vitrina glass case

viudo widower

vivaquear to settle down for the night

vivienda dwelling, housing

vocerío shouting, yelling

volador flying

volante *m* steering wheel

volcar (ue) to empty

volumen: a todo volumen at full volume

volver (ue) a + *inf* to . . . again; **volverse** to turn (around)

voz: a una voz unanimously

vuelo flair

vuelta *n* return; walk

vulgar common; popular

Y

ya que   since, because
yacente   lying on the floor
yacer   to lie (down)
yantar *m*   meal
yararacusú (Guaraní)   a variety of poisonous snake

yerguen   from **erguirse**, to rise
yerro   from **errar**, to err
yeso   cast, plaster of Paris
yugo   yoke

Z

zalamero   flattering

zapatazo (<zapato)   blow with a shoe
zapatilla   pump (shoe)
zarpar   to sail
Zona Rosa   entertainment district in Mexico City
zumbar   to buzz

ENGLISH-SPANISH

This glossary contains the vocabulary necessary to do all the English-Spanish exercises and it is geared specifically to them.

A

able: (not) to be able (to)   (no) ser capaz (de);   (no) poder (ue)
about   acerca de;   (approximately) unos
abundance   abundancia
to abuse   abusar (de), maltratar
academic   académico/a
to accept   aceptar
to accompany   acompañar
to accomplish   realizar, lograr
according to   según
account   relación *f*
account: to take into account   tener en cuenta; **on account of**   por, a causa de
accounting   contabilidad *f*
to ache   doler (ue)
to acquire   adquirir
act   acto
active voice   voz activa
activity   actividad *f*
actress   actriz
actual   verdadero/a
actually   en realidad
ad   anuncio, aviso
to adapt (to)   adaptarse (a)
addition: in addition to   además de
to address   dirigirse (a)
to adjust   ajustar(se)
admirer   admirador/a
to admit   admitir; (in a school) aceptar
to adopt   adoptar

to **adore**   adorar
adrift   a la deriva
advice   consejos *m pl*; **(a) piece of advice**   (un) consejo
to **afford**   permitirse
afraid: to be afraid (of)   temer, tener(le) miedo (a), tener miedo (de)
after   después (de); **after all**   después de todo; **to be after** + *hour*   ser más de + *hour*
afternoon   tarde *f*
again   otra vez, de nuevo
against   contra
age   edad *f*
ago: a few days ago   hace unos días; **not long ago**   no hace mucho tiempo
to **agree (to)**   acceder (a); aceptar, estar de acuerdo (con)
airline   línea aérea
airplane   avión *m*
alarm   alarma
all   todo/a; **all over**   por todo/a; **not to like (something) at all**   no gustar(le) (a uno) nada
to **allow**   permitir
almost   casi; **almost** + *past*   casi, por poco + *present*
alone   solo/a
along: (not) to get along   (no) llevarse bien; **along with**   junto con
already   ya
also   también
although   aunque
always   siempre

ambrosia   ambrosía
among   entre
to **amputate**   amputar
amused   divertido/a
amusing   divertido/a
anger   ira, indignación
angry   airado/a
angry: to get angry   enfadarse, enojarse
animal lover   amante *mf* de los animales
annoyed: to be annoyed (with)   estar molesto (disgustado/a) (con)
another   otro/a
any   algún; **any other**   algún/ alguna otro/a; **in any case**   de todas maneras
anyone   alguien; nadie; **hardly anyone**   cuatro gatos
anyway   de todos modos, de todas maneras
Apache   apache
apology   excusa, justificación
to **appear**   aparecer (zc)
apple   manzana
application   solicitud, formulario (de empleo)
appointment: to make an appointment   hacer una cita; **to ask for an appointment**   pedir un turno
to **approach**   acercarse a
appropriate: to be appropriate (for one)   convenirle (a uno)
to **approve of**   aprobar (ue)
ardent   ardiente *mf*, apasionado/a

to **argue**   discutir

argument   discusión

armchair   sillón *m*

army   ejército

around: around here   por aquí; **around** + *date* por + *date*

arrest: to be under arrest   estar detenido/a

to **arrive**   llegar

as   como; a medida que; **as far as I know**   que yo sepa; **as for**   en cuanto a; **as long as**   mientras (que), siempre que; **as soon as**   tan pronto como, apenas; **as well as**   y también

to **ascertain**   averiguar

ashamed: to be ashamed (of)   avergonzarse (de)

aside: to put aside   dejar a un lado

to **ask (a question)**   preguntar; **to ask for**   pedir (i, i); **to ask (someone) out**   invitar a salir

asleep: to fall asleep   quedarse dormido/a

aspect   aspecto

to **aspire (to)**   aspirar (a)

aspirine: some aspirine   unas aspirinas

assailant   asaltante *mf*

to **assign**   asignar

assistance: to be of further assistance   ayudar(le) en algo más

association   asociación *f*

to **assume**   suponer

astronaut   astronauta *mf*

at   en; **at first**   al principio; **at once**   en seguida, inmediatamente

athlete   atleta *mf*

attached: to be attached (to)   estar pegado/a (fijo/a, prendido/a) (a)

to **attack**   atacar

to **attend**   asistir (a); **(a university)**   ir (a)

attention: to pay attention   prestar atención, hacer caso

attitude   actitud *f*

to **attract**   gustarle (a uno)

auditorium   sala

autobiography   autobiografía

autograph   autógrafo

autopsy   autopsia

to **avoid (person)**   esquivar; evitar

awake   despierto/a

aware: to be aware (of)   darse cuenta (de)

awful   terrible; *adv* muy mal

B

back (animal)   lomo; **(book or house)**   parte de atrás; **(book [spine])**   lomo; **(chair)**   respaldo; **(check or document)**   dorso; **(hand)**   dorso; **(person)**   espalda(s); **to have one's back to the wall**   estar entre la espada y la pared; **to have one's back turned toward**   estar de espaldas (a); **to shoot (somebody) in the back**   disparar(le) / matar (a alguien) por la espalda; **to turn one's back toward (the other person)**   dar(le) la espalda

back *adj*   trasero, de atrás, posterior; **back door**   puerta de atrás; **back issue**   número atrasado; **back pay**   atrasos, sueldo atrasado; **back row**   última fila

back: from (on) the back   por detrás; **in back of the house**   detrás de la casa; **in the back of the car**   en la parte trasera del coche; **in the back of the room**   al fondo de la habitación; **on one's back**   de espaldas; **some months back**   hace unos meses; **to be back**   estar de regreso; **to call back**   devolver la llamada; **to come (go) back**   volver, regresar; **to give back**   devolver (ue); **to hold back**   contener

to **back: to back away**   retroceder; **to back out (of an agreement)**   volverse atrás; **to back-pack**   viajar con mochila; **to back up (a vehicle)**   dar marcha atrás; **to back up (to support)**   respaldar

background (of picture)   fondo

backseat   asiento trasero (de atrás)

backyard   patio

bag: shopping bag   bolsa de compras

balcony   balcón *m*

banking   banca

to **bark**   ladrar

basic   básico/a

beach   playa

to **bear**   llevar

beaten   vencido/a, derrotado/a

beautiful   hermoso/a

because of   a causa de

to **become**   convertirse (ie) en; ponerse; hacerse; quedarse; **to become ill**   ponerse enfermo/a, enfermarse

bed: to go (get) to bed   irse a la cama, acostarse (ue)

bedroom   alcoba, dormitorio

beer-drinking   bebedor/a de cerveza

before   antes (de)

to **beg**   rogar (ue)

to **begin (to)**   comenzar (ie) (a), empezar (ie) (a); **to begin with**   para comenzar

to **behave**   comportarse, actuar

behind   detrás (de)

to **believe**   creer

believed: it is believed   se cree

bell   timbre *m*

belonging   perteneciente, que pertenece

belongings   pertenencias

beloved   amado/a

besides   además (de)

best   mejor *mf*; *adv* más

better: to get better   mejorar

between   entre

big: to be big on (one)   quedarle grande (a uno); **Big Apple**   la Manzana Grande

billboard   cartelera

bitter   amargado/a

black: (dressed) in black   (vestido/a) de negro

to **blame**   echar(le) la culpa

blanket   manta, cobertor *m*, frazada

blood   sangre *f*

to **boast (about)**   jactarse (de)

boat (small)   bote; **(large)**   barco

bookkeeper   tenedor/a de libros

border   frontera

bored: to get bored   aburrirse

boring aburrido/a

born: to be born nacer (zc) -

borrow pedir (tomar) prestado/a

both los/las dos, ambos/as; **both of them** los/las dos

to **bother** molestar, molestarle (a uno)

boyfriend novio

brave valiente *mf*

bravery valentía, valor

to **break** romper; **to break in** entrar a la fuerza

breath aliento; **to be short of breath** faltarle (a uno) la respiración

brief breve *mf*

brilliant brillante *mf*

to **bring into** entrar en (al)

broken: my leg is broken tengo la pierna fracturada

brook arroyo

brown (de) color café

brutal brutal *mf*

to **bury** enterrar (ie)

bush arbusto

business administration administración *f* de negocios

busy: to be busy estar ocupado/a

buyer comprador/a

by: by day (night) de día (noche); **by the hand** de la mano

C

calculating calculador/a

to call out decir en alta voz

to **calm down** calmarse

calories calorías

campaign campaña

can poder; saber

canine canino/a, perro/a

cape capa

caravan caravana

card tarjeta; **(playing)** carta; **(set of cards)** baraja

care cuidado; **to take care of** encargarse de; **to be taken care of** que lo ayude(n)

career carrera

careful cuidadoso/a

to **carry** llevar

cartoons dibujos animados, muñequitos

case: to be the case ser el caso; **in any case** de todas maneras

cat gato/a

to **catch** capturar, atrapar

cattle ganado

to **cause (not) to** hacer que (no)

to **cease to** dejar de

celebrated célebre *mf*

cemetery cementerio

Cerberus *myth* Cerbero

to **challenge** desafiar (a)

chance oportunidad; **by any chance** por casualidad

to **change** cambiar (de); **to change into** convertir(se) en; **to change (one's) mind** cambiar de idea; **to change the subject** cambiar de tema

channel canal *m*

chapter capítulo

character personaje *m*; **main character** protagonista *mf*

characteristic característica *n*

charge: to be in charge (of) estar a cargo (de)

cheap barato/a

cheek mejilla

childhood niñez *f*

chlorine cloro

chloroform cloroformo

chlorophyl clorofila

choice: to have no choice but no tener más remedio que

choleric colérico/a

church iglesia

cigar puro, tabaco

circle círculo

clan clan *m*

clerk empleado/a

climate clima *m*

to **close** cerrar (ie)

closely con atención

clothes ropa

coat abrigo, sobretodo

cold (weather) frío *n*, frío/a *adj*; **(illness)** catarro, resfriado; **to get cold** enfriarse, ponerse frío/a

to **collaborate** colaborar

to **come** venir; **to come back** regresar

comfortable cómodo/a

commendable digno/a de elogio

commission comisión *f*

to **commit oneself (to)** comprometerse (a)

common: in common en común

company compañía; **on company time** en horas de trabajo

competition competencia

to **complain (about)** quejarse (de)

completely totalmente, completamente

compromise acuerdo

computer computadora, computador *m*, ordenador *m*

concerning acerca de

to **condemn** condenar

to **confess** confesar

confidence confianza

to **confirm** confirmar

to **consist of** constar de, componerse de; consistir en

constantly constantemente

construction construcción *f*

consulate consulado

to **contact** comunicarse con

to **contain** contener (ie)

contemporary contemporáneo

contrary: on the contrary por el contrario

to **contribute** contribuir

to **convince** convencer (z)

to **cook** cocinar

cool frío/a

copy copia; **(of book)** ejemplar *m*; **(of painting)** reproducción *f*

corner: on the corner de la esquina; **out of the corner of (one's) eye** con el rabillo del ojo

cosmopolitan cosmopolita *mf*

to **cost** costar (ue)

to **count on** contar con

countryside campo

couple par *m*; **(people)** pareja

courage: to have the courage (to) tener el valor (de)

course: of course por supuesto

to **court** enamorar

courteous cortés *mf*

covered: to be covered (with) estar cubierto/a (de)

coward cobarde *mf*

crazy: to go crazy volverse (ue) loco

to **cross** cruzar

crying llanto *m*, el llorar

culminating que culmina

cultural cultural

custom costumbre *f*

customer cliente/a

D

damaging perjudicial *mf*

dangerous peligroso/a

to **dare to** atreverse a

daring atrevido/a

dark oscuro/a

darkness oscuridad *f*

date fecha

dawn amanecer *m*

day: all day long todo el santo día; **in his day** en su tiempo

deaf sordo/a; **nobody is so deaf as he who will not hear** no hay peor sordo que el que no quiere oír

deafening ensordecedor/a

to **deal (with)** enfrentarse (a)

death muerte *f*

debt deuda; **gambling debt** deuda de juego

deceased muerto/a

to **decide (to)** decidirse (a); **to be decided** estar decidido/a

deed obra

defect defecto

to **defend** defender (ie)

deficient deficiente *mf*

to **delight** encantar(le) a uno

delighted: to be delighted with encantar(le) (a uno)

delightedly con deleite

to **demand** exigir (i)

demanding exigente *mf*

to **demonstrate** demostrar (ue)

demonstration demostración *f*

dense denso/a

to **deny** negar (ie)

department departamento

departure partida

to **depend (on)** depender (ie) (de)

dependent persona a (su) cargo

depressed deprimido/a

depressing deprimente *mf*

to **derail** descarrilar(se)

deserted vacío/a, desierto/a

deserve merecer (zc); **to get what one deserves** estar(le) bien empleado

to **desire** desear

determined: to be determined (to) estar resuelto/a (a)

to **devote oneself to** dedicarse a

devoted: to be devoted to estar dedicado/a a

dialogue diálogo

dictator dictador

to **die** morir (ue)

diet: to go on a diet ponerse a dieta

differing diferente *mf*

difficult: to be difficult to + *inf* ser difícil de + *inf*

difficulty dificultad *f*

diligent diligente *mf*

dinner cena, comida

dirty sucio/a

to **discourage** desanimar, desalentar; **to be (get) discouraged** desalentarse

to **discover** descubrir

to **discuss** discutir, comentar

to **disgrace** desacreditar, deshonrar

disheartened descorazonado/a

to **disillusion** desilusionar

to **dislike** disgustarle (a uno)

dismissal despido

to **distinguish** distinguir

distraction distracción *f*

disturbing perturbador/a

to **divorce** divorciarse (de)

divorced divorciado/a

dog perro/a

door: next door *adj* de al lado

doubt: no doubt sin duda

to **doubt** dudar

down: deep down en el fondo

dozen docena

to **draw curses** arrancar(le) maldiciones

drawer gaveta, cajón *m*

dressed: to be dressed as (in) estar vestido de

drinking bebida, trago

to **drip** gotear

drop by drop gota a gota

drunk: to be drunk estar borracho/a

drunken borracho/a

to **dub (a movie)** doblar

to **dump (an animal)** abandonar

during durante

dying: to be dying (to) morirse (por)

E

each cada; **each other** uno/a al (a la) otro/a

ear (inner) oído

early temprano

effective eficaz *mf*

effort esfuerzo

election day el día de las elecciones

to **elope** escaparse

else: something else otra cosa

embarrassed: to be (feel) embarrassed estar (sentirse) avergonzado/a

embroidered bordado/a

emotional emocionante

to **employ** emplear

employee empleado/a

empty vacío/a

empty-handed con las manos vacías

enchanted encantado/a

end fin *m*, final *m*; **at the end of the week (the month, etc.)** a fines de semana (mes, etc.); **to put an end to** terminar (acabar) con

to **end (up)** terminar

enemy enemigo/a

engineer (train) maquinista *mf*

to **enjoy** disfrutar (de)

enormous enorme *mf*

enough: to have more than enough sobrarle (a uno)

entertainment diversión *f*; entretenimiento

enthusiastic entusiasta *mf*

envelope sobre *m*

errand: to run an errand hacer una diligencia; **(for someone else)** hacer un mandado

essay ensayo

essential esencial *mf*, imprescindible *mf*

to **establish** establecer

even aun; **even if** aunque; **even though** aunque; **to get even** desquitarse

ever: ever since desde que

ever-increasing que va en aumento

everything todo

evident evidente *mf*

example ejemplo

exchange intercambio, cambio

to **exchange (return at a store)** cambiar; **(ideas, etc.)** intercambiar

exhausting agotador/a

to **exist** existir

existence existencia

exit salida

to **exit** salir

expecting: to be expecting estar embarazada, estar en estado

expedition expedición *f*

expense gasto

expert experto/a, perito/a

to **explain** explicar

extensively: to be extensively used usarse mucho

F

fabled fabuloso/a

face cara; **to fall on one's face** caer de frente (de bruces)

to **face** dar a

fact hecho; **in fact** de hecho

faculty profesorado, profesores

fail: not to fail to no dejar de

fairy tale cuento de hadas

to **fall in love (with)** enamorarse (de)

familiar: to be familiar with estar familiarizado/a con

fang colmillo

far: as far as I know que yo sepa; **so far** hasta ahora

farmer campesino/a

to **fascinate** fascinarle (a uno)

fascinating fascinante *mf*

fascination fascinación *f*

fashionable: to be fashionable estar de moda

fast *adj* rápido/a; *adv* rápidamente; **as fast as I could** lo más rápido posible

faucet grifo, llave *f*

fault culpa

fear miedo

to **fear** temer, tener miedo (de)

feeding alimentación *f*

to **feel (for)** sentir (ie) (por), sentir (hacia); **to feel attracted (to)** sentirse atraído/a (por)

feeling sentimiento

fellow hombre, mozo, tipo; **fellow student** compañero

fever: to have (run) a fever tener fiebre

few pocos/as

field campo

to **fight** luchar, pelear

figures: good at figures hábil con los números

to **fill** llenar

filled: to be filled (with) estar lleno/a (de)

film película

finally por fin, por último

financial económico/a

to **find** encontrar (ue)

to **find out (about)** enterarse (de), averiguar

finger dedo

to **finish** terminar; **to just finish** acabar de terminar

fire incendio, fuego

first en primer lugar; **at first** al principio

fish dish plato de pescado

fitting apropiado/a

to **fix** arreglar

to **flash** brillar

flashlight linterna

to **flee (from)** escaparse (de)

flight vuelo; **to take flight** salir volando

floor piso

flu gripe *f*

to **fly (a plane)** pilotear; **to fly away** alejarse volando

to **follow** seguir (i, i)

fond: to be fond (of) ser aficionado/a (a)

food comida

foot: on foot a pie, andando, caminando

to **force (to)** obligar (a)

forceful fuerte *mf*, vigoroso/a

forehead frente *f*

foreign extranjero/a

foreigner extranjero/a

forest (tropical) selva; **(nontropical)** bosque

to **forget** olvidar, olvidarse de

to **forgive** perdonar

fortune fortuna

frankly francamente

frantically frenéticamente

friendly amistoso/a

to **frighten** asustar

frightening que asusta

frog rana

frustration frustración *f*

to **fulfill (requirements)** llenar

fun: to make fun (of) burlarse (de); **to be no fun** no ser agradable (divertido)

funeral home funeraria

furious: to be furious estar furioso/a

furthermore es maś

G

gambler jugador/a

game juego, partido

garlic ajo

gate portón *m*, puerta

generally por lo general (regular), generalmente

gentleman caballero

German shepherd pastor alemán

to **get** lograr, conseguir; **to get (to a place)** llegar a; **to get home** llegar a casa; **to get into** entrar en; **to get on** subir (a); **to get off** bajar (de); **to get to be** llegar a ser; **to get up** levantar(se); **to get worse** empeorar; **not to get it** no comprenderlo

gift regalo

girlfriend amiga

to **give up** renunciar (a); darse por vencido/a

glad alegre *mf*, contento/a

glass (drinking) vaso; **(stem)** copa; **(eye) glasses** gafas, espejuelos, lentes

to **go: to go away** alejarse; **to go into** entrar en (a); **to go on** seguir (i), continuar; **to go off (alarm)** sonar; **to go off to** salir para; **to go**

through pasar por; **to go to get** ir a buscar; **to go to school** estudiar

God Dios

gold *adj* de oro, dorado/a

golden era época de oro

good-bye adiós *m*; **to say good-bye (to)** despedirse (i) (de)

gossip (person) chismoso/a

to graduate (from) graduarse (de)

grandchildren nietos

grandfather abuelo

grandmother abuela

greatly mucho

greedy avaricioso/a

to grope andar a tientas

to grow crecer

to guard custodiar, vigilar

guide (person) guía *mf*; **guide book** guía

gun-toting que lleva revólver

guy tipo

H

habit: be in the habit of tener (la) costumbre de

hair pelo, cabello

half: half an hour media hora; **half + *adj* and half + *adj*** entre + *adj* y *adj*

halfway: to be halfway there estar a mitad de camino

hand: on the other hand por otra parte, por otro lado

handsome guapo/a

handwriting letra

to hang colgar (ue)

hanging: to be hanging (on) estar colgado/a (de)

to happen pasar, ocurrir, suceder

happy feliz *mf*

harbor puerto

hard difícil *mf*

hard-working trabajador/a

hardly apenas; **there was hardly anyone** no había casi nadie, había cuatro gatos

to harvest cosechar

to hate odiar

headache: to have a headache tener dolor de cabeza, dolerle (a uno) la cabeza

healthy saludable *mf*

heart corazón; **by heart** de memoria; **broken heart** mal de amores

hectic agitado/a

to heed hacer caso (de)

height alto, altura; **in height** de altura

heroic heroico/a

high-backed de respaldo alto

high school escuela secundaria

highway carretera, autopista

to hire contratar, colocar

historian historiador/a

to hit pegar, golpear

to hold (something) back contener

home hogar; **at home** en casa; **to go home** irse a casa

homeland patria, tierra

hometown pueblo

hope esperanza

to hope esperar

horseback: on horseback a caballo

hostile hostil *mf*

house casa

household *adj* casero/a

however sin embargo

human being (ser) humano

humble humilde *mf*

hurt: to get hurt lastimarse, herirse

to hurt dolerle (a uno)

husband esposo, marido

I

identical: to be identical (with) ser idéntico/a (a)

to identify identificar

illness enfermedad *f*

image imagen *f*

immediate inmediato/a

immigrant inmigrante *mf*

immigration inmigración *f*

to impose imponer

imposing imponente; **a large, imposing house** un caserón, una casona

to impress impresionar

to improve mejorar

in: (dressed) in + (garment or garment's colors) (vestido/a) de + (prendas o colores

de prendas) **in the afternoon (morning, etc.)** de la tarde (la mañana, etc.)

inappropriate inapropiado/a

inconvenience molestia

Indian indio/a

to indicate indicar

to inherit heredar

innocent inocente *mf*

innuendo indirecta

to inquire about pedir (i, i) informes de

insect insecto

insensitivity insensibilidad *f*

to insert insertar

inside dentro (de)

instance: for instance por ejemplo

instantly inmediatamente

to insult insultar

interview entrevista

involved envuelto/a

ironic irónico/a

irritating que irrita, irritante *mf*

ivy hiedra

J

jail cárcel *f*

jealous celoso/a

jealousy celos *m pl*

jewel joya

job trabajo, empleo

to join unirse (a)

joy alegría, júbilo

judge juez/a

just: to have just (done something) acabar de + *inf*; **just as** lo mismo que

K

to keep quedarse (con); guardar

key llave *f*

kid chico/a

kidding: to be kidding hablar en broma

to kill matar

kind *n* clase; *adj* bueno/a, bondadoso/a

kiss beso, ósculo

to kiss besar(se)

kisser besador/a

knitted tejido/a

to knock llamar

to **know** saber; **(be acquainted with)** conocer (zc)

knowledge conocimiento(s)

known: better known más conocido/a

L

to **lack** carecer de

ladies' room baño de las mujeres

lady dama

lake lago

landing aterrizaje *m*

last: the last one el/la último/a; *adj* pasado/a

to **last** durar

late tarde; **to get late** hacerse tarde

lately últimamente

later *adj* posterior *mf*

laugh risa

to **laugh (at)** reírse (de)

law ley *f*

leap: Look before you leap Antes que te cases, mira lo que haces

to **learn** aprender; **(find out)** saber, enterarse de

learning opportunity oportunidad de aprender

least: at least por lo menos

to **leave** salir (de), marcharse; **(someone or something)** dejar

lecture conferencia

left: on my left a mi izquierda

leg (people or pants) pierna; **(animal or furniture)** pata

legend leyenda

to **lend** prestar

less than menos de

to **let** dejar, permitir

to **let (one) know** avisar(le)

to **lie** yacer

to **lie down** acostarse (ue)

lieutenant teniente

life vida

to **lift** levantar

lightning relámpagos *m pl*

like como

to **like (a person)** simpatizar con

likely: to be likely ser probable

likewise así

liking: not to be to someone's liking no gustarle (a uno)

to **limit (oneself) to** limitarse a

lip labio

to **listen to** escuchar; **(heed)** hacer(le) caso

lit alumbrado/a

little: a little un poco; **little by little** poco a poco

lobby vestíbulo

locate: easy to locate fácil de encontrar

longer: no longer ya no

to **look** verse; **to look back** mirar hacia atrás; **to look for** buscar; **to look like** parecer, parecerse a

to **lose** perder (ie); **to lose weight** perder peso, adelgazar

lot: a lot (of) mucho/a, un montón (de)

lottery ticket billete de lotería

love: to fall in love (with) enamorarse (de); **to be in love (with)** estar enamorado/a (de)

lover amante *mf*

loving amante *mf*, enamorado

low bajo/a

luck suerte

luckily por suerte, afortunadamente

lucky: to be lucky tener suerte; **it was lucky** fue una suerte

lunch almuerzo

lyrics letra

M

mad: to be mad with estar loco/a de

magazine revista

main principal *mf*

major especialista *mf*

to **major** especializarse

to **make out** divisar

to **make up one's mind (to)** decidirse (a)

mall (shopping) centro comercial

to **manage (to)** conseguir (i, i); arreglárselas (para)

Marist marista

mark nota, calificación *f*

to **mark** marcar

marriage matrimonio, boda

married: to be married (to) estar casado/a (con)

to **marry** casarse con

master amo/a, dueño/a

materialistic materialista *mf*

to **matter** importar(le) (a uno); **no matter what** + *pres ind pres subjunc* + lo que + *pres subjunc*; **no matter what** + *past imp subjunc* + lo que + *imp subjunc*

mausoleum mausoleo

to **mean** significar, querer (ie) decir

means: by means of por medio de

meantime: in the meantime mientras tanto

meat carne *f*

medical médico/a

to **meet** conocer (zc)

meeting reunión *f*, junta

member miembro

to **memorize** memorizar

merchandise mercancía

mere simple *mf*

middle: in the middle of en mitad de

midnight medianoche *f*

military school escuela (colegio) militar

millionaire millonario/a

mind mente *f*; **to make up one's mind to** decidirse (a)

mine mío/a

minutes: in a few minutes dentro de unos minutos

mirror espejo

to **miss (be absent from)** faltar a

mission misión *f*

mood: in a bad mood de mal humor

more más; **more or less** más o menos; **the more ... the less ...** mientras más...menos...

moreover es más

most of la mayor parte de

mother-in-law suegra

motorist chofer *mf*

mouth boca

to **move** mover(se) (ue); **to move (in) (out)** mudarse (a) (de)

movie película; **movie theater** cine *m*; **movie star** estrella (artista) de cine

mud fango, lodo

musician músico/a

mustache bigote *m*

myself yo mismo/a, me, mí, a mí mismo/a

mysterious misterioso/a

mythological mitológico/a

N

nag at pelearle (a uno)

nail clavo

name: family (last) name apellido

named llamado/a

native nativo/a; **Native American** indio

near cerca (de)

nearby cerca, cercano/a

necessity necesidad *f*

neck cuello

necklace collar *m*

to **need** hacerle falta (a uno)

needed: to be needed necesitarse

neighbor vecino/a

neighborhood vecindad *f*, barrio

nervous nervioso/a

never nunca

nevertheless sin embargo

next próximo/a; **next door** de al lado; **to be next to** *adv* estar junto a

nice agradable *mf*

nightmare pesadilla

nobody nadie

noise ruido

noon mediodía *m*

notice aviso

to **notice** fijarse (en); **to notice (something)** darse cuenta (de)

notorious famoso/a

now and again de vez en cuando

nowadays hoy en día

O

to **object** objetar

to **oblige** obligar

obsessed obsesionado

to **occupy** ocupar

to **offer** ofrecer

office oficina; **(doctor's)** consulta, consultorio

officer oficial

official *n* funcionario/a; *adj* oficial

often a menudo, frecuentemente

oil (motor) aceite *m*

olive aceituna

on (light) *adj* encendido/a

one: the one about el/la de

to **open** abrir

opponent contrincante *mf*

opposed: to be opposed to oponerse a

option opción *f*, alternativa; **to have no other option but** no tener más remedio que

order: in order to para

to **order (in a restaurant)** pedir (i, i)

ordinary común *mf*

to **organize** organizar

to **originate** originarse

others: the others los demás

outlet escape *m*

outside fuera

outstanding principal, destacado/a

own propio/a

owner dueño/a

P

pace paso

package paquete *m*

painting (art) cuadro

palace: presidential palace palacio presidencial

pale pálido/a

pants pantalones *m pl*

paper (news) periódico

parents padres *m pl*

part: on the part of de parte de

part-time medio tiempo, tiempo incompleto

party fiesta

to **pass through** pasar por

passage pasaje *m*

passive voice voz pasiva

passport pasaporte *m*

patience paciencia

to **pay attention to** hacer(le) caso a

payment pago

peculiar raro/a

people gente *f s*

percent por ciento

to **perform (a task)** realizar, llevar a cabo; **(act)** representar

perhaps tal vez, quizá(s)

period (time) época

per se en sí

persistence persistencia, porfía

person: important person personaje

personable agradable *mf*

personnel empleados *m pl*

pharmacy farmacia

Philadelphia Filadelfia

phonology fonología

pianist: concert pianist pianista de concierto

picture (film) película

piece pedazo, pieza

pill pastilla, píldora

pill-popping que toma drogas

pity lástima

to **plan** planear

plantation plantación *f*

platonic platónico/a

to **play** jugar (a); **(music)** tocar

pleasant: to be pleasant ser agradable

pleasing agradable *mf*

pneumonia neumonía

pocket bolsillo

to **poison** envenenar

policeman policía

policy política

politician político/a

pool: swimming pool piscina

post poste *m*

powerful poderoso/a

to **pray** rezar, rogar (ue)

precious precioso/a

predicament apuro

to **prefer**   preferir (ie)

to **prepare**   preparar(se)

present   presente

present-day *adj*   actual

to **pretend**   aparentar, fingir

pretty   bonito, lindo, bello

price   precio

pride   orgullo

Prince Charming   el Príncipe Azul

priority   prioridad *f*

prisoner   prisionero/a

to **proclaim**   proclamar

programmer   programador(a)

project   proyecto

prominent   destacado/a

to **promise**   prometer

to **promote**   ascender

proof   prueba

protagonist   protagonista *mf*

to **protect**   proteger

to **prove**   probar (ue); **to prove** + *adj*   resultar + *adj*

to **provide**   proporcionar

prudent   prudente *mf*

psychopathic   sicopático/a

psychosis   sicosis *f*

psychotherapist   sicoterapista *mf*

to **pull**   tirar de, halar

pure   puro/a

puritanic   puritano/a

purse   monedero, cartera

to **pursue**   seguir (i, i)

to **put an end to**   acabar con

to **put on**   ponerse

Q

quarter: a quarter to six   un cuarto para las seis

question   pregunta

quickly   rápido, rápidamente

quiet   tranquilo/a, callado/a

quite   bastante

R

rack   perchero

rain: to rain cats and dogs   llover (ue) a cántaros

to **raise (people or animals)**   criar; **(vegetables)** cultivar

raisins   pasas; **raisin bread** pan de pasas

ranch   rancho, hacienda

rancher   ranchero, hacendado

rank   rango

rather   bastante, más bien; **but rather**   sino que

reach: within (one's) reach   a (su) alcance

to **reach (a destination)**   llegar a

to **react**   reaccionar

to **read (document as subject)**   decir

reader   lector/a

ready: to be ready (to)   estar listo/a (para)

real   verdadero/a, real

reality: in reality   en realidad

to **realize**   darse cuenta de

reap: you reap what you sow   el que la hace, la paga

reason   razón *f*; **for this reason** por eso

to **recall**   recordar (ue)

receipt   recibo

recent   reciente *mf*

recently   recientemente, hace poco

to **recognize**   reconocer (zc), conocer

to **recommend**   recomendar (ie)

record player   tocadiscos *m s*

to **reflect**   reflejar

reflexive   reflexivo/a

to **refrain (from)**   abstenerse (de)

to **refuse (to)**   negarse (ie) (a)

regarded: to be regarded as   considerarse, estar considerado/a

to **register**   matricularse

registration   matrícula, inscripción *f*

to **regret**   arrepentir(se) de

regularly   con regularidad

relations   relaciones *f pl*

to **rely on**   confiar en

to **remain**   quedarse

remark   observación, comentario

remedy   remedio; cura

to **remember**   acordarse (ue) de

to **remind**   recordarle (ue) (a uno)

remote   remoto/a

to **rent**   alquilar

rent   alquiler *m*

repeatedly   repetidamente

repentant   arrepentido/a

to **reply**   replicar

repulsive   repulsivo/a

request   petición *f*

requested   pedido/a

to **require**   exigir, requerir (ie)

required: to be required   requerirse (ie)

requirement   requisito

to **resemble**   parecer (zc)

reserved   reservado/a

to **reside**   residir

residence   residencia

to **resign**   renunciar (a); **to resign oneself to**   resignarse a

responsible: to be responsible for   ser responsable de

result   resultado

to **retire**   retirarse

return *n*   regreso; *adj*   de regreso

to **return**   volver (ue), regresar

to **revive**   revivir

rid: to get rid of   deshacerse de

right *n* **(a just claim or privilege)**   derecho; *adj* **(appropriate)**   correcto/a; **(opposite of left)**   derecho/a; **(not wrong)**   el que + ser; **the right thing**   lo que + deber; **the right time**   el momento apropiado; **to be right**   tener razón; **to serve (one) right**   estar(le) bien empleado

right away   inmediatamente

right here   aquí mismo

ring   argolla, anillo

risk   riesgo

rival   rival *mf*

river   río

road   camino

to **rob**   robar

rocket   cohete *m*

Rocky Mountains   las Montañas Rocosas

role   papel *m*

roommate   compañero/a de cuarto

row   fila

to **rub**   frotar, restregar

to **run** correr; **(continue, last)** durar; **(cost)** costar (ue); **(colors)** correrse; **(overflow)** desbordarse; **to run out of (a place)** salir corriendo; **to run an ad in a paper** publicar; **to run around** rodear; **to run away** escaparse, huir; **to run into** tropezarse con, encontrarse con; **to run out of** acabársele (a uno); **to run over** pasar sobre; **to run up** trepar

run: to be on the run estar fugitivo/a; **in the long run** a la larga

S

sad triste; **to make (one) sad** ponerlo/a triste (a uno/a)

saddle montura

sadness tristeza

safe *adj* seguro/a

said: it has been said se ha dicho

sailor marinero/a

saint santo/a

saleswoman vendedora, dependienta

same: the same el/la/los/las mismo/a/os/as; **the same way** de la misma manera, del mismo modo

satisfied satisfecho/a

to satisfy satisfacer (*irreg like* hacer)

satisfying satisfactorio/a

to save (money) ahorrar

saying refrán *m*, dicho, proverbio

scene escena

schedule horario

schizophrenic esquizofrénico/a

science ciencia

scientist científico/a

sclerosis esclerosis *f*

to scold regañar

scout explorador

screen pantalla

sea mar *m*

seat asiento

seated sentado/a

second segundo

secondly en segundo lugar

seductive seductor/a

to **seek** buscar

to **seem** parecer (zc); parecerle (a uno)

seldom raramente, rara vez

to **send** enviar, mandar

sense: good sense sentido común

sensible sensato/a

sentence oración *f*

to **separate (from)** separarse (de)

to **serve (as)** servir (i) (de); **to serve right** merecerlo, estarle bien empleado

set: TV set televisor *m*

several varios/as

to **shake** temblar (ie), sacudir(se)

to **share** compartir

sharp agudo/a, afilado/a

sheep oveja; *adj* de ovejas, ovejero/a

shepherd: German shepherd pastor(a) alemán/alemana

shiny brillante *mf*

shopping: to go shopping ir de compras

shopping mall centro comercial

short corto/a; **(person)** bajo/a; **in short** en resumen, en fin

to **shorten** acortar

shot: to be shot disparar(le) (a uno); matar de un tiro

should deber

shoulder hombro

to **shout** gritar

show (movie, theater) función *f*

to **show** mostrar (ue), enseñar; **(a movie)** poner

sick enfermo/a

side lado

to **sign** firmar

silent films cine mudo

silly tonto/a

since ya que, como; desde

sincerely yours de Ud(s). atentamente

sincerity sinceridad *f*

sinful pecaminoso/a

to **sing** cantar

sinister siniestro/a

sink (kitchen) fregadero

to **sink** hundir

sinner pecador/a

size (clothes) talla

skeptical escéptico/a

skill habilidad *f*

sky cielo

skylight tragaluz *m* (*pl* tragaluces)

to **slam (door)** dar un portazo, cerrar (ie) dando un portazo

sled trineo

to **sleep** dormir (ue)

sleeping dormido/a; durmiente

Sleeping Beauty la Bella Durmiente

slow lento/a

smart listo/a

smell olor *m*

to **smell** oler (hue); **to smell of** oler a

smile sonrisa

to **smile** sonreír

to **smoke** fumar

smuggling contrabando

snake culebra, serpiente *f*

to **sniff** oler

Snow White Blanca Nieves

so así que; **so far** hasta ahora, hasta la fecha; **so to speak** por decirlo así; **so we did** así lo hicimos; **so what?** ¿y qué?

so: if you do so si Ud. lo hace así

so-called llamado/a

soaking wet empapado/a

soccer game partido de fútbol

soda: diet soda refresco de dieta

somber sombrío/a

some algún, alguno/a

someone alguien

something algo

sometimes a veces

son-in-law yerno

song canción, canto

soon pronto; **as soon as** tan pronto como, apenas

sore throat dolor de garganta

to **sound** sonar (ue)

southern del sur

space espacio

Spanish-speaking hispanohablante *mf*

special: to be a special one ser muy especial

to specialize (in) especializarse (en)

specimen ejemplar *m*

spectator espectador/a

spell maleficio

to spell out deletrear

to spend gastar; **(time)** pasar

spite: in spite of a pesar de

sports *adj* deportivo/a

spread difusión *f*

St. Bernard San Bernardo

to stab apuñalar, dar una puñalada

stamp sello

to stand up pararse, ponerse de (en) pie

star estrella

startled asustado/a

to state declarar, afirmar

to stay quedarse

to steal robar

stick palo

to stick in quedarse en, grabarse en

still todavía

stimulating estimulante *mf*

stone piedra

Stone Age Edad de Piedra

to stop parar; **to stop** + *pres part* dejar de + *inf*

store tienda

storm tormenta

story historia

strange extraño/a

straw paja

street calle *f*

strength of will fuerza de voluntad

to stress recalcar, subrayar

strict estricto/a

stubbornness testarudez *f*

student *adj* de estudiante, estudiantil *m*

style estilo; **(clothes)** modelo

stylistically estilísticamente

subject asignatura; **to change the subject** cambiar de tema

to submit presentar

to substitute sustituir

success éxito

such a + *adj* tan + *adj*

such as tal

sudden repentino/a

suddenly de repente

to suffer sufrir

to suggest sugerir (ie)

suitor pretendiente

sum cantidad *f*

supper cena

to support mantener, sustentar

sure seguro/a

surely de seguro

surprise: to my surprise para sorpresa mía

to be surprised at sorprenderle (a uno) que; sorprenderse

to surrender rendirse (i)

surrounded: to be surrounded by estar rodeado/a de

surroundings medio, ambiente

to survive · sobrevivir (a)

to suspect sospechar (de)

suspicion sospecha

sweet dulce *mf*

to swim nadar

swimming: to go swimming ir a nadar

swimming pool piscina

swine cerdo/a, marrano/a

symptom síntoma *m*

T

to take tomar, beber; **to take a bath** bañarse; **to take a nap** dormir (ue) una siesta; **to take notes** tomar apuntes; **to take off** despegar; **to take out** sacar; **to take photos** sacar fotografías; **to take (someone) for a ride** llevar a pasear; **to take (someone/something someplace)** llevar; **to take a trip** hacer un viaje; **to take after** salir a; **to take away** quitar, llevarse

tale cuento, historia

to talk on the phone hablar por teléfono

tall alto/a

task tarea

taste gusto

to taste like/of saber a; **to taste awful** saber muy mal, saber a rayos; **to taste**

wonderful saber muy bien, saber a gloria

to teach enseñar (a)

tear lágrima

to tell time decir la hora

tender tierno/a

terms: not to be on speaking terms with estar peleado/a con

terrified aterrado/a

territory territorio

test prueba

there ahí, allí; **there it is!** ¡ahí está!

therefore por lo tanto, por consiguiente

thief ladrón/ladrona

thin delgado/a

to think pensar (ie); **I don't think so** no lo creo

thinking: without thinking a tontas y a locas

third tercero/a

those: those of los de; **those who** los que; **there are those who** hay quienes

thought pensamiento, idea

thousand mil

threatening amenazador(a)

throat: to have a sore throat dolerle (a uno) la garganta; tener dolor de garganta

through por, a través de

throughout por todo

thus así, de esta manera; por lo tanto

thyroid tiroides *f*

tight apretado/a

time tiempo, hora; **all the time** constantemente; **at the same time** a la vez, al mismo tiempo; **at the time** en aquel tiempo; **for the first time** por primera vez; **for the time being** por ahora; **in no time** en seguida, en un momento; **this time** esta vez; **time after time** una y otra vez; **to be time (to)** ser hora (de); **to buy on time** comprar a plazos; **to have a good time** pasar un buen rato, divertirse

times: at times a veces; **to be behind the times** estar anticuado/a

tired: to be tired of estar cansado/a de; **to get tired (of)** cansarse (de)

title título

together juntos/as

tonight esta noche

too demasiado/a

top (of tree) copa; **on top of** encima de

to **touch** tocar

tour gira

town pueblo, ciudad; **to be out of town** estar fuera de la ciudad, estar de viaje

to **train** entrenar

tranquil tranquilo/a

transcendence trascendencia

to **translate (into)** traducir (zc) (a)

transmutation transmutación *f*

trapper trampero

to **travel (throughout)** viajar (por)

traveler viajero/a

to **treat** tratar

tribe tribu *f*

to **trigger** desencadenar

trip viaje *m*; **business trip** viaje de negocios; **to take a trip** hacer un viaje

troop tropa

trouble: to take the trouble (to) tomarse el trabajo (de)

true verdadero/a

to **trust** confiar (en)

truth verdad *f*

truthfulness veracidad *f*

to **try to** tratar de

to **try on** probarse (ue)

turn: to turn to (into) convertirse (ie) (en); **to turn out to be** resultar ser; **to turn red** ponerse rojo, enrojecer; **to turn + age** cumplir + *años*

twin gemelo/a, mellizo/a

type clase, tipo

to **type** escribir a máquina

U

to **understand** comprender, entender (ie)

understanding comprensivo/a

undocumented indocumentado/a

to **undress** desvestir(se), desnudar(se)

uneducated inculto/a

unexpected inesperado/a

unfortunately por desgracia

ungrateful desagradecido/a

to **unhook** desenganchar

unique único/a

unknown desconocido/a

unless a menos que

unlikely poco probable, difícil

to **unpack** desempaquetar; **(a suitcase)** deshacer la maleta

unpleasant antipático/a, desagradable *mf*

to **untie** desatar, desamarrar

until hasta que

untiring incansable *mf*

upcoming que se avecina(n)

upon al

upset nervioso/a, contrariado/a

upstairs (en el piso de) arriba

urgently con urgencia

used: to be used to estar acostumbrado/a a; **to get used to** acostumbrarse a

V

vacation: to be on vacation estar de vacaciones

valid válido/a

valuable valioso/a

vampire vampiro/a

varying variante

vegetables hortalizas, verduras

very: the very day el mismo día

veterinarian veterinario/a

victim víctima

virtue virtud *f*

vocabulary vocabulario

to **vote** votar

vulgar grosero/a

W

to **wait for** esperar

waiter camarero

to **wake up** despertarse (ie)

to **walk through** caminar por

wall (around property) muro, tapia

warm tibio/a

to **warn** advertir (ie)

warning advertencia, aviso

warrior guerrero

watch reloj *m*

to **watch TV** ver la televisión

way manera, modo; **by the way** a propósito; **in this way** de esta manera, de este modo; **to have one's way** salirse con la suya; **to do things one's way** hacer las cosas a su manera

weak débil *mf*

to **wear** llevar, usar, tener puesto/a

weather tiempo; **the weather is good** hace buen tiempo

weekend fin de semana

weight (for lifting) pesa

well bien; **as well as** así como; y también

west oeste *m*

western *adj* del oeste, occidental

wet húmedo/a

whatever happens pase lo que pase

wheat trigo

whereas mientras que

which lo que, lo cual, el/la/los/las cual/es

while mientras, cuando

whole: the whole todo/a

whose cuyo/a/os/as

widow viuda

wife esposa

willing: to be winning (to) estar dispuesto/a (a)

willingly de buena gana

to **win** ganar; **to win the lottery** sacarse la lotería

windshield wipers limpiaparabrisas *m s pl*

wine list lista de vinos

wise sabio/a

wish deseo

to **wish** desear

with + *physical characteristics* de

to **wonder** preguntarse

won't: I won't no lo haré

word palabra; **in other words** en otras palabras

work trabajo; **work of art** obra de arte

to **work (inanimate subject)** funcionar

worker obrero/a

world mundo

worried: to be worried estar preocupado/a

to **worry** preocuparse

worse peor

worshipper adorador/a

worth: to be worth it valer la pena; **worth seeing** digno de verse

worthwhile valioso/a

wound herida

writing: in writing por escrito

wrong (inappropriate) incorrecto/a; **(mistaken)** equivocado/a; **the wrong thing** lo que + no deber; **to be wrong** no tener razón, estar equivocado/a; **to get (something) wrong** equivocarse de + *noun*; **something + to be wrong with + *noun*** algo + pasarle a + *noun, noun* + no andar bien

Y

yesterday ayer

youngest el/la más joven, el/la menor

youth juventud *f*

ＪNDEX

467